Public Finance

"十三五"江苏省高等学校重点教材
（编号：2019-1-041）

U1068334

21世纪高等院校经济管理类规划教材

财政学
（附微课 第3版）

□ 唐祥来 康锋莉 主编

人民邮电出版社
北京

图书在版编目（CIP）数据

财政学 : 附微课 / 唐祥来，康锋莉主编. -- 3版
. -- 北京 : 人民邮电出版社，2021.3
21世纪高等院校经济管理类规划教材
ISBN 978-7-115-55937-1

Ⅰ. ①财… Ⅱ. ①唐… ②康… Ⅲ. ①财政学－高等
学校－教材 Ⅳ. ①F810

中国版本图书馆CIP数据核字(2021)第019220号

内 容 提 要

本书以新时代具有中国特色的社会主义经济理论为基础，构建政府与市场、政府之间的财政关系分析框架。

本书共 13 章，可以分成财政学基础理论、财政支出、财政收入、收支平衡、政府间财政关系和财政治理等六大部分，既有经典理论分析，也有对中国经济财政实践的探讨。本书采用问题导向型教学模式，以问题为核心设计教学内容、串联教学过程，引导读者自学并激发其思考现实经济财政问题的兴趣。

本书的配套教学资料包括电子教案、电子课件、文本和视频案例、微课视频、习题答案和模拟试卷等，其索取方式参见“更新勘误表和配套资料索取示意图”。读者自学时可参考中国大学 MOOC 平台南京财经大学“财政学”网课中的资源。

本书为本科经管类专业财政学课程教材，也可供财经实践工作者参考。

◆ 主　　编　唐祥来　康锋莉
责任编辑　万国清
责任印制　杨林杰

◆ 人民邮电出版社出版发行　　北京市丰台区成寿寺路 11 号
邮编　100164　　电子邮件　315@ptpress.com.cn
网址　https://www.ptpress.com.cn
北京天宇星印刷厂印刷

◆ 开本：787×1092　1/16
印张：16　　　　2021 年 3 月第 3 版
字数：431 千字　　　　2026 年 2 月北京第 3 次印刷

定价：54.00 元

读者服务热线：(010)81055256　印装质量热线：(010)81055316
反盗版热线：(010)81055315

第 3 版前言

近年来，我国财税体制改革向纵深方向发展并取得了重要的阶段性成果，如加快建立现代财政制度，建立权责清晰、财力协调、区域均衡的中央和地方财政关系，建立全面规范透明、标准科学、约束有力的预算制度，全面实施绩效管理，深化税收制度改革，健全地方税体系等，这些无不反映“中国特色社会主义进入了新时代”。本书作为为新时代培养人才服务的教材，需要及时修订和完善，以在内容上更好地反映新时代有中国特色社会主义财政经济理论和政策制度的新变化、新发展，并在形式上紧跟时代步伐，与常态化的在线教学模式相契合。

本次修订，主要着力于以下几个方面。

（1）进一步强化问题导向型教学模式。以问题为主线，串联教学过程，如在“案例引导”中通过现象引导读者去发现问题，在理论学习中以“想一想”激发读者思考和分析问题的兴趣，通过“案例分析与讨论”“课堂金话筒”等提升学生解决问题的能力。章后“练习与思考”中的一系列题目和附录中的自测试卷，有助于读者检验自己对所学知识的掌握水平，也有助于提高读者的综合能力。

（2）运用现代技术拓展读者的阅读和研究空间。在多个栏目中，以二维码链接文本或视频文档，拓展阅读空间、提升本书的可读性、增强读者的阅读体验。在中国大学 MOOC 平台可搜索到与本书配套的南京财经大学“财政学”网课，读者可随时进行在线学习。

（3）全面改写了第八章、第九章、第十二章的内容。改写了增值税、消费税、个人所得税、资源税等内容；将第九章第四节“我国税费改革”替换成“非税收入征收管理”；全面更新了第十三章的内容，以反映我国财政体制改革的最新进展。

（4）新增了“微课堂”栏目，其视频主要截取自中国大学 MOOC 平台南京财经大学“财政学”网课。

（5）对正文和“案例引导”“案例分析与讨论”“课堂金话筒”“视野拓展”等栏目中涉及的政策法规、数据、图表的内容进行了全面更新。

（6）对“练习与思考”中的题目进行了全面的调整与更新，重点提升了“材料分析题”的应用价值，以培养读者分析问题和解决问题的能力。

（7）更新或补充了电子教案、电子课件、文本和视频案例、微课视频、习题答案和模拟试卷等配套教学资料，其索取方式参见“更新勘误表和配套资料索取示意图”。

总体上看，本次修订进一步强化了复合型人才的培养目标，深化了问题导向型教学模式，融合了线上线下教学，以全方位服务于读者综合能力的提升。

本次修订的具体分工为：南京财经大学唐祥来负责导论、第一章～第三章的修订以及全书的统稿；南京财经大学陶学荣负责第四章～第八章的修订；广东外语外贸大学康锋莉负责第九章～第十三章的修订。

由于编者水平有限，书中会存在诸多问题和不足，恳请读者批评指正，未来我们将再接再厉，对本书及配套教学资料继续更新和完善。

编　者

2020 年 11 月

目　　录

导　论

一、经济、社会与财政

在市场经济环境下，人们通过市场进行各种商品和服务的交易，从而满足多样化的需求。人们凭借劳动取得货币收入，并以此购买自己所需要的商品或服务，如食品、衣物、住房以及交通工具等；工商企业通过市场购进原材料以及雇佣劳动力以生产产品或提供服务，获得货币收入并投入再生产。这些通过市场调节供给与需求并用来满足企业、居民家庭需要的商品是私人产品。

人们的需要是多样化的，市场不可能满足人们的所有需要，因此，市场不能提供但又是人们所需要的商品和服务，必须由市场以外的供给者提供。在这些供给者中，政府是重要的供给主体之一。政府承担了诸多满足社会公共消费需要的职能。

就个人的成长而言，个人每前进一步，都与政府的扶助有着密切关系。当一个人来到这个世界，首先，为其接生的医院多数是由政府出资兴办的，也就是说，政府为新生儿顺利降生这个世界提供了最基本的保障；其次，未成年人需要接受一系列的教育，如幼儿、小学、中学乃至大学教育，政府都提供了大量的财政资金并制定了具体的教育规范，在一定程度上保证了公民基本的受教育权利；再次，青年学生接受一定教育以后，如果由于某种原因不能顺利就业，以及参加工作以后，一旦暂时失业，政府会千方百计地促进其就业并为失业者提供基本的生活补助；最后，即使你不具备足够的体力和精力继续工作，也可以依靠政府参与提供的养老保障和医疗保障安度晚年。

微课堂
什么是财政学

现实生活中，政府和财政无处不在。正所谓，政府为人们提供了“从摇篮到坟墓”的全程服务。

政府除了为人们提供基本的民生性服务以外，还承担着市场难以承担的诸多社会职能，包括行政、国防、治安、基础研究、公共卫生和公共设施等。人们之所以能够安居乐业，主要原因在于政府提供了强大的国防和国家机器，对外抵御了外敌入侵，对内则对邪恶势力予以镇压，从而保障了人们的生命财产安全和正常的经济社会秩序。国防服务、行政服务是基本的公共服务，市场不会也不可能提供。基础科学研究也具有相同的性质。众所周知，基础科学的研究成果不能直接付诸应用，却是应用技术和应用工程的基础。经济社会生活中的许多应用技术，如制冷、超导、信息发送与接收等都依赖于基础物理研究。基础科研失败的风险很大，而且不能被授予专利，单个企业不能也不愿意花巨资做这些成本与收益不对称的事，这些产品往往只能由政府提供。

政府除承担着诸多的社会职能以外，还承担着重要的经济职能。在市场经济体制下，市场在资源配置中起决定性作用，且在多数情况下，市场配置资源是有效的。但也存在失效的领域，如经济的周期性波动带来的资源配置失调是市场无法克服的，这就需要政府运用财政政策对其进行干预，其中，投资手段必不可少。例如，我国长期规划中已经完工或正在实施的三峡水利枢纽工程、西气东输工程，以及对铁路、公路网和大型的农业水利工程、灌溉系统及农村电网的改造等，都是在财政资金主导下采取多渠道筹资的方式进行的。多年来的经济建设实践表明，在我国市场经济发育还需进一步完善以及资本市场不够发达的情况下，政府干预市场资源配置是必要的并具有重要的意义。

政府开展事业同样需要资源，而政府作为公共权力和公共服务机构，本身没有太多的收入来源，必须通过市场筹集资金。居民个人一方面有权享受政府提供的公共产品和公共服务，另一方面也应依法为其享受的服务付费，成为纳税义务人。通常情况下，政府是根据其提供的公共服务的多少及花费的数量来确定收入范围的，就政府本身而言，它符合收支平衡原则。毫无疑问，政府收入规模的大小直接影响企业、居民的生产与生活，适度的收入不仅能满足政府为社会提供足够的、满意的服务的需要，还有利于企业、居民家庭从事健康的生产与生活活动，夯实政府财源。征税是政府获取收入的主要方式，政府必须将效率与公平结合起来，在征多少税、征何种税以及如何征税上进行慎重选择。

我国政府是代表人民为市场提供服务的，因此，政府的收支并非任意的，财政收支必须通过预算来安排，且政府预算的编制与执行要经过各级人民代表大会及其常委会的审核和批准。如果政府收不抵支，可以通过借债方式予以弥补，其中，发行国债是一种较为稳健和安全的弥补财政赤字的方式。事实上，国债是一种非常重要的财政政策工具。自改革开放以来，中央政府运用国债政策筹集了大量的经济建设资金，强化了基础设施的建设，发展了公共事业。值得一提的是，1997 年亚洲金融风暴对我国当时的外需产生了强烈冲击，1998 年中央政府及时推出积极财政政策，运用国债政策筹资，增大政府财政投入，扩大内需，取得了良好的政策效果。

经济、社会和财政之间的关系是错综复杂的，我们平时所经历的乃至所感受到的种种财政现象，正是现实生活中的财政学。

二、财政学的研究对象、研究内容和研究方法

1. 财政学的研究对象

财政学是应用经济学的一个分支，它同样是在资源稀缺的框架下研究资源配置问题。财政学的理论基础之一是市场失灵论，它也是政府干预市场的基本前提。财政学主要研究政府行为及其影响，其中，政府配置资源边界以及资源配置的方式方法等是重要的研究内容。这里必然联系到在资源配置中起决定性作用的市场。那么，哪些事应该由市场去做？哪些事应该由政府去做？这是财政学必须回答的问题。尽管时至今日，市场与政府的职能边界还难以准确划分，不同的历史时期以及不同的政治经济体制的国家在政府职能范围的确定上仍存在一定的差异，但共识还是清晰的，即政府在资源配置、收入分配调节和经济的稳定与发展等方面是可以大有作为的。

毋庸置疑，关于财政学的研究对象，在认识上存在一定的分歧是肯定的。有人将其概括为“小财政”与“大财政”之争，事实上也就是“小政府”与“大政府”的差异。前者仅以财政部门的收支作为考察的基础，后者以整个政府的收支作为考察对象。相应地，财政学的研究对象也有狭义与广义之分。狭义的财政学研究对象是为满足国家实现其职能的需要而凭借国家的政治权力参与国民收入分配所形成的分配关系及政府收支活动的规律；广义的财政学研究对象是政府为满足社会公共需要所从事的资源配置、收入分配和经济的稳定与发展与各种公共经济活动的规律，是公共经济意义上的研究对象。

2. 财政学的研究内容

在亚当·斯密（Adam Smith）创立了财政学以后，财政学经历了传统财政学和现代公共财政学两大发展阶段。

在斯密时代，自由、放任的观点在经济思想中占据了主导地位。人们普遍认为政府和市场是两种对立的资源配置主体，市场机制是完善的，政府干预只能干扰市场机制的正常运转，因此政府只应该充当“守夜者”的角色。这一时期的财政学，除了少量税收理论以外，更多是对具体的税收、公共支出和公共债务活动的分析，很少对公共支出进行经济分析。在古典经济学的视域里，“看不见的手”和“萨伊法则”被视为经济运行的法宝，但它们并没有给资本主义社会的繁荣提供任何保证。20世纪20年代末到30年代初，资本主义世界发生了空前的经济危机，它催生了凯恩斯革命。凯恩斯革命以前都可以看成传统财政学时代。

现代公共财政学的研究是围绕着政府的经济行为进行的，其研究的逻辑可以概括为：现实生活中不存在完美市场，市场失灵使得政府的干预成为必需。政府干预主要局限于市场失灵领域，因此，政府干预必须有一个合理的限度。财政学的研究转向了对政府经济活动的具体分析，可以概括为三个方面：首先，财政支出对宏观经济的影响，即财政支出规模是否与宏观经济状况匹配，它能否促进宏观经济的持续、健康增长，实现资源在长期内的有效配置。其次，财政支出的分配效率，指财政支出是否实现了最优配置；与通过政府管制或依靠私人部门的其他选择比较，特定的财政支出是否是实现政府目标的最优方式、能否提供合意的公共产品。最后，财政支出的技术效率，这主要涉及财政支出能否以有效的方式规划和执行以及公共部门的管理问题。新时代有中国特色的社会主义财政，已进入全面实施预算绩效管理的全新阶段。

公共产品论和公共选择论对现代公共财政学的形成与发展起到了重要作用。因此，现代公共财政学不仅包括传统的财政收支，还包括公共规制，而且，中央银行、非营利经济组织等经济主体的活动都已纳入了现代公共财政学的研究范畴，而传统财政学是不包括这些内容的。

3. 财政学的研究方法

作为应用经济学的一个分支，财政学研究可采用实证研究、规范研究、实验分析和案例分析等多种方法。

实证研究是在经济变量之间建立因果关系，从而解释经济变化、发展的规律。其基本方法是，按照事物的本来面目描述研究对象“是什么”，刻画经济现象的本源，概括出若干可以通过经验验证的结论。财政学中的实证研究，就是依据政府活动的基本状况，对政府为了满足社会公共需要所形成的各种支出和政府采取各种手段筹集的资金，以及政府收支活动对经济社会产生的影响等进行研究。以其为基础，政府可以针对具体情况，对建立的机构、制度和政策等进行相应的调整与安排。

实证研究包括理论分析和计量分析。理论分析是指基于若干基本研究前提，通过逻辑推理的方法对可能产生的结果作定性分析。理论分析通常以生产技术、个体偏好和个体行为目标等为基本假设前提。由于这三者之间的差异较大，其结果往往大相径庭。因此，就需要进行计量分析以得出确切的结果。计量分析是指根据实际资料进行的实证分析；反映在财政学里，就是将政府的财政收支以及其他的经济资料纳入计量分析框架，得出政府行为“是什么”。

规范研究是指关于经济目标、经济结果、经济决策、经济制度的合意性的研究。它回答的问题是“应当是什么”，旨在判断研究对象目前所处的状况是否合规，如果存在偏离，应该如何进行调整。将规范研究运用于财政学，就是以社会主义市场经济为基点，以效率和公平为基本原则，判断目前的财政制度是否合规，以及对财政制度进行改革研究。

科学技术的飞速发展使得经济学研究方法不断地创新。21世纪，实验分析方法在经济学研究领域得到了广泛认可与运用，实验经济学也因此成为一个新兴的经济学研究领域。经济学家已经发展了一系列的经济学实验方法，并制定了规范的标准，提倡在经济政策实施之前先在实验室进行模拟运行，并对实验结果进行评估，从而决定经济政策是否付诸实施。

基于财政学的社会经济贴近性和广泛的适用性，案例分析的方法越来越受到财政学界的高度重视，它甚至被认为是培养应用型人才必备的研究方法。案例分析法的特点是，撇开纷繁复杂的影响因素和作用环境，只是对具体案例“解剖麻雀”，分析财政制度运行机制，了解经济运行的一般规律，从而对相应事物作出“好”或“坏”的判断。

编者推荐财政学初学者多用案例分析法去了解和认识客观财政现实，以提高自己的识别和判断能力。

三、财政学的形成与发展

财政现象古已有之，当人们对这类现象的理论认识达到一定程度时，便升华为一定的理论体系，从而形成一门学科。从财政学产生的历史时期及其具备的条件来看，它是市场经济的产物。因此，考察财政学的形成与发展、西方财政理论与制度是当然的研究起点。

（一）西方财政学的发展

西方财政学的发展大体上经历了三个阶段，主张自由放任的《国富论》和主张政府干预的凯恩斯主义分别是前两个阶段的代表思想。

1. 自由放任阶段

恩格斯曾指出，英国的亚当·斯密（Adam Smith）“在1776年发表了自己关于国民财富的本质和原因的著作，从而创立了财政学”。斯密在《国富论》(《国民财富的性质和原因的研究》)一书中，用了非常大的篇幅论证了政府职能范围以及政府如何取得收入，其中的第五篇“论君主或国家的收入”，对财政问题进行了系统科学的阐述，勾勒出了财政学的基本框架。

《国富论》中充满着斯密的“自由放任”的经济思想。他认为人是有理性的“经济人”，社会经济的运行是在一只“看不见的手”的操纵下进行的，人人在追求自身利益的同时最终产生大家都获利的社会结果。市场是精妙的、有效的，对它的任何干预都是不可取的，政府的职能越小越好。斯密认为，政府职能应仅限定于三个方面，即国防、社会稳定和大型公共基础设施的建设。财政支出要厉行节约、量入为出。税收是政府取得收入的主要手段，税收必须遵循公平、确定、简便和征收费用最小四个原则。斯密反对政府发行公债，认为公债不仅会妨碍生产资本的积蓄，会加重子孙后代的负担，而且是腐败、堕落、贫困的根源。

2. 国家积极干预阶段

20世纪30年代，西方社会发生了严重的经济危机，传统的经济学对于这一现象无法给出合理的、全面的解释。在这种情况下，以宏观经济分析为主要特色的凯恩斯主义经济学应运而生。凯恩斯的经济政策主张在其《就业、利息和货币通论》一书中表露无遗。凯恩斯摒弃了古典经济学关于政府只当“守夜人”的教条，积极主张扩大政府支出能直接形成社会有效需求，弥补市场需求不足，促进经济社会充分就业。凯恩斯的经济政策观点的核心是反对自由放任，主张国家干预。凯恩斯以宏观经济为研究视角，对国民经济各个总量之间的关系进行分析，得出“有效需求不足”是经济不振和经济危机的根本原因这一重要结论。有效需求由消费需求和投资需求组成。刺激消费和投资，就是刺激有效需求。他大力提倡扩大政府职能，主要是扩大政府调节消费倾向和投资诱导的职能，从而刺激消费和投资。市场经济的自发调节无法解决社会有效需求不足和严重的失业等问题，要保证充分就业和经济繁荣，政府就必须对经济进行全面干预，其中重要的措施之一就是扩大政府的财政支出。最明智的做法是通过扩大政府支出实现双促进，即促进消费和投资；重点促进投资是凯恩斯经济政策的倾向。在财政政策类型及其实施效果上，凯恩斯认为，赤字财政和适度的通货膨胀对经济增长有益无害。

3．后凯恩斯主义阶段

20世纪70年代初，西方世界普遍遭遇滞胀困扰，凯恩斯主义失灵导致人们对其产生置疑。与此同时，涌现出一大批经济学流派，如货币主义、合理预期学派、供给学派、公共选择学派等，纷纷对凯恩斯理论进行挑战。

发端于20世纪50年代并兴盛于70年代的货币主义，是美国重要的反凯恩斯学派之一，其代表人物是米尔顿·弗里德曼。弗里德曼承袭了古典学派的观点，主张自由放任，认为凯恩斯的财政扩张政策是导致通货膨胀和经济低速增长的原因。弗里德曼非常强调货币的重要性，他认为货币供应量是影响经济总水平最主要因素，将货币供应量作为最重要的政策工具，主张实行“单一规则”的货币政策和经济自由主义政策；在货币存量的货币政策工具下，由政府公开宣布一个在长期内固定不变的货币增长率，它在保证物价水平稳定不变的条件下，与预计的实际国民收入在长期内的平均增长率相一致。

20世纪七八十年代，美国的合理预期学派认为，预期在决定物价和产量的进程中处于最重要地位，因为企业和个人懂得判断经济变化，从而他们会完全预料到政府的相关经济行为，并在事前采取行动来抵消政府的政策措施效应。所以，任何具有稳定作用的经济政策的前途都是黯淡的。甚至在短期内，也只有未被预料到的政策行动才会对真实产量有影响。这样，合理预期就与极端货币主义观点联系在一起。

供给学派是又一个反凯恩斯主义学派，阿瑟·拉弗是其著名代表。供给学派的财政政策主张可以概括为三个方面：一是降低累进所得税率。供给学派认为，在经济增长的自然动力被窒息时，以扩大财政支出刺激需求的增长，仅仅带来通货膨胀；高累进所得税率是经济增长和生产发展的主要障碍。因此，供给学派强调降低边际税率，会对经济产生多方面的积极影响，如鼓励人们以工作替代休闲、积极经营、推迟退休、缩短待业期等，从而提高收入，促进储蓄与投资。二是改革福利制度。供给学派认为，社会福利也是阻碍经济增长的重要因素。他们认为所得转移——福利、社会保险、失业补助等，对个人进取心的消极影响与高累进所得税率的影响相同。由于救济金水平与个人工作的净所得相差不大，因此，救济金制度事实上成了领取救济金者赚取另一些人个人所得的制度。这种制度鼓励的是那些不想干活的人，而挫伤的则是积极进取的人。这种不合理的现象将会导致更高的失业率。三是实现预算平衡。供给学派反对赤字财政政策。他们认为，预算赤字的增加只能剥夺私营企业所需要的资本，并且造成金融市场的“挤出效应”；或者当政府所发生的亏空是用增加货币发行量去弥补时，就会造成通货膨胀。如果说税收和政府开支等量增加，那么私营企业的积极性受到挫伤又会使经济进一步萧条。他们虽然反对赤字财政，却不赞成把平衡预算作为实行减税的前提条件。供给学派还反对赤字财政造成通货膨胀的观点。

以布坎南和塔洛克为典型代表的公共选择学派运用经济分析方法研究政治问题，在财政学的一个重要领域取得了重大的理论进展。他们将财政作为公共部门经济，集中研究社会的公共需要以及满足这一需要的公共产品的决策与供给机制。通过投票论、政治联盟论、官僚主义论和制度选择论，布坎南等经济学家运用经济分析的方法研究了政治制度的运行。该学派认为，西方发达国家经济问题的根源在于政治制度，且政府是失效的，主张慎重选择政府行为或基本放弃政府干预。公共选择学派的理论不仅丰富了公共财政理论，且大大扩展了研究公共财政的视野。

（二）中国财政学的发展[①]

西方的市场经济体制决定着西方的财政学的性质——公共财政学。从亚当·斯密到马斯格

① 本部分内容主要参考张馨主编的《财政学》，科学出版社，2006年。

雷夫，财政学内容虽然有所变化，但与市场经济相适应的财政学，其研究的核心问题——政府与市场之间的关系是相对恒定的。这与苏联、东欧国家以及中国传统的财政学是完全不同的。后者是与计划经济相适应的财政学，不过，中国的财政学又有自己独特的理论体系。

20 世纪 50 年代初，我国在苏联直接帮助和指导下开展社会经济制度体系的构建和工业化。在社会经济制度与理论方面，中国先是全面引进苏联模式，接着很快就走上了自我发展的道路。财政理论与制度的发展尤为典型。苏联的财政理论主要是财政本质论和财政职能论。就财政本质问题，中国就先后发展了“国家分配论”“价值分配论”“国家资金运动论”“剩余产品运动论”等多种理论，其中，“国家分配论”一枝独秀。它于 20 世纪 60 年代占据主流地位并维持到了 20 世纪 90 年代中期，一直指导着我国的财政实践。直到社会主义市场经济体制建立，这一理论才完成其历史使命。该理论是中国财政学独立于苏联财政理论体系的突出体现，它以对财政本质的独特分析和得出的重要结论而有着鲜明的特色。

视野拓展

财政学学习指南

20 世纪 90 年代后半期，随着社会主义市场经济体制和公共财政制度的逐步建成，中国的财政理论与实践的车轮也逐渐进入了公共化变革的快车道。目前，国内财政学教材在体系和内容上已逐渐与公共财政学教材接轨。

第一章　现代国家的经济职能

案例引导

积极财政政策有经济性吗

积极财政政策是财政政策的一种。为应对1997年的亚洲金融风暴，我国于1998年开始实施以国债投资为重点的积极财政政策。1998—2002年间共发行长期建设国债6 600亿元，安排项目投资32 800亿元，累计完成投资24 600亿元。各年国债投资对经济增长的贡献率分别达到1.5个、2个、1.7个、1.8个和2个百分点。也就是说，如果没有国债投资的强力支撑，1998—2002年间，我国国内生产总值年均增长率只能达到6.4%，而不是实际的8.2%。

同样，为应对2008年世界金融危机，我国政府从2008年11月到2010年年底，实施了公共总投入4万亿元的积极财政政策，主要体现在诸如教育、医疗卫生、社会保障、保障性住房等民生性支出。2009—2020年，我国均实施着力点和方向不同的积极财政政策，有力地支撑着我国经济平稳健康运行。

近年来积极财政政策的具体内容

试问：积极财政政策有经济性吗？1998年、2008年和2020年的积极财政政策有什么不同？

国家经济财政政策是否会直接影响企业和居民正常的生产、生活？是否会破坏市场配置资源的基础？换句话说，究竟哪些事应由市场去做？哪些事应由政府去做？政府和市场之间是否存在职能边界？这些都是财政学必须首先回答的问题。认识政府与市场在社会资源配置中的角色与地位，对于政府职能定位、制定公共政策以及构筑和谐的经济、社会关系都是非常重要的。

第一节　市场与政府

一、个人、社会与政府

学习社会主义市场经济的财政，必须从了解市场开始。市场和政府是两个独立的配置资源系统，两者结合构成资源配置体系。明确政府与市场之间的关系是学习和研究财政问题的基本理论前提。

市场是商品和服务交易的场所，从主体构成来看，它包括个人（家庭）、企业和政府。政府是这样一些组织：建立这些组织的目的在于对居住在某一社会内的个人、企业的活动进行管理，供给基本服务和资金。如政府为市场供给基础设施、教育和社会保障等。缴纳税款是个人的不可推卸的责任，不仅因为个人享有政府供给的各种社会服务，而且还会在多种情况下获得由此类税收供给资金的收入。例如，社会保障退休金、失业保险补偿金以及给予经济困难的群体的补助等都是通过税收和强制性收费供给资金的。

微课堂
市场失灵与政府干预

除了责任以外，个人应该具有相应的权利。个人有权参与决策政府应该做什么以及如何去做，其参与程度因社会的政治制度和经济制度的不同而不同。政府应该做什么、政府的支出规模以及政府为履行满足社会需要的职能如何获得资金，这些反映着居民与政府间的政治互信程度。

二、市场失灵

市场在资源配置中起决定性作用。市场资源配置是一种有效率的运行机制，但这必须建立在完全竞争市场的基础之上。现实的市场机制本身存在固有的缺陷与不足，即所谓的“市场失灵”。市场失灵为政府干预提供了依据，它主要表现在以下几个方面。

1. 信息不充分和不对称

完全竞争市场要求生产者和消费者都拥有充分的信息。生产者要掌握消费者需要什么、需要多少以及需要的变化趋势，要了解生产总量与生产结构；消费者要知道产品的品种、性能和质量。在市场经济条件下，生产者与消费者的生产、销售、购买都属于个人行为，信息既是企业的资源也是企业竞争的砝码，因此，信息不充分和不对称是市场常态，它是阻碍资源效率配置的重要因素。

2. 垄断

当某一行业在产量达到相对较高水平之后，就会出现规模收益递增和成本递减现象，这时就会形成垄断。垄断会导致效率损失，因为：①产量受到限制，消费者福利遭受额外损失；②垄断行业热衷于追求垄断利润，缺乏尽可能降低成本的竞争压力；③垄断阻碍技术进步；④垄断者追求超额利润的寻租活动本身会造成资源浪费。

对不完全竞争造成的市场失灵，政府可以针对具体情况采取相应的对策。例如：对自然垄断行业实行国有化，采取管制和定价措施等；对垄断竞争行业实行反托拉斯政策，利用《反垄断法》来促进竞争；通过颁布《专利法》鼓励技术创新；等等。

3. 外部性与公共产品

外部性是指经济个体的行为对他人所产生的影响，这种影响没有体现在经济个体的交易过程之中。可见，外部性是针对交易双方以外的第三方而言的，交易双方完全没有考虑第三方的感受。外部性有两种情况：一是正的外部性，指没有反映在价格中的除买卖双方之外的第三方所获得的收益，此时，私人边际收益低于社会边际收益；二是负的外部性，指没有反映某一产品的市场价格中的由买卖双方之外的第三方所承担的成本。由于负的外部性的存在，致使私人边际成本低于社会边际成本。因此，外部性会阻碍竞争市场获得有效率的产出。从效率角度来看，政府应制定相应政策，促使经营个体的成本和收益相称，主体思路是外部性内部化。由此可见，外部性理论对于政府制定环境税等相关法规是具有指导意义的。

公共产品是指具有非排他性和非竞争性的产品①。由于公共产品的消费具有非排他性和非竞争性，市场供给公共产品存在“免费搭车”问题，因此，政府必须介入公共产品供给领域。

4. 收入分配不公平

个人收入取决于其投入劳动的数量和质量以及投入资本的多少，因而必然形成收入差距，而且差距会越来越大。这是市场效率的必然结果。市场机制本身不能解决收入分配不公平问题。效率和公平是矛盾的统一体：效率是基础、前提，没有效率，即使是公平的，也是贫困的公平；公平是效率的保障，收入差距过大、严重不公，会带来社会不安定，反过来又会影响效率。

① 这里主要借鉴萨缪尔森对公共产品的理解和界定。

5. 经济波动与失衡

市场机制是通过价格和产量的自发波动达到需求与供给的均衡，而过度竞争不可避免地会导致求大于供与供大于求的不断反复：求大于供，物价上涨，会导致通货膨胀；供大于求，压缩生产，会导致失业率上升。这是市场经济不可避免的弊端。

视野拓展

政府失灵

市场失灵为政府干预提供了依据。但政府也不是万能的，甚至常常会出现政府失灵。政府失灵是指个人对公共产品的需求得不到很好的满足，公共部门在提供公共产品时趋于浪费和滥用资源，致使公共支出成本规模过大或者效率降低，预算出现偏差。那么，政府为什么会失灵呢？这是因为公共政策牵涉面广、制约因素多，政府在制定、实施公共政策过程中可能会偏离公众目标。因此，应综合经济、政治、社会、文化等诸多因素来思考并解决政府失灵问题。

就某一资源配置来看，是市场还是政府配置有效，是一个长期争论的话题。事实上，随着时间的推移以及各国政治经济体制的差异，这种配置的有效性也在发生着变化。因此，我们应以动态的思维看待市场失灵和政府失灵。

三、政府与私人之间的资源配置

政府供给产品和服务需要拥有如劳动力、设备、建筑物以及土地等资源，这些资源来源于居民缴纳的税款。政府供给产品和服务的实际成本等于居民放弃的私人产品和服务的价值。毫无疑问，居民在缴纳税款后，其直接购买私人产品和服务（如汽车、服装、住房、照相机等）的能力就会相应降低。不仅如此，税收还会扭曲人们的选择行为继而产生间接成本。除此之外，税收还会影响产品和服务的价格以及人们的工作和储蓄行为，并在产品与服务之间分配资金。由于税收政策对个体行为人的收益和成本均产生影响，从而会进一步影响个体行为人的决策，因此，税收在一定程度上会妨碍经济运行。

视野拓展

中国经济学的理论创新

1. 政府与市场的资源配置均衡

我们可以用生产可能性曲线表示政府产品和服务与私人产品和服务之间的平衡关系。如图 1.1 所示，生产可能性曲线给出了某种经济可以供给的政府产品和服务与私人产品和服务之间的各种组合。我们假定生产性资源和技术要素不变，并且资源得到充分使用。私人产品和服务通常是指食品、服装等在市场上出售的产品和服务；政府产品和服务，例如道路、学校和消防，通常不在市场上出售。在图 1.1 的 A 点上，个人放弃 MX_1 单位的私人产品和服务，那么政府可以供给 OG_1 单位的政府产品和服务。那些本可以用于生产私人产品以及供给私人服务的资源现在由政府使用，用于供给公共服务和履行其职能。

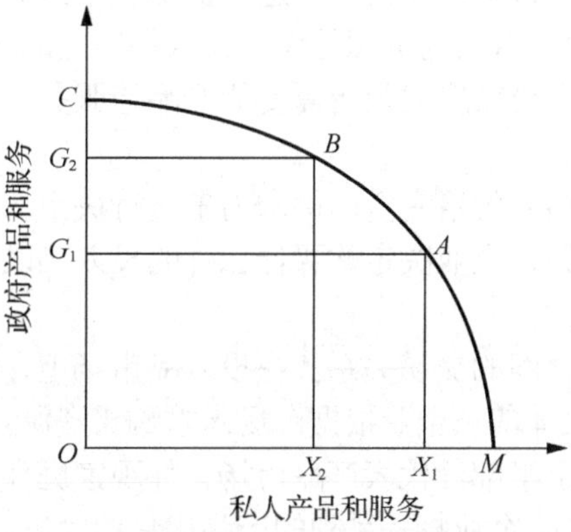

图 1.1 政府产品、私人产品和服务

政府每年供给的产品和服务的数量由 OG_1 增至 OG_2，这要求减少每年生产的私人产品和服务的数量。在图 1.1 中，经济沿着生产可能性曲线由 A 点移至 B 点，每年生产的私人产品和服务的数量由 OX_1 降至 OX_2。例如，假设个人需要更多的环保服务，为了供给这些服务，政府可能提高对污染企业的征税额，或者可能实施更为严厉的监管措施以防止污染。新的监管措施或者税收可能导致企业的生产成本增加，使上述企业生产的产品价格上升，消费者的市场需求数量下降。新的政策将导致环境质量提高，这是一种由政府供给的产品；但同时也要求个人牺牲部分私人产品和服务的消费，为更加洁净的环境付费。

2. *政府资源配置机制*

政府产品和服务是如何分配的？政府产品和服务大部分通过非市场途径分配给个人。也就是说政府产品和服务并不根据个人付款的意愿程度分配，而且也不根据价格进行配给。在某些情况下，所有人都可享受政府服务，无须直接付款，也没有资格要求。国防服务是一个非常典型的例子，所有人都可免费享受国防服务，而且这种服务不根据价格进行配给。另一种情况下，政府将收入、年龄、家庭地位、户口或者是否缴纳特定税款、费用或支出等作为标准，确定个人是否有资格从政府产品和服务中受益。例如，在美国，为了获得社会保障退休金，一名工人通常必须在社会保障体系覆盖范围内工作 10 年以上，获得超过一定限额的收入，并且支付薪金税。所能获得的退休金数额则取决于以前的收入纪录、婚姻状况、需要供养的人数以及支付薪金税的时长。与此类似，使用城市公共交通设施必须按规定交费。如果缴纳的公路通行费无法补偿系统运营的成本，其赤字由政府通过征税予以弥补。

四、混合经济、市场和政策

绝大多数经济发达国家都是混合经济。在混合经济中，政府供给一定数量的产品和服务并管理着私人经济活动。政府支出通常占国内生产总值（GDP）的 1/4～1/2，税收收入占国家收入的 1/4 以上。政府通常监管私人经济活动并利用税收和补贴来影响资源使用的动机。在纯粹市场经济中，私人企业为追逐利润尽可能供给所有的产品和服务，并全部通过市场进行交易，价格则由供给和需求自发决定。个人面对的是由市场决定的价格，根据个人偏好和经济能力（指收入和财富）自由地购买产品和服务。在混合经济中，有相当数量的产品和服务是通过政府供给的，与市场供给产品和服务不同的是，它是公共选择的结果，而不是仅仅限于买卖双方。

在一个有序的市场里，没有人强迫消费者购买他们并不需要的产品。政治决策通常会强制居民为政府服务和项目供给资金，而不管居民个人是否愿意。

1. *混合经济的循环流动*

在纯粹市场经济中，全部生产性资源均为私人所有，个人决定如何使用这些资源。个人的决策部分地受产品和服务的市场价格的影响。在市场上，他们供给的资源是作为投入品出售的。

组织私人企业的目的在于，使用投入品市场上的资源供给家庭成员所需要的产品与服务。反过来，在产品市场上将这些产品与服务出售给家庭用户。

在完全竞争的市场经济中，任何销售者都无法影响价格，价格完全由供求力量自行决定。在市场价格固定的情况下，家庭决定如何出售其拥有的资源，企业决定购买什么样的投入品以及生产什么样的产品（见图 1.2）。

图 1.2 的下半部分表示投入品市场，反映家庭和企业之间的交易关系。在投入品市场上，家庭按照市场决定的价格向企业出售其资源，如劳动力、资本等。企业根据市场需求购买资源。政府活动同样需要从投入品市场获得资源并付费。该图的上半部分代表产品市场，体现家庭和企业之间关于产品和服务的需求和供给关系。在产品市场上，企业将一系列的产品出售给家庭，家庭用其出售生产性资源的收入为其购买的产品付款。企业从其出售的产品和服务中获得收入，

以继续其生产经营活动。这种循环过程的收入分配方式，取决于生产性资源所有权的分配状况、资源价格和其他资源所有者从资源的生产性使用中获得的收入。在纯粹市场经济中，所有产品和服务均由企业供给。

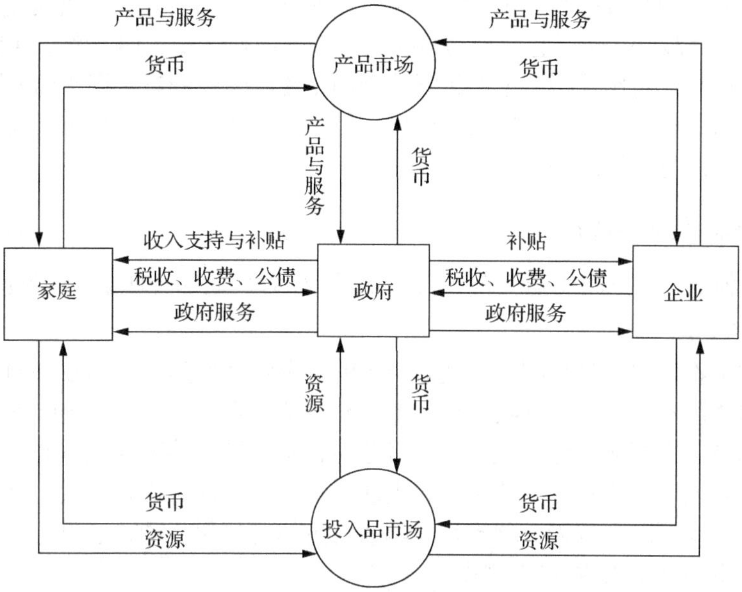

图 1.2 三部门经济运行图

2. 政府是市场主体之一

视野拓展
政府与市场的关系

在混合经济中，政府作为产品和服务的购买人参与市场活动并成为市场主体之一。图 1.2 的中心部分代表政府活动。政府从家庭购买投入品并获得土地[①]、资本等生产性资源的所有权。政府利用这些投入品供给产品和服务，这些产品和服务并非全部是通过竞争的方式出售给家庭和企业，其中多数是通过非市场配给方式进行分配的。在现代经济社会，政府也拥有并运营如石油化工、铁路、烟草、银行等各类企业，这些企业是在特定的市场状况下从事相关经营活动的。

政府还从企业购买如纸张、汽车、计算机和房产等产品。为了满足这些支出，政府要求企业和个人支付各种税款和费用，甚至可能按照低于实际市场价格的补偿比例使用资源（如强制性的军事服务）。政府利用其购买的生产性资源供给产品和服务，包括国防、道路、学校、警务、消防和许多其他的公共服务。

在图 1.2 中，公共部门的规模体现在如何在上、下区域以及中心部分分摊全部交易成本。中心部分的交易是通过政治制度进行的，上、下区域的交易是通过市场制度完成的。

课堂金话筒

讨论下列产品和服务的供给是否存在市场失灵，并说明理由：①社会治安；②教育、公共卫生；③住房；④食品；⑤环境保护；⑥国防；⑦公共交通；⑧文物保护；⑨流行病防治。

你还能举出市场失灵的例子或领域吗？

① 这里的土地指在私有制下，私人拥有所有权的土地。如果土地为国有（或集体所有），政府则通过征用的方式获得土地，同时给予有土地使用权的家庭相应的补偿。

第二节 财政概述

财政是一个古老的经济范畴。16 世纪末期，法国政治家布丹在其所著的《共和国六讲》一书中较早使用了“财政”一词，它专指财政收入和公共理财活动。18 世纪，英国古典政治经济学家亚当·斯密在其代表作《国富论》第五篇专门论述了财政问题。现代西方财政学对财政的定义，主要是从组织政府收入、安排政府支出、供给公共产品，以纠正市场失灵、调节资源配置和收入分配等方面进行界定的。

一、财政的概念及其特征

对于财政的概念，从不同的角度有不同的理解。相对其他经济现象，财政也有自己的特征。

1. 财政的概念

从实际工作来看，财政是指国家（或政府）的一个经济部门，即财政部门，它是国家（或政府）的一个综合性部门，通过其收支活动筹集和供给资金，以保证实现国家（或政府）的职能。从经济学的意义来理解，财政是一个经济范畴，是一种以国家为主体的经济行为，是政府集中一部分国民收入用于满足公共需要的收支活动，以实现优化资源配置、公平分配及经济稳定和发展的目标。也可以理解为，财政是以国家为主体的分配活动，这里的“分配”既包括生产要素的分配，也包括个人收入的分配。

由于本书是从经济学角度研究财政问题的，因此将财政定义为：财政是指国家或政府为了满足社会公共需要，以国家或政府为主体对一部分社会产品与服务进行分配的活动。

2. 财政的特征

一般而言，财政具有以下三个特征。

（1）财政分配的主体是国家或政府。财政体现的是一种分配关系，其分配关系的主体是政府，没有政府为主体的分配就不能称其为财政。这是财政分配区别于其他分配范畴的基本特征。所谓以政府为主体，是指政府在财政分配中居于主导地位，并形成政府与其他分配主体之间的分配关系。当然这并不是说政府对经济可以为所欲为，财政根本上是由经济决定的。在现代市场经济条件下，市场机制应在经济运行中起决定性作用，财政应该尊重市场的活动规律，政府应该积极配合并为之服务。

（2）财政分配的对象是一部分社会产品与服务。财政分配一部分社会产品与服务，即一部分国民收入。一个国家在一定时期内（通常是一年）所生产的最终产品与所供给的全部服务的市场价值的总和，是国家取得财政收入的基本源泉。政府通过税收、国有资产收益、收费和公债等收入形式，将一部分社会资源从私人部门转移到公共部门，形成财政收入。

（3）财政分配的目的是满足社会公共需要。社会公共需要是相对于私人需要而言的。所谓社会公共需要是指社会对安全、秩序、公民基本权利和经济发展的社会条件等方面的需要。诸如政府的行政管理、国防、文化教育、公共卫生、生态环境保护、基础设施、基础产业、支柱产业和风险产业的投资，以及为调节市场经济运行而采取各种措施和政策等都属于满足社会公共需要。私人需要可以通过市场的价格、竞争机制得以实现；而社会公共需要则要通过政府的收支活动来满足，这是财政学研究的核心内容之一。

二、中国财政理论的沿革

中国财政理论是随着中华人民共和国的诞生而产生的，大体可分为四个阶段。

1. 中华人民共和国成立之初的财政理论

中华人民共和国成立之初占主导地位的是引自苏联的财政理论，其中具有代表性的是货币关系论。这一理论认为：财政所反映的经济关系是由于货币的使用而产生的，社会主义财政就是通过货币表现出来的价值分配关系。这一理论虽然正确地指出了财政与国家的内在联系，但把企业财务和银行信贷都包括了进来，混淆了财政、财务、价格等范畴，模糊了财政研究的特定对象。

2. 计划经济时期的财政理论

计划经济时期大致以 1956 年计划经济体制基本确立为开端，以 1978 年改革开放开始而结束。其中，具有代表性的是国家分配论。这一理论认为：①财政是国家为维持其存在和实现其职能的需要，凭借国家的权力，强制地、无偿地参与社会总产品或国民收入的分配，形成以国家为主体的分配关系。②财政的本质特征是财政分配与国家之间的本质联系。③财政分配的主体是国家。在财政分配过程中，国家与有关方面（如阶层、集团、企业、部门、单位、个人等）构成矛盾的两方，国家属于起主导作用的矛盾的主要方面，国家是一切财政活动的决策者和组织者，各阶层、集团、企业、部门、单位、个人等只能居于矛盾的次要方面，处于服从的被动地位。④财政分配的依据是国家的政治权力。在公有制条件下，国家可以凭借其政治权力及生产资料的所有权参与国民收入的分配。⑤财政分配以无偿分配为主。⑥财政在参与社会总产品或国民收入的分配过程中，体现不同社会发展阶段的生产关系。

3. 20 世纪 80 年代的财政理论

20 世纪 80 年代，随着对计划经济体制的重新认识，财政学界围绕着财政本质、财政职能等问题展开了激烈讨论。一方面，国家分配论最终形成；另一方面，各种新的理论不断提出，其中对国家分配论冲击最大的是社会共同需要论。这一理论认为：财政是为满足不同社会形态下的社会共同需要所形成的经济关系，人们为满足社会共同需要而对剩余产品进行的分配就是财政。

视野拓展

国家分配论

随着社会生产力的发展，到原始社会末期，剩余产品与社会共同需要产生，财政也随之产生。不是国家创造了财政，相反，是财政为国家的产生奠定了经济基础。但国家出现后，国家成了社会共同需要的代表，从而社会共同需要的性质被扭曲为国家职能的需要。

社会共同需要论认为，社会共同需要既不是普通意义上的大家需要，也不是全社会需要，更不是全社会个人需要和集团需要的机械加总，在阶级社会中也不是各个阶级的共同需要，而是就社会总体或自身而言，维持社会存在的一般的社会需要。

4. 20 世纪 90 年代以来的公共财政理论

20 世纪 90 年代以来，随着社会主义市场经济的建立，财政学界发生了关于财政模式问题的争论，其中影响最大的是公共财政论。

人物谱

张馨

公共财政即政府为市场供给公共服务的分配活动或经济活动，是与社会主义市场经济相适应的财政模式。它的“公共性”是其区别于其他财政的根本性质，使其具有独特内涵（张馨，2000）[468]。

（1）公共财政是弥补市场失灵的财政。在市场经济中总存在着若干领域和场合，此时起基础性资源配置作用的市场机制或是无法有效配置资源（如公共产品、外部性、自然垄断等），或是无法正确发挥作用，从而导致出现社会分配不公、宏观经济不稳等现象，即处于天然的“市场失灵”状态。由于这是在充分尊重市场机制作用前提下产生的结果，因而只有非市场性的政府及其公共财政的介入，才有可能解决市场失灵问题。

（2）公共财政是为政府对经济主体提供一视同仁服务的财政。市场经济是通过无数经济主体的等价交换活动而连成有机统一体的，这就决定了政府及其公共财政必须一视同仁地对待所有的经济主体，否则将否定人们市场交换的等价性，而从根本上否定市场经济。

（3）公共财政是非营利性的财政。营利性是市场活动的直接动力。之所以会产生市场失灵问题，其根本原因之一是无法确保正常的市场赢利。处于市场失灵领域的政府及其公共财政，就不能直接进入市场去追求赢利，而只能以社会利益为活动目的，只能从事非营利性活动，从而具有非营利性。

（4）公共财政是法治化的财政。市场经济是法治经济，对于政府来说，其活动和行为也应当置于法律的根本约束和规范之下。公共财政作为政府直接进行的活动，在市场经济下显然也要受法律的约束和规范。政府预算就是约束、规范公共财政的基本法律手段。

第三节　财 政 职 能

微课堂
财政职能

财政职能是指财政在社会经济生活中所具有的职责与功能。我国财政理论界对于财政职能的研究有着不同的思路，因而也有着不同的表述。根据社会主义市场经济的内在要求，财政是政府的一种经济行为，是履行和实现政府经济职能的手段，因而，财政职能主要表现为经济职能，即资源配置、收入分配、经济稳定与发展。

一、资源配置职能

（一）资源配置职能的含义

资源配置广义的理解是指社会总产品的组合，即社会总产品的配置方式和配置过程。资源配置的目标是效用最大化。狭义的理解是生产要素的组合，即将生产要素分配于不同的使用方面。本质上讲，资源配置是指资源的优化配置。随着人类活动范围的扩大和程度的深入，人们对资源的需求越来越大。而资源是有限的，在生产规模不断扩大和消费水平不断提高的同时，资源供给相对稀缺，因而优化资源配置成为社会发展的必然。概括地说，资源配置就是指运用有限的资源形成最佳的资产结构、产业结构、技术结构和地区结构，以达到优化资源配置的目的。资源配置问题是经济学的核心问题，我们可以从以下几个方面进行理解。

（1）资源配置效率。资源配置效率包括两个方面：一是资源的充分利用。资源是稀缺的，因此，我们必须对资源进行多种组合并选择最优组合，以获得最大可能的配置效率。资源能否充分利用，反映在国家或地区的实际产出和福利水平是否处于较高水平。二是被充分利用的资源是否满足合理的使用结构，也即是否达到最优配置。资源配置越优，效率也就越高。

（2）资源的最优配置。西方经济学以“帕累托效率”（又称帕累托最优）来说明资源配置的最优状态。在市场经济体制下，市场在资源配置中起着决定性作用。在具备充分竞争条件的市场，通过价格的自发调节，能够形成供给与需求的均衡，因而形成一种资源配置的最佳状态。但由于存在市场失灵，市场自发形成的资源配置不可能实现最优的效率状态，因而，需要政府的介入或干预。财政的资源配置职能是由政府介入或干预所产生的，主要以供给公共产品和服务为手段，引导资源合理流动，弥补市场缺陷，最终实现社会资源的最优化配置。

（3）资源配置方式。在现代社会中，存在三种资源配置方式，即市场配置、政府配置和第三部门配置[①]。市场配置是资源配置的主要方式，它是通过价格和竞争实现高效率配置的。当然，市场配置也存在失灵领域。政府配置主要针对市场失灵领域且是必需的，采用政府干预的方式以弥补市场失灵，并为市场配置创造一个公平的环境。介于市场配置和政府配置之间的还有一种第三部门配置，它是在市场和政府配置双双失灵的情况下产生的，以弥补市场和政府配置不能覆盖的空白地带。鉴于我国第三部门发展规模有限，其在社会经济生活中的作用不很突出，故财政学界没有将其纳入重点研究视域，但第三部门配置资源的状况是存在的。

财政的资源配置职能是指财政通过参与财力分配来实现资源优化配置的职能。在发挥市场机制决定性配置资源的前提下，通过政府和财政的介入，确保社会资源配置的效率性，构成政府及财政活动的首要职能。

（二）资源配置职能的内容

1. 调节社会资源在不同地区之间的配置

一个国家的不同地区之间经济发展不平衡是客观存在的。其原因不仅在于历史的、地理的和自然条件方面的差异，而且还在于生产要素在市场机制作用下从经济落后地区向经济发达地区流动，从而扩大经济落后地区与经济发达地区的经济差距，经济差距的扩大又导致地区之间财政能力和公共服务水平的悬殊，这种状况不利于社会经济长期均衡发展和公共需要的适当满足。因此，财政必须对地区之间的资源配置进行适当的调节。

我国各地区经济发展很不均衡，东、中、西部地区的基础设施、人力资源和投资环境存在较大的差异。为了缩小差距，尽快实现各地区经济实力的普遍提高，政府推出了一系列财政政策支持中、西部地区的发展，例如，西部大开发战略、振兴东北老工业基地战略以及中部崛起战略等。这些政策充分体现了财政在调节地区间的资源配置方面的功能和作用。

2. 调节社会资源在各行业、各部门之间的配置，形成合理的产业结构

社会资源在各行业、各部门之间的配置状况如何，直接关系到产业结构是否合理。一国的产业结构是反映其宏观经济运行质量高低的重要指标之一，而财政又是政府进行宏观调控的主要手段。

合理的产业结构不仅能够提高宏观经济效益，而且有利于提高微观经济效益和整体社会效益，促进国民经济健康发展。调整产业结构是通过两条途径得以实现的。

一是调整存量结构。即对现有企业的生产方向、资产结构进行调整。财政的调节效果在于，通过调整公共支出中的直接投资，如增加能源、交通和原材料等基础产业和基础设施方面的投资，减少加工部门的投资，并利用税收、财政补贴、投资政策引导企业的投资方向。设置相应的税种、制定税收减免政策以及调节税率水平，以实现扶持或抑制某些产品、产业发展的目的。例如，通过对长、短线生产部门规定不同的税率，确定不同的折旧率，可以起到对不同部门投资的调节作用，从而引导投资方向。

二是调整投资结构。增加投资，既可以改变产业结构，又可以形成新的产业结构。依据国民经济发展规划，以税收政策和补贴政策来引导社会资源流向优先发展的产业和部门，从而实现优化产业结构的目标。例如，我国“十一五”规划中实施的中部崛起战略，其目的就是政府利用财政政策调整国家总体经济结构。

① 如果从资源的配置主体来看，资源配置方式可以分为市场配置、政府配置（或财政配置）、第三部门配置和公私伙伴关系（PPP）配置等四种。

3. 调节社会资源在政府部门和非政府部门之间的配置

社会资源在政府部门和非政府部门之间的分配依据来自社会公共需要与非社会公共需要在社会总需要中所占的比例。这一比例随着经济的发展、政府财政职能及其活动范围的变化而变化，主要体现在财政收支占国民生产总值（GNP）或国内生产总值的比例。提高这一比例，则政府配置资源的范围增大；反之，政府配置资源的范围缩小。政府配置资源的范围过大，会对市场配置资源产生排挤效应，使公共产品供给过剩，降低社会资源配置的总体效率；政府配置资源的范围不足，则难以有效地弥补市场配置资源的缺陷，无法供给足够的公共产品，同样会降低社会资源配置的总体效率。因此，社会资源在政府部门和非政府部门之间的最佳配置是：既要满足社会对公共产品和服务的需要，又不妨碍市场在资源配置中的决定性作用。

（三）资源配置职能的机制与手段

1. 明确政府的职责范围，确立财政收支占国内生产总值的合理比重

在明确社会主义市场经济中政府经济职能的前提下，确定社会公共需要的基本范围，确定财政收支占国内生产总值的合理比重，从而实现资源配置总体效率。20 世纪 90 年代中期以前，由于没能正确认识政府与市场的职能边界，以致过多地将政府职能推向市场，导致预算内的财政收支占国内生产总值的比重、中央财政收入占全部财政收入的比重明显偏低，不能有效地供给教育、公共卫生、环境保护、社会保障、科技进步、农业发展等准公共产品，对市场的资金投入方面也缺乏引导，因而，致使财政在经济结构性调整方面软弱无力。1995 年以后，我国财政收入占国内生产总值的比重逐年上升，且增长速度还比较快。当前，要防止财政收入占国内生产总值的比重过高，确保市场在资源配置中的决定性作用，同时，确保政府在资源配置中处于适度的地位。

2. 优化财政支出结构，提高资源配置的结构效率

我国国民经济和社会发展战略规划，明确规定了当前对资源配置的民生倾向要求。首先，财政应重点关注教育、社会保障、公共卫生和就业等经济社会发展的基本民生需求；其次，应关注经济薄弱地区和困难群体的就业、再就业和社会保障制度体系的构建；再次，财政支出应向科技创新和转变经济增长方式倾斜；最后，应加大转移支付力度，促进区域协调发展，构建和谐社会。

3. 合理安排政府投资的规模和结构，保证国家重点建设

政府投资规模主要是指预算内投资在社会总投资中所占的比重，适度的规模能够确保政府投资对社会总投资的调节力度。预算内投资结构和保证国家重点建设，对产业结构的形成和调整起着重要的作用。作为发展中国家的中国，对此应给予高度重视。我国曾因在公共基础设施上的投入不足而对经济增长形成了“瓶颈”制约。近年来，基础设施建设和基础产业的发展都有了明显改观，但经济结构不均衡问题仍然存在，因此，今后还必须从财力上保证具有战略性的国家重大建设工程，确保经济社会协调发展。

4. 优化财政税收政策

通过税收政策、政府投资、财政补贴和公债等手段，引导并促进民间投资，吸引高水平外资和强化对外贸易，提高经济增长率。

5. 提高政府的资源配置效率

进一步改革完善对公共支出项目的考核评价机制，提高公共支出效率。对于生产性的投资项目应主要运用成本-效益分析方法进行评估，而对于公用建筑和国防工程等公共性很强的项目，则主要采用最低成本法进行评估。我国近年来编制部门预算，实行政府采购制度、集

中收付制度、“收支两条线”管理制度，以及加强税收征管等，都是提高财政资源配置效率的重大举措。

二、收入分配职能

所谓收入分配，通常是指在一定时期内创造的国民收入在价格、税收、政府支出等工具的作用下，在国家、企业和个人之间分割、形成流量的收入分配格局和存量的财产分配格局。财政的收入分配职能，是指财政运用多种方式参与国民收入的分配和调节，以期达到收入分配的经济公平和社会公平。换句话说，就是通过财政收支政策，对国民收入和社会财富进行再分配，使之符合社会普遍认可的公平或合理的标准，也就是建立不同于市场分配的合理分配模式。

财政参与国民收入分配的原因有以下两点。第一，一些稀缺的自然资源存在着垄断性，且不同地区的资源条件差异很大，由此形成了垄断性的极差收入。财政有必要对之进行干预，防止某些企业为牟取垄断利润而损害公共利益。通过财政手段，对垄断利润进行强制性再分配，实现收入分配的相对公平。第二，以市场机制为基础的分配通常表现为经济公平，但往往损害社会公平。市场分配机制强调收入分配应以各利益主体为社会供给的生产要素的数量和质量为依据，现实生活中人们的劳动能力、财产占有量等方面存在着客观上的差别，因而，市场分配的结果必然会形成收入差距，导致社会不公平。

收入分配的核心问题是实现公平分配，因而财政的收入分配职能所要研究的问题，主要是确定显示公平分配的标准和财政调节收入分配的特殊机制和手段。当前，各国普遍使用的公平收入分配的指标是基尼系数。一般认为，基尼系数处于0.3～0.4被视为合理区间，基尼系数越小越趋于公平。2008年我国的基尼系数为0.491，之后持续下降，2019年已降为0.465，说明近年来政府在调节收入分配方面取得了良好的效果，但从绝对值来看，基尼系数仍然偏高，缩小收入分配差距的任务仍很艰巨。

> **想一想**
>
> 市场执行的是什么样的收入分配机制？市场机制能有效调节收入分配不公吗？

（一）收入分配职能的主要内容

1. 调节企业的利润水平

企业是市场主体之一，政府有责任为企业提供平等竞争的外部环境。企业竞争力与其利润水平有着直接的联系，企业的利润水平与其生产经营能力和税收负担密切相关。合理的税收政策在满足国家财力需要的同时，实现对企业利润水平的调节。企业的利润水平应当真实地反映其经营管理水平和主观努力程度，客观上要求在大致相同的条件下，使每个企业获得大致相同的利润，而财政的职责之一是消除或减弱外界客观因素对企业利润水平的影响。

2. 调节居民个人的收入水平

在现行市场经济体制下，我国实行按劳分配与按要素分配相结合的分配制度。各阶层居民的收入分为劳动收入和非劳动收入，劳动收入包括工资、薪金、奖金、津贴等，非劳动收入包括财产收入、租金、利息、红利和企业留利等。我国依法保护法人和居民的一切合法收入和财产，鼓励居民储蓄和投资，允许个人资本等生产要素参与收入分配。由于个人的禀赋和掌握的资产存在差异，必然形成劳动收入和非劳动收入差异，因而，需要财政对其进行调节，以实现社会公平。

（二）收入分配职能的手段和机制

1. 规范工资制度

规范工资制度是指规范由国家预算拨款的政府机关公务员的工资制度和视同政府机关的事

业单位职工的工资制度，以及加强对国有企业管理层的工资管理。凡应纳入工资范围的收入都应纳入工资总额，取消各种明补和暗补，提高工资的透明度；实现个人收入分配的货币化和商品化；适当提高工资水平，建立以工资收入为主、工资外收入为辅的收入分配制度。

2. 加强税收调节

税收是调节收入分配的主要手段：通过间接税调节各类商品的相对价格，从而调节各经济主体的要素分配；通过企业所得税调节企业的利润水平；通过个人所得税调节个人的劳动收入和非劳动收入，使其维持在一个合理的差距范围内；通过资源税调节由于资源条件和地理条件而形成的级差收入；通过遗产税、赠与税调节个人财产分布；等等。

3. 完善转移支付制度

转移支付是以政府为中介的资源转移与支付活动，包括政府对居民个人的转移支付、政府对企业的转移支付和政府间的转移支付。

政府对居民个人的转移支付包括社会保障支出、救济支出和生活困难补助支出等。通过这些支出，可以实现收入在全社会范围内的转移分配，从而使每一个社会成员得以维持基本的生活水平和福利水平。

政府对企业的转移支付主要有税式支出和企业亏损补贴等。前者针对特殊的产业或行业而基于的税收优惠，后者针对政策性亏损，财政补贴以补偿企业成本和形成合理的企业利润。政府间的转移支付包括中央政府对地方政府的转移支付和地方上级政府对下级政府的转移支付。

政府间的转移支付可以平衡政府间财政收入水平和各地区的公共服务水平。

通过转移支付方法进行的收入再分配是一种直接的方式，有明确的受益对象和范围，在操作上也有明确的政策选择性。所以，与财政收入分配职能的其他手段相比较，其对改变社会分配不公有更为明显的作用。

三、经济稳定与发展职能

1. 经济稳定与发展的含义

经济稳定是指通过财政政策的制定、实施与调整，对生产、消费、储蓄和投资产生影响，以达到充分就业、价格稳定、国际收支平衡等政策目标。充分就业并非指可就业人口百分之百就业。由于经济结构不断调整，就业结构也在不断变化，在任一时点上，总会有一部分人暂时脱离工作岗位而处于待业状态，经过一段时间培训后重新走上工作岗位，因而充分就业是指一国可就业人口的就业率达到了该国当时社会经济状况所能承受的最大比率。价格稳定是指在一定时期内，商品和服务价格保持相对稳定。通常以价格上涨率指标进行衡量。国际上通常认为价格上涨率在 2%以下即是价格稳定。事实上，各国经济社会对价格上涨的承受能力是有差异的，因而，对价格稳定也有着不同的评价。一般可以认为，价格稳定是指价格上涨（下跌）幅度维持在不至于影响社会经济正常运行的范围内。国际收支平衡指的是一国在国际经济往来中维持经常性项目收支（进出口收支、劳务收支和无偿转移收支）的大体平衡。因为国际收支与国内收支是密切联系的，国际收支不平衡同时意味着国内收支不平衡。

发展和增长是两个不同的概念。增长是指一个国家产品和劳务的数量的增加，通常用国民生产总值或国内生产总值及其人均水平来衡量。发展比增长的含义要广，不仅意味着产出的经济增长，还包括随着产出增长而带来的产出与收入结构的变化以及经济条件、政治条件和文化条件的变化。表现为在国民生产总值中农业比重相应下降，而制造业、公用事业、金融贸易、建筑业等的比重相应上升，随之劳动就业结构发生变化，受教育程度和人才培训水平逐步提高。

简而言之，发展是一个通过物质生产的不断增长来全面满足人们不断增长的基本需要的概念。对发展中国家来说，包括消除贫困、失业、文盲、疾病和收入分配不公等现象，发展的总目标是构建和谐社会。

2. 财政实现经济稳定和发展职能的机制和手段

财政管理者要想实现经济稳定和发展职能，需要借助以下机制和手段。

（1）社会总供给和社会总需求的大体平衡。如果社会总供求保持平衡，能基本实现物价稳定、经济增长适度，充分就业和国际收支平衡也能在一定程度上得到保障。财政政策是维系总供求大体平衡的重要手段。当总需求超过总供给时，财政可以实行紧缩政策，减少支出或增加税收或两者并举；一旦出现总需求小于总供给的情况，财政可以实行适度放松政策，增加支出或减少税收或两者并举，由此扩大总需求。在这个过程中，财政收支发生不平衡是可能的而且是被允许的。

（2）发挥自动稳定器功能。在财政实践中，还可以通过一种制度性安排，发挥某种“自动稳定”作用。例如，累进税制度、社会保障制度都具有内在的稳定机制。当经济处于高涨时期，企业和居民的利润或收入水平相应提高，在累进税制度下，其缴纳的税款就会增加，则税后收入相应减少，企业和居民的可支配收入减少。这在一定程度上抑制了他们的投资与消费，对经济增长具有逆向调节的作用，表现出自动稳定器功能。社会保障制度，尤其是失业保障救济制度也同样具有逆向调节作用。当然，这种“自动稳定”的机制及其作用效果与制度本身的科学性及其运行环境有着很大关系。

（3）税收、投资和补贴政策安排。加快农业、能源、交通运输、邮电通信、水利、新基建等公共设施的投资建设，消除经济增长中的瓶颈制约，加快产业结构的转型与升级，保证国民经济的稳定运行与发展。

（4）财政满足社会公共需要。满足社会公共需要是财政的重要职能之一。随着经济的发展，社会公共需要处于不断变化之中。当前，财政的主要任务是为社会经济发展提供和平与安定的环境，治理污染，保护生态环境，提高医疗卫生水平，加快文教的发展，完善社会福利和社会保障制度，使增长与发展相互促进、相互协调，避免出现有增长而无发展的现象。

视野拓展

新结构经济学对政府与市场之间关系的认识

有效市场以政府有为做保障，有为政府以市场有效为依归。产权保护和发育完善的各类市场是市场有效运行的前提，收入分配对社会稳定和市场有序运行也会产生一定的影响。在经济发展过程中必然存在各种外部性和市场失灵，上述等等和其他造成市场失灵的问题都需要积极有为的政府来解决，所以，有效的市场需要政府的有为做保障。

政府有为的目的是使市场有效。政府的行为超过保障市场有效的范畴就成了越位，该做的不做或做不好就成了缺位。所以，政府的有为以市场的有效为依归。

推荐读者扫描二维码阅读补充资料，加深对市场与政府、财政职能的理解。

补充资料

本章小结

市场在资源配置中起决定性作用。但在信息不充分和不对称、垄断、外部性与公共产品、收入分配不公平和经济波动与失衡等方面，市场表现失灵。在混合经济中，公共部门与私人部门之间相互依赖、相互作用，构成完整的经济运行体系。

财政是国家或政府为了满足社会公共需要，以国家或政府为主体对一部分社会产品与服务进行分配的活动。我国财政理论主要经历了由“货币关系论”到“公共财政论”的发展过程，这两种财政理论类型与其经济体制相对应。

在市场经济体制下，财政有三大职能，即资源配置职能、收入分配职能和经济稳定与发展职能。

练习与思考

一、重要概念

1．市场失灵　2．垄断　3．外部性　4．公共产品　5．公共需要　6．资源配置职能　7．收入分配职能　8．经济稳定与发展智能　9．财政职能　10．国际收支平衡

二、单项选择题

1．下列不属于市场失灵表现的是（　　）。

A．房地产价格波动

B．传染性疾病流行

C．民营企业没有能力从事国防科技研究

D．政府提供医疗保险，但医疗费用飞速上升，无法控制

2．以下不属于造成垄断原因的是（　　）。

A．成本递减　　B．规模报酬递增

C．产品之间的差别　　D．行业内的厂商很少

3．下列哪种分配形式在社会产品和国民收入的分配中居于主导地位？（　　）

A．财政分配　　B．信贷分配　　C．价格分配　　D．工资分配

4．财政分配的主体是（　　）。

A．家庭　　B．社会团体与组织　　C．政府　　D．企业

5．财政分配区别于其他分配范畴的基本特征是（　　）。

A．财政分配的主体是国家或政府　　B．分配的对象是社会产品与服务

C．目的是满足社会公共需要　　D．分配具有历史性

6．在现代市场经济体制下，财政分配的目的是（　　）。

A．为了搞好经济建设　　B．为了合理配置资源，提高经济效益

C．为了满足国家实现其职能的需要　　D．为了满足社会公共需要

7．下列哪种观点主张“财政活动体现的是以国家（或政府）为主体的分配关系”？（　　）

A．国家分配论　　B．价值分配论

C．国家资金运动论　　D．社会共同需要论

8．从分配活动的本质来看，财政主要是一个（　　）。

A．经济范畴　　B．政治范畴　　C．社会范畴　　D．法律范畴

9．运用有限的资源能形成最佳的资产结构、产业结构、技术结构和地区结构，达到优化资源结构的目的，这属于财政职能中的（　　）。

A．收入分配　　B．资源配置

C．物价稳定　　D．经济稳定和发展

10．以下属于财政资源配置功能的是（　　）。

A．征收个人所得税　　B．建立社会保障制度

C．矫正外部性　　D．控制货币供应量

三、多项选择题

1．市场的资源配置职能不是万能的，市场失灵主要表现在（　　）。

A．信息不充分和不对称　　B．垄断

C．外部性与公共产品　　D．收入分配不公平和经济波动

E．食品、衣物的供给

2．财政的一般特征主要包括（　　）。

A．财政分配的主体是国家或政府　　B．财政分配的对象是社会产品与服务

C．财政分配的目的是满足社会公共需要　　D．财政分配具有历史性

3．完整的市场主体是以下几个相对独立的主体组成的（　　）。

A．家庭　　B．中介　　C．政府

D．企业　　E．学校

4．财政职能主要表现为经济职能，即（　　）。

A．资源配置　　B．收入分配

C．组织生产和销售　　D．经济稳定和发展

5．财政实现收入分配职能的手段和机制主要有（　　）。

A．规范工资制度　　B．加强税收调节

C．完善转移支付制度　　D．满足社会公共需要

E．税务代理

6．财政实现稳定和发展职能的机制和手段主要有（　　）。

A．社会总供给和社会总需求的大体平衡　　B．发挥自动稳定器功能

C．税收、投资和补贴政策安排　　D．财政满足社会公共需要

E．促进企业提高利润水平

7．收入分配公平的两层含义是（　　）。

A．按劳分配的公平　　B．初次分配的公平　　C．社会公平

D．经济公平　　E．综合公平

8．资源配置职能的主要内容有（　　）。

A．调节社会资源在居民个人之间的配置

B．调节社会资源在不同地区之间的配置

C．调节社会资源在各行业、各部门之间的配置

D．调节社会资源在政府部门和非政府部门之间的配置

E．调节资源在国家之间的配置

四、分析判断题

1．完整的市场体系是由家庭、企业和政府三个相对独立的主体组成的，政府可以通过法律、行政和经济等手段，“凌驾”于市场之上介入和干预市场。（　　）

2．一般认为，基尼系数处于0.4～0.5被视为合理区间，基尼系数越小越趋于公平。（　　）

3．由于市场失灵的存在，政府对经济的干预越多越好。（　　）

4．收入分配的核心问题是实现公平分配，因而财政的收入分配职能所要研究的问题，主要是确定显示公平分配的标准和财政调节收入分配的特殊机制和手段。（　　）

5．发展一定是增长，但增长不一定是发展。（　　）

6．财政是一种经济行为或经济现象，这种经济行为或经济现象的主体是企业。（　　）

7．在中国特色社会主义市场经济条件下，在资源配置上起主导作用的仍然是计划方式。（　　）

8．充分就业是指全社会所有成年人百分之百就业。（　　）

9．财政部门作为政府的一个经济部门，直接执行政府的政治职能、社会职能和经济职能。（　　）

10．单靠市场机制不可能解决收入分配的公平问题。（　　）

五、简答题

1．什么是市场失灵？

2．垄断导致的效率损失表现在哪些方面？

3．简述效率和公平的关系。

4．简述财政的基本特征。

5．简述政府介入公共产品供给领域的必要性。

6．资源配置职能的主要内容是什么？

7．资源配置职能的机制和手段是什么？

8．为什么财政要参与国民收入分配？

9．收入分配职能的手段和机制是什么？

10．财政实现经济稳定和发展职能的机制和手段是什么？

六、论述题

1．试述中国财政理论的沿革。

2．如何理解政府与私人之间的资源配置边界？

3．试分析财政的资源配置职能。

4．试分析财政的收入分配职能。

5．试分析财政的经济稳定与发展职能。

七、材料分析题

在经历了多年高速增长后，2015 年后我国经济进入中高速增长阶段。在增速放缓的同时，经济结构和增长动力正在发生转折性变化：消费比重超过投资比重，服务业比重超过第二产业比重，外贸增速降低后内需比重相应上升，劳动力总量减少，资源环境压力持续加大，经济增长将更多地依靠生产率提升和创新驱动。与这种经济发展的“新常态”相适应，政府与市场的关系必须作出相应调整。

第一，以法治强固市场经济的基础。我国的市场经济脱胎于传统计划经济体制，后者的影响根深蒂固。投资者特别是民营资本投资者缺少以法律为基础的稳定预期。切实保护各类产权，营造和维护公平竞争环境，将其规范化、程序化和法治化，是更好发挥政府作用必须补上的一堂“基础课”。

第二，把国有资本改造成实现政府政策目标的有效工具。国有资本和国有企业改革的首要问题是如何“定位”。国有资本应服从和服务于国家现代化建设的战略目标，重点投向公共服务、重要前瞻性战略性产业、生态环境、科技进步和国家安全等领域。从这个意义上说，改革后的国有资本基本上应当是“公益性”或“政策性”的。应以“管资本”为主的思路，加快国有资本的股份化、证券化步伐，增强其流动性，借助“两类公司”，逐步把国有资本集中到上述相关领域。按照现代市场经济中政府政策工具的要求，构造国有资本管理体制和出资企业的治理结构。

第三，立足于提升人力资本质量，加强社会保障体系建设。社会福利支出的大幅增长，是 20 世纪发达市场经济国家政府公共开支上升的主要因素。社会救济、养老、医疗、就业、教育、住房等方面的保障支出增加，对于发达国家改善民生、缩小收入差距，起到了重要作用。有些国家更加重视人力资本建设，通过职业培训提高劳动者的就业转换能力，使之成为国家竞争力提升的重要源泉；有的国家则形成了养懒人体制，过高的政府支出成为沉重负担，进而导致危机。近些年我国社会保障体系建设取得重要进展，但随着经济和财政收入增速的放缓，有些地方社会保障支出的压力在增大。重要的是要转换思路，通过社会保障体系的精心设计和建设，使之致力于促进劳动力的横向和纵向流动，增强劳动者的职业转换能力和创新能力，使社会保障支出成为提高人力资本质量的有效投入，形成中国特色发展型社会保障体系。

第四，形成有利于效率提升、创新驱动、可持续发展的制度环境和支撑体系。在以往高速增长时期，先行者的技术可以模仿，经验教训可以借鉴，政府拥有较多的有效信息，可以较低的出错概率在部分领域为增长提供指导。这方面突出地表现在基础设施建设上。但当经济接近技术前沿，越来越多地依靠自身创新时，政府的原有优势明显减弱。此时，需要政府相应转变发挥作用的思路和机制，致力于营造有利于创新、有利于包容多样性和不确定性的体制与政策环境。

第五，宏观调控要顺势而为，保持增长阶段转换过程基本平稳，并为转方式、调结构、控风险创造条件。国际经验表明，经济增长阶段转换期具有比其他时期更多的不稳定性和不确定性，通常会对宏观经济政策提出严峻挑战。因此，在这一时期，我国宏观调控要与下降了的潜在增长率相适应，顺势而为，避免出现大的波动。一方面要抑制原有的高增长冲动，另一方面也要防止由于预期改变、风险因素冲击等引起的增速短期过快下滑。刺激政策必要时仍可采用，但目的是“托底”而非“推高”。当经济转入新的平台后，要通过深化改革，转换增长机制和动力，力争实现就业可充分、企业可赢利、财政可增收、风险可控制、民生可改善、资源环境可持续的“六可”目标，进而使我国经济发展进入速度有所放缓，但更加重视质量和效益、更具有可持续性的轨道。

任务：试根据以上资料，就“政府干预市场”这一主题，写一篇1 000字左右的小论文，进一步加深理解“新常态”下政府与市场之间的关系。

第二章　公共产品理论

案例引导

南京长江大桥免费通行

南京长江大桥是连接南京市鼓楼区以及浦口区的一座公路、铁路两用跨江大桥。它于1960年开始建造，历时8年，于1968年建成正式通车。2002年，大修更换了1号桥墩的支座。2016年，全面大修，经过为期27个月的封闭维修，于2018年12月29日恢复通车。南京长江大桥一直免费通行。

本例详情

南京八卦洲长江大桥是一座跨长江斜拉桥。该桥于1992年1月23日开始项目前期筹建工作，1997年10月6日正式开工，2001年3月26日建成通车，被命名为南京长江第二大桥；2019年12月20日更名为南京八卦洲长江大桥。南京八卦洲长江大桥是收费大桥。

试问：南京长江大桥和南京八卦洲长江大桥都是桥，为什么前者免费后者收费？南京八卦洲长江大桥该不该收费？收费（或免费）决策如何形成？

公共产品理论是财政学重要的基础理论之一。认识政府与市场之间的关系，是学习财政学的前提。或者说，关于政府与市场关系的理论是财政学的理论基础。政府和市场分别在各自领域发挥作用，是资源配置的根本。政府配置资源的广度与深度、方式与方法等实践活动，需要可靠的理论予以指导。公共产品理论能够从多个层面对政府的经济政策进行阐释，因而，它是政府干预经济的重要理论依据。

第一节　人类的需求

人类有着多种多样的需求，从需求主体角度可分为私人需求和公共需求。

一、私人需求

私人需求是指由单个人内在产生的、不依赖他人而独立存在并得以满足的个人需要。这种需要因人而异，并随着时间、空间的变化而变化。从需要的性质来看，不同个体之间存在相似的地方，因而，就出现了多种需求理论。

（一）私人需求的分类

私人需求可以按照不同的标志或从不同的角度予以分类。

1. 奥塔·锡克的四需求论

奥塔·锡克将私人需求分为物质的需求、运动和活动的需求、与别人关系的需求和文化的需求。该项分类有着由低到高的满足顺序。

2. 恩格斯的资料满足需求论

恩格斯从物质资料角度将私人需求分为生存资料的需求、发展资料的需求和享受资料的需求。生存资料的需求是最基本的需求。

3. 斯大林的二元需求论

斯大林从物质和精神层面理解需求，将私人需求分为物质需求和文化需求两个方面。

4. 马斯洛的需求层次论

马斯洛将私人需求分为如下五个层次，如图 2.1 所示。

（1）生理的需求。这是人类维持自身生存的最基本需求，包括衣食住行等方面的需求。生理需求是推动人们行动的最强大的动力。

（2）安全的需求。这是人类保障自身安全、摆脱失业和丧失财产威胁、避免职业病的侵袭等方面的需求。科学和人生观也被看成满足安全需求的一部分。

（3）社交的需求。这一层次的需求包括两个方面的内容。一是友爱的需求，即人人都需要伙伴之间、同事之间的关系融洽或保持友谊和忠诚；二是归属的需求，即每个人都有一种归属于一个群体的需求，希望成为群体中的一员，并相互关心和照顾。

（4）尊重的需求。人人都希望自己有稳定的社会地位、个人的能力和成就得到社会的承认。尊重的需求得到满足，能使人对自己充满信心，对社会充满热情，体验到自己存在的价值。

（5）自我实现的需求。这是最高层次的需求，它是指实现个人理想、抱负，发挥个人的能力到最大限度，完成与自己的能力相称的事情的需求。自我实现的需求是个人努力发挥自己的潜力，使自己成为自己所期望的人物的源动力。

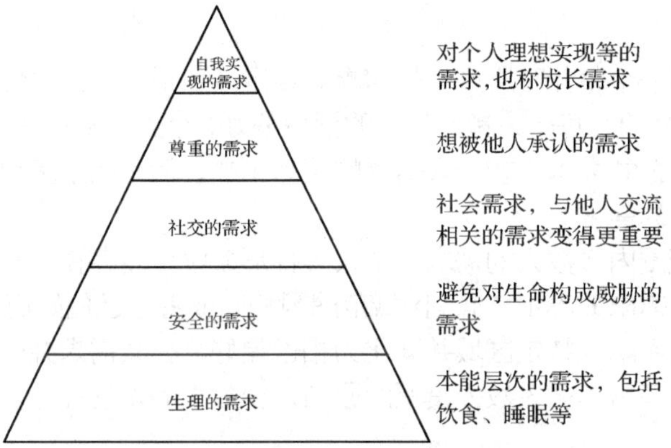

人物谱
亚伯拉罕·马斯洛

图 2.1　马斯洛需求层次模型

（二）私人需求的特征

私人需求的特征表现为收益的内在性和需求的分散性。

1. 收益的内在性

私人消费产品或者获得较高层次的需求满足，仅仅限于私人本身获得一定程度的效用，他人不会受到任何影响。这与私人消费的产品有关。私人产品的独立性及效用的分割性，决定着私人消费通常较少甚至不会产生外部性，也即私人消费行为对外界产生较少的影响，私人消费收益归于私人本身。

2. 需求的分散性

私人需求是独立的、分散的，不依赖他人需求的存在而存在。如私人对于食品、衣物的需求来自其自身的生存需要，与他人是否需要没有必然联系。尽管大众流行时尚会对私人需求偏好产生影响，但不改变基本需求私人决定的本质。基于此，私人需求具有累积性，即单个私人需求之和是全体私人的需求。

案例分析与讨论 2.1

个人需求与市场需求

个人需求是指在特定的时间和各种可能的价格下，个人购买某种商品的数量。个人需求须具备两个条件：第一，个人具有购买意愿；第二，个人具有支付能力。

个人需求受诸如个人的偏好、个人的资产与收入、个人所购买的商品的价格、与个人所购买的商品有关的其他商品的价格，以及消费者对商品未来价格的预期等多种因素的影响。个人需求曲线向右下方倾斜。假定其他条件不变，商品的需求量与价格呈反方向变化。

市场需求是指在某一特定市场和某一特定时期内，所有购买者在各种可能的价格下所购买的某种商品的数量。市场需求是个人需求的总和。市场需求曲线也是向右下方倾斜的。但也有例外，例如吉芬商品的市场需求曲线是向右上方倾斜的。吉芬发现，当时土豆的价格上升，但是土豆的需求量却在增加，土豆的需求量与价格同方向变化。吉芬商品是唯一不遵从需求法则的特殊商品。

启发思考

（1）对于普通食品，个人需求量的变化对市场总需求量会产生什么样的影响？

（2）对于私人产品，如何从个人需求曲线推导市场需求曲线？

二、公共需求

1. 公共需求的含义

公共需求是指众多个人作为一个整体时所产生的需求。该定义包括以下三层含义。

（1）公共需求是个人需求的集合。每个人都有自己的消费偏好，个人需求存在一定差异性，个人需求的集合形成公共需求。公共需求并非个人需求的简单相加，而是指众多个人作为一个整体时所产生的具有一定代表性的需求。

（2）公共需求是一定区域范围内多数人的需求。个人集合形成整体均存在一定区域范围，公共需求即为特定范围内的人们需求的集中指向。区域范围因相同或者相近偏好而形成，同时，不同偏好或者退出特定区域，或者融入特定区域并同化为相近偏好。公共需求并非每个人的需求，它的确定通常遵循多数人投票的原则，少数人的差别性需求服从于多数人的需求。

> **想一想**
>
> 个人需求的叠加能否形成公共需求？

（3）公共需求是一种整体需求。公共需求是多数人意愿的集中表达。尽管它不是每个人意志的体现，但它涵盖特定范围内的个体，代表的是整体的意志，是整体需求。

2. 公共需求的特征

相对私人需求，公共需求有以下几个特征。

（1）整体性。公共需求是由所有社会成员作为一个整体共同提出并达成的全民需求，或者说是大家的共同需求，而不是哪一个或哪一些社会成员单独提出的需求，也不是某一些社会成员所能单独享有的需求。

（2）集中性。公共需求由整个社会集中执行和组织来予以满足，它不能由哪一个或个别社会成员通过分散的活动予以满足。

（3）强制性。公共需求一般是通过公共机制来满足的。它通常依托政治权力，动用强制性的手段，甚至不惜违反一部分人的意愿和损害一部分人的利益以实现一定的目标。

第二节　公共产品概论

能满足人类需求的有多种不同类型的产品和服务，通常将其分为私人产品和公共产品两类。

一、私人产品的概念及其特征

私人产品是指用于满足私人需要的产品。对于私人产品而言，产品的总量等于每一个消费者所拥有或消费的该产品数量的总和。这意味着私人产品具有可加和性和可分割性，即

$$X_j = \sum_{i=1}^{n} X_j^i$$

式中，X_j 为产品的总量；X_j^i 为第 i 个消费者对这种产品的消费（拥有）量。此公式表明：①产品的总量 X_j 等于每一个消费者对这种产品的消费（拥有）量之和；②私人产品在个人之间是可分的。

私人产品是供个人消费并满足个人需求的。尽管私人需求的集合形成社会需求，但私人产品的集合仍然是私人产品。它主要有以下特征。

第一，可加和性。由于私人产品可以分割，个人产品之和就是众多私人产品。因此，个人的私人产品的叠加就形成了社会的私人产品。

第二，排他性。私人产品的消费具有明显的排他性，即一个人消费私人产品，就排除了其他人消费这一产品的可能性。或者说，一个人消费私人产品获得收益就排除了他人消费同一个产品并从中获益。

第三，竞争性。私人产品通常是通过竞争获得的，也即私人产品主要是通过市场机制进行配置的。在正常的市场环境下，经济主体只有通过市场交易才能获得对私人产品的所有权并对其进行消费。在现实经济生活中，也存在通过公共机制供给私人产品的，这些基本与民生息息相关。

微课堂

公共产品供给均衡

二、公共产品的概念及其特征

公共产品是指具有非排他性和非竞争性的产品。此概念有两个含义：不排除任何人使用或者说非付费使用；一个人的使用不会减少他人的可用性，或者产品和服务可以被多人同时有效消费。公共产品可以用下式表示：

$$X_{n+j} = X_{n+j}^i$$

上式说明：①任何一个消费者都可以支配公共产品的总量 X_{n+j}；②公共产品在个人之间是不可分的。

公共产品具有消费的非排他性、受益的非竞争性和效用的不可分割性三个特征。

1. 消费的非排他性

消费的非排他性是指公共产品一旦被供给，就不能将任何人排除在该产品的消费之外。可

以从三个方面对其进行理解：第一，公共产品是公共消费的，将某人排除在消费之外，要么技术上不可能，要么排除成本太高而不值得；第二，即使有人不愿意消费公共产品，他也不可能或者不容易避开对该产品的消费；第三，在一定范围内的任何个人都消费相同数量的公共产品。以国防服务为例，它是保障全体公民安全的，任何个人都不可能将国防独自占有，任何个人也不能将自己置身于国防保护之外，且每个人都享有相同的国防保护，即每个人都从国防保护中获得相同的收益。

2. 受益的非竞争性

受益的非竞争性是指公共产品一旦被供给，任何人都不必通过竞争出价就可以获得对该产品的消费。即增加一个人消费不会减少其他任何消费者的收益，也不会增加社会总成本，新增消费者使用该产品的边际成本为零。这里的边际成本为零可理解为：一是不增加社会生产总成本，即增加一个人消费，不需要另外投入资源；二是不影响他人的消费效用，即在增加一个人消费的前提下，不会对他人消费该产品获得的满足程度产生影响，或者说不会带来拥挤成本。

3. 效用的不可分割性

效用是指消费者消费某些产品所获得的满足程度，它是人们对产品的主观评价。不同的消费者对相同产品的消费评价是不同的，相同的消费者在不同时期对相同产品的评价也是不同的。私人产品由于可以分割为许多能够买卖的份额，所以谁付款谁获得其使用的效用。公共产品是向整个社会供给的，具有共同消费与受益的特点，其效用为整个社会的成员所共同享有，不能将其分割为若干部分；否则，其效用会完全丧失。

人物谱
保罗·萨缪尔森

三、公共产品的分类

公共产品有很多种，为方便理解我们可从多个角度对其进行分类。

1. 以产品的公共性强弱为标准分类

如果某种产品同时具备消费的非排他性和受益的非竞争性，并且又是公共部门供给的，这种产品便具有很强的公共性，属于纯公共产品（见图 2.2）。它很容易与私人产品区别开来。但实际生活中纯公共产品只占少数比例，绝大多数产品介于私人产品和纯公共产品之间，它们既具有公共产品的特征也具有私人产品的特征，即具有不完全的非排他性、不完全的非竞争性，属于准公共产品。私人产品有消费的排他性、受益的竞争性，并且通过市场自发供给与消费，具有突出的私人性。典型的私人产品如在市场上自由买卖的服装、食品等。

排他性？ \ 竞争性？	是	否
是	私人产品 • 衣服 • 家具 • 拥挤的收费道路	准公共产品（自然垄断） • 学校 • 有线电话 • 不拥挤的收费道路
否	准公共产品（公共资源） • 草场 • 野生动物 • 拥挤的不收费道路	纯公共产品 • 路灯 • 国防 • 不拥挤的不收费道路

图 2.2　产品的不同类型

（1）纯公共产品。这类产品同时具有消费的非排他性、受益的非竞争性、效用的不可分割性等特征，具有很强的公共性，如国防、政权机构、公共政策等。

（2）准公共产品。这类产品介于私人产品和纯公共产品之间，既具有一定的公共性，也具有一定的私人性。可将其分为三大类：第一类是利益外溢的准公共产品。此类产品一部分利益享有排他性，另一部分利益享有非排他性，即不完全的非排他性。如教育，人们接受教育，一方面，其自身的知识和能力水平得到了提高，受益的首先是受教育者，人力资源水平提高，会带来较高的预期收益，此为受教育者本人的收益，是排他的；另一方面，作为社会人，他所创造的价值永远大于其自身获得的价值，这部分利益是非排他的。第二类是拥挤性的准公共产品。此类产品随着消费者人数的增加而产生拥挤，从而使得每个消费者从中获益减少。此类产品具有不完全的非竞争性和排他性。如拥挤的桥梁，一座桥梁，多通行一辆车的边际成本几乎为零，但同时很容易做到禁止车辆通行，排他性明显。当然，作为准公共产品，一个不可缺少的条件是桥梁应由公共资金投资，或者是在公共政策引导下运行的。否则，由个人投资的桥梁属于私人产品。第三类是公共资源性的准公共产品。此类产品具有效用的不可分割性、受益的非排他性和竞争性，如公共草地、公共湖泊等。将其归入准公共产品基于以下两点理由。

第一，它与纯公共产品一样，总量既定，不归于任何人专有，且具有向任何人开放的非排他性特点。这些决定了在其消费中也会出现不合作问题，即由于每个参与者个体按照自己的理性行事，却导致了集体的非理性。在纯公共产品的例子里，会导致公共产品供给的减少；在公共资源的例子里，会导致过多供给公共劣等品。这一特征显示出它与私人产品完全不同，而与纯公共产品相似。

第二，该产品的竞争性的结果是某人消费的增加导致他人消费的减少。公共资源的消费在超过一定程度以后同样会产生拥挤问题，如草场的过度放牧、湖泊的过度捕鱼等均会产生灾难性后果。但这种竞争性与某厂商从事生产的同时污染了河流的性质有所不同，后者本身的生产活动大多不会受到损害；前者在给别人带来影响的同时自己也陷入其中，并承担其行为的成本。

案例分析与讨论 2.2

公地悲剧

1968 年，英国学者哈丁（Hardin）在《科学》杂志上发表了一篇题为《公地的悲剧》的文章，提出了公地悲剧的概念。

哈丁设置了这样一个场景：一群牧民一同在一块公共草场上放牧。一个牧民想多养一只羊以增加个人收益，但增加羊的数目将使草场的质量下降，牧民将如何取舍？如果每个牧民都从自身的利益出发，肯定会选择多养羊，因为草场退化的代价由大家承担。每个牧民都如此思考时，“公地悲剧”就上演了——草场持续退化，直至无法养羊，最终导致所有牧民破产。

在英国，公地悲剧和“圈地运动”紧密相连。15 世纪和 16 世纪的英国，草地、森林、沼泽等都属于公共用地；耕地虽有主人，但庄稼收割完以后需要拆除栅栏，敞开作为公共牧场。英国对外贸易的发展促使养羊业飞速发展，于是大量羊群进入公共牧场。不久，土地开始退化，“公地悲剧”出现了。于是一些贵族通过暴力手段非法获得土地，用围栏将公共用地圈起来，据为己有，这就是所谓的“圈地运动”。“圈地运动”使大批的农民和牧民失去了维持生计的土地，出现了“羊吃人”事件。但史书未曾提到：“圈地运动”的阵痛过后，英国人惊奇地发现，草场变好了，英国人作为整体的收益提高了。由于土地产权的确立，土地由公共用地变为私人领地的同时，拥有者对土地的管理更高效。同时，土地兼并后以户为单位的生产单元演化为大规模流水线生产，劳动效率大为提高。

启发思考

（1）公地悲剧发生的本质原因是什么？

（2）在防范国有资产流失方面你有什么良策？

2. 以受益的区域为标准分类

以受益的区域为标准，可将公共产品分为全球性公共产品、全国性公共产品、区域性公共产品和地方性公共产品。

全球性公共产品是指多国公民能同时享用并从中获益的产品。其收益能外溢到其他国家，如大气臭氧层的保护。

全国性公共产品是指一个国家或者地区的所有公民都不需要支付额外成本就能享用的公共产品。如国防、法律制度等，保护着一国的所有公民的人身、财产及其他相应权利。

区域性公共产品是指某一地区的居民能够共同享用的公共产品。如“三峡工程”的建成使整个长江流域特别是靠近三峡的几个省份的人们受益最大。

地方性公共产品是指某一地方（如城镇、街道）的居民可以享用的公共产品，如街道的路灯等。

全国性公共产品、区域性公共产品和地方性公共产品有时候并不能截然分开。例如，从北京到沈阳的高速公路是一种范围很广的地方性公共产品，因为它不仅给北京和沈阳的居民带来出行的便利，也使得沿线众多城乡居民从中受益。它又是一种区域性公共产品，因为它是将两个城市连接起来的桥梁，这两个城市及沿线所有的居民受益最大。它同时也是一种全国性公共产品，因为中国境内的任何一个公民都可能从这条高速公路受益。

第三节　纯公共产品的供给均衡

人物谱

庇古

对公共产品性质的认识是研究问题的根本，但如何供给公共产品以及供给公共产品的数量和类型，是问题的关键。也就是研究怎样供给公共产品才符合效率原则。在这方面，许多学者进行了大量研究，下面介绍几个典型模型。

一、庇古模型

庇古（Pigou，1877—1959）运用功利主义的方法，研究个人为消费公共产品而支付税收的问题。庇古模型假定：每个人都从公共产品的消费中受益，但随着消费的增加，其效用是递减的；同时，个人必须为享受公共产品而纳税，纳税会给纳税人带来负效用。庇古将税收产生的负效用定义为放弃私人产品消费的机会成本。他认为，公共产品应该持续供给，直到最后一元钱所得到的正边际社会效用等于为最后一元公共产品而纳税的负边际社会效用。

在图 2.3 中，曲线 GG 表示公共产品供给带来的正边际社会效用，曲线 TT 表示为供给公共产品而纳税所带来的负边际社会效用，直线 NN 表示两者相抵之后的边际社会净效用。在该图中，点 A 是公共产品供给最佳点，该点满足$|AC|=|AC'|$，该点处 NN 为零。

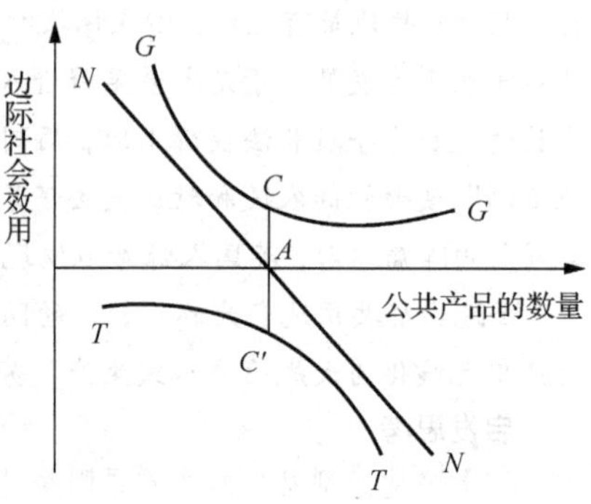

图 2.3　庇古的公共产品供给

庇古模型给出了一个人对公共产品供给水平需求的决定条件，即个人对公共产品消费的正边际社会效用的绝对值等于纳税的负边际社会效用的绝对值。

视野拓展

效用

效用（utility）是经济学中最常用的概念之一。一般而言，效用是指对于消费者通过消费或者享受闲暇等使自己的需求、欲望等得到满足程度的度量。经济学家用它来解释有理性的消费者如何把他们有限的资源分配在能给他们带来最大满足的商品上。在维多利亚女王时代，哲学家和经济学家曾经轻率地将效用当作一个人整个福利指标，效用一度被用于测量个人快乐的程度。效用理论是领导者进行决策时采用的一种理论。决策往往受领导者主观意识的影响，领导者在决策时要对所处的环境和未来的发展予以展望，对可能产生的利益和损失作出反应，在公理科学中，把领导者这种对于利益和损失的独特看法、感觉、反应或兴趣，称为效用。

二、鲍温模型

1943 年，美国经济学家鲍温（Bowen）通过局部均衡分析，比较了私人产品供给和纯公共产品供给之间的差异，给出了公共产品供给的均衡条件。

1. 私人产品的需求和供给

假定一个社会中有 A、B 两人和私人产品、公共产品两种产品。如图 2.4 所示，A、B 对私人产品的需求曲线分别是 D_A 、D_B ，那么市场需求 $D = D_A + D_B$ ，以 DD 表示。私人产品的供给曲线为 SS。SS 和 DD 相交，决定了市场均衡价格 P 和数量 Q。在竞争市场上，A、B 都是价格的接受者，当价格为 P 时，A、B 消费的私人产品数量分别为 Q_A 、Q_B ，且 $Q = Q_A + Q_B$ 。价格等于边际成本（MC），即 $P=MC$。

2. 公共产品的需求和供给

公共产品的需求和供给如图 2.5 所示。以 D_A 、D_B 分别表示 A、B 对公共产品的需求曲线，则市场需求曲线 $DD = D_A + D_B$ 。市场需求曲线 DD 与供给曲线 SS 相交于一点，并决定市场均衡价格 P 和数量 Q。在公共产品供求中，A 和 B 消费公共产品的数量都是 Q，但他们支付的价格不同，分别是 P_A 和 P_B ， $P = P_A + P_B$ 。而 $P = MC$ ，于是， $P = MC = P_A + P_B$ 。

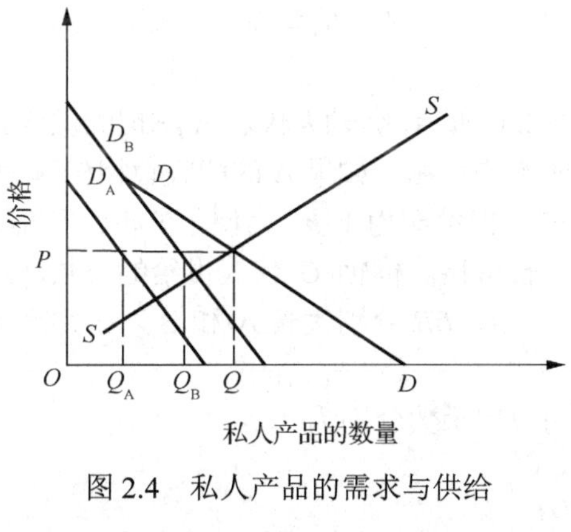

图 2.4　私人产品的需求与供给

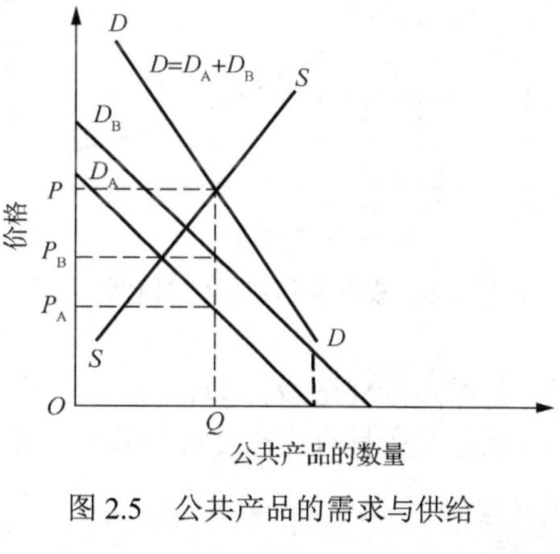

图 2.5　公共产品的需求与供给

私人产品和公共产品的市场需求曲线的差别主要体现在：私人产品的市场需求曲线是个人需求曲线的横向相加，而公共产品的市场需求曲线是个人需求曲线的纵向相加。这是由私人产品和公共产品的基本特征，即私人消费性与公共消费性决定的。个人 A 和 B 所消费的公共产品数量之所以一样，是因为一个人对公共产品的消费不会影响其他人对该公共产品的消费。

与私人产品的需求曲线不同的是，公共产品的需求曲线是虚拟的。消费者购买私人产品所支付的货币数量，会反映其对私人产品的实际需求，但市场无法直接供给公共产品的实际需求信息。这里所假定的某人对公共产品的需求曲线，只是模拟市场作出的。这种假定的意义在于突出私人产品与公共产品需求上存在的差异。

图 2.5 中向下倾斜的虚拟需求曲线，表明个人的公共产品的边际效用也是递减的。站在不同的角度，可以得出纯公共产品有效供给必须满足以下三个条件：

（1）$\sum$个人价格=边际成本。个人价格的集合即公共产品的价格，当其等于边际成本时，公共产品的供给效率最高。

（2）$\sum$边际替代率=边际成本。边际替代率是递减的，当边际替代率的总和等于边际成本时，公共产品的产量最大。

（3）$\sum$边际评价=边际成本。边际评价的集合即为公共产品的边际效用，当它等于边际成本时，公共产品供给的社会福利最大化。

三、威克塞尔-林达尔模型

克努特·威克塞尔（Knut Wicksell，1851—1926）和埃里克·林达尔（Eric Lindahl，1891—1960）都是瑞典学派的重要代表人物，他们创立了威克塞尔-林达尔模型（简称“威-林模型”）。威-林模型重在说明公共产品的供给是由社会中的个人经过讨价还价来决定的，其最佳条件是每个人愿意承担的成本份额之和等于 1。威-林模型与现实联系更为密切，对以后的公共选择理论产生了重要的影响。

威-林模型是一个局部均衡模型，与庇古模型和鲍温模型不同的是，该模型引入了政治因素，即更多地考虑了政治因素对公共产品供给的影响。它试图找出民主社会中公共产品的合理水平，以及在不同的人之间如何分摊公共产品的成本。

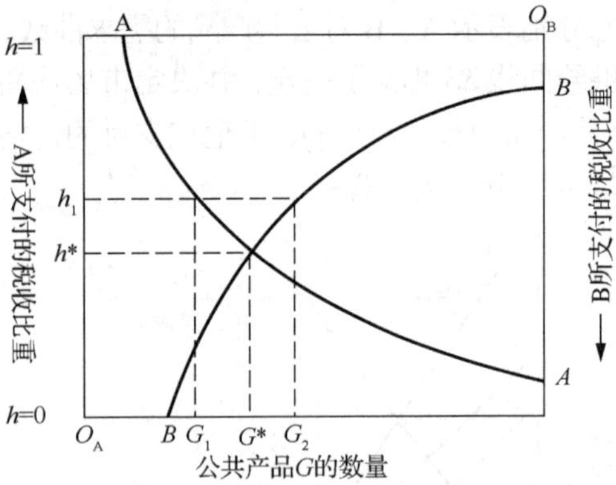

图 2.6　威克塞尔-林达尔模型

威-林模型描述的是公共产品供给的虚拟均衡过程。在该模型中，有两组各自具有共同偏好选民 A 和 B。该模型假定两组人拥有相同的政治权力，所通过的是两组人都同意的预算。如果是一种公共产品，那么假定每一位拍卖者报出不同的税收份额和预算规模，经过某一拍卖程序，就可得出一个均衡结果。

如图 2.6 所示，纵轴 h 代表 A 承担的供给公共产品总成本的份额。如果 A 的税收负担份额为 h，那么 B 的负担份额为 1–h。为便于分析，把税收份额视为税收价格。横轴 G 代表供给的公共产品数量。曲线 AA、BB 分别代表 A 和 B 对公共产品的需求，其原点分别是 O_A、O_B。

每组选民所具有的对公共产品 G 和私人产品 X 的效用函数分别为

$$U_A = U_A(X_A, G)$$
$$U_B = U_B(X_B, G)$$

其中，X_A 和 X_B 分别为 A 和 B 所消费的私人产品向量；G 为所消费的公共产品的向量。A 和 B 都力图在各自的预算约束下最大化自己的效用：

$$PX_A + hG \leqslant Y_A$$
$$PX_B + (1-h)G \leqslant Y_B$$

其中，Y_A 和 Y_B 分别指个人 A 和个人 B 的收入；P 是私人产品的价格向量。

通过改变 h 并保持其他向量不变，就可得出 A 的需求曲线，同理可得 B 的需求曲线。图 2.6 中的曲线 AA 和 BB 既定，下一步即可以建立起 A 的均衡税收份额(h^*)和均衡产出水平(G^*)。任选一个税收份额 h_1，A 愿意得到 G_1 水平的公共产品，B 愿意得到 G_2 水平的公共产品，两者之间存在分歧。这时，权力更大的一方获胜，这是所有双边垄断状况下的正常结果。因此，最后结果是不确定的，它取决于双方的相对权力。要克服这种不确定性，威克塞尔和林达尔假定双方力量相当，为此提出了另一税收份额，并通过 A 和 B 的重新比较另行确定 G 的产出。这种拍卖过程将持续下去，直到税收份额为 h^* 为止。在点 h^* 处，A 和 B 都同意公共产品的产出水平为 G^*，且 A 支付税收份额 h^*，B 支付 $1-h^*$。h^* 和 G^* 的组合被称为林达尔均衡，相应的税收价格就是林达尔价格。

这样的结果是 A 和 B 一致通过的，此为一种纳什均衡。它意味着任何人或一组人，如果改变配置都将使处境变坏，就会阻止这种结果发生。因此，林达尔均衡实现时达到了帕累托最优。

威克塞尔和林达尔注意到预算过程分为两步。第一步是根据特定的社会公平标准，对全社会的福利分配进行调节。在形成公正的福利分配之后，第二步是找出合理的公共支出和税收份额。这一结果在西方国家中采用一致同意的规则就可以得到，据此只有得到 100%的选票所通过的税收和公共支出议案才会被接受。任何人对任一组可能导致其处境恶化的议案都拥有否决权。

视野拓展

公共产品理论的应用：公共教育支出规模的确定

第四节　公共产品供给模式

公共产品的供给责任及其供给效率是公共产品论的核心。以供给主体为依据，已形成四种公共产品供给模式：公共部门供给模式、私人部门供给模式、第三部门供给模式和公私伙伴关系供给模式。

一、公共部门供给公共产品

1. 公共部门

所谓公共部门是指国家机关、政府部门和由选举产生的以及受选举产生的人的委托而运行公共机构的私人部门或组织。公共部门最重要的职能和明显的特征是供给公共产品。国家机关、政府部门是公共部门易于理解，其具有并可以运用强制的权力。通常将政府行为分为三类：一是产品和服务的生产、对产品和服务的规制和对私人生产者的补贴。政府可以组织生产某些垄断性产品，以达到完全控制的目的。或者对产品的生产实施规制，以实现资源配置效率的提高。另外，就市场配置失灵的相关产品，政府往往采取对私人生产者进行补贴的方式，实现产品供求的均衡。二是产品和服务的购买。许多产品和服务，市场生产比政府生产更为有效，因此，对于政府而言，主要是购买产品和服务并提供给社会。三是收入再分配。市场不能有效地调节收入分配不均时，政府必须运用财政手段对收入分配实施干预。如运用税收制度对企业和居民收入进行调节，运用转移支付手段以达成社会保障。

私人部门与公共部门是相对应的两个概念，在特定的情况下，私人部门也可以成为公共部门。当私人部门是通过选举产生或者是受选举产生的人的委托时，它便拥有公共权力并能够提供公共服务，成为事实上的公共部门。

2. 公共部门供给

公共产品论的立论基础是国家干预经济的合理性，即认可政府行为与市场经济活动是相互融合的统一体。但古典经济学派极为重视市场的作用，对政府采取排斥的态度，认为政府的存在是迫不得已。就古典学派的劳动价值论而言，其无法证明政府活动的生产性，也无法认知政府行为与市场经济活动之间的内在联系。政府与市场之间的关系问题的解决，在古典经济学既无客观经济基础，也无必要的经济学理论准备。

古典经济学视域里，市场拥有配置资源的基础性和优先性地位，政府受到市场的限制与约束，其职能的合理性仅限于弥补市场失灵。古典经济学回答且仅仅回答了政府应该做什么，没有回答政府如何有效地供给公共产品，更没有将公共产品供给问题纳入市场分析框架进行研究。

19 世纪 80 年代，奥意财政学派以边际效用价值理论为基础发展了公共产品论。其基本的分析方法在于，以个人的效用和理性的选择为基础对经济现象进行分析，重点解决两大基本问题：一是公共产品供给的效率标准问题。其认为，与市场效率不同，公共产品供给应该可以达到帕累托效率。二是边际效用等于边际价格时市场达到有效率。但公共产品的偏好显示是非真实的，尽管如此，"在政府与市场之间存在一个类似市场的联系"，个体通过效用评价来选择自己的选票走向来显示自己的偏好。这一时期人们对于公共产品的公共性判断仍然停留在公共产品由政府生产这一事实上。1954 年，萨缪尔森发表了《公共支出的纯理论》，其揭示了公共产品与市场机制之间的矛盾，揭示了公共产品的特征，从而为人们从产品属性角度判断公共产品的公共性提供了依据。在西方财政学中，有效配置资源、公平收入分配和稳定宏观经济均为典型的公共产品。

引入公共产品理论后，西方财政学被纳入经济学框架内进行研究，成为公共经济学，它的研究范围主要是市场失灵的公共领域，而公共产品是市场失灵的重要领域。一般认为，私人部门供给公共产品不可避免地存在"搭便车"问题，最终导致公共产品供给的减少，因此，公共产品应由政府供给。总的来说，政府供给公共产品是出于宏观资源配置效率较优的角度，即解决市场失灵问题。

二、私人部门供给公共产品

随着人们对私人部门在公共产品供给中的作用的进一步认识，以及现实中政府提供公共产品存在的种种弊端，如低效率、短缺和质量低下等，私人部门供给公共产品问题受到重视。戈尔丁（1979）将公共产品分为"平等性消费"和"选择性消费"，前者不能排除非付费者消费，后者可以选择付费者消费。斯科密茨（1987）从公共产品需求决定因素角度研究公共产品供给，他认为，消费者可以通过订立契约，根据一致性原则来决定公共产品的供给，从而解决"搭便车"问题。科斯从经验的角度论证了公共产品由私人部门供给的可能性。

（1）私人部门供给公共产品的动机。追逐利润是私人资本永远不变的目标，在公共产品供给方面，它是通过两条途径进入其中的。一是通过明晰的产权制度安排，界定并规制资本利润率水平，私人资本在看得见的资本利润情况下，主动进入公共产品供给领域；二是由于公共部门提供公共产品效率低下，为了解决公共支出不足的矛盾，政府有意识地降低私人资本进入公共产品供给领域的门槛，以一定的利润水平作为"诱饵"，以制度性的安排促进私人部门供给公共产品。无论何种情况，追逐利润均是私人资本的最终动机。

（2）私人部门供给公共产品的条件。从已有的研究成果来看，私人部门供给公共产品需要三个方面的条件：一是产品具有准公共性。准公共产品具有规模小、成本低、交易费用少等特点，可以通过一致性原则订立契约，以市场方式提供。二是具备完善的排斥性技术。即将不付费者排斥在消费者以外，提供"选择性消费"的产品。三是政府提供交易的制度保障。其中主要是产权安排，也即界定私人部门对某一公共产品的产权，并由一系列的制度安排来保护其产权的行使，这样私人部门才会有动力提供某一公共产品。

在实际生活中，私人部门供给公共产品的例子很多，如遍布全国高等院校的逸夫图书馆，事实上是由邵逸夫先生私人提供的。纯粹的公共部门供给公共产品和纯粹的私人部门供给公共产品是公共产品供给的两个极端情况，现实生活中，公共产品供给呈现出多主体、多中心的混合供给模式，供给方式也表现出复杂多样性。

三、第三部门供给公共产品

第三部门是指国际范围内从事非营利性活动的政府以外的所有组织，包括各种慈善机构、援助组织、青少年团体、学会、合作协会、经营者协会等。[①] 20 世纪 70 年代，市场经济发达国家政府迫于各种压力，不得不从公共领域退出。为了弥补公共产品供给主体的空白，各种各样的非营利性组织应运而生。第三部门的出现是市场失灵和政府公共产品供给不足的结果，它被视为一支独立的第三方力量，在公共产品提供上实现公平与效率的最优结合，同时也在防范政府与私人部门对公众利益的侵害方面具有重大意义。

1. 第三部门供给公共产品的优势

第三部门在向社会提供公共产品和公共服务时具有独特的优势：①创新优势。因第三部门的非营利性、服务民众的本源，其组织结构充满创新的动力，易促成技术创新和制度创新。②贴近基层、了解基层的优势。许多第三部门以社会弱势群体和边缘性社会群体为服务基点，坚持自助、互助、助人的原则和自主解决社会问题的精神，既没有市场机制的负面效应，又没有政府部门的官僚作风，有助于增进人际间的和谐。③灵活优势。第三部门在组织体系和运行方式上具有很大的弹性和适应性，能针对不同情况适时作出调整。④效率优势。美国著名管理学家杜拉克曾经指出，第三部门的特点使它在一些功能上能够代替政府很快解决许多社会问题，同时，因为它的高效能而减少政府财政赤字。在社会管理与发展的一些空白领域和政府管理的传统领域，第三部门比政府做得更好、更有效。

2. 第三部门供给公共产品的方式

鉴于第三部门特殊的组织结构以及服务社会的宗旨，第三部门供给公共产品的方式有多种。

一是独立提供公共产品。第三部门在组织结构和运行模式上均具有相对独立性，通过自筹资金，依靠自身力量提供各种形式的公共产品。如中国青少年发展基金会，享誉全球的希望工程是其独立提供的公共产品。截至 2019 年 9 月，全国希望工程已累计接受捐款 152.29 亿元，资助家庭经济困难学生 599.42 万名，援建希望小学 20 195 所。近年来，一些第三部门组织逐渐实行用者付费制，对以前免费的项目直接向受益人收取部分或全部服务费，但仍然保持着第三部门的独立性。

> **视野拓展**
> 韩红爱心慈善基金会

二是与公共部门合作提供公共产品。①公共服务社区化。政府为了压缩公共管理链条，有意识地将社区服务让位于第三部门，如将一些社会保障项目交给志愿者组织、工人合作社和其他社会团体承担。这种合作基于互信的基础上，没有法律文本的约束，但有非正式的约定与承诺。②承包供给。对于某些公共服务项目，政府确定公共服务的数量和质量标准，通过委托的方式与非营利性组织签订合约，为享受福利的人群提供公共服务。如美国卫生和人类服务部与蓝十字蓝盾组织签订合同，将数百万老人的医疗保健事务委托给后者管理，取得了比较好的社会效

① 参见《联合国宪章》第 71 条。

益。③与公共部门建立伙伴关系。即政府以付费、资助或特许的方式购买或支持第三部门提供公共服务，这种模式不仅带来公共资金与第三部门资金的融合，也促成彼此管理的合作，结成合作伙伴关系。

三是与市场合作提供公共产品。①公益推广活动。非营利性组织与营利性企业建立合作关系，共同推动公益事业的发展。通常的表现形式是公益推广与市场交易相联系，作为回馈，营利性企业将销售收入的一定比例以现金、食物或设备的形式捐赠给非营利性组织。②共同主题营销战略。非营利性组织与私人企业达成协议，通过营销战略，如分发企业产品和宣传资料及做广告等方式，共同解决某个突出的社会问题。③许可证战略。非营利性组织利用其名称和商标等无形资产获取经营收益，如许可企业使用其名称或标志以收取一定的费用或提取部分经营收入，非营利性组织的社会公众形象为企业带来了收益，同时也进一步提升了其知名度。

四、公私伙伴关系供给公共产品

20 世纪 90 年代初，市场经济国家掀起新公共管理改革浪潮，政府、市场、第三部门合作的公共产品供给模式受到社会的普遍欢迎并发挥着强大的管理功能，其中公私伙伴关系[①]（PPP）模式被广为推崇且其运行机制不断完善，在公共产品供给中的作用日益凸显。

与前三种公共产品供给模式相比较，公私伙伴关系供给模式具有鲜明的特点。①双主体、多主体供给。单主体供给模式不可避免会导致“失灵”问题，且机制本身解决不了。从表面上看，公私伙伴关系供给模式是私人部门生产公共产品，政府支付产品和服务费用，是政府单一主体供给。实际上，它与政府采购有着本质的区别，它是公共部门、私人部门、第三部门通过签订长期合约的方式，公共资金、私人资本和社会资金相互融合以提供公共产品，因而，公私伙伴关系供给模式的供给主体是多元化的。②“政”“企”分开，提升管理效率。在公私伙伴关系合作框架下，公共部门是项目的发起人和管理者，同时又是标准的制定者和产品服务的接受者，代表社会公众行使相应的管理职能。私人部门拥有资本、技术和生产管理等要素，是生产和管理的专家。两者各尽所长，互惠互利。③代理运行机制。公私伙伴关系项目公司通常不具备开发能力，在项目开发过程中，广泛运用各种代理关系，且这种代理关系在投标书和合同中就已经明确。④效率与公平兼顾。公共产品的公共部门供给与私人部门供给均不同程度地存在公平与效率损失，而第三部门同样不能避免“治理失效”，唯有公私伙伴关系供给模式能够有效地将效率与公平紧密结合。私人资本以利润为目标，会通过一切手段压缩生产成本，提高利润水平。在满足公共部门服务质量的前提下，既实现了企业自身利益最大化，又提高了公共资源的配置效率。作为博弈一方的政府处于交易中的强势地位，得到满意服务后才付费，维护了公众的公平利益。

自公私伙伴关系供给模式推出以来，其已经显示出非凡的优越性。首先，因私人资本的加入，有力地促进了公共管理改革的步伐。巨大的市场潜力和稳定的投资收益，吸引了各种来源的私人资本投资基础设施等公共产品建设，既能发挥市场配置资源的决定性作用，同时又在政府管理控制之下，避免政府单独供给的低效和基础设施建设的无限扩张，促进公共管理改革。其次，减轻政府财政压力，提高公共支出效率。对政府而言，公私伙伴关系供给模式是“花小钱，办大事”。公共部门根据私人部门提供的公共服务的数量与质量分阶段付费，省却了政府一次性大额支出，同时又达到了直接投资的目的，有利于降低政府隐性债务风险。再次，有利于加强管理，控制成本，提高资源的配置效率。公私伙伴关系项目能吸收先进的管理方法，降低

---

① 公私伙伴关系（Public-Private Partnerships，PPP），意为公共部门与私人部门的合作伙伴关系，又称为政府与社会资本合作。

成本，提升项目建设速度与质量。同时，项目管理方式能集中与项目有关的各方面专家，解决工程中出现的各种问题，提高管理效率。最后，设计理念超前和技术设备先进。公私伙伴关系供给模式采用“一揽子”总承包方式，在严格的投标过程中，新颖、超前的设计是中标的前提，它不仅对整个项目建设起到推动作用，而且能够促进整体设计水平的提高。在项目实施过程中，为加速工程进度，提高工程质量，项目公司必然引进、研发、制造先进技术设备、仪器仪表等，推动技术进步。

视野拓展

公私伙伴关系与供给侧结构性改革

公私伙伴关系改革作为一项重要的供给侧结构性改革措施，正在发挥积极的引领作用。

根据全国PPP综合信息平台统计，截至2019年9月底，累计有PPP项目9 249个，投资额14.1万亿元。其中，开工建设项目3 559个，投资额5.3万亿元，涵盖能源、交通运输、水利建设、生态建设和环境保护、市政工程、片区开发、农业、林业、科技、保障性安居工程、旅游、医疗卫生、养老、教育、文化、体育、社会保障、政府基础设施和其他共19个行业。PPP投资充分发挥了稳增长、补短板、惠民生的作用。

PPP的高质量发展离不开供给侧结构性改革，需要通过制度创新实现要素的优化配置，提高公共产品和公共服务的供给效率。对政府而言，PPP的制度创新需要考虑两方面因素：一是我国经济社会的发展阶段和现实条件，二是与其他竞争性改革措施的比较优势。2018年PPP市场经历了深度调整，它使PPP朝着规范有序的方向发展。公私伙伴关系投资将发挥越来越大的结构性调整作用。

PPP项目实例

课堂金话筒

2007年以来，我国已基本实现免费义务教育，基础教育的起点公平似乎与我们非常接近。但有人认为高等教育“没能培养世界拔尖人才”，暂不论此言论是否恰当，请运用公共产品理论，分析应如何进一步改进我国高等教育的供给模式。

第五节　外　部　性

一、外部性的性质与特点

外部性是指经济个体的行为对他人所产生的影响，这种影响没有体现在经济个体的交易过程之中。换言之，外部性是指某一个体的经济行为以市场价格以外的方式影响他人利益的情形。当存在外部性时，市场价格不等于边际社会成本或边际社会收益，在自由竞争的市场体系中产品和服务的交换也达不到有效率的水平。

外部性的主要特点是它不仅存在于经济主体决策的外部（因为它无须因其行为影响他人而承担成本或获得补偿），也存在于市场价格机制之外。也就是说，假如某一经济行为所产生的效应包含在价格之中，那么这种效应就不构成外部性。比如，一个人喜欢打篮球，如果其他人对球鞋的需求上升，就会使此人的境况变差，因为球鞋的价格会上升。上升后的球鞋价格只是表明球鞋相对于需求来说变得更为稀缺，这种较高的价格使收入从消费者转移到企业，刺激了企业生产球鞋的动机。在本例中，尽管一些人的行为的确会影响他人的利益，但由于这些影响是通过市场价格的变化进行传递的，市场在配置资源方面仍然是有效率的，因此这种情形不能称为外部性。

外部性还具有一个很重要但又容易被忽略的性质：相互性。假设甲经营一家化工厂，该厂将废水排进一条河流中。乙以在河中捕鱼为生。显然甲的行为是一种直接的、不通过价格传递的方式使乙的境况变差。这是一个外部性问题。在现实中，我们将甲视为“污染者”似乎理所当然。我们也可以将乙视为“污染者”，因为他增加了甲从事生产的成本。从社会的角度看，将这条河流作为废水处理场，而不作为捕鱼场所，未必就是一件坏事，关键是要看两种活动分别所产生的成本大小。一般而言，产生成本较小的活动是“好事”。

微课堂
外部性的影响及其矫正

二、外部性的类型

在现实生活中，外部性的表现是多种多样的。从其影响的结果来看，它可以分为正外部性和负外部性。

正外部性是指没有反映在价格中的除买卖双方之外的第三方所获得的收益。当产品销售导致正外部性时，这些产品的买卖双方并不考虑每一单位的产出给其他人带来的收益。例如，烟雾报警器和防火材料的购买有可能使买卖双方之外的其他人受益，因为这些产品降低了火势蔓延的风险。这些产品的买卖双方并没有考虑到这些保护措施降低了第三方的财产遭受损失的概率。如果有可能对第三方的外部性收益收费，那么投入防火中的资源将会减少。因此，防火存在正外部性。

负外部性也被称为外部成本，是指没有反映在价格中的除买卖双方之外的第三方所承担的成本。由于工业污染而对个人及其财产造成的损害是负外部性的一个例子。污染的害处体现在它对健康的损害，而且它还减少了企业和个人的财产与资源的价值。负外部性的另一个例子是机场附近的居民对低空飞行的飞机所产生的噪声不满。那些承受污染损害的人是产品或服务的买卖双方之外的第三方。当有外部性存在时，产品和服务的买卖双方通常是不会考虑第三方的利益的。

三、矫正外部性的公共政策

外部性的存在使得社会边际成本或社会边际收益与个人的边际成本或边际收益出现了非一致性，从而在供给-需求分析框架下，社会效率均衡点难以形成，导致了资源配置的低效。因此，对外部性进行矫正成了理论上和实践中的一个重要问题。现有的研究结果的结论是，对产品或服务的边际私人收益或成本进行调整，使实体决策者在进行决策时将其考虑在内。实现外部效应内部化的常用政策措施有科斯定理、征税、矫正性补贴、排污权交易制度和政府管制等。

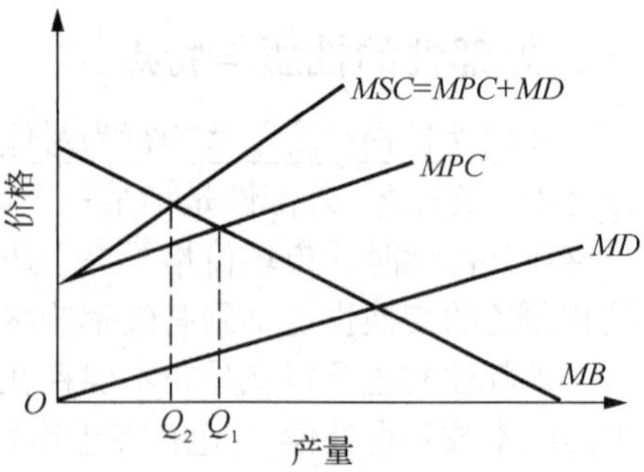

图 2.7　科斯定理图解

1. 科斯定理

美国著名经济学家罗纳德·H.科斯（Ronald H. Cose）认为，外部性产生的主要原因在于产权界定不明确或界定不当。因此，需要在明晰产权的情况下，通过市场交易实现资源的帕累托最优配置[①]。下面我们对科斯定理进行阐释。

以化工厂经营业主甲和捕鱼者乙为例，如图 2.7 所

① 帕累托最优配置是由意大利经济学家维弗雷多·帕累托（Vilfredo Pareto）提出来的一种经济状态，是指具有以下性质的资源配置状态，即任何形式的资源重新配置，都不可能使至少有一个人受益而又不使其他任何人受到损害。人们通常把能使至少一个人的境况变好而没有使其他人的境况变坏的资源重新配置称为帕累托改进，帕累托最优配置是指已不再存在帕累托改进的资源配置状态。

示，*MD* 为边际外部性（边际损害），*MB* 为边际收益，*MPC* 为边际私人成本，*MSC* 为边际社会成本，甲和乙之间是如何实现效率均衡点的呢？

第一，河流污染权归属甲。甲有权无限制地排污，在没有市场交易的情况下，甲的收益与排污成正向变动。一方面，如果甲能得到一笔款项，这笔款项大于他生产边际单位产品带来的净收益（*MB−MPC*），他就愿意放弃对这一边际单位产品的生产。另一方面，只要乙付出的款项小于他遭受的边际损害（*MD*），他就愿意为甲放弃边际单位产品的生产而付费。只要乙愿意支付的款项大于甲放弃的生产导致的损失，双方交易的可能性就存在，可直观表示为 $MD>(MB-MPC)$。在图 2.7 中，产量为 Q_1 时，$MB-MPC=0$，*MD* 为正数，因此满足条件 $MD>(MB-MPC)$，双方存在交易的可能性。因此，在效率均衡点 Q_2 右边的任一产量，乙愿意支付的款项大于 $(MB-MPC)$，而在 Q_2 左边的任一产量，甲愿意削减产量而向乙索要的款项大于乙愿意付出的款项。因此，双方的交易在 Q_2 点形成效率均衡点。

第二，河流污染权归属乙。甲排污必须征得乙同意，最简单的方法是甲向乙支付费用只要乙得到的款项大于污水对其造成的边际损害（*MD*），乙便愿意接受甲的排污请求。甲认为支付的款项小于边际产量（*MB−MPC*）的价值时，他认为为生产而付费是值得的。同理，双方的交易也在 Q_2 点形成效率均衡点。

按照科斯的理解，上述双方中，产权归属谁并不重要，只要产权明晰，存在市场交易并自动形成均衡，那么政府干预是不必要的。科斯定理是有严格的限制条件的，即交易成本为零，资源所有者能够分清楚对其财产造成损害的来源且能合法地阻止损害。可见，科斯定理只适用于在外部交易成本为零的情况下的少数外部性。

视野拓展

科斯第二定理

科斯定理又叫科斯第一定理。

科斯第二定理是指在交易费用大于零的世界里，不同的权利界定，会带来不同效率的资源配置。因此，为了优化资源配置，产权制度的选择是必要的。

它有两层含义：一是在现实世界，交易成本大于零，产权初始界定对经济效率产生影响。二是权利的调整只有在有利于总产值增长时才会发生，而且必须是调整引起的产值增长大于交易成本。

为克服这一效率损失，科斯提出用组织企业或政府管制代替市场交易的两种权利调整方式。

2. 征税

征税是通过调整产品或服务的边际私人成本以实现外部性的内部化。为了达到这一目的，这种税收必须等于每单位产出的边际外部成本。实际上，征税就像对排污收费，它是通过使生产者支付与每单位产出的边际外部成本相等的费用来实现负外部性的内部化。这一思想最早可以追溯至著名经济学家庇古，故也称“庇古税”。

如图 2.8 所示，仍以化工厂的污染为例来说明。垂直距离 *cd* 为效率产量 Q^* 上的边际外部成本。如果向甲经营的化工厂课以每单位产量 *cd* 元的税款，这种税将提高甲的有效边际成本。此时甲每增加单位产量，既要向要素供给者付款（*MPC*），也要向政府缴税（*cd*）。这样，甲新的边际成本曲线 *MPC'* 是在每一产量水平上的 *MPC* 加上 *cd* 得到的，即曲线 *MPC* 向上移动距离 *cd*。

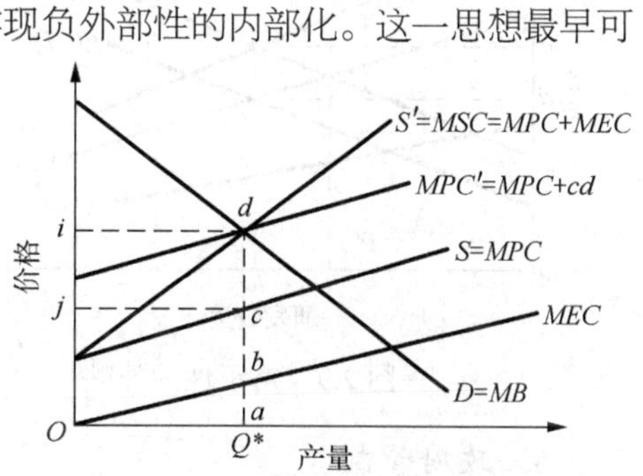

图 2.8　对庇古税的分析

为实现最大利润，甲的产量要保持在边际收益等于边际成本的水平上，也即在 *MB* 与 *MPC′* 的交点决定的效率产量 Q^*上。可见税收迫使甲考虑他所造成的外部性的代价，从而引导他进行有效率的生产。这里，*id*（等于 OQ^*）产量上每单位的税收为 *cd* 元。因此，总的税收收入为矩形 *cdij* 的面积。

征收庇古税存在很多现实难题，如估计边际外部成本函数的困难和难以确定适度的税率。而且，征税的基本前提是，准确把握谁在制造污染以及污染程度等相关信息，这些信息都是很难获得的。

3. 矫正性补贴

补贴也是实现外部性内部化的一种传统手段，它是政府对具有正外部性的产品在最优产量水平上发放相当于外部边际收益的补贴。如图 2.9 所示，政府可以对企业每生产单位产品供给补贴 *ab*，*ab* 为最优产量下的边际外部收益。此时，企业的供给曲线将下移至 $S'=MC-ab$，于是，市场均衡产量将达到最优的 R^*。当然，向购买该产品的消费者供给等额的补贴也可以收到同样的效果。

当存在负外部性时，如企业排污给河流造成污染，政府可以向企业供给补贴，鼓励其改进工艺并减少排污。这种做法的问题是，它以排污企业的数目既定为前提条件，否则，补贴可能会吸引其他企业进入这一行业。此外，补贴最终来源于税收，因而会增加财政负担。

4. 排污权交易制度

为了实现污染控制的最优水平，政府可以向企业拍卖排污许可证，并且允许排污权在企业之间进行交易，这种做法称为排污权交易制度。在该制度下，政府实际上创造了一种新的市场：排污权交易市场。该市场受供求因素支配，价格这只“看不见的手”将确保其有效地配置排污权——那些只有以高成本才能减少排污的企业，愿意为排污许可证支付较高的价格；那些以低成本可以减少排污的企业，也愿意出卖它们所拥有的排污许可证。

如图 2.10 所示，横轴表示排污权的数量，纵轴表示排污权的价格。政府宣布它将发售 R^* 单位的排污权，排污权的供给是过 R^*点的一条垂线。排污权的需求 D_R 向右下方倾斜。每单位排污权的均衡价格是 P_1。那些不愿为每单位排污权支付 P_1 的企业，要么减少产量，要么采用更清洁的技术。

排污许可证和庇古税都是通过使企业排污要付出成本而将污染的外部性内在化。同时，实施这两种方法都要求了解谁在排污、排污程度如何等。排污权交易制度可能存在的一个问题是，为了阻止其他企业进入市场，现有企业可能会购买超过其实现成本最小化要求的排污许可证。这种策略行为是否出现难以预测。

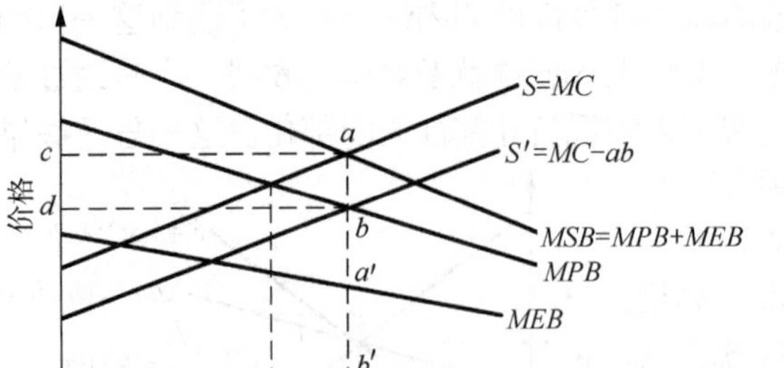

图 2.9　矫正性的补贴

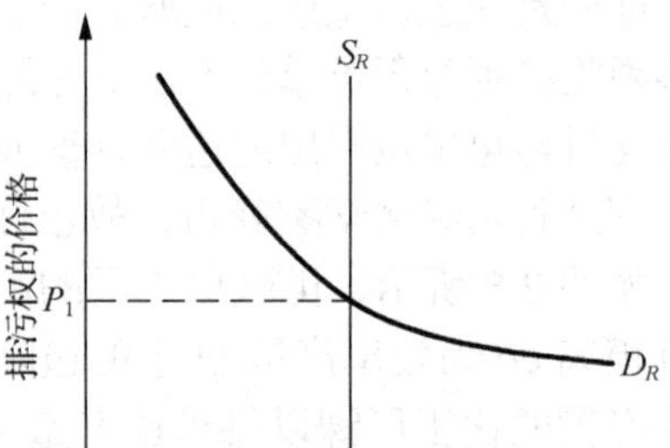

图 2.10　排污权交易制度

5. 政府管制

政府管制是指政府通过适当的管制机构对外部性进行直接的管理和控制，违法者要受到相关法律的制裁。其基本要义是标准必须由政府立法制定，一旦制定后企业和个人必须遵守。从许多方面来说，政府管制直截了当并且易于大众理解和与其沟通。如对环境可能造成的破坏，政府管制机制可以迅速介入并加以阻止，具有很高的权威性。

政府管制也面临很多难题。第一，如果被管制的决策实体仅有一家，这种管制或许有效，但当被管制的对象超过一定数量时，管制也可能无效。假定有两个厂商 X 和 Z，它们因为生产造成的外部性一致。为分析方便，进一步假定其边际成本也相等。如图 2.11 所示，MB_X 和 MB_Z 分别为 X 和 Z 的边际收益曲线，依据各自的决策原则，它们的产量在 $X_1=Z_1$ 处形成均衡，实现了利润最大化。假定在社会总产出达到效率总产量时，造成的边际损害为 d，政府要求削减产量，各自按照效率原则，X 和 Z 的产量分别在 X^* 和 Z^* 处形成效率均衡。显然，因为政府的要求，各自削减的数量 Z 大于 X。一般来说，政府削减产量的政策应该依据不同厂商的边际收益曲线和边际成本曲线，“一视同仁”的管制标准未必有效率。第二，政府在制定管制标准时，面临一个较艰苦的谈判和信息收集过程。业界和管制者间经常存在矛盾和冲突，必须有高昂的成本来保证标准的实现。正因为存在诸如此类的弊病，有学者建议政府管制应该基于市场来展开，这样更为有效和公平。

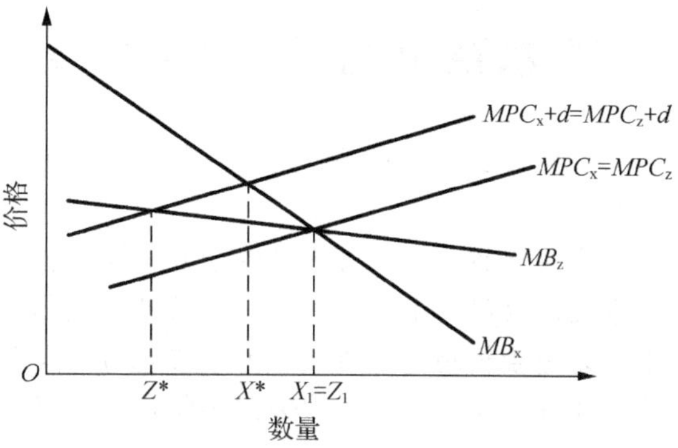

图 2.11　对两个厂商的管制

总体说来，在以上可供选择的解决外部性的各种政策措施中，没有哪一种是尽善尽美的，具体结果取决于所考察的污染类型和污染场所。理论和实践表明，在各种场合中，经济激励措施的成本更低，效率更高。大多数经济学家更乐于采用庇古税或出售排污许可证的方法，他们认为实施这两种方法比补贴或直接管制更有可能实现经济效率。

案例分析与讨论 2.3

全球污染：超越边界的外部性

1. 臭氧层正在逐渐消失

氯氟碳化物（CFCs）和其他用于制造溶剂和绝缘材料的化学物质扩散到大气层中，提高了大气中氯和溴的含量，产生化学反应使臭氧层消失。臭氧层消失意味着有更多的紫外线将辐射到地球，增加人们患皮肤癌和白内障的风险，以及对农业、渔业和工业材料产生不利影响。臭氧层消失是一个全球性的外部性问题。

2. 全球变暖趋势

化石燃料和木材的使用者不承担其行为的外部性成本。当大气中二氧化碳和其他气体的含量增加吸收了更多辐射到地球上的热量，就形成了“温室效应”。近年来，非洲和巴西的森林砍伐使人们担心“温室效应”将会进一步加剧。

缓解全球变暖的方法是减少森林砍伐和化石燃料的使用。然而，森林的砍伐依然是世界低收入地区人们的主要收入来源；在没有可替代清洁燃料的情况下，限制使用化石燃料，会减缓世界经济的发展。

在社会政策中，外部性具有不可忽视的重要的国际意义。1992 年，在里约热内卢举行的联合国环境保护与发展大会取得了一定的进展。在随后的 2002 年南非的约翰内斯堡、2012 年巴西的里约热内卢以及 2014 年肯尼亚的内罗毕的联合国环境大会上，世界各国在应对空气污染、非法野生动植物贸易、海洋塑料垃圾和微塑料、健全化学品和危险废物管理以及可持续发展等问题上达成了诸多共识。2020 年 2 月 13 日，联合国开发计划署推出了一款被命名为“使命 1.5”（Mission 1.5）的手机游戏，意在弥合公民和领导人在气候行动上的分歧。人类正在行动一致地应对环境危机。

启发思考

（1）全球变暖这一外部性是如何形成的？

（2）请就缓解全球变暖问题，提出体制、机制设计方案。

本章小结

公共需求是当众多个人作为一个整体时所产生的需求，它具有整体性、集中性和强制性等特征。

公共产品是指具有非排他性和非竞争性的产品。其特征包括：消费的非排他性、受益的非竞争性、效用的不可分割性。公共产品包括纯公共产品和准公共产品。在纯公共产品供给模型中，以庇古模型、鲍温模型和威克塞尔–林达尔模型最为典型。公共产品供给模式依供给主体的不同可分为四种：公共部门供给模式、私人部门供给模式、第三部门供给模式和公私伙伴关系（PPP）供给模式。

外部性是指某一个体的经济行为以市场价格以外的方式影响他人利益的情形。外部性有两类：正外部性和负外部性。矫正外部性的公共政策主要有：科斯定理、征税、矫正性补贴、排污权交易制度和政府管制等。

练习与思考

一、重要概念

1．私人需求　2．公共需求　3．私人产品　4．公共产品　5．消费的非排他性　6．受益的非竞争性　7．纯公共产品　8．全球性公共产品　9．全国性公共产品　10．区域性公共产品　11．地方性公共产品　12．公共部门　13．第三部门　14．PPP　15．外部性　16．科斯定理　17．庇古税　18．政府管制

二、单项选择题

1．教育需求属于一种（　　）。

A．私人需求　B．集体需求　C．公共需求　D．俱乐部需求

2．下列属于纯公共产品的是（　　）。

A．国防　B．花园　C．教育　D．桥梁

3．下列属于利益外溢的准公共产品的是（　　）。

A．拥挤的桥梁　B．教育　C．公共草地　D．公共湖泊

4．以下不属于公共需要的是（　　）。

A．国防　B．卫生保健　C．生态环境保护　D．厂房

5．下列属于全球性公共产品的是（　　）。

A．三峡工程　B．法律制度　C．大气臭氧层的保护　D．街道的路灯

6．公私伙伴关系供给模式采用“一揽子”总承包方式，在严格的投标过程中，（　　）是中标的前提，它不仅对整个项目建设起到推动作用，而且促进整体设计水平的提高。

A．新颖、超前的设计　B．较低的供给成本

C．先进的技术设备　D．高效率的供给主体

三、多项选择题

1．以下属于公共产品的有（　　）。

A．国防　B．衣服　C．教育

D．道路　E．厂房

2．公共产品的特征主要有（　　）。

A．消费的非排他性　B．受益的非竞争性

C．效用的不可分割性　D．制度的公共性

3．从已有的研究成果来看，私人部门供给公共产品需要（　　）等条件。

A．产品的准公共性　B．具备完善的排斥性技术

C．政府提供交易的制度保障　D．具有足够的经济实力

4．第三部门在向社会提供公共产品和公共服务时所具有的独特优势有（　　）。

A．创新优势　B．贴近基层、了解基层的优势

C．灵活优势　D．效率优势

E．较大范围调动资源优势

5．第三部门供给公共产品的方式主要有（　　）。

A．独立提供公共产品　B．与公共部门合作提供公共产品

C．与政府和市场共同合作提供　D．与市场合作提供公共产品

6．公私伙伴关系供给模式具有（　　）等鲜明的特点。

A．双主体、多主体供给　B．“政”“企”分开，提升管理效率

C．代理运行机制　D．效率与公平兼顾

7．PPP 模式的优越性主要体现在（　　）等方面。

A．因私人资本的加入，有力地促进了公共管理改革的步伐

B．减轻政府财政压力，提高公共支出效率

C．有利于加强管理，控制成本，提高资源的配置效率

D．设计理念超前和技术设备先进

E．具有很强的融资能力

8．从现有的研究结果来看，对产品或服务的边际私人收益或成本进行调整，使实体决策者在进行决策时将其考虑在内，实现外部效应内部化的常用政策措施有（　　）。

A．科斯定理　B．征税和补贴　C．排污权交易制度

D．政府管制　E．灵活决策

四、分析判断题

1．国防作为公共产品主要体现在它的竞争性上。（　　）

2．公共需要是相对于私人需要产生的，因而公共需要和私人需要相矛盾。（　　）。

3．非竞争性是指一些人享用公共产品带来利益的同时不能排除其他人同时从公共产品中获益。（　　）

4．准公共产品在市场机制下也会出现供给不足，需要政府的介入。（　　）

5．为了实现经济效率，政府可以直接提供准公共产品，制定较低的价格，从而达到有效率的消费量。（　　）

6．因为缺少企业控制污染成本的信息，所以管制措施不能节省污染控制成本，否则会造成资源配置的低效率。（　　）

7．只要信息完全，各种环境政策都会实现最佳的外部效应内在化的水平，但这些措施对产品市场效率的影响是各不相同的。（　　）

8．总体来说，在可供选择的解决外部性的各种政策举措中，没有哪一种是尽善尽美的，具体结果取决于所考察的污染类型和污染场所。(　　)

五、简答题

1．公共需求和私人需求的区别是什么？

2．简述公共产品及其特征。

3．根据庇古模型，怎样供给公共产品才符合效率原则？

4．根据鲍温模型，公共产品供给的均衡条件是什么？

5．公共部门供给公共产品的动机是什么？

6．私人部门供给公共产品需要哪些条件？

7．简述第三部门供给公共产品的方式。

8．公私伙伴关系供给模式有何特点？

9．什么是庇古税？

10．排污权交易制度有何优缺点？

六、论述题

1．试述公共产品的供给方式。

2．你如何理解威克塞尔-林达尔模型？

3．按照科斯定理，外部效应如何纠正，你认为这种方法有用吗？为什么？

4．在科斯定理、征税、矫正性补贴、排污权交易制度和政府管制这些措施中，你认为哪种措施解决外部效应最有效？

七、材料分析题

教育作为公共产品，政府投资是其不可避免的责任。然而，世界上许多国家，即使是基础教育，同样也大量存在私立教育。私立教育为不同的个人及其家庭提供了个性化教育服务，同时也在一定程度上弥补了公共教育投入不足的问题。各国政府分别在税收和公共支出等方面给予私立教育支持。

任务：请就政府对低收入家庭提供补助和对私立学校补助两种情况下，利用预算线和无差异曲线分析个人教育消费的变化。

第三章　财政支出一般理论

案例引导

加拿大政府对财政支出规模的控制

20 世纪 70 年代到 80 年代初期，加拿大政府一直致力于将财政支出增长控制在名义国内生产总值增长范围之内，后来这一控制财政支出的政策演变为控制赤字和债务的政策。从 1984 年始，加拿大政府通过抑制项目支出进而达到减少财政支出占国内生产总值的比重的目标。在大多数年份里，加拿大政府财政支出增长率的目标远远低于通货膨胀率，使得项目支出实际上是在减少。1991 年，加拿大政府制定了“支出控制法”，这一法案对项目支出（包括自筹失业保险金和农业保险基金）从法律上进行控制，把政府财政支出从 1991—1992 年度开始的 5 年多的时间里控制在平均 3%的增长速度内。这是一项临时性法案，有效期到 1995—1996 年度。为了与财政支出占国内生产总值的比重下降的措施相配套，税法改革提高了税收占国内生产总值的比重。这种政策减少了负债及负债占整个国内生产总值的比重，而这一比重的降低是建立在收入随着国内生产总值的增长而增长以及财政支出的增长率远低于国内生产总值增长率的基础上的。

试问：财政支出规模大小如何衡量？财政支出规模多大是合适的？为什么要控制财政支出规模？如何控制财政支出规模？

财政支出也称为政府支出或预算支出，是指政府为满足社会公共需要而进行的各项开支，包括政府为了向社会提供公共产品和服务所消耗的一切费用的总和。财政支出既是政府实现其职能和政治经济目标的财力保证，也是政府为社会提供公共产品、满足公共需要的物质前提，它集中反映了政府执行各项职能的耗费，是国家重要的宏观经济调控手段之一。财政支出规模适度、合理增长及结构优化，将有助于巩固国家政权、促进经济可持续发展以及不断提高国民福利水平。

财政支出反映了政府通过财政对社会经济资源的实际占有和支配，财政支出的规模也反映了社会经济资源在政府、厂商和个人之间的配置。从某种意义上来说，财政支出就是政府行为的成本，其规模反映了政府在经济活动中的范围、内容和深度，也反映着政府在社会经济生活中的地位。

第一节　财政支出的原则与分类

一、财政支出的原则

经济活动的最终目的是满足人们的需要，或者说增进社会的福利。财政支出也不例外。具体体现在两个方面：一是如何在现有的资源与技术条件下生产出尽可能多的产品和服务；二是如何将社会产品在社会成员之间进行恰当的分配。社会经济福利是公平与效率的函数，由此产生评价一切经济活动的三个基本原则，即效率原则、公平原则和稳定原则。

1. 效率原则

财政支出效率与财政的资源配置职能紧密相关。财政学一般将国民经济分成公、私两大部门，因而资源配置的关键在于如何在公、私部门之间进行合理的配置，实现既不妨碍私人部门的发展，又能满足公共部门的需要，从而使社会效益最大化。

在市场经济条件下，私人部门通过价格机制提供私人产品满足个人需要，公共部门通过特定的预算安排或政治程序提供公共产品满足社会公共需要。图 3.1 示两部门表在资源配置中的关系。用 Z 表示社会总资源，X 表示私人部门配置的资源，Y 表示公共部门配置的资源，则 $Z=X+Y$。从图 3.1 可知，资源配置存在着各种比例的组合（X/Z，Y/Z）。如果公众期望的组合点在 A，实际的资源配置组合点又恰好落在 A 点，此时便达成了一项社会均衡的资源配置，公众的个人需求与社会公共需求在 A 点均可获得满足。如果公众期望的组合点在 A 点，实际资源配置组合点在 B 点或 C 点，则表示公众的期望没有实现，社会资源的配置处在非均衡点上。

因此，若要财政决策符合公众意愿，必须选择在 A 点的社会资源配置组合。然而，现实的困难是，公众的愿望并不总是一致，人与人之间的偏好存在显著差异，因而决策如何科学化与民主化就成为问题的关键。

理论上，社会资源在两部门之间的效率配置，必须满足公共部门资源使用的边际收益等于该资源用于私人部门的边际收益。若公共部门资源使用的边际收益大于该资源用于私人部门的边际收益，则表明增加公共部门的资源配置，会增加社会总收益，实现帕累托改进；反之，应减少对公共部门的资源配置。如图 3.2 所示，GG' 表示公共部门的资源使用所带来的边际社会收益，TT' 表示政府征税为私人部门的资源使用带来的边际社会成本，E 点表示公共部门的最佳资源配置。这里，财政支出所形成的边际社会收益（EA）等于征税所形成的边际社会成本（Ea）。显然，E 点是公共部门资源使用的临界点。在 E 点之前，边际社会收益大于边际社会成本，增加公共部门资源使用，社会总收益增加；在 E 点之后，边际社会收益小于边际社会成本，减少公共部门的资源使用，社会总收益增加。理论上，E 点是公共部门最佳资源配置数量点。

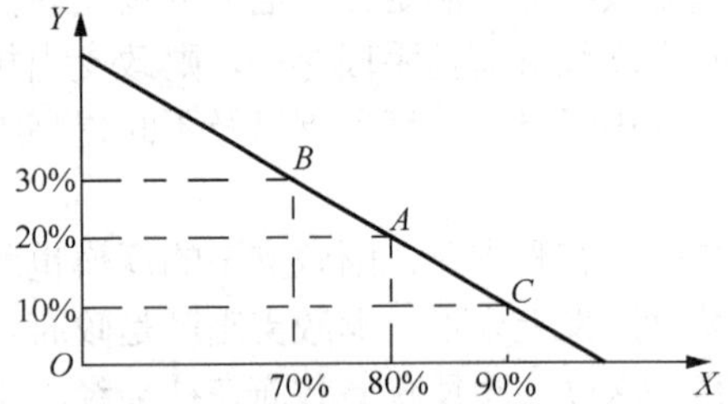

图 3.1 两部门资源配置关系

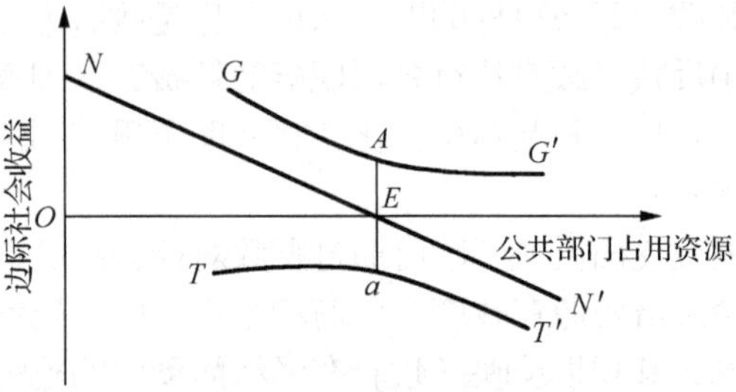

图 3.2 公共部门占用资源与边际社会收益的关系

2. 公平原则

财政支出的公平原则主要体现于财政的收入再分配职能。就收入分配而言，要区分两个概念：一是初次分配；二是收入再分配。初次分配是市场的一种自发分配，每个人用自己的生产要素去换取生产的成果，从而形成一种收入分配的格局。收入再分配是指政府通过各种分配政策与制度，对市场形成的收入分配格局进行调整。它是政府在收入分配领域所从事的活动。收入再分配往往与公共提供和公共生产结合在一起。

公平原则的基本含义是：相同状况同等对待，不同状况区别对待。前者是横向公平，即相同级别之间的公平；后者是纵向公平，即不同级别之间的公平。

财政支出的公平原则涉及受益能力。这一原则在各种财政支出中的应用有所不同。对于可以普遍享受利益的各种支出，如国防、司法、社会教育、公共卫生等，政府无法根据各类居民的受益能力安排支出；对于可以直接享受具体利益的支出，如学校教育、个人医疗、社会保险和社会救济等，政府能较具体地实行公平原则。

根据受益能力原则，对于居民的生活状况有直接影响的支出，特别是各类补助支出，能改善社会收入和财富分配的不公状况。这类支出的目标是社会利益最大化，即低收入者获得更多的补助。原因在于居民收入越少，补助金对其产生的效用就越大，社会总效用也越大。因此，对于符合补助条件的都应给予补助，并依据状况不同予以差别补助。

视野拓展
阿瑟·奥肯的平等与效率观

3. 稳定原则

财政支出的稳定原则，是指财政支出应促进社会经济的协调稳定发展。在市场经济体制下，市场体系本身无法通过自发调节来实现社会均衡，因而，诸如经济衰退、失业和通货膨胀等成为市场经济的常态。为避免经济的失衡与波动，政府往往通过财政政策对经济实施干预。如通过变动财政支出规模、结构来调节经济，引导经济运行，使经济实现平稳发展。当社会总需求降低时，政府可以通过削减税收、增加财政支出等措施刺激需求增加；反之，当社会总需求升高时，政府可通过增加税收或削减财政支出来抑制总需求。前者为扩张性财政政策，后者为紧缩性财政政策。要根据经济发展现状以及导致经济波动的原因，在正确的时间实施正确的财政政策，以求经济社会的稳定与发展。

微课堂
财政支出的分类和规模

二、财政支出的分类

财政支出分类是指按照不同的标准，对财政支出进行科学的划分和归类。对财政支出进行分类的原因是：①为了正确安排、合理分配和高效地使用财政资金；②为了便于对财政支出结构、规模进行科学的分析，从而准确地把握财政支出变化发展的规律；③有助于社会公众对政府财政状况的了解，便于社会公众的有效监督。

（一）按财政支出功能分类

按财政支出功能分类是为了反映政府活动的不同功能和政策目标。根据市场经济条件下政府职能活动情况及国际通行做法，可将财政支出分为类、款、项三级。其中，类、款两级科目设置情况如下。

（1）一般公共服务。分设 32 款：人大事务、政协事务、政府办公厅（室）及相关机构事务、发展与改革事务、统计信息事务、财政事务、税收事务、审计事务、海关事务、人事事务、纪检监察事务、人口与计划生育事务、商贸事务、知识产权事务、工商行政管理事务、食品和药品监督管理事务、质量技术监督与检验检疫事务、国土资源事务、海洋管理事务、测绘事务、地震事务、气象事务、民族事务、宗教事务、港澳台侨事务、档案事务、共产党事务、民主党派及工商联事务、群众团体事务、彩票事务、国债事务、其他一般公共服务支出。

（2）外交。分设 8 款：外交管理事务、驻外机构、对外援助、国际组织、对外合作与交流、对外宣传、边界勘界联检、其他外交支出。

（3）国防。分设 3 款：现役部队及国防后备力量、国防动员、其他国防支出。

（4）公共安全。分设 10 款：武装警察、公安、国家安全、检察、法院、司法、监狱、劳教、国家保密、其他公共安全支出。

（5）教育。分设 10 款：教育管理事务、普通教育、职业教育、成人教育、广播电视教育、留学教育、特殊教育、教师进修及干部继续教育、教育附加及基金支出、其他教育支出。

（6）科学技术。分设 9 款：科学技术管理事务、基础研究、应用研究、技术研究与开发、科技条件与服务、社会科学、科学技术普及、科技交流与合作、其他科学技术支出。

（7）文化体育与传媒。分设 6 款：文化、文物、体育、广播影视、新闻出版、其他文化体育与传媒支出。

（8）社会保障和就业。分设 17 款：社会保障和就业管理事务、民政管理事务、财政对社会保险基金的补助、补充全国社会保障基金、行政事业单位离退休、企业关闭破产补助、就业补助、抚恤、退役安置、社会福利、残疾人事业、城市居民最低生活保障、其他城镇社会救济、农村社会救济、自然灾害生活救助、红十字事业、其他社会保障和就业支出。

（9）社会保险基金支出。分设 6 款：基本养老保险基金支出、失业保险基金支出、基本医疗保险基金支出、工伤保险基金支出、生育保险基金支出、其他社会保险基金支出。

（10）医疗卫生。分设 10 款：医疗卫生管理事务、医疗服务、社区卫生服务、医疗保障、疾病预防控制、卫生监督、妇幼保健、农村卫生、中医药、其他医疗卫生支出。

（11）环境保护。分设 10 款：环境保护管理事务、环境监测与监察、污染防治、自然生态保护、天然林保护、退耕还林、风沙荒漠治理、退牧还草、已垦草原退耕还草、其他环境保护支出。

（12）城乡社区事务。分设 10 款：城乡社区管理事务、城乡社区规划与管理、城乡社区公共设施、城乡社区住宅、城乡社区环境卫生、建设市场管理与监督、政府住房基金支出、国有土地使用权出让金支出、城镇公用事业附加支出、其他城乡社区事务支出。

（13）农林水事务。分设 7 款：农业、林业、水利、南水北调、扶贫、农业综合开发、其他农林水事务支出。

（14）交通运输。分设 4 款：公路水路运输、铁路运输、民用航空运输、其他交通运输支出。

（15）工业商业金融等事务。分设 18 款：采掘业、制造业、建筑业、电力、信息产业、旅游业、涉外发展、粮油事务、商业流通事务、物资储备、金融业、烟草事务、安全生产、国有资产监管、中小企业事务、可再生能源、能源节约利用、其他工业商业金融等事务支出。

（16）其他支出。分设 3 款：预备费、年初预留、其他支出。

视野拓展

购买性支出和转移性支出

（17）转移性支出。分设 9 款：返还性支出、财力性转移支付、专项转移支付、政府性基金转移支付、彩票公益金转移支付、预算外转移支出、预算单位间转移支出、调出资金、年终结余。

（二）按经济性质分类

在各种名目下安排的财政支出，虽然无一例外地表现为资金从政府手中流出，但是，不同的财政支出对国民经济的影响却存在着差异。以财政支出的消费和投资为标准，可将一般公共预算支出分为工资福利支出、商品和服务支出、资本性支出和其他支出等。

（1）工资福利支出，是指财政支付给国家公务人员的工资和福利，属于消费性质。公务人员受雇于政府，为社会提供公共服务。财政支付的工资和福利是为了公务人员劳动力的生产和再生产，是公共服务得以持续提供的基础。

（2）商品和服务支出，是指反映政府购买商品和服务的支出，如办公费、印刷费、水电费、福利与职教费、交通费、业务费、工会费、劳务费等，属于消费性质。

（3）资本性支出，是指用于购买或者生产使用年限在一年以上的耐用品所需要的支出，包括生产性支出（如用于购买机械设备、建筑厂房等）和非生产性支出（如购买计算机、办公桌椅等）。一般公共预算支出的资本性支出的来源通常是税收，即以税收收入来弥补公共产品和服务的成本。资本性支出属于投资性质。

（4）其他支出，是指以上支出以外的支出。

（三）国际分类方法

在国际上，从现有的分类方法来看，大体可以归为两类：一类是用于理论和经验分析的理论分类；另一类是用于编制国家预算的统计分类。

1. 理论分类法

从理论分类来看，根据分析的目的不同，可按政府职能、支出目的、组织单位、支出利益等标准分类。例如，以财政支出的用途和去向为标准，可将其分为防务支出和民用支出两大类，前者包括国防、公安、司法等与防务有关的支出，后者包括除防务支出以外所有的其他各项支出。这种分类方法的目的在于分析一国财政支出的军事化程度或民用化程度。上面讲过的按经济性质分类，也是一种理论分类。

2. 统计分类法

从统计分类来看，按照国际货币基金组织的分类方法，有职能分类法和经济分类法，见表 3.1。

按职能分类，财政支出包括一般公共服务支出、国防支出、教育支出、保健支出、社会保障和福利支出、住房和社区生活设施支出、其他社区和社会服务支出、经济服务支出以及无法归类的其他支出。按经济分类，财政支出包括经常性支出、资本性支出和贷款。目前我国按费用类别分类法同国际货币基金组织的职能分类法比较接近。

表 3.1　国际货币基金组织的财政支出分类

职能分类	经济分类
1. 一般公共服务	1. 经常性支出
2. 国防	1）商品和服务支出
3. 教育	（1）工资、薪金以及其他有关项目
4. 保健	（2）商品和服务的其他购买
5. 社会保障和福利	2）利息支付
6. 住房和社区生活设施	3）补贴和其他经常性转让
7. 其他社区和社会服务	（1）对公共企业
8. 经济服务	（2）对下级政府
（1）农业	（3）对家庭
（2）采矿业	（4）对其他居民
（3）制造业	（5）国外转让
（4）电业	2. 资本性支出
（5）道路	（1）现存的和新的固定资产的购置
（6）水输送	（2）存货购买
（7）铁路	（3）土地和无形资产购买
（8）通信	（4）资本转让
（9）其他经济服务	3. 净贷款
9. 无法归类的其他支出	
（1）公债利息	
（2）其他	

视野拓展

财政支出功能分类

（1）中央财政主要支出项目（一般公共预算支出）。一般公共服务，外交，对外援助，国防，公共安全，武装警察，教育，科学技术，文化体育与传媒，社会保障和就业，医疗卫生，环境保护，城乡社区事务，农林水事务，交通运输，车辆购置税，地震灾后恢复重建，其他。

（2）地方财政主要支出项目（一般公共预算支出）。一般公共服务，外交，国防，公共安全，教育，科学技术，文化体育与传媒，社会保障和就业，医疗卫生，节能保护，城乡社区事务，农林水事务，交通运输，资源勘探电力信息等事务，商业服务业等事务，金融监管等事务，地震灾后重建，国土资源气象等事务，住房保障，粮油物资储备管理事务，国债还本付息，其他。

财政支出功能分类中央和地方略有差异，国家数据库有详细的项目名称和数据。

第二节　财政支出规模理论

一、衡量财政支出规模的指标

微课堂
财政支出规模

财政支出规模是指在一个预算年度内政府通过财政渠道安排和使用财政资金的绝对数量及相对比率，即财政支出的绝对量和相对量，它反映了政府参与分配的状况，体现了政府介入社会经济生活的规模和深度。一般来说，衡量财政支出规模的指标有绝对量指标和相对量指标等两种，衡量财政支出规模增长的指标有财政支出增长率、财政支出增长弹性系数和财政支出增长边际倾向等三种。

1. 绝对量指标

绝对量指标是指以本国货币单位表示的财政支出的实际数额。这一指标的最大优点是可以直观地反映某一财政年度内政府支配的社会资源的总量。其缺点也非常明显：一是无法反映政府支配的社会资源在社会资源总量中所占的比重；二是由于这一指标是以现值反映财政支出的规模，没有考虑物价指数以及币值对支出总量的影响，因此所反映的只是名义上的财政支出规模，在与以前年度作纵向比较时缺少可比性。

2. 相对量指标

相对量指标是指财政支出占国内生产总值或国民生产总值的比重，它反映了一定时期内全社会创造的财富总额中政府直接占有和支配的份额。由于这一指标是相对数，剔除了物价指数波动因素，反映了财政支出的实际规模，因此既便于横向国际比较，又便于纵向国内比较。

3. 财政支出增长率

财政支出增长率（$\Delta G\%$）是指当年财政支出增长与上年同期财政支出的比值。用公式表示为

$$\Delta G\% = \frac{\Delta G}{G_{n-1}} = \frac{G_n - G_{n-1}}{G_{n-1}}$$

式中，ΔG 为当年财政支出比上年财政支出的增长（或减少）额；G_n 为当年财政支出；G_{n-1} 为上年财政支出。

4. 财政支出增长弹性系数

财政支出增长弹性系数（E_g）是指财政支出增长率与国内生产总值增长率之比。该系数大于 1，表示财政支出增长速度快于国内生产总值增长速度；该系数小于 1，表示财政支出增长速度慢于国内生产总值增长速度。用公式表示为

$$E_g = \frac{\Delta G\%}{\Delta \mathrm{GDP}\%}$$

式中，$\Delta \mathrm{GDP}\% = \frac{\Delta \mathrm{GDP}}{\mathrm{GDP}_{n-1}} = \frac{\mathrm{GDP}_n - \mathrm{GDP}_{n-1}}{\mathrm{GDP}_{n-1}}$，代表国内生产总值的增长率；$\Delta$GDP 代表当年国内生产总值相比上年的增长额。

5. 财政支出增长边际倾向

财政支出增长边际倾向（MGP）是指财政支出增长额与国内生产总值增长额之间的关系，即国内生产总值每增加一个单位的同时财政支出增加多少，或财政支出增长额占国内生产总值增长额的比例。用公式表示为

$$\mathrm{MGP} = \frac{\Delta G}{\Delta \mathrm{GDP}}$$

二、财政支出规模增长的相关理论

财政支出规模增长的相关理论很多，下面介绍几种处于主流地位的理论。

1. 瓦格纳法则

人物谱
阿道夫·瓦格纳

1882 年，德国著名经济学家阿道夫·瓦格纳（Adolf Wagner），通过对 19 世纪的许多欧洲国家、日本、美国的公共支出增长情况的考察，提出了“公共支出不断增长法则”，或称“政府活动扩张法则”，后被人们称为“瓦格纳法则”。他认为，随着社会经济的日益发展，国家职能的内涵和外延在不断扩大，从而导致政府经济活动不断增加，所需的公共支出将不断增加。这是社会经济发展的客观规律，是不可避免的长期趋势。

瓦格纳把导致政府支出增长的因素分为两类，即政治因素和经济因素。所谓政治因素，主要是指随着经济的工业化，正在扩张的市场与这些市场中行为主体之间的关系会越来越复杂，这就需要建立司法体系和管理制度，以规范行为主体的社会经济活动。所谓经济因素，是指工业的发展推动了都市化的进程，人口的居住将密集化，由此将产生拥挤等外部性问题。这样就需要政府进行管理与调节工作，需要政府不断介入物质生产领域，因而形成了很多公共企业。此外，瓦格纳把对于教育、文化、娱乐、保健与福利服务的公共支出的增长归因于需求的收入弹性，即随着实际收入的上升，这些项目的公共支出的增长将会快于国内生产总值的增长。

尽管瓦格纳的公共支出增长的含义，并没有明确其究竟是指绝对增长还是相对增长，也未能解释经济进入成熟阶段或陷入滞胀阶段公共支出将有怎样的变化。但是，他所提出的理论今天仍具有广泛的影响：一方面是因为这一法则已经被西方国家和很多发展中国家财政实践所证明；另一方面是因为他最早系统地阐述了财政支出的长期趋势，为各市场经济国家政府干预经济提供了一定的理论基础。

2. 替代-规模效应理论

英国经济学家皮科克（Peacock）和威斯曼（Wiseman）于 1961 年出版了《联合王国公共支出的增长》，在对英国 1890—1955 年的财政支出进行考察之后，提出了导致财政支出增长的原因有内在因素和外在因素，其中，外在因素是导致财政支出增长速度超过国内生产总值增长速度的主要原因。

在一个较长的时期内，财政支出的增长并不是直线型的，而是呈现出梯度渐进增长的特点。在正常年份，随着经济的增长，收入水平上升，以不变的税率征收的税收也会上升，其相对于国内生产总值的增长额也会上升，于是政府财政支出的上升会与国内生产总值的上升呈正向关系，这是导致财政支出增长的内在因素。当社会经历危机（如战争、经济危机或严重灾害）时，财政支出会急剧上升，政府被迫提高税收水平，公众在非常时期也会接受提高了的税收水平，这时财政支出会替代部分私人支出，财政支出的比重增加。当社会危机结束之后，财政支出仍然保持危机以前的水平。外在因素导致财政支出呈现梯度渐进增长的态势，其作用主要是通过三种效应来体现的。

（1）替代效应，指国家经历危机时期，财政支出大量增长而替代私人部门支出的现象。在国家经历危机时期，为了满足财政支出增加的需要，政府被迫提高税收水平，这种在正常时期很难被公众所容忍的税收水平，在危机时却容易被公众所接受，税收的增加使政府财政支出取代了部分私人支出。在社会危机过后，由于国家面临着债务支出、灾后重建、战争抚恤等诸多问题，使得政府仍需维持较高的财政支出水平来应对这些问题，因此，财政支出又从一个更高的新起点开始其逐渐增长的趋势。

（2）审视效应，指社会危机时期，由于暴露出了社会存在的许多问题而导致政府增加财政支出解决这些问题的现象。由于政府和公众在危机时期更加清楚地意识到以前忽视的社会问题的存在，因此政府有必要扩大其支出范围以解决这些问题，公众可容忍的税收水平会比危机时期有明显提高，从而使政府能够为其支出范围的扩大筹集更多的资金。

（3）集中效应，指中央政府为应对社会危机而集中财力的现象。在社会危机时期，中央政府往往会削减地方财权而扩大中央财权，从而集中较多财力，以有效应对大幅增长的支出需要。这在社会正常时期会遇到很大阻力，而在社会危机时期却很容易实现。这样，中央政府职能的扩大增加了财政支出的规模，导致财政支出不断增加。

人物谱

理查德·阿贝尔·马斯格雷夫

3. 经济发展阶段论

美国经济学家马斯格雷夫（Musgrave）和罗斯托（Rostow）根据经济发展阶段与财政支出增长的关系来解释财政支出增长的原因。他们认为，在经济发展的初期阶段，政府投资支出在社会总投资中应占较大的比重。交通、通信、水利设施等经济基础设施具有极大的外部经济性，私人部门不愿投资，而这些经济基础设施的建设不仅影响整个国民经济的健康发展，而且也影响着私人部门生产性投资的效益。因此，政府必须加大经济基础设施的投资力度，创造良好的生产经营和投资环境，加速经济起飞；在进入经济发展的中期阶段，私人产业部门逐步兴旺发达，资本存量不断增加，私人企业和农业的资本份额增大，那些需要由政府提供的具有较大外部经济效益的基础设施已经基本建成。此时，尽管政府投资还应继续进行，但政府投资的相对比例却下降了，而且政府投资也开始成为日益增长的私人投资的补充。在经济发展的成熟期阶段，财政投资的增长率有可能回升。因为在这一时期，人均收入水平很高，人们对生活质量提出更高的要求，需要更新经济基础设施，加大社会基础设施、人力资本和社会保障方面的投资。因此，这一阶段财政支出将侧重不断增加的教育、环保、安全、卫生与社会保障服务等方面的支出，且这方面的支出增长水平将超过其他方面支出的增长水平，也会快于国内生产总值的增长水平。

4. 非均衡增长理论

所谓非均衡增长理论，是指美国经济学家威廉·鲍莫尔（William Baumol）从政府部门平均劳动生产率偏低的现象入手，来解释政府财政支出增长原因的理论。他将国民经济部门区分为技术进步部门和技术停滞部门。前者包括制造业等，后者包括政府公共服务、高等教育、城市交通、医疗保健等服务行业。两个部门的差异主要来自技术和劳动发挥的作用不同，在技术进步部门，技术起着决定性作用；在技术停滞部门，劳动起着决定性作用。鲍莫尔假设两个部门工资水平相同，且工资水平随着劳动生产率的提高而上升。在生产率增长内在非均衡的经济体系中，由于名义工资的同水平增加，会导致技术停滞部门的成本（主要是工资成本）不断累积、无限上涨，其结果是，如果该技术停滞部门的需求价格弹性较低，则对其产品的消费成本将越来越大，即出现“成本病”现象；如果该技术停滞部门具有较大的价格弹性，则人们将因消费成本越来越高而不得不减少对其产品的消费，致使其市场逐渐萎缩甚至消失。诸如高等教育、城市交通、医疗保健等行业的这种“成本病”将会给地方政府带来严重的财政困难，因为人们无法完全负担得起服务费用，政府不得不提供更多的财政支持来发展必要的公共服务业，致使财政支出规模不断扩大。

案例分析与讨论 3.1

2018 年财政支出呈现三大亮点

据央视新闻客户端 2019 年 1 月 23 日消息　2018 年我国财政支出规模突破了 22 万亿元，财政支出呈现出三大亮点。

亮点一：财政支出保持较高强度和较快进度

从支出速度来看，财政支出保持较高强度和较快进度。2018 年第一季度、上半年和前三季度，全国一般公共预算支出进度分别达 24.3%、53.2%、77.8%，各节点均超出或接近历年最快进度，为实施国家重大发展战略、推进重点领域改革、促进实体经济发展等提供了强有力的支持。

亮点二：重点领域支出得到较好保障

脱贫攻坚方面，全国扶贫支出达 4 770 亿元，增长 46.6%。其中，中央财政专项扶贫资金规模为 1 061 亿元，增长 23.2%。污染防治方面，全国污染防治支出、自然生态保护支出分别增长 29.6%、17.5%。中央财政支持污染防治及生态环境保护的资金约 2 555 亿元，增长 13.9%，其中大气、水、土壤污染防治投入力度为近年来最大。

亮点三：中央对地方转移支付力度持续加大

从转移支付来看，中央对地方转移支付力度持续加大。数据显示，2018 年中央对地方转移支付支出 61 686 亿元，增长 8.2%，其中：均衡性转移支付 24 442 亿元，增长 9.2%；重点生态功能区转移支付 721 亿元，增长 15%；老少边穷地区转移支付 2 133 亿元，增长 15.7%；县级基本财力保障机制奖励补助补资金 2 463 亿元，增长 10%，有效提升了基层财政保障能力，确保基层保工资、保运转、保基本民生不出问题。

启发思考

（1）查阅 2008—2017 年我国财政支出并与 2018 年财政支出进行比较。2008 年之后 10 年间，世界经济发展存在很大的不确定性，各国都面临经济下行的压力。但我国财政支出的增长仍在持续，如何认识这一经济现象？

（2）试比较将新增的财政支出用于保障民生和非民生的公共投资的财政支出效果有何不同。

三、影响财政支出规模的主要因素

影响财政支出规模的因素多种多样，但归纳起来主要有以下三个因素。

1. 经济因素

经济因素对财政支出规模的影响，主要体现在经济发展水平、经济干预政策等对财政支出规模的影响上。经济的不断发展，为财政支出增长提供了可能性。总体而言，社会财富随着经济发展水平的提高而不断增加，人们维持最低生活需要的部分在社会财富中所占的比重下降，因此政府集中更多的社会财富用于满足社会公共需要的可能性将不断提高。从具体情况来看，一是由于经济的发展，国内生产总值不断增加，从而使税基不断扩大，财政收入增加，这样就为财政支出规模不断扩大创造了条件；二是由于税收中的一些税种具有累进性，因此在其他条件保持不变的情况下，政府通过税收取得的财政收入增长具有累进性，即政府财政收入的增长速度快于经济发展速度，也使财政支出规模不断扩大成为可能；三是随着经济发展和社会财富的增长，私人财富将进一步增加，致使政府通过发行公债方式筹资扩大财政支出成为可能。

当然，政府的经济干预政策也会对财政支出规模产生一定的影响。一般来说，政府干预范围越广、程度越深，财政支出规模就越大。如果政府的经济干预政策主要是通过政府管制手段而非财政手段，则由于没有发生资源配置、收入再分配活动，财政支出规模就不会发生明显的变化。

2. 政治因素

政治因素对财政支出规模的影响主要体现在两个方面：一是国家的政局是否稳定；二是政体结构的行政效率。关于前者，皮科克和威斯曼的分析已经表明，在正常条件下，随着经济的发展，收入水平的不断提高，以不变的税率所征得的税收也会上升，于是，财政支出上升。这是内在因素作用的结果。如果发生外部危机，比如战争，政府会被迫提高税率，而公众在危机时期也会接受提高了的税率，财政支出比重增加。在危机时期过去以后，财政支出一般不会减少，而会保持高位。关于后者，若一个国家的行政机构臃肿，人浮于事，行政效率低下，经费开支必然增多。

3. 社会因素

社会因素主要包括人口、就业、社会保障等因素，这些因素都会在很大程度上影响财政支出的规模。在一些发展中国家，由于人口基数大，增长速度快，因此相应的教育、卫生保健、社会保障、贫困救济、生态环境保护等支出的压力也较大；在一些发达国家，人口老龄化等问题突出，公众要求增加养老金，不断改善社会生活质量，不断提高社会福利水平，这也进一步增加了政府财政支出的压力。因此，这些社会因素从不同的方面影响着财政支出的规模。

第三节　财政支出结构理论

一、财政支出结构的内涵及其主要影响因素

（一）财政支出结构的内涵

财政支出结构是指财政支出总额中各类支出项目的组合以及各类支出项目在支出总额中所占的比重，也称财政支出构成。通过一定的财政支出结构，可以分析国家在一定时期财政支出结构的重点与政策变化，从而为优化财政支出结构提供依据。

财政支出结构通常与财政支出类别相联系，不同的支出分类标准会形成不同的财政支出结构。例如：按照政府职能分类，会形成财政支出政府职能类别结构，主要表现为政府经济建设支出、社会文教支出、行政管理支出、国防支出和其他支出在财政总支出中所占的比重；按照经济性质分类，会形成财政支出经济性质结构，主要表现为购买性支出与转移性支出在财政总支出中所占的比重。具体可以从以下几个方面进一步理解。

微课堂
如何规划财政支出结构

（1）财政支出结构是稳定性和变动性的统一。财政支出结构在很大程度上与政府的工作重心相联系，它反映着政府的政策倾向，因而在一定时期内具有稳定性。随着一个国家经济发展阶段的变化，其财政支出结构又是不断变化的。发展经济学家罗斯托认为，在经济发展的早期阶段，政府投资占财政支出的比例较大，主要原因在于，这个时期的基础设施需求强劲，政府必须加大对基础设施的投入，促进经济起飞，从而表现出财政支出增长较快；在经济进入成熟期以后，基础设施已经相对完善，政府投资重点转向教育、卫生健康和社会保障等领域，在该阶段，财政支出增长迅速，并表现出支出结构的明显变化。

（2）财政支出结构具有质的规定性和量的稳定性，是质与量的统一。财政支出结构的质的规定性，指的是财政支出各要素自身所具有的特点；量的稳定性，是指财政支出各个构成要素之间在数量上的比例关系。考察财政支出结构，需要从质和量两个方面进行综合分析。这是因为，财政支出结构不仅仅是由比例构成的，它在很大程度上还反映着诸多因素在财政支出结构中占有何种位置、起什么作用，以及如何调整它们之间的关系等。

（3）财政支出结构与财政政策的适配性。在新时代中国特色社会主义市场经济体制下，财政支出实质上是一种民主决策，这就决定着其发生作用是通过市场机制的自发调节方式，即市

场在资源配置中起决定性作用。但市场的决定性作用不是绝对的、僵化的，政府宏观调控职能需要得到充分的发挥，财政政策在调整国民经济的稳定运行和收入分配上发挥着不可替代的作用，也要求财政支出结构与之相适应。

（二）财政支出结构的主要影响因素

1. 政府职能与经济体制

政府具有双重职能，即社会行政管理职能和经济管理职能。与政府职能相适应，形成了经济管理职能支出和社会管理支出，或者称为经济建设支出和公共支出。通常而言，在社会经济发展的不同时期，政府职能也在发生变化，因此形成不同的财政支出结构。另外，一个国家实行的经济体制类型，对财政支出结构也会产生重要的影响。在计划经济体制下，政府职能过多地延伸到经济建设领域，如直接干预企业生产经营活动，导致政企不分，致使政府经济建设支出比例过大，出现政府职能范围扩大的现象。相比较而言，在市场经济体制下，政府职能严格界定在市场失灵的领域。在资源配置上，政府减少经济建设支出，退出一般竞争性领域，重点投资于基础设施、公共工程、社会保障等领域，在一定程度上实现了社会公共资源的高效率配置。

2. 经济发展阶段与经济发展目标

财政支出结构的发展变化还与经济发展阶段、经济发展程度以及该阶段政府所追求的主要政策目标密切相关。如果一国或地区经济发展处于初级阶段，生产力水平低下，基础产业比较落后，经济快速增长必然成为其主要的政策目标，那么财政支出中用于经济建设的支出比重也必然比较高；如果一国或地区生产力水平较高，经济发展处于成熟阶段，那么保持经济的稳定增长，提高社会生活质量将是其经济政策的主要目标，教育、科技、社会公益事业发展、社会保障和福利等社会公共支出就应占有较大比重。

> **视野拓展**
>
> 新闻热点：财政支出向生态环保倾斜

3. 政府宏观调控能力与调控目标

财政支出的性质在一定程度上反映政府在一定时期内直接动员社会资源的能力。从财政支出的性质来看，可以将其分为购买性支出和转移性支出，其中，购买性支出占财政支出的比重体现政府调控资源能力的强弱。按照新时代的政府与市场之间的关系，市场在资源配置中起决定性作用，要求进一步加大改革力度，扩大市场配置资源的份额，降低购买性支出占财政支出的比重。同时更好地发挥政府的作用，要求保持政府宏观调控的能力，尤其在应对突发公共卫生等事件上，政府应有足够的调控资源的能力。另外，政府宏观调控目标的差异，也影响财政支出结构。如降低失业率，可以通过扶持中小微企业的发展以增加就业岗位，转移性支出增加。如果调控目标是优化产业结构，政府直接和间接投资效果可能更为明显，此时购买性支出占比相对提高。

二、财政支出结构优化

财政支出结构优化是指在一定时期内，在财政支出总规模占国内生产总值比重合理的前提下，财政支出内部各构成要素符合社会公共需要，且各构成要素占财政支出总量的比例相对协调合理的状态。财政支出结构优化是财政资源优化配置的核心；财政支出宏观规模适度、财政支出比例合理及财政支出耗用的有效性的统一，是财政支出结构优化的真正内涵。

（一）内生增长理论

在现代经济增长理论中，新古典增长理论具有代表性和广泛的影响力。该理论将经济增长解释为生产要素的积累过程，认为只要投资超过重置的机器，人均产出就会增加，经济就会增长。但资本积累存在收益递减趋势，当投资减少到足以抵补折旧时，资本积累就会稳定下来，人均产出和经济增长将停滞。尽管通过配置先进的物质资本载体可以延缓资本积累收益递减的趋势，但技术进步作为外生变量，未能纳入古典经济学分析框架而予以重视。20 世纪五六十年代，索洛创建了“索洛模型”，试图科学地回答“经济增长的动力到底是什么”这一问题。他发现，当人口和资本数量积累到一定程度之后，不一定会促进经济增长。哪些因素能够保持经济的长期增长呢？索洛模型显示，一旦人口增长率、储蓄率和技术水平这些因素确定，无论经济体的初始发展水平在哪，随着时间的推移，其人均资本水平和人均产出都会向均衡水平收敛。正常情况下，一定时间段内，人口增长率和储蓄率变动不会很大，因此，外来的技术进步是保持一个国家经济持续增长的唯一动力。

20 世纪 80 年代，罗默开始在索洛模型的基础上进一步优化和反思，并提出了内生增长理论。内生增长理论认为，经济增长的动力来自对人力资本、创新和知识的投资，即科学技术是第一生产力。罗默提出不同于其他要素的规模报酬具有递减性，知识作为一种公共产品，具有非竞争性和非排他性。当这种要素投入生产时，就会产生强大的正外部性，从而导致规模报酬递增的出现。一旦有了规模报酬递增，持续的增长也就成为可能。这一理论开辟了在一般均衡模型中研究内生经济增长的决定因素的可能性。也就是说，生产性公共资本、人力资本和研究开发活动是一个国家长期经济增长的内在因素，属于财政政策的变量范围，所以，财政政策对长期经济增长和经济结构的调整具有重要的作用。

财政支出结构不是一成不变的。从客观上说，它取决于一个国家所处的经济发展阶段以及在相应的经济发展阶段的政府宏观调控能力和目标。总的来看，财政支出结构的发展变化有着一定的规律性。从政府财政政策的角度看，必须根据一定时期的发展战略和政策目标以及经济形势的发展变化，推动财政支出结构的调整与优化。内生增长理论为调整和优化财政支出结构提供了重要思路。

（二）优化我国财政支出结构的基本思路

1. 结合政府职能的转变，科学界定财政支出的范围

按照“市场在资源配置中起决定性作用”科学界定财政的职能、规范财政支出的范围是建立公共财政制度的基础。在市场经济体制下，凡是市场能够有效配置资源的领域，政府就不应介入。如政府应尽量避免进入竞争性领域，并加大对公共服务领域的改革力度，降低门槛，通过引入社会资本促进公共服务水平的提高和提升公共支出的效率。

视野拓展

部分国家公共卫生支出的规模和结构

2. 建立科学的财政支出结构

一是在严格控制经济建设支出的前提下，进一步增加公共基础设施投资，努力吸引民间资本投向该领域。二是继续加大对社会文教科卫方面的支出，提升人力资本素质，促进科学技术不断发展。三是在财政支农投入中，加大农村基础设施建设，加快农业科技成果转化步伐，促进农业产业化和现代化的发展。四是改革和整顿财政补贴制度，在明确补贴目标和范围的基础上，进一步压缩财政补贴支出，提高补贴效益，使财政补贴真正发挥作用。五是结合机构改革，特别是国家“大部制改革”，进一步压缩行政管理支出。六是优化社会保障支出结构，加强对贫困群体扶持力度，促进社会和谐发展。七是加强环境保护治理，增加环境建设投入，改善和保护生态环境，推动和谐社会建设，促进经济可持续发展。

3. 建立科学规范的财政支出预算体系

随着市场经济体制改革的不断深入，我国财政支出管理得到了很好的优化，但在强化预算约束、提高财政资金使用效益方面还需进一步提升。因此，要细化预算编制，强化预算管理。加强财政公共化建设，提高预算执行的透明度和公开性，使公众能够对预算资金的支出安排和执行情况进行有效的监督，从而合理优化支出结构，提高财政支出效益。

4. 全面实施绩效管理，促进财政支出结构优化

绩效管理全覆盖。中央和地方预算绩效管理范围覆盖一般公共预算、政府性基金预算和国有资本经营预算。预算执行中，中央部门应对所有本级项目预算执行情况和绩效目标实现程度实行“双监控”，及时纠正偏差，堵塞管理漏洞。财政支出绩效是财政支出结构合理化的衡量尺度，积极开展财政支出绩效的事前、事中、事后评估，将部门职能和事业发展规划与财政资金的供给范围和结构紧密结合在一起，通过一系列绩效评估指标的监控，将财政资金的使用严格限制在公共产品的提供方面，判断财政宏观支出结构的合理性和有效性，并根据评估结果权衡轻重缓急，统筹兼顾、有保有舍地调整和优化支出结构，使财政支出符合公共财政发展的要求，有所为有所不为，达到财政资金配置和运行的合理、高效。

视野拓展

关于全面实施预算绩效管理的意见

第四节　财政支出效益

一、财政支出效益的内涵

财政支出效益是指一国政府在配置资源过程中以社会福利最大化为目标，以最小的财政支出获取最大的社会福利。提高财政支出效益是财政支出的核心问题，因此，研究财政支出效益的目的是合理配置财政资源，提高其使用效率，最大限度地满足社会公共需要。

建立科学合理的财政支出效益评价体系，其核心内容之一就是选择科学合理的财政支出效益评价方法。由于政府财政支出主要是用来提供公共产品、满足公共需要，有效实施社会经济宏观调控，因此，政府部门的财政支出效益和私人部门的微观经济效益有着明显的不同，政府财政支出效益追求社会效益最大化，而微观经济效益主体则追求微观经济利益最大化。也正因为政府支出决策以社会净收益为标准，其成本和收益一般无法直接采用市场价格进行衡量，这使得政府支出项目的评价面临比企业项目更多的困难。

二、财政支出效益的评价方法

评价财政支出效益的方法主要有成本-效益分析法和最低费用选择法两种。

（一）成本-效益分析法

微课堂

财政支出效益评价

成本-效益分析法是指根据政府确定的建设目标，提出若干实现建设目标的方案，详细列出各种方案的全部预期成本和全部预期效益，通过分析比较，从中选择出最优方案的分析方法。该方法适用于成本和效益都能准确计量的项目评价，包括政府投资的各种项目，如学校、医院、道路、桥梁、机场、码头、水利工程等，还包括一些社会福利项目，如公共住房、

社会保险、就业培训等。但是，这种方法对于成本和效益都无法用货币计量的项目则无能为力。一般情况下，以社会效益为主的支出项目不宜采用此方法。

1936 年美国政府在一项防洪工程的投资决策上，首次运用了成本-效益分析法。现在，该方法已经在许多国家的中央与地方政府、世界银行等国际组织中被广泛使用。成本-效益分析法的具体评价方式主要有三种。

1. 净现值法

假设政府筹建的一个项目寿命为 n 年，第 i 年的贴现率为 r，第 i 年的收益和成本分别为 B_i 和 C_i，i= 0，1，2，3，…，n，则第 i 年的净收益为 $B_i - C_i$ ，那么该项目未来收益的净现值（NPV）为

$$\text{NPV} = \sum_{i=0}^{n} \frac{B_i - C_i}{(1+r)^i}$$

根据上式的计算结果，我们就可以对该项目的投资可行性作出判断：如果 $\text{NPV} > 0$，则该项目可行；如果 $\text{NPV} < 0$，则该项目不可行。对不同项目进行选择时，比较它们的净现值大小，同等条件下应选择净现值较高的项目。

2. 效益成本比率法

效益成本比率（NI）法是在各支出方案的成本、效益数量化后，折为现值，求出效益现值和成本现值的相对数，以此作为决策依据。其计算公式为

$$NI = \frac{\sum_{i=0}^{n} \frac{B_i}{(1+r)^i}}{\sum_{i=0}^{n} \frac{C_i}{(1+r)^i}}$$

根据上式的计算结果，效益成本比率法的决策原则是：如果 $NI \geqslant 1$，则该方案可行；如果 $NI < 1$，则该方案不可行。对几个方案进行比较，以效益成本比率最高的支出方案为最佳方案。

3. 内部报酬率法

内部报酬率（IRR）法是指求出能使项目净现值等于零的利率，这一利率其实就是项目本身的投资报酬率。其计算公式为

$$\text{NPV} = \sum_{i=0}^{n} \frac{B_i - C_i}{(1+r)^i} = 0$$

式中，r 是需要计算的项目本身的内部报酬率（IRR）。如果内部报酬率等于或超过所预期的报酬率，政府支出就有效率，该项目就可行；如果内部报酬率小于预期的报酬率，则该项目不可行。如果是对几个项目进行选择，则具有较高内部报酬率的项目应优先选择。

运用成本-效益分析法进行项目决策评估时，应该注意以下两点：一是对贴现率 r 的选择，应该采用社会贴现率。社会贴现率以企业部门的贴现率为基础，但是又有别于企业部门的贴现率，一般比私人企业的贴现率要低。这是因为社会贴现率是从国家宏观经济角度，对其投资所应达到的收益率标准进行评估，它必须从长远角度出发，既关注当代人的福利，又重视子孙后代的福利，而企业往往低估消费的机会成本而高估投资者的机会成本，抬高贴现率。另外，政府支出项目往往会带来外部效应，这种外部效应也要纳入项目效益之中。二是对公共项目的投入、产出物的价格应采用影子价格。所谓影子价格是指当社会经济处于某种状态下，能够反映社会劳动消耗、资源稀缺程度和最终产品需求情况的价格。将这一价格应用于公共支出项目评价中，有利于促进资源配置优化。

（二）最低费用选择法

最低费用选择法，也称最小成本法，是指通过计算项目的有形成本，并以成本最低为择优标准的评级方法。具体来说，最低费用选择法只计算项目的有形成本，在效益既定的条件下分析其成本的高低，以成本最低为原则来确定最终的支出项目。该方法适用于那些成本易于计算而效益不易计量的政府支出项目，如社会保障、教育、卫生、国防等支出项目。

课堂金话筒

如何理解影子价格？现实生活中何种情况下可能出现并使用影子价格？影子价格与市场价格的区别与联系是什么？

本章小结

财政支出是指政府为满足社会公共需要而进行的各项开支，包括政府向社会提供的公共产品和服务在内所消耗的一切费用的总和。要合理有效地分配财政支出，必须遵循一定的原则。

财政支出可以从不同的角度进行分类，如按财政支出功能、经济性质等标准来分类。

对财政支出的分析主要是从规模、结构和效益三个方面进行的。关于财政支出规模增长的原因，西方经济学家从经济、政治、社会等多角度进行了研究分析，形成了包括瓦格纳法则、替代-规模效应理论、经济发展阶段论、非均衡增长理论等多个理论；关于财政支出结构，研究重点是其主要影响因素；财政支出效益的研究侧重财政支出效益的评析方法，主要包括成本-效益分析法和最低费用选择法。

练习与思考

一、重要概念

1．财政支出　2．财政支出增长率　3．财政支出增长弹性系数　4．财政支出增长边际倾向　5．瓦格纳法则　6．替代-规模效应　7．经济发展阶段论　8．财政支出结构　9．财政支出效益　10．成本-效益分析法　11．最低费用选择法

二、单项选择题

1．财政支出增长额与国内生产总值增长额之比是（　　）。

A．财政支出增长率　　B．财政支出增长弹性系数

C．财政支出增长边际倾向　　D．国内生产总值边际倾向

2．下列关于瓦格纳法则的说法，正确的是（　　）。

A．它是德国经济学家阿道夫·瓦格纳和英国经济学家皮科克共同提出的一种财政支出扩张论

B．美国财政学家马斯格雷夫将其阐述为财政支出的绝对增长

C．这是一条经验性法则，但能描述包括我国在内的大部分国家半个世纪以来的财政支出变化趋势

D．它把导致财政支出增长的因素分为政治因素和经济因素

3．经济因素对财政支出规模的影响主要体现在（　　）。

A．政局是否稳定　　B．政体结构　　C．行政效率　　D．经济干预政策

4. 以下关于财政支出结构的说法，正确的有（　　）。

A. 财政支出结构与政府职能没有关系

B. 我国行政管理费的增加趋势是符合瓦格纳法则的

C. 我国随着社会主义市场经济的确立，经济建设支出占财政支出总额的比重大幅下降，不利于财政履行资源配置职能

D. 在经济发达国家，转移性支出占总支出的比重较大

5. 非均衡增长理论的主要代表人物是（　　）。

A. 鲍莫尔　　B. 皮科克　　C. 罗默　　D. 拉弗

6. 采用成本-效益分析评估时，对公共项目的投入、产出物的价格应采用（　　）。

A. 市场价格　　B. 公共定价　　C. 成本价格　　D. 影子价格

7. 替代-规模效应理论的提出者是皮科克与（　　）。

A. 罗斯托　　B. 威斯曼　　C. 马斯格雷夫　　D. 鲍莫尔

三、多项选择题

1. 下列支出项目中适宜于采用最低成本选择法评价效益的有（　　）。

A. 军事支出　　B. 卫生支出　　C. 水力发电站

D. 教育支出　　E. 大型农田灌溉设施

2. 下列属于消费性支出的有（　　）。

A. 教育支出　　B. 价格补贴支出　　C. 债务利息支出

D. 行政管理支出　　E. 国防支出

3. 替代-规模效应理论提出者有（　　）。

A. 鲍莫尔　　B. 瓦格纳　　C. 皮科克

D. 尼斯坎南　　E. 威斯曼

4. 下列关于瓦格纳法则的说法正确的有（　　）。

A. 是由德国经济学家阿道夫·瓦格纳提出的一种财政支出扩张论

B. 瓦格纳法则中的财政支出增长是指绝对增长

C. 这是一条经验性法则，适用我国及世界大部分国家的财政支出变化趋势

D. 它是尼斯坎南官僚行为增长论的理论基础

E. 瓦格纳法则是建立在规模-替代效应理论基础上的

5. 政治性因素对财政支出规模的影响主要体现在（　　）。

A. 政局是否稳定　　B. 政体结构　　C. 行政效率

D. 宏观经济政策　　E. 分配政策

6. 以下关于财政支出结构的说法，正确的有（　　）。

A. 简单地说，财政支出结构是指各类财政支出占总支出的比重

B. 财政支出结构与政府职能存在着紧密的对应关系

C. 我国行政管理费的增加趋势符合瓦格纳法则的阐述，属于支出结构的优化

D. 我国财政支出中亏损补贴比重下降，是支出结构优化的体现

E. 教育支出过快增长必然挤占行政管理费

7. 财政支出规模的影响因素有（　　）。

A. 经济因素　　B. 政治因素　　C. 历史因素

D. 社会因素　　E. 人文因素

四、分析判断题

1．财政支出增长弹性系数小于 1，表示财政支出增长速度低于国内生产总值增长速度。(　　)

2．瓦格纳法则可以简单表述为：随着人均收入的提高，财政支出占国内生产总值的比重也随之相应提高。(　　)

3．根据马斯格雷夫和罗斯托的经济发展阶段论，经济达到成熟阶段后，财政支出增长应当放缓，并逐渐低于国内生产总值的增长速度。(　　)

4．社科文教费包括用于文化、教育、科学、卫生、出版、通信、广播、文物、体育、地震、海洋、计划生育等方面的经费、研究费和补助费等。(　　)

5．在成本-效益分析法中，如果项目净现值小于零，则表明该项目可行。(　　)

6．财政支出增长边际倾向是指财政支出增长率与国内生产总值增长率之比。(　　)

7．财政支出增长的弹性系数大于 1，表明财政支出增长速度高于国内生产总值增长速度。(　　)

8．最低成本法的局限性是不能应用于成本和效益都无法用货币计量的以社会效益为主的支出项目的评价的。(　　)

9．最低费用选择法，也叫最小成本法。(　　)

10．提高财政支出效益是财政支出的核心问题。(　　)

五、简答题

1．简述瓦格纳法则的基本内容。

2．简述替代-规模效应理论的主要内容。

3．简述经济发展阶段论的主要内容。

4．简述非均衡增长论的主要内容。

5．简述影响财政支出规模的主要因素。

6．简述影响财政支出结构的主要因素。

7．简述成本-效益分析法的主要内容。

8．简述最低费用选择法的主要内容。

六、论述题

试述我国当前财政支出结构的主要问题及优化思路。

七、材料分析题

表 3.2 是我国改革开放后部分年份财政支出（全国一般公共预算支出）占国内生产总值的比重。

表 3.2　部分年份财政支出占国内生产总值的比重

年　份	1980	1985	1990	1995	2000	2005	2010	2015	2017	2019
财政支出/国内生产总值（%）	27.2	24.59	16.63	11.67	17.76	18.45	22.40	25.64	24.74	24.11

任务：我国财政规模变化具有什么样的特征？并分析发生这一变化的原因。

第四章　购买性支出

案例引导

政府购买服务管理办法

第一章　总则

第一条　为规范政府购买服务行为，促进转变政府职能，改善公共服务供给，根据《中华人民共和国预算法》《中华人民共和国政府采购法》《中华人民共和国合同法》等法律、行政法规的规定，制定本办法。

第二条　本办法所称政府购买服务，是指各级国家机关将属于自身职责范围且适合通过市场化方式提供的服务事项，按照政府采购方式和程序，交由符合条件的服务供应商承担，并根据服务数量和质量等因素向其支付费用的行为。

第三条　政府购买服务应当遵循预算约束、以事定费、公开择优、诚实信用、讲求绩效原则。

第四条　财政部负责制定全国性政府购买服务制度，指导和监督各地区、各部门政府购买服务工作。县级以上地方人民政府财政部门负责本行政区域政府购买服务管理。

……

中华人民共和国财政部令第102号《政府购买服务管理办法》，自2020年3月1日起施行。

试问：《政府购买服务管理办法》界定的政府购买服务与政府采购是什么关系？

政府采购是购买性支出的重要形式。购买性支出由社会消费性支出和政府投资性支出两部分构成。社会消费性支出是国家履行政治、社会职能的保证，而且提供行政管理和社会服务是政府合法性的基础，也是政府取得公民支持和承认的前提。社会消费性支出主要包括文教科卫支出、行政管理支出、国防支出等。政府投资性支出是指以政府为投资主体，以财政资金为投资来源的一种投资活动。政府投资性支出主要目的是克服市场失灵，促进社会资源的优化配置。政府投资性支出主要包括基础产业投资和农业投资支出。

第一节　文教科卫支出

文教科卫支出是指国家财政用于发展文化体育、教育、科学研究、卫生等社会事业的经费支出。政府增加对文教科卫支出，既有助于整个社会文明程度的提高，又有利于提升全体国民的综合素质。正是因为该类支出具有很强的外部正效应，故世界各国都在不断加大对文教科卫事业的财政支出。

微课堂

文教科卫支出

一、文化体育支出

财政的文化体育支出是指文化事业费支出和体育事业费支出的总称。文化事业费支出是指国家用于发展社会文化事业的经费支出，主要有国有博物馆、图书馆、艺术馆、纪念馆、文艺团体，以及新闻、通信、广播、电视、出版等部门的经费拨款。体育事业费支出是指国家用于发展体育运动、增强人民体质的经费支出，主要有体育管理费、运动员培养训练费、体育竞赛费、体育设备购置费、体育设施建设费、体育活动经费等。

1. 文化体育支出的基本属性及其提供的方式

就经济性质而言，文化体育产品与教育、科学研究一样，有的具有私人产品属性，有的具有准公共产品属性。一方面，部分文化、体育产品是为满足居民个人文化、体育消费的需要而提供的，比如文艺团体演出、图书音像的出版、电影电视的播放、私人运动健身项目等，既具有竞争性，又具有排他性。因此，这类文化体育产品具有私人产品属性，完全可以由市场来提供。另一方面，部分文化、体育产品往往涉及全体社会公众利益，如公共图书馆、博物馆、文化馆、文物保护、全民健身运动、世界范围的重大体育比赛等，不仅影响人们的思想和行为，而且影响国民的身体素质，对社会的稳定和发展具有强大的影响力。因此，国家必须把文化体育产品纳入公共提供的范畴，由国家财政承担相应的经费。

2. 中国文化体育支出现状

改革开放以来，在经济飞速发展的基础上，我国文化、体育事业得到了前所未有的发展，其中，财政支持发挥了重要的作用。2019 年全国文化和旅游事业费用支出 1 065.02 亿元，比上年增长了 14.7%。县乡两级公共文化服务体系初步形成，基本实现了县县有图书馆、文化馆。全国文化信息资源共享工程、广播电视村村通工程等基层文化设施建设得以稳步推进。哲学、社会科学和新闻出版、广播影视、文学艺术进一步繁荣。文物和非物质文化遗产保护得到加强。对外文化交流更加活跃。

体育产业已经成为国民经济发展的新亮点。一方面，城乡公共体育设施建设加快，群众性体育活动以及全民健身运动蓬勃发展，中国体育健儿在国际大赛中不断取得优异成绩。1959 年到 2018 年，我国已累计获得 3 475 个体育世界冠军。仅 2019 年，我国体育就获得 128 个世界冠军，创 16 项世界纪录。另一方面，我国体育健身服务业快速发展，各种健身场所迅速兴起；竞赛表演业日益活跃，具有中国特色的篮球、排球、乒乓球等国内联赛已经具备了一定的规模。2008 年北京奥运会的成功举办，不仅促进了我国体育事业的大跨越，也促进了我国经济的快速发展。我国已成为世界最大的体育用品制造基地，截至 2020 年，中国国际体育用品博览会已举办了 38 届，成为亚洲最大、世界排名第三的体育用品博览会。

> **想一想**
>
> 1. 运动员的培养、训练、比赛的费用应该由谁出？
>
> 2. 我国著名网球运动员李娜单飞成功，给我国实行举国体制的运动项目提供了哪些改革思路？

二、教育支出

教育支出是指政府用于维持和发展各类教育事业方面的财政支出。按照来源和负担情况划分，教育支出主要包括财政的预算内教育支出，各级政府征收的用于教育的税费，校办产业、勤工俭学和社会服务收入用于教育的经费，以及其他财政性教育经费。

教育的发达程度及政府投入水平，常被用来作为衡量一个国家、一个民族素质及文化程度的主要标准。教育本身是功在当代、利在千秋的大事，这已经成为人们的共识。因此，世界各国都越来越重视教育的财政投入。

（一）教育产品的属性和教育支出的方式

提升文化素质、文明程度和劳动技能，有助于促进社会文化交流和经济发展，也有助于缩小贫富差距，促进社会公平分配，因此，中等及高等教育也具有一定的公共性。

案例分析与讨论 4.1

义务教育是 9 年还是 12 年？

2019 年两会收到多项关于义务教育的提案，其中，教育部给予《关于逐步实施十二年制义务教育的提案》的答复是：目前我国仍处于社会主义初级阶段，财政收支矛盾突出。此外，当前贫困地区教育发展面临的任务依然十分艰巨。在扩大教育资源、改善办学条件、提高办学质量，并加大对家庭经济困难学生的精准资助，确保贫困地区学生"有学上、上好学"等方面，还有不少短板和薄弱环节，都需要财政加大投入。延长义务教育或者免费教育年限一定程度上可以减轻学生家庭经济负担，但也可能引发减少对教育短板和薄弱环节的投入、替代社会和家庭投入等问题。

关于学前教育是否纳入义务教育问题，教育部认为，我国义务教育阶段的课程是九年一贯整体设计，普通高中课程按三年设置。这一课程安排是经过长期实践、反复调整后逐步建立的，基本适应未来一段时间内的社会、经济发展状况，基本符合儿童身心发展规律和认知规律。

启发思考

（1）义务教育的公共性如何？如何界定免费义务教育？

（2）义务教育 9 年制、12 制年抑或 15 年制，决策的主要因素是什么？决策权在哪里？

教育作为一种准公共产品，需要政府参与提供，政府提供教育的方式主要包括政府生产和政府补贴。政府生产通常表现为使用财政资金开办公立学校，并对学生免费或只收取低于成本的费用；政府补贴的方式是对非公立学校或学生提供财政资助。

教育服务作为一种准公共产品，其消费具有部分排他性和竞争性，这也是教育服务可以由市场机制进行供给的原因。实践中有诸多的市场配置教育服务的现象，比如，社会团体和个人出资办学，社会捐资捐助办学，向接受中等及高等教育者收取一定的费用等。通过市场机制，能实现弥补财政办学资金不足和提高办学效率的目的。

（二）中国教育支出规模与结构分析

我国人口众多，社会各项事业发展对财政资金的需求量很大。为解决教育资金投入不足的问题，我国于 1993 年、2010 年先后颁发了《中国教育改革和发展纲要》和《国家中长期教育改革和发展规划纲要（2010—2020 年）》，从制度上保障财政对教育的投入。经过多年的努力，国家财政性教育经费占国内生产总值的比重于 2012 年以后一直维持在 4%以上（见表 4.1），2019 年全国教育经费总投入为 50 175 亿元。从比较的角度来看，我国教育财政仍然需要从以下两个方面进行优化。

1. 教育财政投入总量仍有提升的空间

教育财政支出[①]占国内生产总值比重，是一个常用的用于衡量财政教育投入的指标。从教育支出/GDP = (财政支出/GDP) × (教育支出/财政支出)来看，教育支出/GDP 的大小受两大因素的影响：财政教育支出率和国内生产总值财政支出贡献率。教育支出占财政支出的比重在 10%～14%间较合理（经济合作与发展组织国家平均为 13.2%）。这一比重过高，会影响农业、国防、社会保障、公检法等其他领域的支出，甚至会危及社会稳定。2018 年我国教育支出占全部财政支出的比重达 16.75%，这表明各级政府在教育投入上是努力的。应该说，提高财政教育支出率的空间有限。国内生产总值财政支出贡献率是决定性影响因素，这一指标反映的是财政体制。因此，财政体制改革是打开教育财政投入空间的一个重要方向。

① "教育财政支出"为惯用指标，规范的指标应为"财政性教育经费"，严格来讲两者略有区别，本书未加以区分。

表 4.1　国家财政用于教育的支出与有关指标的比重

年份	财政性教育经费（亿元）	教育支出所占比重（%）		年份	财政性教育经费（亿元）	教育支出所占比例（%）	
		占国内生产总值的比重	占财政支出（含债务）的比重			占国内生产总值的比重	占财政支出（含债务）的比重
1990	574.56	3.04	16.64	2010	14 670.07	3.66	16.32
1995	1 465.13	2.41	21.52	2012	23 147.57	4.28	18.38
1997	1 862.54	2.49	20.17	2013	24 488.22	4.16	17.47
1998	2 032.45	2.59	18.82	2014	26 420.58	4.10	17.40
1999	2 287.18	2.79	17.34	2015	29 221.45	4.26	16.61
2000	2 562.61	2.87	16.13	2016	31 396.25	4.22	16.72
2002	3 491.41	3.41	15.83	2017	34 207.76	4.14	16.84
2003	3 850.62	3.28	15.62	2018	36 990.00	4.11	16.75
2004	4 465.86	2.79	15.68	2019	40 049.00	4.04	16.77
2005	5 161.08	2.81	15.21				
2006	6 348.37	3.01	15.71				
2008	10 449.63	3.48	16.70				
2009	12 231.09	3.59	16.03				

资料来源：国家统计局数据

如表 4.2 所示，相较于经济发达国家，我国的财政总支出占国内生产总值的比重偏低。仅从这个指标而言，财政性教育经费占国内生产总值的比重还有提升空间。但这又涉及政府与市场关系问题，也即财政支出占国内生产总值的比重提高，会越过公共财政边界。换言之，提高这一比例需要全面考量市场的承受能力。

表 4.2　部分国家财政总支出占国内生产总值的比重（单位：%）

年份	德国	日本	英国	美国	中国	印度
2013	44.94	39.49	41.45	35.97	28.54	26.6
2014	44.3	38.89	40.54	35.47	28.96	26.22
2015	44.04	38.02	39.67	35.15	31.32	27.06
2016	44.3	37.95	38.86	35.46	31.93	27.28
2017	44.42	37.42	38.41	35.25	32.18	26.83
2018	44.57	37.07	38.27	35.14	34.09	26.18
2019	45.24	36.97	38.36	36.19	34.95	27.13

资料来源：国研网

2. 教育财政投入结构有待优化

教育财政投入力度可以用“生均财政经费指数”①进行衡量。表 4.3 反映了中外教育财政投入结构。我国高等教育生均财政经费指数、初等教育生均财政经费指数均高于同为新兴市场经济国家的巴西，甚至也高于属于发达经济国家的法国和德国，尤其是高等教育生均财政经费指数高出的比例较大。中等教育生均财政经费指数相对较低。可见，我国教育财政资源配置结构有待优化。

视野拓展

教育领域中央与地方事权与支出责任的划分

针对我国教育支出存在的以上问题，国务院办公厅于 2019 年 5 月 24 日印发了《教育领域中央与地方财政事权和支出责任划分改革方案》，根据教育领域公共服务的特点，遵循教育规律，体现中国特色，抓紧形成中央领导、合理授权、系统完整、科学规范、权责清晰、运转高效的教育领域财政事权和支出责任划分模式，加快建立权责清晰、财力协调、区域均衡的中央和地方财政关系。

① 初等教育生均财政经费指数（%）等于初等教育生均经费与人均国内生产总值的比值，中等教育生均财政经费指数（%）等于中等教育生均经费与人均国内生产总值的比值，高等教育生均财政经费指数（%）等于高等教育生均经费与人均国内生产总值的比值。

表 4.3　中国与部分国家教育生均财政经费指数

指标	公共教育占国内生产总值的比重（%）			初等教育生均财政经费指数（%）			中等教育生均财政经费指数（%）			高等教育生均财政经费指数（%）		
年份	2013	2014	2015	2013	2014	2015	2013	2014	2015	2013	2014	2015
中国	4.16	4.10	4.26	21.25	21.33	24.26	19.39	19.25	21.69	35.79	34.35	36.37
法国	5.50	5.51	5.46	16.69	17.93	18.02	30.12	30.09	29.74	33.74	33.43	32.97
德国	4.93	4.93	4.81	16.09	16.00	16.63	25.95	25.67	25.33	37.26	36.19	34.01
巴西	5.84	5.95	6.24				20.82	20.75	22.10	30.02	29.01	33.28

注：法国、德国和巴西的数据来源于国研网数据库。中国的数据依据相应年份的《中国教育经费统计年鉴》和《中国统计年鉴》数据计算得出

三、科学研究支出

科学研究支出，是指财政在科学技术研究方面的专项支出，是财政支出的重要组成部分。目前，我国科学研究支出包括科技三项费用（包括新产品试制费、中间试验费和重大科研项目补助费）、科学事业费（包括自然科学事业费、社会科学事业费、科协事业费和高技术研究专项经费）、科研基建费及其他科研事业费等。

研究与试验发展（R&D）经费支出，指统计年度内全社会实际用于基础研究、应用研究和试验发展的经费支出。包括实际用于研究与试验发展活动的人员劳务费、原材料费、固定资产购建费、管理费及其他费用支出。研究与试验发展经费投入是评价国家科技实力和科技发展水平的首选指标，为世界各国和重要国际组织普遍采用。

（一）科学研究支出的属性及提供方式

一般来说，科学研究分为两种类型，即基础科学研究和应用科学研究。

基础科学研究是指以深刻认识自然现象、揭示自然规律，获取新知识、新原理、新方法和培养高素质创新人才等为基本使命而进行的实验性和理论性工作。它不以任何专门或特定的应用或使用为目的，是高新技术发展的重要源泉，是培育创新人才的摇篮，是建设先进文化的基础，是未来科学技术发展和社会经济发展的内在动力。例如，蒸汽机的发明、计算机的发明、生命科学研究，等等。基础科学研究特别强调重视基本理论和学科建设，全面协调地发展数学、物理学、化学、天文学、地球科学、生物学等基础学科，因此投入多、风险大，科研成果的效用"外溢"程度高，并且往往不能为社会生产直接利用，其成本与收益不易通过市场交换对等起来，这就使得私人机构无力提供或不愿提供经费。但是，基础科学研究项目，特别是一些关系到国家发展和安全战略的重大基础科学研究项目，能够对整个社会经济发展起到重要的基础作用或推动作用，具有纯公共产品的属性，因此，基础科学研究所需经费就必须由政府财政来承担。

应用科学研究是指为获得新知识而进行的创造性的研究，它主要是针对某一特定的实际目的或目标。应用科学研究能够直接转化为现实的生产力，其研究成果具有较强的竞争性和排他性，因而其属性比较接近私人产品，所以这部分科学研究费用可以由私人部门来承担。但有些应用科学研究，如超导材料研制、基因研究、纳米材料开发等，其研究本身难以用商业化方式操作，而且其研究成果一经推广，就会产生巨大的经济效益和社会效益，具有很强的正外部效应，所以这类应用科学研究项目也应该由政府提供费用。

（二）中国科学研究支出现状分析

20 世纪 80 年代，以罗默等人为代表的内生增长理论，突破性地将技术进步内生化，提出

在技术进步条件下，资本边际效益递减规律可以避免，经济增长的持续性也可以得以保持。内生增长理论重新诠释了财政政策在经济增长中的特殊作用，也使人们逐步认识到科技进步作为一个连续过程，将产生波状乘数效应，并可放大其他生产要素的作用。基于此，各国纷纷拟定科学研究计划，不断加大对科技投入的力度，以推动本国经济快速增长。

20 世纪 80 年代，发达国家的技术贡献率由 20 世纪初的 5%～20%提高到了 60%～80%。进入 21 世纪以来，世界科技投入展现出新一轮的高速增长趋势，涌现出像美国、芬兰等一批世界公认的科技创新型国家。与此同时，我国的科技投入和创新活动支出也大幅增加。2006 年国务院发布的《国家中长期科学和技术发展规划纲要（2006—2020 年）》明确指出，到 2020 年要把全社会研究与试验发展投入占国内生产总值的比重提高到 2.5%以上（见表 4.4）。2007 年 12 月 29 日修订的《中华人民共和国科学技术进步法》规定：国家逐步提高科学技术经费投入的总体水平，国家财政用于科学技术经费的增长幅度，应当高于国家财政经常性收入的增长幅度。全社会科学技术研究开发经费应当占国内生产总值适当的比例，并逐步提高。

表 4.4　2010—2019 年我国研究与试验经费

年份	研究与试验发展经费支出（亿元）	研究与试验发展经费投入强度（投入经费与国内生产总值之比）(%)
2010	7 062.58	1.76
2011	8 687.00	1.79
2012	10 298.4	1.98
2013	11 846.6	2.08
2014	13 015.6	2.05
2015	14 169.9	2.07
2016	15 373.75	2.07
2017	17 606.13	2.12
2018	19 677.93	2.14
2019	21 737.00	2.19

2019 年 5 月 22 日，国务院办公厅发布了《科技领域中央与地方财政事权和支出责任划分改革方案》，按照深化科技体制改革的总体要求和科技工作的特点，将科技领域财政事权和支出责任划分为科技研发、科技创新基地建设发展、科技人才队伍建设、科技成果转移转化、区域创新体系建设、科学技术普及、科研机构改革和发展建设等方面。在完善中央决策、地方执行机制的基础上，明确中央在财政事权确认和划分上的决定权。根据科技事项公共性层次、科技成果受益范围等属性，科学合理划分科技领域中央与地方财政事权和支出责任。中央财政侧重支持全局性、基础性、长远性工作，以及面向世界科技前沿、面向国家重大需求、面向国民经济主战场组织实施的重大科技任务。同时进一步发挥中央对地方转移支付的作用，充分调动地方的积极性和主动性。地方财政侧重支持技术开发和转化应用，构建各具特色的区域创新发展格局。

由于我国人口众多、经济发展水平还不高、人均资源及环境的“瓶颈”制约，我国科学研究支出与发达国家相比还存在一定的差距，呈现投入强度不足、公共财政投入依存度高、科研资金使用效率低等问题。

1. *科学研究支出的绝对量虽然逐年增长，但经费投入强度仍然不高*

我国研究与试验发展经费投入逐年增长。2018 年我国研究与试验发展经费投入总量为 19 677.9 亿元，比上年增长 11.8%，连续 3 年保持了两位数增速，延续了“十三五”以来较快的增长势头。研究与试验发展经费投入强度（研究与试验发展经费与国内生产总值的比值）为 2.14%，比上年提高 0.02 个百分点，连续 6 年超过 2%。其中，2018 年国家财政科学技术支出为 9 518.2 亿元，比上年增长 13.5%，增速较上年提高 5.5 个百分点；财政科学技术支出与国家财政支出之比为 4.31%，比上年提高 0.18 个百分点。

自 2013 年研究与试验发展经费总量超过日本以来，我国的研究与试验发展经费投入一直稳居世界第二。2018 年我国研究与试验发展经费投入强度超过 2017 年欧盟 15 国平均水平（2.13%），相当于 2017 年经济合作与发展组织（OECD）35 个成员国中的第 12 位，接近经济合作与发展组织平均水平（2.37%）。但与美国（2.79%）、日本（3.21%）等相比仍有一定的差

想一想

从当前我国的世界科技竞争力并结合2018—2020年美国制造的中美贸易摩擦看，你认为财政科技投入在基础科学研究和应用科学研究上应如何选择？

距。为此，我国应进一步加大财政支持力度，完善鼓励研发投入的政策体系，引导社会各界对基础科学研究的投入与布局，加强统筹协调，推进管理考评机制改革，提高资金利用效率，提升科技经费投入的有效性和针对性。

2. 科技投入的基础科学研究占比偏低

2018年，分活动类型看，全国基础科学研究经费为1 090.4亿元，比上年增长11.8%；应用科学研究经费为2 190.9亿元，增长18.5%；试验发展经费为16 396.7亿元，增长10.9%。基础科学研究、应用科学研究和试验发展经费所占比重分别为5.5%、11.1%和83.3%。可见，尽管基础科学研究总额已经达到千亿元的级别，但在科学研究中基础科学研究经费占比仍然较低。2016年，美日韩基础科学研究经费占研发经费的比重分别是16.89%、12.57%、15.79%。

3. 财政科技资金使用效率偏低

在财政资金总量有限的前提下，提高财政性科技投入使用效率至关重要。由于管理体制的原因，普遍存在着条块分割、机构重叠的现象，使得科研项目小型化、短期化、分散化，使得财政资金更加紧张。如国家自然科学基金委、全国哲学社会科学工作办公室、教育部、科技部、农业农村部等众多部委，均设有来源于中央财政的科研基金，各个部门分别设立、分别资助，难免出现重复立项、重复研究的浪费现象。

四、卫生支出

所谓卫生支出，也称为政府预算卫生支出，是指各级政府财政支出中用于医疗服务、公共卫生服务等方面的资金投入。在中国，政府预算卫生支出主要包括卫生事业费、中医事业费、计划生育事业费、药品监督管理费、基本建设投资、医学科研经费、卫生行政管理费、政府其他部门卫生经费和由财政支付的行政事业单位医疗经费等。

想一想

在公共卫生和个人卫生方面，财政资金配置应如何选择？

公共卫生服务是指为社会提供公共服务的卫生服务，如卫生防疫、传染病防护、职业病的研究等。

（一）卫生支出的属性及公共卫生服务提供方式

公共卫生服务涉及面广，资金需要量大，不以营利为目的，其利益由社会无差别地享有，因而是具有很大外部效应的公共产品，私人一般不可能也不愿意提供这类服务。因此，公共卫生服务所需要的经费主要应由政府提供。医疗服务是指一般性的疾病治疗和享受性的保健服务，由于接受服务的对象是具体的个人，具有排他性，其利益体现为私人化。因此，医疗服务具有私人产品的性质，可以通过市场交换来实现，政府可以提供资金并参与这类服务，但并不一定要包揽。在通常情况下，各国政府出于对人民健康问题的关注，以及实现社会分配公平、保持社会稳定的需要，往往通过各种形式特别是以医疗保险为主的社会保障制度，来参与医疗服务的部分提供。

视野拓展

金砖国家卫生支出规模

（二）我国卫生支出现状

我国政府卫生支出现状可表述为“总量已有改善”与“结构失衡仍需调整”，以下三个方面的问题比较突出。

1. 政府卫生支出总量有所提高

我国政府卫生预算支出由中央政府与地方政府共同承担。1982—2006年我国政府预算卫生支出保持较高的增长速度，平均为14.64%，但政府预算卫生支出占财政总支出的比例一直不高。2009 年启动新医改以后，这种现象有了一定的改观。2014 年，政府预算卫生支出占财政总支出比重已达 6.7%，2017 年继续提高到 7.2%。另外，总量不足还表现在政府预算卫生支出占卫生总费用的比例不够合理（见图 4.1），主要表现在居民个人现金卫生支出占卫生总费用的比例偏高。

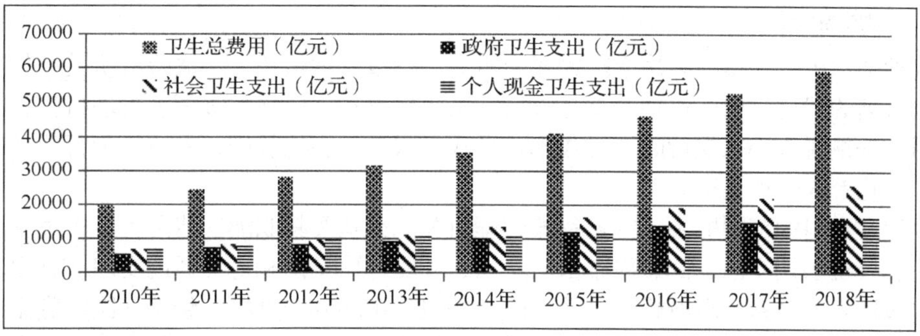

图 4.1　卫生总费用支出构成

2. 中央政府卫生支出比例过小的问题尚需解决

我国政府卫生支出主要由地方财政承担，中央财政主要承担直属卫生机构和医学科研机构预算科研拨款以及卫生知识的普及宣传等工作。据统计，2009—2017 年中央卫生事业费占国家卫生事业费的比例为 0.71%～0.93%，而地方卫生事业费占国家卫生事业费的比例则高达 99.08%～99.29%（其中含中央对地方医疗卫生转移支付占比，但仅为 30%左右，其余为地方政府自行负担），而且地方卫生事业费仍有上升的趋势，见图 4.2。

图 4.2　中央和地方政府卫生支出

3. 政府卫生支出结构不够合理

政府卫生支出结构不够合理主要体现在以下几个方面：一是医疗资源在机构间配置得不均衡。大型医疗机构能够获得更多的政府经常性卫生支出经费，乡镇、社区基层医疗卫生机构经费缺乏。二是地区间人均卫生费用差异较大，区域间医疗卫生服务水平仍欠均衡。三是公立医院医疗收入中，体现医务人员劳务价值的诊察、治疗、手术、护理等收入占比较低。四是在卫生总费用中，80%以上用于治疗服务和医疗用品，比例过大，用于预防服务的比例过小。

第二节　行政管理支出与国防支出

一、行政管理支出

（一）行政管理支出[①]的内涵

行政管理支出，是指财政用于国家权力机关、行政管理机关、司法检察机关和外事机构行使其职能所需的费用支出。这项开支是维持国家政权存在、保障各级国家管理机构正常运转必需的费用，是纳税人必须支付的社会成本，是政府服务社会的基础，是政府为行使其最基本的职能所必须花费的一项支出。

行政管理支出的范围取决于国家行政管理机关的结构及其职能。我国行政管理支出包括行政管理费、公检法司支出、武装警察部队支出、外交外事支出和对外援助支出。其中，行政管理费主要包括人大经费、政府机关经费、政协经费、中国共产党机关经费、民主党派经费和社会团体机关经费等；公检法司支出主要包括公安机关支出、国家安全机关支出、检察院支出、法院支出等；外交外事支出主要包括驻外机构经费、出国访问经费、外国代表团的招待经费、国际组合会费、对外捐助支出以及其他外事经费等。按费用要素区分，行政管理费包括人员经费和公用经费两大类。人员经费主要包括工资、福利费、离退休人员费用和其他费用。公用经费主要包括公务费、设备购置费、修缮费和业务费。

（二）行政管理支出的特点

从性质上看，政府的社会行政管理活动属于典型的公共产品，因此只能由政府提供。作为政府公共管理活动的经济基础，与其他财政支出相比，行政管理支出具有以下三个特点。

（1）公共性。政府行政部门所提供的社会行政管理活动，是面向全社会的一种管理，其数量与价格都无法通过市场机制确定，其管理对象和接受管理的主体不具有排他性，行政管理属于纯公共产品范畴，其支出必须由政府财政负责提供，因而行政经费来源一般通过税收形式取得。

（2）非生产性。从直接生产与消费社会财富的角度来看，行政管理支出属于非生产性的社会消费性支出。对政府行政部门提供的经费一经使用，就会引起对社会物质产品的消耗，而不能实现其价值补偿和增值。因此，在经济资源一定的条件下，政府用于行政管理的费用过多，就会直接增加纳税人的负担，从而降低微观经济主体的投资能力或消费能力，使公共产品与私人产品的资源配置发生变化。在政府财政收入水平一定的条件下，如果政府用于行政管理的费用过多，政府就不得不压缩用于基础设施投资、教育、卫生、科学研究等方面的支出，从而削弱财政的资源配置职能和收入分配职能，直接影响整个公共产品的配置效率。

（3）稳定性。政府职能在一定时期内相对稳定，行政机构的设置是根据政府履行其职能的实际需要确定，并经过一定的法律或制度程序确立的。它体现了国家在一定时期管理社会经济工作的需要，与各级政府之间或职能机构之间的职权划分相联系。因此，在保证合理增长趋势的条件下，行政管理支出应该保持相对的稳定性，不应大起大落。

① 2006 年以前预算科目是行政管理支出，2007 年起财政收支科目实施了较大改革，原行政管理支出科目主要由一般公共服务支出、外交支出和公共安全支出组成。但由于部分专业职能部门的行政运行支出从原行政管理费中分离出来列入其职能对应的支出类别，因此，这三类相加并不等同于原先的行政管理支出。

（三）我国行政管理支出的现状

1978 年以前，我国行政管理支出规模一直比较小，其占财政总支出的比重较低，平均只有 5.3%。改革开放以来，我国行政管理支出无论是绝对量还是相对量，都处于高速增长阶段，而且远远高于其他国家的支出比例。

2007 年实施了财政收支分类改革，行政管理支出包含一般公共服务支出、外交支出和公共安全支出。从实际的支出数据来看，其规模仍然是增长的，但增速及其占财政总支出的比重发生了一些新的变化。首先，行政管理支出增速呈现出波动的态势，如 2014 年仅为 0.4%，2018 年为 11.02%。其次，行政管理支出占财政支出比重呈现稳中有降的趋势，近十年都维持在 15% 左右（见图 4.3）。如何理解这一现象？需要了解影响行政管理支出的相关因素。

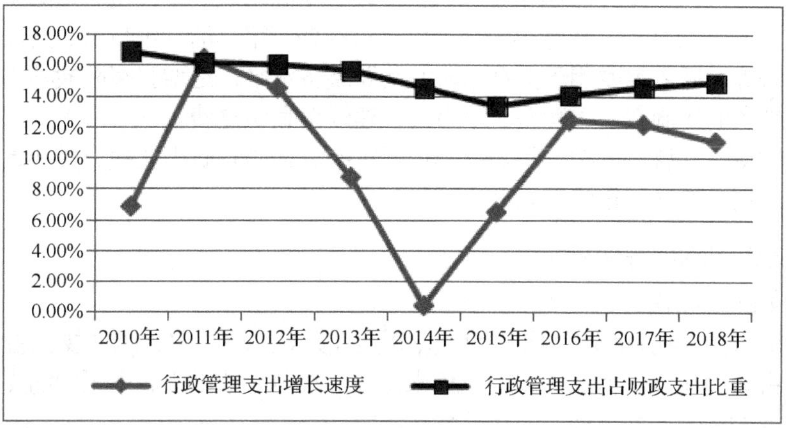

图 4.3　2010—2018 年行政管理支出变化情况

注：此处行政管理支出由一般公共服务支出、外交支出和公共安全支出加总而得

1. 经济和社会发展

随着市场经济的不断发展以及国家进入一个新的发展阶段，政府的职能范围也在不断延伸、扩大。尤其是面对复杂多变的国内外政治经济形势，政府加大对宏观经济的调控力度，需要更多的财政资源。加之社会对政府的行政管理提出了越来越高的要求，客观上也推升了行政管理支出的增长。总之，行政管理支出的增长是财政支出增长的动因，而财政支出的扩张也影响行政管理支出的增长，两者呈相互推动螺旋式攀升。

2. 行政管理机构编制和人员设置

行政管理支出是由人员经费和业务经费组成的。行政管理机构臃肿、人员庞杂，必然消耗更多的经费；反之，机构精简、压缩编制、裁撤冗员，行政经费就会减少。行政机构是按照管理职能设定的，如果管理职能界定不清晰，交叉管理频现，管理机构必然臃肿。影响行政管理支出的人员因素主要取决于行政事业性单位人员进出通道和行政部门官民比例两个方面。我国每年通过公开招考的方式为行政事业单位补充一定数量的工作人员，这方面已经基本理顺，但出口通道还需要进一步优化。在以行政级别为依据配置经费的制度下，官多经费多，会直接导致行政管理支出的增加，我国行政部门官民比例方面还有较大的优化空间。

3. 财政管理制度

与财政管理相联系的是预算管理和绩效管理。行政管理支出软预算约束，会导致行政管理支出膨胀。2014 年以前，我国行政管理支出的增加与软预算约束有一定的联系。绩效管理制度对行政管理支出的增长有重要影响。党的十九大明确提出全面实施预算绩效管理，将极大地提升公共支出绩效，行政管理支出必将得到优化。

二、国防支出

国防支出，是指财政用于军队建设和其他国防建设的支出。国防属于面向全体社会成员提供的公共服务，具有非排他性和非竞争性，属于纯公共产品，必须由政府来提供。国防支出有波动性的特征，即其受一定技术条件的制约，且与国际国内局势变动密切相关。一般而言，如果国际国内局势紧张，则国防支出需求增加；反之，如果国际国内局势和平安定，则国防支出需求下降。

视野拓展
新时代的中国国防

按照支出目的将国防支出划分为维持费和投资费两大部分。前者主要用于维持军队稳定和日常活动，提高军队战备程度，是国防建设的重要物质基础。其主要包括军事人员经费、军事活动维持费、武器装备维修保养费及教育训练费等。后者主要用于提高军队的武器装备水平，是增强军队战斗力的重要保证，主要包括武器装备的研制费、采购费、军事工程建设费和防空费。

按照我国预算收支科目分类，国防支出包括军费、国防科研事业费、民兵建设费、动员预备经费、招兵费用及专项工程经费等具体项目。

（一）国防支出的规模与结构

1. 国防支出的规模

一国的国防支出规模通常用国防支出总额、国防支出增长率、国防支出占财政支出的比重、国防支出占国内生产总值的比重等指标来衡量。改革开放以来，中国国防支出经历了从维持性投入到适度增长的发展历程，总体保持与国家经济和财政支出同步适度协调增长。2002 年以来，国防支出占财政支出比重和国防支出占国内生产总值比重总体上呈下降趋势，见表 4.5。

表 4.5　2000—2019 年中国国防支出

年份	国防支出（亿元）	占财政支出比重（%）	占国内生产总值比重（%）
2000	1 207.54	7.6	1.22
2001	1 442.04	7.63	1.32
2002	1 707.78	7.74	1.42
2003	1 907.87	7.74	1.41
2004	2 200.01	7.72	1.38
2005	2 474.96	7.29	1.34
2006	2 979.38	7.37	1.38
2007	3 554.91	7.14	1.34
2008	4 178.76	6.67	1.33
2009	4 951.10	6.49	1.45
2010	5 333.37	5.93	1.33
2011	6 027.91	5.52	1.23
2012	6 691.92	5.31	1.24
2013	7 410.62	5.30	1.24
2014	8 289.50	5.46	1.29
2015	9 087.84	5.17	1.32
2016	9 765.80	5.20	1.32
2017	10 432.37	5.14	1.26
2018	11 280.46	5.11	1.23
2019	12 117.40	5.07	1.22

建设同国际地位相称、同国家安全和发展利益相适应的坚固国防和强大军队，是中国社会主义现代化建设的战略任务，是坚持走和平发展道路的安全保障。作为发展中国家，中国政府遵循国防经费的增长与国防需求和国民经济发展水平相适应的原则，合理确定国防经费的规模，无疑是一项重要的公共政策。然而，国际政治经济环境复杂多变，特别是我国的和平崛起遭到部分国际力量的挤压与威胁，适当增加国防支出，强化军队现代化建设，对保证我国的经济建设和社会稳定都是极为重要的。

2. 国防支出的结构

国防支出由人员生活费、训练维持费和装备费三个部分构成。我国国防支出的这三项费用各占 1/3 左右，见表 4.6。人员生活费主要用于军官、文职干部、士兵以及部队聘用非现役公勤人员的工资、伙食、服装等；训练维持费主要用于部队训练演习、工程设施建设维护以及日常消耗性支出；装备费主要用于武器装备的科研、试验、采购、维修、运输和贮存等。我国国防经费的使用范围，既包括现役部队，也包括民兵和预备役部队，并负担了部分退役军官供养和军人子女教育等方面的社会支出。

表 4.6　2010—2017 年中国年度国防支出构成　（经费单位：亿元人民币）

年份	人员生活费		训练维持费		装备费		合计
	支出额	占比（%）	支出额	占比（%）	支出额	占比（%）	
2010	1 859.31	34.9	1 700.47	31.9	1 773.59	33.2	5 333.37
2011	2 065.06	34.3	1 899.43	31.5	2 063.42	34.2	6 027.91
2012	1 955.72	29.2	2 329.94	34.8	2 406.26	36.0	6 691.92
2013	2 002.31	27.0	2 699.71	36.4	2 708.60	36.6	7 410.62
2014	2 372.34	28.6	2 679.82	32.3	3 237.38	39.1	8 289.54
2015	2 818.63	31.0	2 615.38	28.8	3 653.83	40.2	9 087.84
2016	3 060.01	31.3	2 669.94	27.4	4 035.89	41.3	9 765.84
2017	3 210.52	30.8	2 933.50	28.1	4 288.35	41.1	10 432.37

数据来源：《新时代的中国国防》白皮书

（二）国防支出的国际比较①

我国历来坚持走和平发展道路，始终奉行防御性的国防政策。我国有限的军事力量完全是为了维护国家的独立、主权和领土完整，不会对任何国家构成威胁。在 2017 年国防支出位居世界前列的国家中，中国国防支出无论是占国内生产总值和国家财政支出的比重，还是国民人均和军人人均数额，都处于较低水平。中国是世界第二大经济体，国防支出规模居于世界第二位，但仍然不及美国的 1/4。

如图 4.4 所示，从国防支出占国内生产总值比重看，2012—2017 年中国国防支出占国内生产总值的平均比重是联合国安理会五个常任理事国中最低的，和日本、德国的水平大体相当。

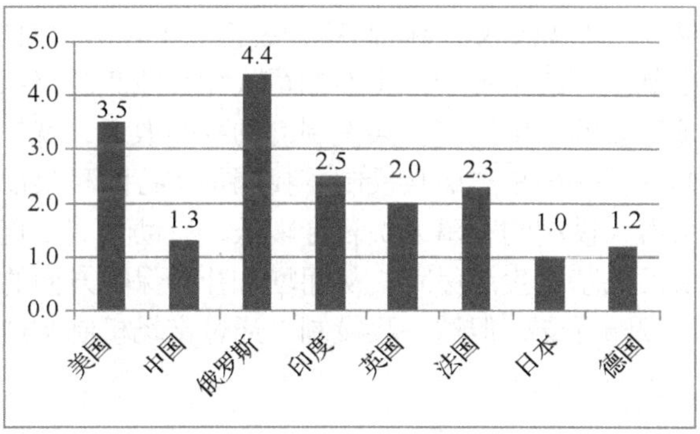

图 4.4　2012—2017 年国防支出占国内生产总值平均比重（%）的国别比较

如图 4.5 所示，从国防支出占财政支出比重看，2012—2017 年中国国防支出占财政支出平均比重位居中游。

① 本部分数据内容和图表均来自《新时代的中国国防》白皮书。

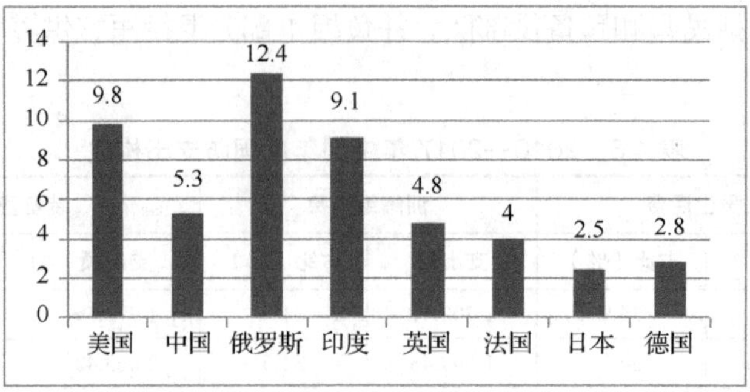

图 4.5　2012—2017 年国防支出占财政支出平均比重（%）的国别比较

想一想

国防支出不足会带来什么样的后果？这里只是一般性的设问，读者可以自由发挥。

从人均国防支出水平看，2017 年中国国民人均国防支出为 750 元人民币，约相当于美国的 5%、俄罗斯的 25%、印度的 231%、英国的 13%、法国的 16%、日本的 29%、德国的 20%。中国军人人均国防支出为 52.16 万元人民币，约相当于美国的 15%、俄罗斯的 119%、印度的 166%、英国的 27%、法国的 38%、日本的 35%、德国的 30%。中国国民人均国防支出排在第七位，军人人均国防支出排在第六位。

（三）国防支出的影响因素

一般来说，国防支出水平的高低，主要取决于以下几个因素。

（1）经济发展水平。从根本上来看，国防支出的规模是由该国的经济实力决定的。经济实力越强，可用于国防方面的支出就越大；经济发展水平越高，对国防支出需求也越大。

（2）国家管辖范围。一国的领土面积越广，人口越多，该国用于保卫疆土所需的国防支出就越多。我国是一个大国，有漫长的陆地边境线和海岸线，这无疑会增加我国的国防支出。

（3）国际政治形势。一般来说，如果爆发战争或处于军事对峙时期，国防开支必将大幅度上升；如果处于和平时期，且能与周边国家睦邻友好、和平共处，则国防开支会相应减少。

（4）军事现代化程度。随着科学技术的不断发展，国防活动已经由过去的人力密集型向科技密集型和资金密集型转变。在现代战争中，武器先进与否将是决定战争胜负的一个重要因素。

（5）兵役制度。兵役制度是国家关于公民参加军队和其他武装组织、承担军事任务或在军队外接受军事训练的一项重要的军事制度。兵役制度的种类很多，就其性质而言，基本上分为两种：一种是义务兵役制；另一种是志愿兵役制。我国是实行两种兵役制度相结合的国家。两种兵役制度各有利弊。义务兵役制的军事人员薪金较低，有助于减少直接的军事开支，但国家需要更多地承担他们复员后的基本生活保障，从而增加社会保障方面的支出。志愿兵役制可以相应减少退伍军人的生活保障开支，但这一兵役制是通过市场机制实现兵力动员，将会增加军费开支。

第三节　政府投资性支出

所谓政府投资性支出，也称为财政投资或公共投资，是以政府为主体，将其从社会产品或国民收入中筹集起来的财政资金，用于国民经济各部门的一种集中性、政策性投资。

一、政府投资性支出概述

微课堂
财政投融资

社会投资分为政府投资和非政府投资两大部分。无论从历史的角度还是从现实的角度考察，几乎所有国家的政府都是以重要身份参与各种投资活动，不同的只是投资的对象、规模、结构在不同的历史时期和不同的经济制度下有所差异。因此，政府投资的存在和发展有其客观必然性。

政府投资性支出是以政府为投资主体，其用于投资的财政资金主要来源于税收和国有资产收益，是国民收入分配和再分配的结果。同时，政府投资性支出作为财政支出的重要组成部分，是国家财政资金用于经济建设、社会基础设施、基础产业等方面的集中体现。从这个意义上说，政府投资性支出是财政分配活动的一个具体表现形式，也是财政分配的重要组成部分。

（一）政府投资性支出的必要性

1. 促进经济总量不断增长

在一国的科技水平和拥有的资源量既定的条件下，经济增长率的高低在相当程度上取决于投资总量的大小及其增长率。政府投资作为社会总投资的一个重要部分，它与经济总量增长是一种相互促进、相互制约的关系。在中国，由于政府投资在整个社会投资中的特殊地位，它对经济总量增长的影响更直接、更明显。因此，政府投资对经济总量的增长具有强有力的推动作用。

2. 有利于改善地区经济结构

地区经济结构的形成和改善，主要是由投资在各地区的分配比例关系所决定的。一般来说，政府通常会按照拟定的区域经济发展目标，利用政府投资在社会总投资中的特殊地位，来促进地区经济结构的改善。21 世纪初我国开始实施的西部大开发战略，就是利用政府投资的强大动力，围绕“把东部沿海地区的剩余经济发展能力，用以提高西部地区的经济和社会发展水平、巩固国防”这一根本目的，在西部地区实施了上百个重点工程，如西气东输、西电东送、电网覆盖、退耕还林等一大批标志性工程陆续建成，极大地改善了西部地区的经济结构，促进了西部地区的经济和社会发展。

3. 有利于优化产业结构

政府投资对产业结构的影响和决定作用主要表现在两个方面。一是政府投资总量的增长速度强有力地影响着产业结构的变化方向。当政府投资总量的增长速度加快时，对投资品的需求就会增多，从而拉动生产投资品的产业扩张。如果政府投资规模过大，就会导致钢铁、水泥等建材需求增加，价格上涨，从而带动这些行业的发展。反之，如果政府投资总量减缓，甚至出现负增长时，对投资品需求不旺，生产投资品的行业就会相应萎缩。二是政府投资结构决定产业结构。现存的产业结构是投资产业分配的结果，而现在的政府投资结构又决定着未来的产业结构。由于从政府投资到产业结构形成具有一定的时滞性，因此，尽管本期政府投资对本期产业结构的影响可能并不大，但从长期来看，产业结构最终还是在一定程度上取决于政府的投资结构。

4. 有利于引导非政府投资

政府投资可以通过产业政策的调整实现对非政府投资的导向作用。通过政府直接投资或参股投资某些行业，可以引导非政府资本的投资方向。另外，政府还可以通过税收、财政补贴、折旧政策等，激励非政府投资以及调控非政府投资的方向。

（二）政府投资性支出的特点

与政府投资概念相对应的是非政府投资，政府投资的特点主要体现在它与非政府投资三个方面的差异上。

1. 投资目标不同

非政府投资是由具有独立法人资格的企业或个人从事的投资。作为商品生产者，非政府投资的目标是追求赢利，而且它们的赢利是根据自身所能感受到的微观效益和微观成本计算的，因此，追求营利性是非政府投资的最主要动因之一。由于政府居于宏观调控主体的地位，它可以从社会效益和社会成本角度来评价和安排自己的投资，追求社会效益最大化，因此，政府投资可以微利甚至不赢利。但是政府投资建成的项目，如社会基础设施等，却可以极大地提高国民经济的整体效益。当然，政府的投资也需重视经济效益，一旦政府投资明确了方向，在其具体使用投资资金时，就要进行成本效益分析，全面衡量其经济效益。

2. 资金来源不同

非政府投资的资金主要来源于自有资金和社会筹资，但筹资容易受到诸多因素的制约，投资规模往往是有限的。政府投资则相对宽松一些，通常可以根据投资项目所需的资金规模，通过财政拨款来进行投资，必要时还可以通过发行公债等方式进行筹资，因而可以投资大型项目和长期项目。

3. 投资领域不同

出于自身经济利益考虑，非政府投资通常选择市场化程度高、投资期限短、见效快的项目。政府投资由于更加注重社会整体效益，因而其投资侧重那些存在市场失灵的领域，即主要投资于外部效应较大的公用设施、能源、交通、农业以及治理大江大河和环境保护等有关国计民生的产业和领域。

在市场经济条件下，政府投资一般不会进入具有竞争性的行业，而是主要向促进国家经济协调发展、向市场机制难以实现调节但又关系国计民生的重要领域及产业转移，特别是对基础产业、农业等领域的扶持已成为现代各国政府投资的主要范围。必须强调的是，政府投资是一种非市场的投资行为，虽然在一定程度上可以弥补市场失灵，促进资源的优化配置，但如果过分扩大政府投资的范围和作用，也将造成政府对市场的过分干预，甚至窒息市场竞争的活力。因此，在市场经济体制下，不仅不能用政府投资取代市场在资源配置中的决定性作用，而且还必须将其限制在特定的范围内。

二、基础产业投资

所谓基础产业，是指为其他部门发展提供条件和机会的产业，或者说是那些由于它们的供给能力不足，会导致国民经济增长机会损失的产业。基础产业是支撑社会经济运行的基础，它决定和反映国民经济活动的发展方向和运行速度。基础产业主要包括基础设施建设和基础工业部门。基础设施建设主要包括交通运输、机场、港口、桥梁、通信、水利、城市给排水、供电、供气、供暖、新基建等设施建设；基础工业部门主要包括能源工业部门和基本原材料部门。这些产业部门在国民经济的产业链中或居于“上游”环节，或为整个国民经济各部门提供“共同服务”，它们的存在和发展直接制约国民经济其他部门的发展规模和发展速度。

1. 基础产业的特点

在社会经济活动中，基础产业投资与其他产业投资相比，具有两个明显的特点。

（1）基础设施为不同的生产者提供共同的生产条件，具有公共产品的特征。马克思曾把生产条件区分为共同生产条件和特殊生产条件。与此相对应，他把固定资本也分为两类：一类是以机器的形式直接进入生产过程的那种固定资本；另一类是具有铁路、建筑物、农业改良、排水设备等形式的固定资本。马克思认为，后一类作为共同生产条件的固定资产，它不能被单个生产者单独使用，或被某一生产者独自占有，它不是独占性地处在某个特殊的生产过程中，不能被卖者当作商品一次性地将其整体出售给使用者。也就是说，它具有公用性、非独占性和不可分割性，在一定程度上说明基础产业具有非排他性，这些特性决定了它具有“公共产品”的一般特征。

（2）基础产业一般属于资本密集型行业，需要的投资多、建设周期长，投资形成生产能力和回收投资通常需要许多年，这些特点决定了基础产业很难由单个企业独立完成项目建设。尤其在经济发展的初期阶段，没有政府的强有力支撑，很难有效地推动基础产业的发展。在经济发展过程中，各国政府均对基础产业实行强有力的干预政策，经济发达国家经历了工业化发展过程，基础产业已经有了相当的基础，因而政府的干预程度相对较弱。经济欠发达国家在经济发展过程中常常受“瓶颈”的困扰，由于私人部门的财力有限，政府只能通过财政集中动员一部分资源，以加快基础产业“瓶颈”部门的发展。发展中国家的财政，除具有弥补市场失灵的作用外，还部分地充当着社会资本原始积累的角色。

2. 基础产业财政投资的必要性

无论是发达国家还是发展中国家，基础设施建设无疑都是经济增长的前提条件。加强基础设施建设，可以刺激消费需求、优化经济结构、带动相关产业发展，这不仅有利于夯实经济发展的基础，刺激当前经济的增长，也可为今后经济的发展做好充分准备。但是，正如前面所述，由于基础产业特别是大型基础设施大都属于资本密集型行业，需要大量的资本投入，而且诸如高速公路、城市路网及大江大河治理等基础设施项目外部效应很大，直接经济效益难以测算，且难以通过收费来弥补成本，因而必须由政府财政投资建设。

> **视野拓展**
> 中央一号文件

另外，由于基础产业属于“上游”产业，是“社会先行资本”，它所提供的产品和服务构成其他部门必需的投入品和服务。这就决定了基础产业需要适度超前发展，这也意味着通过当期的财力难以完全满足国民经济发展对基础产业发展的需要。如果按照当期财力来确定基础产业建设规模，有可能导致基础产业供给不足，作为“共同生产条件”的基础产业就容易成为制约经济社会发展的“瓶颈”。基于此，基础产业必须由政府财政直接投资建设或制定相关政策予以扶持。特别是在发展中国家，由于经济基础薄弱，社会资本存量较低，市场投资主体缺乏进行大规模投资的实力与承担较大风险的能力，难以投资基础产业，如果政府不能对基础产业进行投资，必将形成国内基础产业发展滞后的局面，并最终拖累其他经济部门的发展。所以，对发展中国家而言，政府投资特别是政府对基础产业的投资，比一般发达国家面临更大的压力。

3. 基础产业财政投资的方式

基础产业财政投资的方式有如下几种。

（1）政府筹资建设，或免费提供，或收取使用费。由政府筹资建设的项目主要出于三种考虑：一是关系国计民生的重大项目。如京沪高速铁路、青藏铁路、三峡工程等，这些重大项目事关国家社会经济发展以及人民的当前利益和长远利益，所需资金特别庞大，因此只能由政府采取多种渠道筹资建设。二是反垄断的需要。垄断排斥竞争，垄断利润是以损害社会福利为代价的，因此政府可以通过公共定价对垄断行业严加管理，也可以由政府直接承担投资责任。三是一些基础设施，如城市道路、城市管网、过街隧道或天桥等，具有明显的非排他性或很高的排他成本，单项投资不大，数量众多，也适合于作为纯公共产品由政府投资提供。

（2）政府与民间共同投资。对于具有一定外部效应、赢利率较低或风险较大的项目，政府可以采取投资参股、优惠贷款、提供借款担保、低价提供土地使用权、部分补贴和减免税收等方式，与民间共同投资。如高速公路、集装箱码头以及高新技术产业等基础设施建设，政府在其中主要是发挥资金诱导和政策支持作用。

（3）地方政府主管部门筹资，定期收费补偿成本。随着市场化程度的提高，民间资本实力的增强，政府应该采取各种优惠措施，鼓励引导私人出资建设基础设施，允许其定期收费补偿成本并适当赢利，如地方性公路、桥梁等的建设。

（4）政府投资，法人团体经营运作。这一投资方式有两个明显的优点：一是政府拥有最终的决策权，又可以使政府从具体的经营活动中解脱出来；二是法人团体拥有经营自主权，责任明确，有利于提高成本效益的透明度，提高服务质量。如道路、港口以及中小型机场等项目都适合采用这种投资方式。

（5）公私伙伴关系投资。公私伙伴关系投资即为公共部门与私人部门以合作伙伴关系进行投资，是指政府通过契约授予私营企业（包括外国企业）以一定期限的特许专营权，许可其投资建设和经营特定的公用基础设施，并准许其通过向用户收取费用或出售产品以清偿贷款，回收投资并赚取利润；特许专营权到期后，该基础设施无偿移交给政府。这种投资方式的最大特点是鼓励和吸引私人投资者特别是外国直接投资者对诸如发电厂、高速公路等基础设施进行投资。

4. 财政投融资

财政投融资是20世纪40年代后期产生于日本的一个投融资概念，它是财政与金融有机结合的一种政府融资方式。所谓财政投融资，是指政府为实现一定的产业政策和财政政策目标，通过国家信用方式，把各种闲散资金，特别是民间的闲散资金集中起来，统一由财政部门掌握管理，根据经济和社会发展计划，在不以营利为直接目的的前提下，采用直接或间接贷款方式，支持企业或事业单位发展生产和事业的一种资金活动。财政投融资是一种政策性投融资，它不同于一般的财政投资，也不同于一般的商业性投资，而是介于这两者之间的一种政府投资方式。

财政投融资作为市场经济条件下政府配置资源的重要实现途径，在促进经济有效增长、调整和改善经济结构、强化宏观调控能力等方面都具有独特的功效。财政投融资的根本作用在于充实社会先行资本，填补财政预算无偿投资和一般商业金融投资尚未覆盖的空白。财政投融资的特点在于既体现政府政策取向，又在一定程度上按照信用原则组织经营。财政投资的主要领域是准公共产品，这类产品若完全依赖财政无偿投资，因财力有限势必出现“瓶颈”制约，导致供给不足；若完全依靠企业筹资或银行融资，因准公共产品“利益外溢”的特点，有可能导致供给更加不足甚至无人投资。所以在私人产品与私人投资、纯公共产品与公共投资大体对应的情况下，财政投融资介于两者之间，在某种程度上填补了准公共产品投资的不足。

视野拓展

我国财政投融资实施机构的形成与发展

财政投融资有以下几个基本特征。

（1）财政投融资是一种政府投入资本金的政策性融资。它是在大力发展商业银行的同时构建的新型融资渠道。财政投融资与商业投融资有本质的区别，主要体现在财政投融资是政府行为，不以营利为主要目标，而是以实施政府经济政策为主要目标，调节经济周期及产业结构，促进资源优化配置；商业投融资属于商业行为，是以获取利润为主要目标的。财政投融资与一般的财政投资性支出也存在差异。一般情况下，以财政投融资方式投入的资金要收回本金并获得一定的回报。

（2）财政投融资的目的性很强，应用范围有严格限制。财政投融资资金是一项投资性资金，是对财政投资性支出的补充，所以它不能用于国家或政府部门的消费性支出。由于它具有有偿使用的性质，它也不能用于只有社会效益、完全没有主体经营效益、投资不能收回的政府部门投资。作为一种政府投资，财政投融资也不能进入投资效益明显、营利性大的“竞争性”投资领域。从原则上来说，财政投融资只能用于社会效益明显又具有一定经营效益的产业部门，也就是说它只能用于具有外溢性特征、需政府给予扶持或保护的基础产业部门的基础设施建设。

（3）财政投融资由国家专门设立的政策性金融机构负责统筹管理和经营。政策性金融机构既不是一般意义上的金融机构，也不是制定政策的机关，而是一种执行国家有关长期性投融资政策的机构，是政府投资的代理人。财政投融资由政策性金融机构负责统筹管理，可以避免有偿性投资和一般性投资相混淆，提高政府投资运作的总体效率。

（4）财政投融资的预算管理比较灵活。在预算年度内，财政预算的调整需要经过人民代表大会审批通过。财政投融资预算在一定范围内的调整，无须主管部门的审批，而是按照国家宏观经济政策和经济计划的要求，实行财政部门和有关部门的双重管理。

三、农业投资

从世界范围来看，各国政府都注重对农业的投资，以及给予农业财政补贴和税收优惠。这与农业是国民经济基础以及其自身是弱质产业有一定的关系。

（一）农业投资的必要性

农业投资的必要性表现在以下几个方面。

（1）农业是国民经济的基础。农业作为国民经济的基础主要体现在以下三个方面：一是农业为人类生存和劳动力再生产提供所必需的也是最基本的物质资料，为整个国民经济发展提供粮食和各种农副产品。粮食和农副产品的有效供给不仅是经济可持续发展的基础，也是社会稳定的基础。二是农业是整个国民经济的上游产业。农业为工业提供原材料，农产品的价格稳定与否会影响整个社会物价。农业发展的稳定与否，对整个国民经济有巨大的影响。三是当农业劳动生产率提高时，农业劳动力就可以转移到工业及其他行业，从而促进其他行业的发展。

（2）农业是自然风险与市场风险相互交织的产业。在农业生产领域，除了少数的工厂化设施农业受气象等自然因素影响较小外，大多数以种植业为主的农作物都会受到气象灾害、病虫灾害的强烈影响，由此造成农业生产有很强的自然风险，总是处于频繁的波动之中。在市场经济条件下，农业的自然特点还直接导致了市场风险的产生。这是因为农产品具有两个基本特征：一是生产周期较长，且在生产周期内生产规模无法改变；二是本期产量决定本期产品价格，本期产品价格又决定下期的产量。这样就导致了农业对市场信息的反应滞后，农业生产者难以根据市场信息作出及时的判断和调整，以规避市场风险。由于自然风险与市场风险并存，农业生产难免周期波动。农业部门为了克服生产的分散性、季节性及各种不利因素的影响，必须不断提高其投资和物质装备水平，为了生存和发展，农业需要比非农业部门有更高的投入。

（3）农产品需求弹性小且消费偏好的同一性特征容易导致“消费性陷阱”和“谷贱伤农”。由于农产品需求弹性较小，因此经常保持相对的稳定性。由于受自然条件的影响很大，因此农产品的供给具有很大的波动性。农产品需求弹性小，加上人们的偏好也具有同一性，因而价格的变动对消费的影响是有限的。即使价格下降，农产品的消费也不可能很高，价格降到一定程度，还会形成“消费性陷阱”，即价格再降，农产品消费也不可能提高。同时，农产品价格下降，会挫伤生产者的积极性，导致“谷贱伤农”，影响社会经济的稳定。

（4）农业部门的社会经济效益大而直接经济效益小，大量经济效益要通过加工、流通部门辗转折射出来。由于直接经济效益小，因此投资农业往往得不到平均利润，农业不但不具备吸引外部资金和人力资源投入的能力，而且在农业内部也难以阻止资金和人力资源大规模地转出。如果没有政府的扶持和保护，很难保证农业的正常资金投入，结果将危及农业的基础地位。

（二）农业投资的资金来源

农业发展的根本途径是提高农业生产率，提高农业生产率的必要条件之一是增加对农业的资金投入。因此，安排好农业投资的资金来源是一个必须解决的重要问题。从农业发展的一般规律来看，当农业处于粗放经营阶段时，其主要的生产要素是劳动力和土地，只需要较少的资金投入。随着技术的进步和农业经营集约化程度的提高，活劳动投入对农产品增长的贡献呈明显下降趋势，而以资金为载体的物质投入对农产品增长的贡献则呈明显上升趋势。因此，增加资金投入，对农业发展越来越具有重要意义。从我国的现实国情来看，我国农业当前正处于向集约化经营方向的转换过程阶段，农产品的增长无疑会越来越依赖于资金的投入。从农业发展的条件看，我国农业发展的资源约束矛盾尖锐，人口压力不断加大，耕地仍在逐渐减少。因此，今后农业发展的关键在于依靠科技进步和资金的投入。我国农业发展的资金来源主要有以下几个方面。

1. 农户自身积累

发展农业的资金，来源于农业内部资金的积累，主要有两部分：一是农民的投入。农民是农业生产活动的主体，农民个人投入在农业投入体系中占重要地位。农民个人对农业生产的投资、投工和投料，有力地促进了农业生产的发展。农民的投资主要是用于种子、农药、化肥等的购买，也用于购买农用机械等小型固定资产。二是农业集体单位和国有单位的投入。这主要是指农村集体经济、国有农场等单位对农业的投入。这里既包括流动资金投资，也包括固定资产投资。但是，这类投资方向一般只限于集体与国有单位之内，是本单位进行农业经营活动的资金来源。

2. 政府财政投入

政府财政投入主要是指财政农业支出。根据我国目前的预算科目，由国家预算支出直接拨付的农业支出是支援农村生产支出和各项农业事业费，主要包括支援农村生产支出、农业综合开发支出、农林水利气象等部门的事业费。除由国家预算支出直接拨付的支援农村生产支出和各项农业事业费外，财政用于农业的支出还包括：农林、水利、气象等方面的基本建设投资支出；农林企业挖潜改造资金支出；农林部门科技三项费用支出等。

3. 银行信贷投入

银行信贷投入是指金融部门以贷款的形式对农业的资金支援。对支持农业发展的贷款，我国历来采取低息政策，银行的农贷资金是我国农业现代化建设的重要资金来源。此外，财政也可以增拨专款给政策性银行，由银行对农业发放长期贷款。

4. 吸引外资投入

积极而有效地利用国外资金，弥补我国发展农业资金的不足，是增加农业发展资金的重要渠道。利用外资，一方面可以引进一大批国外先进设备和技术；另一方面还可以启动地方、集体、农户自筹一些配套资金增加对农业的投入。农业利用外资途径主要有两条：一是争取国际金融组织对农业的无偿援助和优惠贷款。这是我们努力争取的对象，但是随着我国综合国力的增强，这种来源的资金将会明显减少。二是大力筹措国际民间资本和国际商业资本，尤其是注意吸引港澳台同胞的投资。在外资的投向上，对各种优惠贷款要投向农业综合开发，改善农业基础设施，以及对老少边穷地区的治理等方面；对外商的直接投资要引导主要投向农副产品加工和农村出口产业，以带动相关产业的发展。

（三）国外财政农业投资的通行做法

1. 巨额的财政投入对国家的农业生产起到明显的支持作用

综观全球，各国政府普遍实施了农业保护和农业支持政策。如美国、英国、加拿大、澳大利亚等农业发达国家，政府对农业提供的财政支持相当于农业本身国内生产总值的25%以上；日本、以色列等国农业财政支出相当于农业国内生产总值的45%～95%；即使像印度这样的发展中国家，国家财政农业支出也相当于农业国内生产总值的10%。日本于20世纪50年代末60年代初开始实行农产品保护政策，韩国也于20世纪60年代末开始实施农业保护政策。我国自从20世纪90年代以后经济发展水平已大致相当于日、韩经济转型时期的水平，因此，有必要实施农业保护政策。

2. 高度重视农业科技进步，促进农业的可持续发展

发达国家的农业生产率高，是与高度机械化、科技化分不开的。发达国家十分重视科技在农业增长中的作用，财政支农资金占很大比重，农业增长的科技贡献率为70%～80%，农业科技转化率达到80%～85%。

3. 注重财政补贴的运用，提高农业补贴水平

财政补贴作为一种有效的经济调节手段，对促进农业经济的发展具有积极的作用，但对农业的直接补贴会违反世界贸易组织协定。为规避世界贸易组织的约束，提高补贴水平，美国农业保险补贴采取三大策略：一是不规范的通报，隐瞒了对特定产品的保费补贴；二是通过对保险公司的间接补贴部分替代对农民的直接补贴，转变了补贴的“归籍”属性；三是通过再保险支持替代政府直接补贴，使农业支持更加隐蔽。

4. 多种财政支农政策工具协调使用

发达国家除了采用常规的农业直接补贴、价格支持、税收减免、优惠税率、出口补贴等微观政策工具扶持农业发展外，还非常重视财政投融资工具的使用，如美国联邦财政拨款建立政策性的金融机构或资助其他农业信贷机构。欧盟共同农业政策工具主要包括农业基础价格补贴、农产品的价格支持、农业经营者的收入补贴、出口补贴、税收减免等支持措施。随着改革进程的深化和可持续发展意识的增强，有些财政支农措施已经开始同环境保护、生态平衡、产品质量控制等要求挂钩。

（四）我国财政农业投资的范围

1. 农业和农村的基础设施

农业和农村的基础设施是发展农业和振兴农村经济的物质基础。主要包括大型节水灌溉设施、防洪抗旱设施、人畜饮水工程、大规模农田土壤改造、农村医疗卫生设施、城镇道路及其他公共设施等。这些基础设施大都具有较强的外部效应，建设所需资金量大，建设周期长，单靠农户、集体经济或个别企业难以独立完成，因此，理应成为政府投资的重点。

> **视野拓展**
> 农业基础设施建设有补贴吗

2. 农业科研与推广

要实现农业经济增长方式由粗放型向集约型的转变，农业科研与推广是关键，因此，财政应加大对农业科研与推广的投入。一是要大力扶持农业科研单位开展农业科学研究，尤其是基础性研究和重大攻关项目；二是增加对农业科技推广的扶持，特别要注意对粮棉油等大宗农作物的良种培育、科学栽培、节水灌溉等技术的推广进行扶持；三是要加大对农业教育与培训的经费投入，不断增加对农业劳动者技术培训的投入；四是要增强农业科技推广体系的投入。

3. 农业生态环境保护

农业发展与生态环境之间具有相互制约、彼此促进的关系。为了使农业发展和生态环境之间形成良性循环，实现农业可持续发展，政府应该增加对天然林保护、防沙治沙、退耕还林、

退耕还草、水土保持等项目的财政投入，进一步改善农业生态环境。

课堂金话筒

1. 早在1993年，国务院颁布的《中国教育改革和发展纲要》中提出，到2000年，实现财政性教育经费占国内生产总值比重4%的目标。但直到12年后的2012年，我国才实现这一目标。请查阅相关资料，了解财政性教育经费占国内生产总值比重的世界平均水平、经济合作与发展组织国家水平、发展中国家水平，提出提升我国这一指标水平的政策建议。

2. 为什么说农业是国民经济的基础？在提高农业劳动生产率方面，财政应发挥什么样的作用？

本章小结

购买性支出由社会消费性支出和财政投资性支出两部分构成。社会消费性支出是国家履行政治、社会职能的保证，而且提供行政管理和社会服务是政府合法性的基础，也是政府取得公民支持和承认的前提，其主要包括文教科卫支出、行政管理支出、国防支出等。文教科卫支出具有很强的外部正效应，政府增加这些项目的投入，将有助于整个社会文明程度的提高和全体国民综合素质的提升。

财政投资性支出是指以政府为投资主体，以财政资金为投资来源的一种投资活动。财政投资性支出的主要目的是克服市场失灵，促进社会资源的优化配置。财政投资性支出主要包括基础产业投资和农业投资支出。农业和基础产业都是支撑社会经济运行的基础，是国民经济的先导产业，决定和反映国民经济活动的发展方向和运行速度，因此，我国必须重视并加大对这两个先导产业的投资。

练习与思考

一、重要概念

1. 社会消费性支出 2. 文教科卫支出 3. 国防支出 4. 财政投资性支出 5. 基础产业投资 6. 农业投资 7. 基础设施投资 8. 财政投融资

二、单项选择题

1. 从经济性质看，义务教育属于(　　)。

A. 私人产品　　B. 地区性产品　　C. 准公共产品　　D. 纯公共产品

2. 下列具有私人产品的性质，主要应由微观主体承担的是(　　)。

A. 卫生防疫　　B. 医疗服务　　C. 职业病防治　　D. 传染病防护

3. 1993 年出台的《中国教育改革和发展纲要》规定，教育支出占国内生产总值比重的目标是(　　)。

A. 2%　　B. 4%　　C. 6%　　D. 10%

4. 下列项目中不应属于政府财政投资范围的是(　　)。

A. 京沪高铁　　B. 南水北调　　C. 三峡工程　　D. 家用小汽车

5. 政府投资在各国社会总投资中所占的比重存在相当大的差异，下列各项中对这一比重影响最大的因素是(　　)。

A. 经济外向程度　　B. 经济创新程度　　C. 经济体制　　D. 储蓄规模

6. 下列不应作为政府财政投资建设项目的原因是（　　）。

A. 关系国计民生的重大项目　　B. 关系人民生活福利的项目

C. 反垄断的需要　　D. 维护国家安全的需要

7. 下列不属于财政投融资特点的是（　　）。

A. 是一种政府投入资本金的政策性融资

B. 预算管理比较灵活

C. 由国家设立专门的政策性金融机构负责统筹管理和经营

D. 主要针对市场收益率较高的产业进行投资

8. 在我国，关于政府进行农业财政投资的理由，以下说法不正确的是（　　）。

A. 农业是国民经济的前沿，位于产业链的高端，需要政府扶持

B. 农业部门难以凭借自身的力量抗拒某些不利的自然或经济外部因素

C. 由于我国城乡之间“二元结构”的存在，农民的某些权益需要财政投资来得以保证

D. 资本市场对于农业投资的欠缺

9. 下列关于财政投融资的表述，不正确的是（　　）。

A. 财政投融资是一种政府投入资本金的政策性融资

B. 既体现政府政策取向，又按照信用原则运营，投资领域包括先行资本

C. 财政投融资的目的性很强，应用范围有严格限制

D. 财政投融资一般由商业银行负责统筹管理和经营

10. 下列项目中不应当属于财政对于农业投资范围的是（　　）。

A. 农业基础设施建设　　B. 农业科技推广

C. 农村教育和培训　　D. 农户消费性支出

11. 社会消费性支出属于（　　）。

A. 转移性支出　　B. 购买性支出　　C. 社会保障支出　　D. 专项支出

12. 下列要求政府干预基础教育的理论依据中不正确的是（　　）。

A. 基础教育具有公共产品属性　　B. 基础教育具有正的外部性

C. 基础教育是一种有益品　　D. 基础教育中容易产生垄断

13. 下列国防项目中公共产品属性最弱的是（　　）。

A. 常备军数量　　B. 武器装备　　C. 太空卫星情报　　D. 国防雷达监测

14. 下列政府对卫生事业进行干预的理由中不正确的是（　　）。

A. 公共生产比私人生产更有效率

B. 许多与医疗卫生有关的服务是公共产品，其作用具有外部性

C. 疾病风险的不确定性

D. 私人保险市场的缺陷与不完整性

15. 下列卫生项目中公共产品属性最弱的是（　　）。

A. 艾滋病防治　　B. 计划免疫　　C. 医疗服务　　D. 传染病防治

三、多项选择题

1. 下列属于财政投资性支出的有（　　）。

A. 农业投资支出　　B. 基础产业投资支出　　C. 社会保障支出

D. 债务利息支出　　E. 教育支出

2. 行政管理支出的特征主要有（　　）。

A. 公共性　　B. 非生产型　　C. 稳定性

D．投资性　　　　E．强制性

3．社会消费性支出主要包括（　　）。

A．行政管理支出　　B．国防支出　　　　C．文教科卫支出

D．社会保障支出　　E．补助支出

4．2007年起我国财政收支科目改革后，原行政管理支出科目主要由（　　）组成。

A．一般公共服务支出　B．公检法经费　　C．外交支出

D．公共安全支出　　E．债务利息支出

5．文教科卫支出主要包括（　　）。

A．教育支出　　　　B．外交支出　　　　C．卫生支出

D．科学研究支出　　E．国家安全支出

6．一般来说，教育产品可以由（　　）提供。

A．企业　　　　　　B．政府　　　　　　C．学校

D．社会团体　　　　E．家庭

7．下列适合政府提供的是（　　）。

A．公共图书馆　　　B．文物馆　　　　　C．图书音像的出版

D．文艺团体演出　　E．防空雷达站

8．国防支出无论按照什么标准分类，最终都可以归结为（　　）。

A．人员生活费　　　B．训练维持费　　　C．作战费

D．装备费　　　　　E．调研费

9．国防支出的影响因素主要包括（　　）。

A．经济发展水平　　B．国家管辖范围　　C．国际政治形势

D．兵役制度　　　　E．国防政策

10．在我国，下列属于政策性金融机构的有（　　）。

A．国家开发银行　　B．中国农业发展银行　C．中国进出口银行

D．兴业银行　　　　E．中国建设银行

四、分析判断题

1．国防支出具有波动性的特点，即国防支出受一定技术条件制约，且与国际国内局势变动密切相关。（　　）

2．根据马克思关于生产劳动和非生产劳动的科学划分，文教科卫支出应归入生产性的范围。（　　）

3．建造—运行—移交投资方式的最大特点是鼓励和吸引私人投资者特别是外国直接投资者对诸如发电厂、高速公路等基础设施进行投资。（　　）

4．从经济性质看，基础设施从总体上说可以归类为准公共产品，可以由政府提供，可以由市场提供，也可以采取混合方式提供。（　　）

5．农产品需求弹性小，加上人们的偏好也具有同一性，因而价格的变动对消费的影响非常大。（　　）

6．农业发展的根本途径是改善农业的生产条件，改善农业生产条件的必要条件之一是增加对农业的投入。（　　）

7．政策性金融机构不是一般意义上的金融企业，而是执行投融资政策的机关。（　　）

8．农业补贴一般出现在经济比较落后的发展中国家，发达国家农业现代化程度很高，所以政府对农业不再进行补贴。（　　）

五、简答题

1．简要分析教育服务的属性，并分析政府提供基础教育服务的理论依据。

2. 简要分析卫生服务的属性，并分析政府提供公共卫生服务的理论依据。

3. 简述财政投资性支出的必要性和特点。

4. 简要分析基础产业财政投资的必要性。

5. 什么是财政投融资？简述财政投融资的基本特征。

6. 简述农业财政投资的范围和重点。

7. 国防支出的主要影响因素有哪些？

8. 政府投资有何特点？

六、论述题

1. 试分析公共卫生服务必须由政府提供的理论依据。

2. 试述财政支持农业发展的理论依据。

3. 试述我国行政管理支出的增长变化趋势，并分析如何控制我国行政管理支出的过快增长。

七、材料分析题

2003 年以来，中国先后取得了抗击非典、禽流感、口蹄疫、甲型 H1N1 流感等病毒斗争的胜利。2019 年年底至 2020 年年初，武汉发生了新冠肺炎疫情，党中央、国务院及时作出全国范围内抗击疫情的部署，并集中全国的医疗卫生资源驰援湖北。从 1 月 23 日武汉封城到 3 月 25 日解封仅用了短短 2 个月的时间，其他地区的疫情也很快得到控制。与此同时，不少欧美发达国家和印度、巴西等发展中国家的疫情却迟迟得不到控制。

任务：请运用所学相关原理，分析我国能迅速控制疫情而医疗系统更为发达的欧美等国却迟迟控制不住疫情的主要原因。

第五章　转移性支出

案例引导

新能源汽车补贴

2009 年以来，中央财政开始大力支持新能源汽车推广应用。2018 年新能源汽车的产销量分别达 127 万辆和 125.6 万辆，同比增长 59.9%和 61.7%。新能源汽车整车、关键零部件的技术水平持续提高，产业综合竞争力明显提升，已由起步期进入成长期。

随着新能源汽车产业规模的迅速扩大，产业发展过程中出现了一些新问题，如长期执行新能源汽车补贴政策导致一些企业形成“补贴依赖症”，产业竞争力不强；消费应用环境仍需改善，一些地方对使用环节投入不足，充电等配套基础设施不健全；地方保护仍然存在，不利于形成统一、公平的竞争环境，不利于推动产业做大做强。

财政政策对推动新能源汽车产业创新发展具有积极的引导和撬动作用。实践证明，新能源汽车补贴政策动态调整机制能够积极推动我国新能源汽车产业做大做强做优，提升竞争力，实现产业高质量发展。2019 年 3 月 26 日，财政部、工业和信息化部、科技部、国家发展改革委联合发布的《关于进一步完善新能源汽车推广应用财政补贴政策的通知》明确，根据新能源汽车规模效益、成本下降等因素以及补贴政策渐次退出的规定，降低新能源乘用车、新能源客车、新能源货车补贴标准，促进产业优胜劣汰，防止市场大起大落。该通知从 2019 年 3 月 26 日起实施，2019 年 3 月 26 日至 2019 年 6 月 25 日为过渡期。

试问：政府财政补贴对新能源汽车产业发展起到了什么作用？为何对新能源汽车的财政补贴政策会渐次退出？

财政以转移支付的方式支持社会事业的发展表现在各个方面，教育事业更是如此。修订后于 2006 年 9 月 1 日实施的《中华人民共和国义务教育法》规定，义务教育实行国务院领导，省、自治区、直辖市人民政府统筹规划实施，县级人民政府为主的管理体制。由于各地区经济发展不平衡以及财力状况的不均衡，西部多数县市从财力上无法支撑义务教育发展目标。为了克服这一困难，中央财政对于西部地区的义务教育予以大力支持，支持是通过转移支付的方式实现的。从财政支出角度，转移支付属于转移性支出，它与购买性支出一起构成政府的两大类支出。那么，什么是转移性支出，与购买性支出相比它有什么特征，为什么要设置转移性支出，哪些支出项目适合转移性支出，以及转移性支出的经济社会效应如何等，本章沿着了解、认识、探讨这一逻辑，对转移性支出及其相关问题进行研究，重点关注三大转移性支出——社会保障支出、财政补贴支出和税收支出，并以国际比较视野客观评估我国现行转移性支出的优势与不足，使读者对转移性支出的内容有全面的认识。

第一节　社会保障支出

社会保障支出是转移性支出的重要内容之一，全面认识其实质并掌握现行的政策制度需要对相关基础概念有一个初步了解。

一、社会保障制度的含义和特征

社会保障是国家通过立法，采取强制手段对国民收入进行再分配，形成社会保障基金，对生存发生困难的社会成员给予物质上的帮助，以保障其基本生活需要的一系列有组织的措施、制度和事业的总称。社会保障支出是指财政用于社会保障方面的支出。

社会保障制度是指由法律规定的按照某种确定的规则实施的社会保障政策和措施体系。实施社会保障制度的根本宗旨，是用以分摊社会风险、转移损失、均衡利益、调节社会关系，保护社会成员最基本的生存权和发展权。

国际劳工组织1952年制定了《社会保障（最低标准）公约》，规定社会保障范围应当覆盖疾病、生育、老年、残疾、死亡、失业、工伤、职业病及家庭九个方面。归纳起来，社会保障制度主要包括社会保险、社会救助、社会福利和社会优抚等内容。

社会保障制度作为一种经济保障制度形式，具有以下几个基本特征。

微课堂
社会保障支出

（1）覆盖面的社会广泛性。社会保障的实施主体是国家，目的是满足全体社会成员的基本生活需要，因此，社会保障的受益范围是广泛的，保障的辐射角度也是全方位的。完整的社会保障体系犹如一张安全网，应覆盖社会经济生活的各个层次、各个方面，从原则和道义上讲，任何一个社会成员都有权利获得社会保障，都不应被排斥或遗漏在这张安全网之外。

（2）参与上的强制性。虽然社会保障事业惠及每一位社会成员，但每个人对社会保障的需求程度和社会保障对不同个人所产生的边际效用各不相同，甚至有很大差别。这样，在经过付出与收益之间的比较权衡之后，一些社会成员可能会宁愿选择不参加社会保障，这显然不利于社会整体利益。因而，此时的强制参加就是必要的，并且应以法律形式确定，符合条件的社会成员必须按照相关规定，参加社会保障，缴纳一定的社会保障费用，并按规定条件享受社会保障待遇。

（3）制度上的立法性。社会保障作为政府的社会政策，在为全体社会成员提供社会保障的同时，也要求全社会共同承担风险，这就牵涉社会的各个方面，涉及各种社会关系。为了使社会保障具有权威性，能正确地调整各阶层、群体以及个人社会保障利益关系，就必须把政府、企事业（雇主）、个人（雇员）在社会保障活动中所发生的各种社会关系用法律形式固定下来。

（4）受益程度的约束性。社会保障只涉及社会成员基本生存方面的风险，它直接带来的不是享受，而只是满足基本生活保障的需要。受益程度的约束性是在社会保障存在的前提下，以社会保障为基本出发点确定的。由于社会保障的项目、水平及制度的健全与否都受到社会化大生产发展程度的制约，因此，如果社会保障项目过多过滥或受益水平过高会影响效率，也影响社会成员的劳动积极性，从而不利于公平的兼顾及为社会成员创造相对平等的机会。

（5）分配上的互济性。社会保障资金主要来自参加了社会保障的社会成员缴纳的保障费用。由于社会保障资金是向因生、老、病、伤、残、失业等原因而亟待获得物质帮助的人提供，这些人员在社会上的分布是不均匀的，各地区和各单位之间承受上述风险的压力也是不相等的，只能依靠政府和社会力量按“一人为众，众为一人”的原则举办社会保障事业。因此，社会成员参加社会保障缴纳的费用与他可能享受的保障并不完全对等，社会成员之间存在着互相调剂，特别是在广泛的社会统筹的基础上，社会保障资金的互济性表现得更为突出。

二、社会保障制度的功能

社会保障制度是现代国家最重要的社会经济制度之一，是一个国家政治需要、社会需要和经济负担能力的综合产物。如果社会保障制度的建立与发展符合当时的社会生产力发展水平，它就能够成为一个国家经济和社会发展的“稳定器”与“调节阀”，实现社会和经济的可持续发展；反之，它就会成为经济社会发展的负担，甚至阻碍经济与社会发展的步伐。由此可见，建立健全社会保障制度，不仅是经济社会发展的必然要求，而且是社会稳定和国家长治久安的重要保证。一般来说，社会保障制度主要有以下功能。

1. 公平分配功能

公平分配功能是指社会保障制度通过资金的筹集和待遇的给付，一方面把一部分高收入社会成员的部分收入适当转移给另一部分生活陷入困境的社会成员，另一方面实现就业与失业、健康与疾病时社会成员之间的所得转移，实现收入再分配功能，从而在一定程度上缩小社会成员之间的贫富差距，缓和社会矛盾。公平分配是人类社会发展中的一种客观需要，但是由于存在市场失灵，公平分配目标单靠市场机制本身难以实现。社会保障制度有助于实现公平分配的目标，一方面，通过保障全体社会成员的基本生活，在一定程度上消除社会发展过程中因意外灾害、疾病、失业等因素导致的机会不均等，使社会成员在没有后顾之忧的情况下参与市场的公平竞争；另一方面，通过在全体社会成员之间的风险共担，实现国民收入的再分配，缩小贫富差距，减少社会分配结果的不公平。公平分配功能是社会保障制度的最主要功能。

2. 社会稳定功能

社会稳定功能是指社会保障制度作为一种社会安定体系具有安定社会生活的功能。社会保障制度通过对失去或没有生活来源者、贫困者、遭遇不幸者和工薪劳动者在失去劳动能力或工作岗位后提供救助，保证其基本生活需求，消除社会成员的不安全感，以维护社会稳定。因此，社会保障制度被誉为“社会减震器”和“社会安全网”。国际劳工组织在总结各国实施社会保障制度的作用时指出：没有社会的安定，就没有社会的发展；没有社会保障，就没有社会的安定。

想一想

社会保障是财政支出保障还是财政收入保障？

3. 社会补偿功能

社会补偿功能是指为保障失去或没有生活来源者、贫困者、遭遇不幸者和工薪劳动者，在其暂时或永久失去劳动能力及失去工作岗位后，仍能维持最低生活水平，满足基本生活需要的功能。社会保障制度的社会补偿功能体现在社会救济和社会保险两个方面。社会救济的目的是保障最低生活水平，具有鲜明的扶贫特征，属于最低限度的社会保障。社会保险的直接功能就是当工薪劳动者在其全部生命周期中遇到失去收入的风险时，对其进行一定的补偿，以保证其基本生活的需要。

4. 调节投融资功能

社会保障基金来自保险费、财政补贴以及基金投资的增值收入，数量庞大且具有较高的稳定性。当今，世界许多国家都把诸如养老保险金等作为财政投融资的重要资金来源，这虽然是实现社会保障基金增值的措施，但是客观上已经成为国家调节投资的重要手段。在发达国家，由于社会保障制度建立得比较早，社会保障基金积累的金额十分庞大，因而对这些国家产业基础的调整起了很大的作用。许多发展中国家也利用社会保障基金，为本国基础设施和重点项目融资，不仅实现了社会保障基金的不断增值，而且还支持了国家建设。

5. 平衡需求功能

社会保障通常被誉为调节经济的“蓄水池”，具有有效的平衡需求的功能。当经济衰退失业增加时，由于失业保险支付和社会救济的增加，抑制了个人收入减少的趋势，增加了失去工作和生活困难人员的购买力，从而具有刺激有效需求的作用，一定程度上促进了经济的复苏；当经济高涨失业率下降时，社会保障支出相应缩减，社会保障基金规模因此增大，减缓了社会需求的急剧膨胀。由此可见，社会保障支出能够自动地随着国民经济运行变化情况呈现出反方向增减变动，这就是社会保障支出“内在稳定器”的功能。

6. 保护和配置劳动力功能

在市场经济条件下，社会保障制度是保护劳动力再生产和促进劳动力合理流动及有效配置的重要手段。一方面，在市场竞争中，受优胜劣汰规律的支配，必然造成部分劳动者失业，这部分失业者及其家庭因失去收入而陷入生存困境，社会保障制度通过提供各种帮助而使这部分社会成员得以维持基本生活需要，从而保护劳动力的生产和再生产；另一方面，通过建立全社会统一的社会保障网络，打破了传统靠血缘维持的家庭保障格局，超越了企业保障的局限，使得劳动者在变换工作环境和迁徙时无后顾之忧，从而促进了劳动力的合理流动，实现了劳动力要素的有效配置。

三、社会保障制度的主要内容

社会保障制度是经济财政制度的一个重要组成部分，它与一个国家或地区的经济、政治制度有着密切的联系，其内容因财政制度类型和公共财政发展状况而有所差异。就一般市场经济体制而言，社会保障制度主要包括以下内容。

1. 社会保险

社会保险是指国家通过立法手段，运用社会力量对劳动者暂时或永久丧失劳动能力，或虽有劳动能力但因失业而丧失收入来源时给予一定的资金帮助，以维持其基本生活需要的一种社会保障制度。社会保险是现代社会保障制度的核心内容，是一国居民的基本保障。实施社会保险的目的主要有三点：一是为防止个人在现在和将来的安排上因选择不当而导致贫困，如退休养老问题；二是防范社会经济生活中某些不可预见的风险，如疾病、工伤等；三是减少由于市场经济的不确定性而产生的风险和困难，如失业等。

社会保险的主要内容有以下几项。

（1）养老保险，是指国家和社会根据相关的法律和法规，为满足劳动者在达到国家规定的解除劳动义务的劳动年龄界限，或因年老丧失劳动能力退出劳动岗位后的基本生活需要而建立的一种社会保障制度。

（2）医疗保险，是指国家通过立法对患病的社会成员给予假期和收入补偿，提供医疗服务以帮助其治疗和维持其基本生活的一种社会保障制度。

（3）失业保险，是指国家通过立法强制实行的，由社会集中建立基金，对因失业而暂时中断生活来源的劳动者提供物质帮助的一种社会保障制度。

（4）生育和疾病保险，是指对因生育而中断劳动或因患病而暂时失去劳动能力的劳动者，给予其生育或患病期间的收入补助的一种社会保障制度。

（5）工伤保险，是指劳动者在工作中或在规定的特殊情况下，遭受意外伤害或患职业病导致暂时或永久丧失劳动能力以及死亡时，劳动者或其遗属从国家和社会获得物质帮助的一种社会保障制度。

（6）伤残保险，是指劳动者因病残或工作伤害而成残疾，由社会保障部门向其支付伤残补助金的一种社会保障制度。

（7）丧葬和遗属保险，是指对已故劳动者提供丧葬费用和对其遗属给予生活补贴的一种社会保障制度。

2. 社会救济

社会救济也称为社会救助，是指国家按照法定程序和标准，向因自然灾害或其他社会、经济原因而难以维持最低生活水平的社会成员提供财力或物质援助，以保障其最低生活需求的一种社会保障制度。它是向陷入生活困境的社会成员提供最基本的生活保障的最有效方式。它保障的是公民的生存权，对维持社会稳定有着积极的作用。社会救济的内容，主要包括贫困人口救济、自然灾害救济和孤寡病残救济等。

3. 社会福利

社会福利有广义和狭义之分。广义的社会福利是指国家和社会通过各种福利事业、福利设施、福利服务为社会成员提供基本生活保障，并使其基本生活状况得到不断改善的社会政策和制度的总称。狭义的社会福利是指政府出资对生活能力较弱的儿童、老人、母子家庭、残疾人、慢性精神病人等的社会照顾和社会服务。广义社会福利所包括的内容十分广泛，不仅包括生活、教育、医疗方面的福利待遇，而且包括交通、文娱、体育等方面的福利待遇。社会福利是现代社会保障体系中唯一的主要用服务、设施而不是用现金或实物援助为实施办法的社会保障。由于社会福利的最终目的是不断改善和提高社会成员的生活质量，因此，有人认为它是社会保障的高级阶段。

4. 社会优抚

社会优抚，是指对曾为国家和社会作出特殊贡献的社会成员及其家属给予补偿和褒扬的一种制度。主要包括：对现役军人的安置安抚；对现役军人及其家属的优抚；对烈属和残废军人的抚恤；对军人退役后的生活保障等。社会优抚的财力来源主要是政府预算拨款。由于抚恤对象对国家和社会的贡献和牺牲较大，因此国家对他们所实施的保障标准比较高，保证其生活水平不低于一般保障对象的平均水平。

四、社会保障支出的资金来源与筹集模式

社会保障制度的稳定运行需要足够的资金予以支持，可靠的资金来源及筹集模式是社会保障制度稳定运行的前提。

1. 社会保障支出的资金来源

社会保障支出的资金除来自政府、企业和个人外，还可能有投资收益和社会捐助。

（1）政府预算安排的社会保障支出。作为政府的社会义务，财政负担社会保障资金是政府财政职能的重要体现。财政预算中安排一部分资金，用于社会保障事业方面的支出，这是社会保障支出中最重要、最稳定的资金来源。财政负担部分社会保障支出，对于稳定社会保障给付和弥补社会保障基金的赤字起着非常重要的作用。一些国家开征了社会保障税，用以保证社会保障支出。

（2）企业（或雇主）缴纳的社会保障费。这是社会保障支出的又一重要资金来源。劳动者为某一企业提供劳动力，创造了相当的社会财富，企业或雇佣单位有义务为供职人员缴纳社会保障费，这些费用可以列入企业的经营成本。

（3）个人负担部分社会保障费。个人通过缴纳部分社会保障费（或税）承担一部分社会保障支出的责任，这是有必要的，它既有助于减少个人收入之间的差距，又可以发挥社会保障制度的调节作用。

（4）社会保障基金的投资收益。社会保障基金，尤其是社会保险基金具有储备的性质，一定时期的社会保障基金在满足即期的社会保障需求之后的结余，就形成了社会保障储备基金。为了保证社会保障基金的保值和增值，就需要把这部分储备基金进行投资，产生的收益用于补充社会保障基金。

（5）社会捐助。这是指福利救助性质的社会团体和宗教团体组织，出于对社会弱势群体的同情和关爱，自愿地为某种社会保障项目募集的慈善捐助。由于社会捐助是自愿的而非强制的，因此，这部分资金来源具有非连续性和非稳定性的特征，只能成为社会保障资金的辅助来源。

2. 社会保障资金的筹集模式

视野拓展

社保资金的筹集模式

从世界各国社会保障制度的实施情况来看，社会保障资金的筹集模式可划分为以下三类。

（1）现收现付制。它是指以横向平衡原则为依据，以当期正在工作的所有人的缴费，来支付现在保险受益人开支的制度。其特点是：完全依靠当前的收入去支付现在的支出，以支定收，基金没有结余，有助于避免遭受通货膨胀而贬值的风险，也能够对基金进行有效的管理。由于现收现付制是下一代人养上一代人，因此，具有代际之间的收入再分配功能。这种模式在人口年龄结构年轻、保障范围较窄、支付标准较低的情况下，可以正常运行；在经济不景气、人口出现老龄化、支付范围和标准不断提高的情况下，就会出现缴费比例过高、当代人负担沉重、资金筹集困难等问题。

想一想

在老龄化社会，如果采用现收现付制筹集社保资金，会导致什么样的结果？

（2）完全基金制。它是指当期缴费收入全部用于当期缴费的受保人而建立的储备基金，建立储备基金的目标应当是满足未来向全部受保人支付养老金的资金需要。完全基金制的主要特点是：使投保人在职时积累资金，退休后按月领取保险金，支付水平与本人在职时的工资和缴费水平直接相关，可以激发投保人缴费的积极性，从而实现自我保障。这一方式要求有稳定的经济环境和良好的基金管理水平，从而保证基金的保值和增值，兑现保障承诺。该方式易受通货膨胀等因素的影响，且不具有代际之间的分配功能。

（3）部分基金制。它是指当期的缴费一部分用于支付当期受保人开支，另一部分用于为受保人建立储备基金，以满足未来保障的需要。这一方式的特点是：在初期的收费率高于现收现付制，低于完全基金制，相对较稳定，既易于为筹资对象所接受，又能在一定程度上满足社会保障支出的需要。但是，部分基金制收费率的确定有相当的难度，筹集到的资金在满足现实需要后，究竟留出多少以适应未来需要很难确定。如果收费率过高，筹资对象难以承受；如果收费率过低，又难以满足支出的需要。

一国或一个地区究竟选择何种资金筹集模式，主要依据保障资金的需求情况，其中，人口结构是重要的参考因素。就我国而言，如何协调“统筹账户”与“个人账户”之间的关系，事关社保基金制度的公平与效率。

五、世界各国的社会保障制度

国际社会保障制度的发展与各国的政治经济制度类型以及福利制度的改革进程有一定的联系。西方先进市场经济国家的社会保障制度体系建立较早，并相对完善。

（一）世界各国社会保障制度的建立与发展

社会保障制度首创于19世纪80年代的德国，当时的俾斯麦政府于1883年、1884年和1889年，分别颁布了《疾病保险法》《伤害保险法》和《老年残疾保险法》，规定工人在受伤害、病残和退休时，可以得到一定数额的保险金。这些法律的颁布标志着社会保障制度正式诞生。1908

年，英国制定了《养老金法》，1911 年又通过了《全国健康与失业保险法案》，此后，一系列有关工作保障、家庭补助和全民医疗保险等社会保险的法律、法规相继出台，形成了庞大的社会保障体系。1935 年 8 月，美国通过了《社会保障法》，开始全面实施社会保障制度，其内容主要包括老年保险、失业保险、老年救助、盲人保险、未成年人抚养补助计划等。从 20 世纪 50 年代起，美国对《社会保障法》进行了多次修改，逐步扩大了社会保障范围，最终形成完善的社会保障体系。

世界绝大部分国家都建立了不同程度、不同模式的社会保障制度。根据美国社会保障总署对 172 个国家和地区的统计来看，老年和工伤保障制度最为普及；随后是疾病保障制度、家庭津贴制度和失业保障制度。从趋势上考察，老年保障和疾病保险，日益受到国际社会的广泛重视。相对而言，建立失业保障制度的国家不多，除欧洲 40 多个国家普遍实行失业保险外，亚洲、非洲和美洲都只有少部分甚至个别国家建立了失业保险制度。一般而言，一国经济社会越发达，其社会保障制度也越完善。高度工业化的经济合作与发展组织最初 24 个成员国全部建立了疾病与生育、工伤、失业、家庭津贴和老年、残疾与遗属 5 项社会保障制度，部分国家还将住房、义务教育也纳入了社会保障范围。中国是少数建立失业保险制度的发展中国家之一。

（二）世界各国社会保障制度的主要类型

从世界范围来看，社会保障制度的实际内容非常丰富。根据政府、企业和个人在社会保障制度中不同的责任、不同的水平和不同的财务制度，可大致将社会保障制度分成以下四类。

1. 福利型社会保障制度

福利型社会保障制度是指按照“普遍性”原则，实行“收入均等化、就业充分化、福利普遍化、福利设施体系化”及包括“从摇篮到坟墓”的各种生活需要在内的一种社会保障制度。这一制度按统一标准缴费，统一标准给付，社会保障支出由国家税收解决。这一制度是以政府负责、全民高福利为根本特征。这些特征违背并损害了效率原则，先后使一些国家背上了沉重的包袱。在 20 世纪 70 年代经济滞胀的大背景下，英国率先进行了减轻国家负担的改革。西欧、北欧的一些国家实行这种模式，如瑞典、英国、法国、丹麦、比利时等。

2. 保障型社会保障制度

保障型社会保障制度以社会保险为核心，社会保障费用由企业、个人和政府三方负担。在这一制度中，企业、个人和政府都是责任主体，在不同的项目中各有不同的角色。在社会保险中，主要缴税（费）人为企业和个人，政府只承担最后责任人的角色；在社会救济、社会福利制度中，政府是最主要的责任人。除此之外，与福利型社会保障制度比较，这一制度的保障对象是“有选择性”的而非全民，它提供的社会保障水平也较低，强调的是保障而不是高福利。美国、日本、德国、奥地利等国家实行的是这种类型的社会保障模式。

3. 国家型社会保障制度

国家型社会保障制度强调的是国家的责任。它的社会保险对象是国有经济部门的雇员，保险费由单位负担，各种社会保险业务由统一的组织机构经办，并和工人共同管理。中华人民共和国成立后，我国也是按这种模式建立了社会保障制度。虽然缴费的是企业（或单位），但最终的所有权人是国家，最终的责任人也是国家，保障的对象也是国有经济部门的雇员，所以我们称之为国家型社会保障制度。苏联、东欧各国、中国、朝鲜和古巴等国在计划经济时期都曾经采用过这种模式。

4. 储蓄型社会保障制度

储蓄型社会保障制度以强制储蓄为核心，政府强制雇主、雇员为雇员储蓄社会保障费用，以满足雇员个人各种社会保障项目的支付需要。与上述的几种模式相比，该模式有三个根本的特点：第一，它不具有再分配性质，不强调公平性；第二，财务制度是基金积累制而不是现收现付制；第三，给付水平是既定供款制度而不是既定给付制度，给付水平的高低取决于个人账户的积累，而不是社会保障计划的承诺。新加坡、智利、印度尼西亚、马来西亚等国实行这种模式。

新加坡的中央公积金制度强制雇主和雇员共同供款，并以职工个人名义存入公积金，由政府集中管理和经营，职工在符合某些条件的情况下可以动用个人账户的资金用于特定的用途。该制度设计之初只为养老的目的，随着制度的发展，又增加了医疗保险、子女教育、住房公积金等内容。

智利模式与新加坡模式不同，它强制雇员个人将工资的 10%积累于养老账户，并由个人选择基金管理人进行投资，达到退休年龄后可以连本带利取回，或继续留在某个基金管理公司，也可以选择从商业保险公司购买年金。当个人账户积累不足以保障退休后最低生活水平时，政府将对此负责。由此可见，智利模式只是养老保险模式，它不需要企业供款，并分散管理，政府在养老保险方面仍然扮演着最后责任者的角色。

视野拓展
社会福利功能

第二节　我国的社会保障制度①

经过几十年的发展，中国已基本建立了保障型社会保障制度体系。

一、我国社会保障制度的建立与发展

20 世纪 50 年代初期，我国开始逐步建立起城市居民的社会保险制度、农村的“五保”（吃、住、穿、医、葬）制度、农村合作医疗制度、社会优抚制度等，并兴办了城乡社会福利救济事业，开展自然灾害救济工作，从而建立并初步形成了中国的社会保障体系。

从 20 世纪 80 年代中期以后，中国社会保障制度经历了从自下而上到自上而下、从自发到自觉、从单项到全面综合改革的历程，并已经建立起以企业职工基本养老保险、城镇职工基本医疗保险、失业保险、工伤保险等社会保险制度以及城镇居民最低生活保障、城市医疗救助等社会救助制度为主要内容的城镇社会保障体系。

微课堂
中国现行社会保障制度

2018 年，全国基本养老保险、失业保险、工伤保险三项社会保险基金收入合计 57 089 亿元，比上年增长 17.5%；基金支出合计 49 208 亿元，比上年增长 17.2%。

2018 年末全国参加基本养老保险人数为 94 293 万人，比上年末增加 2 745 万人。全年基本养老保险基金总收入 55 005 亿元，基金总支出 47 550 亿元。年末全国参加城镇职工基本养老保险人数为 41 902 万人，比上年末增加 1 608 万人。全年城镇职工基本养老保险基金收入 51 168 亿元，基金支出 44 645 亿元。2018 年 7 月 1 日，建立实施了企业职工基本养老保险基金中央调剂制度，2018 年调剂比例为 3%，调剂基金总规模

① 我国四项社会保险费缴费比例都是根据 2019 年 5 月国家规定的基本比例列出，但是，不同地区、不同时期的社保缴费比例在国家基本比例基础上可能略有差别，因此，各地应以本地政府规定的最新社保缴费比例为准。

为 2 422 亿元。年末城乡居民基本养老保险参保人数为 52 392 万人，比上年末增加 1 137 万人。

2018 年末全国参加失业保险人数为 19 643 万人，比上年末增加 859 万人。年末全国领取失业保险金人数为 223 万人，比上年末增加 3 万人。全年共为 452 万名失业人员发放了不同期限的失业保险金，比上年减少 6 万人。失业保险金月人均水平为 1 266 元，比上年增长 13.9%。全年共为领取失业保险金人员代缴基本医疗保险费 92 亿元，比上年增长 8.2%。全年失业保险基金收入 1 171 亿元，基金支出 915 亿元。

2018 年末全国参加工伤保险人数为 23 874 万人，比上年末增加 1 151 万人。截至 2018 年末，全国新开工工程建设项目工伤保险参保率为 99%。全年认定（视同）工伤 110 万人，评定伤残等级 56.9 万人。全年有 199 万人次享受工伤保险待遇。全年工伤保险基金收入 913 亿元，基金支出 742 亿元。年末工伤保险基金累计结存 1 785 亿元（含储备金 294 亿元）。

中国社会保障制度体系主要包括基本社会保障制度和辅助社会保险项目两个部分，除此外还包括社会救济、社会福利和社会优抚等。

二、基本社会保障制度

我国的基本社会保障制度包括养老保险、失业保险和医疗保险三项制度。

（一）养老保险

现行我国养老保险制度主要包括两个部分：一是城镇职工基本养老保险制度；二是城乡居民养老保险制度。2015 年 1 月 14 日，国务院发布《国务院关于机关事业单位工作人员养老保险制度改革的决定》（下称《决定》），自 2014 年 10 月 1 日起对机关事业单位工作人员养老保险制度进行改革。《决定》明确，建立基本养老金正常调整机制。根据职工工资增长和物价变动等情况，统筹安排机关事业单位和企业退休人员的基本养老金调整，逐步建立兼顾各类人员的养老保险待遇的正常调整机制，分享经济社会发展成果，保障退休人员基本生活。

1. 城镇职工基本养老保险制度

1997 年和 2005 年，国务院先后颁发了《关于建立统一的企业职工基本养老保险制度的决定》《关于完善企业职工基本养老保险制度的决定》，全国已建立了统一的城镇企业职工基本养老保险制度。

（1）保险覆盖范围。城镇各类企业职工、个体工商户和灵活就业人员都要参加企业职工基本养老保险。

（2）保险费用的筹集。养老保险费用主要由企业和职工个人缴费负担，财政负担弥补养老保险计划的赤字。企业按照本地区（省、自治区、直辖市）政府规定的企业缴费比例向社会保险机构缴纳保险费。个人养老保险的缴费比例为本人缴费工资的 8%。城镇个体工商户和灵活就业人员参加基本养老保险的缴费基数为当地上年度在岗职工平均工资，缴费比例为 20%，其中 8%计入个人账户。

> **想一想**
>
> 自 2019 年 5 月 1 日起，城镇职工基本养老保险单位缴费比例由 20%降到 16%。该次降费的目的是什么？

（3）运行模式。养老保险实行社会统筹与个人账户相结合的运行方式，个人账户的规模统一为本人缴费工资的 8%，全部由个人缴费形成，单位缴费进入社会统筹基金，用于向已退休的职工发放各种退休费用。

（4）养老基金管理。按照国务院的要求，养老保险的统筹应逐步由县、市级统筹向省级统筹过渡，以便提高统筹的层次，进一步发挥互助互济、风险分担的保险功能，同时这也有利于国家对社会保险的宏观调控。

2. 城乡居民养老保险制度

2011 年 7 月 1 日我国启动了城镇居民养老保险试点工作，2014 年 2 月，国务院出台了《国务院关于建立统一的城乡居民基本养老保险制度的意见》,将新型农村养老保险和城镇居民养老保险两项制度合并实施，在全国范围内建立统一的城乡居民基本养老保险，其主要内容如下。

（1）参保范围。年满 16 周岁（不含在校学生），非国家机关和事业单位工作人员及不属于职工基本养老保险制度覆盖范围的城乡居民，可以在户籍地参加城乡居民养老保险。

> **视野拓展**
> 保障农民工工资支付条例

（2）基金筹集。城乡居民养老保险基金由个人缴费、集体补助、政府补贴构成。①个人缴费。参加城乡居民养老保险的人员应当按规定缴纳养老保险费。缴费标准目前设为每年 100 元、200 元、300 元、400 元、500 元、600 元、700 元、800 元、900 元、1 000 元、1 500 元、2 000 元 12 个档次[①]，省（区、市）人民政府可以根据实际情况增设缴费档次，最高缴费档次标准原则上不超过当地灵活就业人员参加职工基本养老保险的年缴费额，并报人力资源和社会保障部备案。人力资源和社会保障部会同财政部依据城乡居民收入增长等情况适时调整缴费档次标准。参保人自主选择档次缴费，多缴多得。②集体补助。有条件的村集体经济组织应当对参保人缴费给予补助，补助标准由村民委员会召开村民会议民主确定，鼓励有条件的社区将集体补助纳入社区公益事业资金筹集范围。鼓励其他社会经济组织、公益慈善组织、个人为参保人缴费提供资助。补助、资助金额不超过当地设定的最高缴费档次标准。③政府补贴。政府对符合领取城乡居民养老保险待遇条件的参保人全额支付基础养老金，其中，中央财政对中西部地区按中央确定的基础养老金标准给予全额补助，对东部地区给予 50%的补助。地方人民政府应当对参保人缴费给予补贴，对选择最低档次标准缴费的，补贴标准不低于每人每年 30 元；对选择较高档次标准缴费的，适当增加补贴金额；对选择 500 元及以上档次标准缴费的，补贴标准不低于每人每年 60 元，具体标准和办法由省（区、市）人民政府确定。对重度残疾人等缴费困难群体，地方人民政府为其代缴部分或全部最低标准的养老保险费。

（3）建立个人账户。国家为每个参保人员建立终身记录的养老保险个人账户，个人缴费、地方人民政府对参保人的缴费补贴、集体补助及其他社会经济组织、公益慈善组织、个人对参保人的缴费资助，全部记入个人账户。个人账户储存额按国家规定计息。

（4）养老金待遇。城乡居民养老保险待遇由基础养老金和个人账户养老金构成，支付终身。①基础养老金。中央确定基础养老金最低标准，建立基础养老金最低标准正常调整机制，根据经济发展和物价变动等情况，适时调整全国基础养老金最低标准。地方人民政府可以根据实际情况适当提高基础养老金标准；对长期缴费的，可适当加发基础养老金，提高和加发部分的资金由地方人民政府负担，具体办法由省（区、市）人民政府规定，并报人力资源和社会保障部备案。②个人账户养老金。个人账户养老金的月计发标准，目前为个人账户全部储存额除以 139（与现行职工基本养老保险个人账户养老金计发系数相同）。参保人死亡的，个人账户资金余额可以依法继承。

（5）养老金待遇领取条件。参加城乡居民养老保险的个人，年满 60 周岁、累计缴费满 15 年，且未领取国家规定的基本养老保障待遇的，可以按月领取城乡居民养老保险待遇。

新型农村养老保险和城镇居民养老保险制度实施时已年满 60 周岁，在本意见印发之日前未领取国家规定的基本养老保障待遇的，不用缴费，可以按月领取城乡居民养老保险基础养老金；距规定领取年龄不足 15 年的，应逐年缴费，也允许补缴，累计缴费不超过 15 年；距规定领取年龄超过 15 年的，应按年缴费，累计缴费不少于 15 年。城镇居民养老保险待遇领取人员死亡的，从次月起停止支付其养老金。

---

① 此标准为 2014 年《国务院关于建立统一的城乡居民基本养老保险制度的意见》（国发〔2014〕8 号）的指导标准，各省、直辖市、自治区根据自己的情况制定相应的标准。

参加城乡居民养老保险的人员，在缴费期间户籍迁移、需要跨地区转移城乡居民养老保险关系的，可在迁入地申请转移养老保险关系，一次性转移个人账户全部储存额，并按迁入地规定继续参保缴费，缴费年限累计计算；已经按规定领取城乡居民养老保险待遇的，无论户籍是否迁移，其养老保险关系不转移。

案例分析与讨论 5.1

智慧养老开启养老新模式

随着互联网和信息技术的快速发展，养老服务行业搭上互联网这辆“快车”，养老模式将更加智慧化发展。在大数据和物联网支持下的“智慧养老”，在提高照护效率、促进服务质量方面起着至关重要的作用。2018 年的政府工作报告中提出：发展壮大新动能。做大做强新兴产业集群，实施大数据发展行动，加强新一代人工智能研发应用，在医疗、养老、教育、文化、体育等多领域推进“互联网”。其中，在养老方面推进“互联网”，这就属于智慧养老的范畴。

我国出台了一系列政策来推动智慧养老事业发展，在“互联网养老服务”领域，构建线上线下相结合、多主体参与、资源共享、公平普惠的互联网养老服务供给体系。“创新居家社区养老服务模式，推进智慧养老社区建设，提供高效、便捷的居家社区养老服务。”

“互联网养老”可以让老人在自己的房子或者熟悉的社区安享晚年，有效解决养老院床位匮乏问题，且采用集中管理模式可以更好地减少人工成本。普遍来看，老龄人多存在记忆力下降、视听力衰退、手脚不灵活或者各种疾病隐患，通过物联网、互联网相结合，可以实现远程看护，让出门在外的儿女更放心。另外，居家养老模式还可以避免让老人重新适应新环境，相较于养老机构，智能化社区服务驿站或者居家养老模式显然可以更好地实现养老服务，让家人更放心。

（资料来源：摘编于《养老内参》，2019 第 179 期）

启发思考

（1）互联网养老有现实需求吗？

（2）如何创新农村养老模式？

（二）失业保险

20 世纪 80 年代中期，我国开始在国有企业中推行劳动用工合同制和国有企业的破产制度。1999 年 1 月，国务院正式颁布了《失业保险条例》，正式形成现行的失业保险制度。

（1）失业保险覆盖范围。根据《失业保险条例》的规定，城镇企业和事业单位均应参加失业保险。这里的城镇企业包括国有企业、城镇集体企业、外商投资企业、城镇私营企业以及其他城镇企业。

（2）保险费用的筹集。按照规定，城镇企业、事业单位要按照本单位工资总额的 2%缴纳失业保险费；职工个人要按照本人工资的 1%缴纳失业保险费，城镇企业、事业单位招用的农民合同制工人本人不缴纳失业保险费。

（3）失业保险金的发放。失业保险金应按照低于当地最高工资标准、高于城市居民最低生活保障标准的水平发放，具体标准由省、自治区、直辖市政府规定。

（三）医疗保险

2009 年 4 月 6 日，《中共中央国务院关于深化医药卫生体制改革的意见》正式发布，标志着中国医疗保障制度改革进入了新的历史时期。现行医疗保险制度包括三大部分内容：一是城镇职工基本医疗保险制度；二是城镇居民基本医疗保险制度；三是新型农村合作医疗制度。

1. 城镇职工基本医疗保险制度

1998 年，中国城镇职工基本医疗保险制度在全国开始建立，覆盖范围为城镇所有用人单位，包括企业（国有企业、集体企业、外商投资企业、私营企业等）、机关、事业单位、社会团体、民办非企业单位及其职工，都要参加城镇职工基本医疗保险。乡镇企业及其职工、城镇个体经济组织业主及其从业人员是否参加基本医疗保险，由各省、自治区、直辖市人民政府决定。

（1）生育保险并入职工医疗保险。按照生育保险和职工基本医疗保险的缴费费率之和确定两项保险合并以后的费率。

视野拓展

生育保险与职工基本医疗保险合并

（2）城镇职工基本医疗保险费用的筹集。按照规定，基本医疗保险费用要由用人单位和职工共同缴纳；用人单位的缴费率应控制在职工工资总额的 6%左右，职工个人（一般不含退休职工）的缴费率一般为本人工资收入的 2%。随着经济的发展，用人单位和职工缴费率可作相应调整。

（3）城镇职工基本医疗保险的运行模式。基本医疗保险基金由统筹基金和个人账户两部分构成：职工个人缴纳的基本医疗保险费全部计入个人账户；用人单位缴纳的基本医疗保险费一部分用于建立统筹基金，另一部分（一般为 30%）划入个人账户。统筹基金和个人账户分别有各自的支付范围，并分别核算。省、自治区、直辖市规定统筹基金的起付标准原则，起付标准以下的医疗费用从个人账户中支付或由职工个人负担；起付标准以上、最高支付限额以下的医疗费用主要从统筹基金中支付，同时职工个人也要支付一定比例的费用。

2. 城乡居民医疗保险制度

为贯彻党的十九大关于“完善统一的城乡居民基本医疗保险制度”的决策部署，国家医疗保障局会同财政部于 2019 年 4 月 26 日印发了《关于做好 2019 年城乡居民基本医疗保障工作的通知》(以下称《通知》)，要求全面建立统一的城乡居民医保制度。

截至 2019 年 5 月，我国已有 24 个省份完成了城乡居民医保制度整合工作，其余 7 个省份的城镇居民医保和新农合仍是并轨运行。《通知》重点针对两项制度尚未完全整合统一的地区，明确要求加快整合力度，于 2019 年年底前实现两项制度并轨运行，向统一的居民医保制度过渡。

视野拓展

社会养老事业发展规划

制度统一过程中，要巩固城乡居民医保覆盖面，确保参保率不低于现有水平，参保连续稳定，做到应保尽保；完善新生儿、儿童、学生以及农民工等人群参保登记及缴费办法，避免重复参保；已有其他医疗保障制度安排的，不纳入城乡居民医保覆盖范围；妥善处理特殊问题、特殊政策，做好制度统一前后的政策衔接，稳定待遇预期，防止泛福利化倾向。

三、辅助社会保险项目

温馨提示

中国社会保障网，是一个关于社会保障的专业且权威的网站，通过该网站，不仅可以获得社会保障的专业知识，还可以了解我国社会保障政策及其变化。

我国辅助社会保险项目目前只有工伤保险。《工伤保险条例》从 2004 年 1 月 1 日起施行。

工伤保险覆盖境内各类企业及个体工商户，他们的职工和雇员有权享受工伤保险待遇。

工伤保险基金的收入全部由用人单位缴纳的工伤保险费以及工伤保险基金的利息和依法纳入工伤保险基金的其他资金构成，职工个人不缴纳工伤保险费。国家要根据以支定收、收支平衡的原则确定工伤保险的缴费费率。另外，国家在确定工伤保险费率时，还要考虑不同行业的工伤风险程度，并根据工伤保险费使用、工伤发生率等情况在每个行业内确定若干费率档次。目前多数地区缴费率为1%。

工伤保险基金在直辖市和设区的市实行统筹管理，其他地区的统筹层次由省、自治区人民政府确定。工伤保险基金存入社会保障基金财政专户，用于工伤保险待遇、劳动能力鉴定以及法律、法规规定的用于工伤保险的其他费用的支付。

职工治疗工伤应当在签订服务协议的医疗机构就医，情况紧急时可以先到就近的医疗机构急救。治疗工伤所需费用符合工伤保险诊疗项目目录、工伤保险药品目录、工伤保险住院服务标准的，从工伤保险基金支付。职工住院治疗工伤的，由所在单位按照本单位公差伙食补助标准的70%发给住院伙食补助费；工伤职工到统筹地区以外就医的，所需交通、食宿费用由所在单位按照本单位职工公差标准报销。工伤职工治疗非工伤引发的疾病，不享受工伤医疗待遇，按照基本医疗保险办法处理。

四、社会救济、社会福利和社会优抚

基本社会保障和辅助社会保险项目基本覆盖了大部分人群，但未能覆盖全部人群。有些虽然已经覆盖，还存在保障水平偏低的状况，需要建立社会救济、社会福利和社会优抚等相关项目进行补充和完善。

1. 社会救济

我国的社会救济由民政部门进行管理，其内容主要包括城市居民最低生活保障制度、农村“五保户”救济和灾民救济三项。

城市居民最低生活保障制度的保障对象是家庭人均收入低于当地最低生活保障标准的、持有非农业户口的城市居民，主要对象是以下三类人员：一是无生活来源、无劳动能力、无法定赡养人或抚养人的居民；二是领取失业救济金期间或失业救济期满仍未重新就业，家庭人均收入低于最低生活保障标准的居民；三是在职人员和下岗人员在领取工资、基本生活费后以及退休人员领取退休金后，其家庭人均收入仍低于最低生活保障标准的居民。

农村“五保户”救济是指对农村中一部分五保户（保吃、保穿、保住、保医、保葬的孤寡老人、残疾人）的分散供养提供定期定量资助。

灾民救济是指向遭受严重自然灾害而遇到生活困难的城乡居民提供必要的资助。

2. 社会福利

国家民政部门提供的社会福利主要是对盲聋哑和鳏寡孤独的社会成员给予各种物质帮助，其资金大部分来源于国家预算拨款。改革开放以来，随着经济发展和社会进步，中国的社会福利事业获得了较快的发展，已初步形成了以国家、集体兴办的社会福利机构为骨干，以社会力量兴办的社会福利机构为新的增长点，以社区福利服务为依托，以居家供养为基础的社会福利服务体系。

3. 社会优抚

社会优抚是中国社会保障制度的重要组成部分，优抚的对象是为革命事业和保卫国家安全作出牺牲和贡献的特殊社会群体，由国家对他们的牺牲和贡献给予补偿和褒扬。由于优抚具有补偿和褒扬性质，因此，优抚待遇高于一般的社会保障标准，优抚对象能够优先优惠地享受国家和社会提供的各种优待、抚恤、服务和政策扶持。社会优抚的资金主要由国家财政投入，还有一部分可由社会承担。

社会优抚与社会保险、社会救助和社会福利不同，它是特别针对某些身份特殊的人所设立的，其内容涉及社会保险、社会救助和社会福利等，包括抚恤、优待、养老、就业安置等多方面的内容，是一种综合性的社会保障制度。

课堂金话筒

（1）如果你是富人，你是否赞同建立社会保障制度体系？怎样看待“保障为了穷人”的观点？
（2）农民工的社会保障应该属于城市保障范畴还是农村保障范畴？如何认识保障与福利？

第三节 财政补贴

所谓财政补贴，是指政府为了实现某种特定的政策目标，在一定时期内，通过财政分配，向特定的企业或私人提供的无偿性补助支出。财政补贴总是和相对价格相联系的，或者是财政补贴引起相对价格关系的变动，或者是相对价格关系变动引起财政补贴的发生。

一、财政补贴的性质和特征

国家的财政补贴，不管是以红字冲减财政收入，还是以安排财政支出的方式提供，都具有将已取得的部分财政收入无偿转移给补贴接受者的实质。因此，财政补贴具有转移性支出的性质，在理论分析中有时被看作一种负的税收。财政补贴作为转移性支出的一种形式，通过补贴对象、比例、时间的确定，改变着社会成员的收入分配结构。因此，从经济影响上看，财政补贴直接影响的是国民收入分配。

财政补贴作为一种特殊的财政分配形式，与其他分配形式相比，具有以下四个特征。

（1）政策性。财政补贴都是根据一定时期特定的国家政策而安排的支出，只有国家政策规定要补贴的产业、部门、地区、企事业单位、居民个人或事项，财政才给予补贴，没有政策规定的不予补贴。

（2）可控性。财政补贴不是一经确定就长期保持不变的，国家要根据经济发展的情况和政策需要及时修正和调整财政补贴。由于财政补贴都是根据一定时期特定的国家政策而安排的支出，因此，国家可以通过政策的调整，灵活地掌握补贴对象、补贴数量、补贴方式、补贴环节等内容。从这个意义上说，财政补贴是国家可以直接控制的有效经济手段。

（3）时效性。国家政策的时效性，决定了财政补贴的时效性。财政补贴作为一种政策手段，是为国家政策目标服务的，必须依据一定时期国家的政策需要来制定。由于国家政策会随着政治经济形势的变化而不断地相应调整，因此，财政补贴也必须作出相应的调整。

（4）特定性。财政补贴只对特定的产业、部门、地区、企事业单位、居民个人或事项给予补贴，除指定的事项外，均不给予补贴。

二、财政补贴的分类

财政补贴的形式多种多样，既可以对需要鼓励增加消费的商品直接给予补贴，也可以通过对该种商品的生产的补贴间接实现增加该种商品消费的目的。财政补贴的内容可以从不同的分类角度进行考察。在中国政府的财政统计中，财政补贴主要有价格补贴和企业亏损补贴两大类。每一类补贴又包含若干项目，例如，价格补贴含有粮棉油价格补贴、平抑物价补贴、肉食价格补贴和其他价格补贴。除了价格补贴和企业亏损补贴外，政府还提供若干形式较隐蔽的补贴，如财政贴息、税收支出等。具体来说，财政补贴可以按以下三种方式分类。

1. 按财政统计口径的不同分类

按照财政统计的口径不同，财政补贴可以分为价格补贴和企业亏损补贴。价格补贴是指由于价格政策变动或市场价格不合理而使企业或居民的利益受到影响，国家给予的经济补偿，预算处理上直接列入财政支出。企业亏损补贴是指由于政策性原因而导致企业出现亏损，国家财政给予的经济补偿，一般限于国有企业。在预算处理上，作冲减财政收入处理，即表示为负的财政收入。这种处理方式是不合理的，因为其影响了财政收支的规范性。价格补贴与企业亏损补贴都是财政支出，但两者也有明显的区别。

（1）补贴的列收列支方法不同。在我国，1985 年以前的价格补贴采取冲减财政收入处理，1985 年以后已经列入财政支出；企业亏损补贴一直是做冲减财政收入处理，不列入财政支出。

（2）补贴收益对象不同。价格补贴主要是以私人为直接的受益对象；企业亏损补贴是以企业为直接受益对象。

（3）对补贴收益对象的影响不同。价格补贴往往直接影响私人的生活水准；企业亏损补贴往往直接关系企业的生产经营能否持续下去。

（4）补贴发生的环节不同。价格补贴多发生在流通环节，主要是向居民家庭提供的；企业亏损补贴多发生在生产环节，主要是向生产企业提供。

（5）补贴产生的原因不同。价格补贴产生的原因主要有两个方面：一是原材料或成品进货价格提高，而加工品或成品的销售价格不能相应提高，为了维持正常的生产或经营，国家给有关的生产或经营单位以补贴，如粮油、棉花、蔬菜的亏损补贴和某些农业生产资料的补贴等；二是由于人民生活必需品的收购价格或出厂价格提高而相应提高了销售价格，国家通过给消费者个人以补贴的办法，保障人民生活，如粮食、副食品的价格补贴等。企业亏损补贴产生的原因，主要有：企业产品计划价格水平偏低，不足以抵补产品的生产成本；或者是由于企业配合国家实施宏观经济政策而导致亏损。

财政补贴除了上述价格补贴和企业亏损补贴以外，还有以下三种形式。

（1）财政贴息。财政贴息是指政府为支持特定领域或区域发展，根据国家宏观经济形势和政策目标，对承贷企业的银行贷款利息给予的补贴。实质上是让企业享受无息或低息贷款，这是一种鼓励贷款的补贴。财政贴息主要有两种方式：一是财政将贴息资金直接拨付给受益企业；二是财政将贴息资金拨付给贷款银行，由贷款银行以政策性优惠利率向企业提供贷款，受益企业按照实际发生的利率计算和确认利息费用。

（2）税前还贷。税前还贷是指对缴纳企业所得税的纳税人，按规定用贷款项目新增利润，归还各种专项基建投资和技改投资贷款本息时，准许在计算应纳税所得额前扣除的一种税收优惠。该政策开始于 1984 年第二步利改税，目的是照顾企业资金较为困难的实际情况，促进经济发展，鼓励投资和加速企业技术改造。在企业留用利润不能满足自我进行技术改造和正常所需资金的情况下，税前还贷办法对支持企业进行技术改造和扩大再生产起到了积极作用。但由于当时投资体制和贷款项目范围失控，基建投资急剧膨胀，贷款和还款数额猛增，国家财政收入受到了直接影响。同时，这种办法对产业结构调整和企业自我约束机制的完善也产生了一定的负面影响。因而，1994 年税制改革后，这一办法已彻底取消。

（3）税收支出。税收支出是指以特殊的法律条款规定的、给予特定类型的活动或纳税人以各种税收优惠待遇而形成的收入损失或放弃的收入。它是一种间接性支出，属于财政补贴性支出。

2. 按补贴与经济运行过程的关系不同分类

根据补贴与经济运行过程的关系不同，财政补贴可以分为生产环节补贴、流通环节补贴和消费环节补贴。生产环节补贴主要是补助给工业企业的补贴，流通环节补贴主要是补助给商业企业的补贴，消费环节补贴主要是补助给居民的补贴。

3. 按政府是否明确地安排支出分类

按政府是否明确地安排支出来划分，财政补贴分为明补和暗补。明补就是财政直接给予企业或居民的补助。暗补是指消费者以低于市场价格购买商品而得到的补贴。例如，国家过去对经营农副产品的粮食、商业部门给予补贴，使粮食和商业部门以低于市场价格的平价向城镇居民供应农副产品，居民从中得到好处。这种对居民的补贴形式并不是直接补贴给居民，而是以粮食和商业部门为中介进行间接补贴，因而叫作暗补。暗补最大的弊端是导致价格的扭曲。因此，目前中国的财政补贴基本上都属于明补。

微课堂

财政补贴支出的经济效应

三、财政补贴的经济效应

（一）财政补贴影响经济的机理分析

由于财政补贴可以改变相对价格结构，因而在各国都被当作一种调节经济活动的手段来使用。财政补贴对经济的影响主要体现在以下几个方面。

1. 财政补贴影响需求结构

人们的需求客观上有一个结构，决定这个结构的因素有很多，其中商品和劳务的价格是主要的影响因素之一。根据经济学的需求法则，当一种商品和劳务的需求随着收入而增加时，其需求量与其价格呈反方向变化。当政府给予产品生产者补贴时，该补贴会形成一部分投资需求，带来生产消费的增加。当政府给予居民生活补贴时，该补贴增加了居民的购买力，形成了一部分生活消费需求。可见，财政补贴通过价格影响需求结构。因此，政府可以通过对财政补贴对象或财政补贴数额进行灵活调节，实现需求结构的调整和优化。

2. 财政补贴改变供给结构

财政补贴改变供给结构这一作用的机理是通过改变企业购进的生产要素价格，从而改变企业经营成本，即使企业经营的边际成本发生变化，进而改变企业生产经营的均衡状态。当企业生产关系到国计民生的产品发生亏损时，政府可以给予适当补贴，以确保其正常生产；当某些产品的价格需要作出调整而又不宜提高市场售价时，政府可以对企业进行补贴以保证产品供应。例如，在农业生产中，国家对农业生产资料给予补贴，目的是促进农业生产的发展。所以，财政补贴作为调整生产结构的手段，在现代社会中被广泛应用。因此，政府可以通过给予某些产品、行业或部门价格补贴，鼓励和促进相应产品、行业或部门的生产发展，从而实现供给结构的调整和优化。

想一想

财政补贴对国际贸易有什么样的影响？

（二）财政补贴的积极经济效应

财政补贴作为一种重要的财政政策工具，对经济社会的稳定发展具有积极的促进作用，主要表现在以下五个方面。

1. 贯彻国家的经济政策

财政补贴的对象可以是企业也可以是城乡居民。无论财政补贴的对象是企业还是居民，其最终目的都是实施国家的经济政策。比如，对公共交通以及供水、供电和供气等国有企业或事业单位给予适当补贴，是为了平抑物价，减轻居民负担，提高服务质量。当粮食短缺时，给予粮食部门或居民以补贴，是为了促进粮食生产；当粮食有结余时，政府按照保护价格收购，同样是为了保证粮食的稳定供给，同时也是为了维护农民的利益。

2. 引导民间资金投资

财政资金是有限的，无法满足社会的全部需求。一些事业必须由财政出资兴办，但一些事业民间资本大有可为。凡是民间资本不太热衷且社会经济发展必需的事业，可以由财政给予补贴，这样，财政只要花费少量的资金就可以有效调动大量民间资金，从而发挥“四两拨千斤”的作用。特别是在经济低迷时期，这种作用尤为显著。由2009年1月启动的“十城千辆”工程开始的新能源汽车补贴政策吸引了大批汽车企业加大新能源汽车的投资，产业发展基本走上正规后，自2010年起补贴额度逐年减少，除燃料电池汽车外，其他新能源车型2017—2018年补贴标准在2016年基础上下降20%，2019—2020年补贴标准在2016年基础上下降40%。

3. 促进技术改造，推动产业升级

在产业结构优化过程中，财政补贴扮演着十分重要的角色。以1998年、2009年我国实施的积极财政政策为例，各级政府加大了对民营技术改造项目进行财政贴息，带动了相应的银行配套贷款，调动了企业进行技术改造的信心和积极性，实施了一大批技术改造、高科技产业化和装备的国产化项目，启动了一批对产业结构调整有重大影响的项目，安排了一批可大量替代进口、扩大出口的项目，有力地推动了大中型国有企业技术改造和产业结构的升级。

4. 缓解“挤出效应”

在实施积极财政政策过程中，政府通常通过增加公共工程支出的手段来刺激社会总需求。公共工程支出的增加需要政府发行债券来筹集资金，在货币供应量不变的情况下，政府发债使货币的需求增加，引发民间利率水平的提高，提高私人部门的融资成本，从而导致私人投资的萎缩，形成“挤出效应”。如果对私人部门给予财政补贴，就可以降低私人部门的融资成本，缓解挤出效应。

5. 经济社会稳定效应

在我国的财政补贴中，出于经济稳定的考虑往往是首要的目的。如对企业的亏损补贴，在很大的程度上是在产业调整过程中，稳定被调整的产业的收入并引导其进行更积极的调整；对平抑农产品价格周期波动的财政补贴，目的也是稳定农产品的生产和供应；对居民发放的各种价格补贴，是用于弥补居民因调价所带来的收入损失，基本的目的也是保持经济社会的稳定。

案例分析与讨论5.2

活在表格里的牛：贫困户借牛套取国家扶贫补贴款

据2019年11月13日《中国青年报》报道　宁夏某地区一个不起眼的地方发生的怪事：贫困户借牛套取国家扶贫补贴。

（1）借牛。按照政策，贫困户养牛每头补贴3 000元（2019年），但养牛必须是补栏牛，且是“县外牛”。此举意在鼓励贫困户“滚动”发展养殖业。有的贫困户真正滚动起来了，脱贫了。有的则通过卖掉羊买回牛，验收过后再把牛卖掉。更有贫困户会在验收前从别人家借来牛，算作自家补栏牛，以此骗取补贴。

（2）牛票。通过自家养的牛顶替“县外牛”，也是常有的“计谋”之一。一位贫困户直白地说，自己每年都能够用自家的牛，套取6 000元补贴。前提是，要去购买“牛票”与“耳标”，以便通过验收。牛票指的是动物检疫部门发放的合格证明，记录了牲畜的交易与检疫信息。耳标则是打在牛耳上的一面黄牌子，上面有二维码和牛的编号，原则上一头牛对应一个耳标。

（3）验收。每个补贴项目要经过村、镇、县三级验收，同时还要接受不定期“回头看”的核查。验收组需要挨家挨户实地检查存栏数、牛票、耳标等。户主除了按手印，还要签下补栏饲养保证书。在验收过程中，实际存栏数比表格填报数要少很多，而与验收条件不匹配的则多见不怪。

启发思考

（1）财政补贴对象应如何确定？

（2）应如何提升财政补贴的政策效应？

第四节　税 收 支 出

除了社会保障支出和财政补贴支出以外，还有一类与税收相对应的支出，即税收支出，它是一种放弃的收入，充分体现政府的政策倾向。

一、税收支出的概念与分类

20 世纪 60 年代，美国哈佛大学教授斯坦利·萨里（Stanley Surrey）首先提出税收支出的概念并对其进行了详细解释。这一理论得到理论界和政策界的广泛重视，并在实践中得到了很好的实施效果。它不仅是对传统财政理论的一大突破，而且成为财税制度改革的重要领域。

1. 税收支出的概念

税收支出是指以特殊的法律条款规定的、给予特定类型的活动或纳税人以某种税收优惠待遇而形成的收入损失或放弃的收入。

我们可以将税收支出理解为，在现行税制结构不变的条件下，国家对于某些纳税人或其特定经济行为实行照顾或激励性的区别对待，给予不同的税收优惠待遇而形成的支出或放弃的收入。可见，税收支出由税收优惠发展而来，两者所涉及的对象基本相同，但也有本质区别。税收支出的实质是政府为实现既定政策目标，增强对某些经济行为的宏观调控，以减少税收收入为代价的间接支出，是一种比较隐蔽的财政性补贴支出。

基于实现社会经济政策的目的，各国纷纷采取税收减免等优惠措施。改革开放以来，我国广泛使用税收优惠政策调整经济，以税收优惠提供的财政补贴数额不断增加。这些税收优惠措施通过减轻纳税人的经济负担，鼓励企业开发新产品、新技术，吸引外资开展生产经营活动，增强了我国产品在国际市场上的竞争力，促进了产业结构的调整和优化。

然而，随着税收优惠措施的广泛运用，税收优惠政策效应下降的问题也逐渐显露出来。因此，如何认识税收支出的性质，特别是在充分发挥其积极作用的同时，怎样减轻或消除其消极影响，已经成为当今世界各国普遍面临的问题之一。

2. 税收支出的分类

从税收支出所发挥的作用来看，它可分为照顾性税收支出和刺激性税收支出。照顾性税收支出，主要是指针对纳税人由于客观原因在生产经营上发生临时困难而无力纳税所采取的照顾性措施。刺激性税收支出，主要是指用来改善资源配置、提高经济效率的特殊减免规定，其目的是正确引导产业结构、产品结构、进出口结构以及市场供求，促进纳税人开发新产品、新技术，以及积极安排劳动就业等。这类税收支出是税收优惠政策的主要方面，税收调节经济的杠杆作用也主要表现于此。

刺激性税收支出又可分为两类：一是针对特定纳税人的税收支出；二是针对特定课税对象的税收支出。前者主要是那些享受税收支出的特定纳税人，不论其经营业务的性质如何，都可以依法得到税收优惠，如我国针对大学生创业所给予的减免税等税收优惠；后者则主要是从行业产品的性质来考虑，不论经营者是什么性质的纳税人，都可以享受税收优惠待遇，如我国针对农、牧、渔业等用盐减征资源税等。

二、税收支出的形式

税收支出有税收豁免、纳税扣除、税收抵免、优惠税率、延期纳税、盈亏相抵、加速折旧、退税等诸多形式。

1. 税收豁免

税收豁免是指在一定时期内，对纳税人的某些所得项目或所得来源不予课税，或者对其某些活动不列入课税范围，以豁免其税收负担，也称为免税。由于这种形式的税收支出是针对所有纳税人的，因而豁免期的长短和豁免项目多少是决定其激励作用强弱的关键所在；一国在不同时期所规定的豁免期和豁免项目，也因其经济环境与政策目标不同而有差别。从实践来看，最常见的税收豁免项目有两类：一是免除关税和货物税；二是免除所得税。当免除关税和货物税时，通常可以降低企业生产成本，增强产品在国内外市场的竞争力；当免除所得税时，往往由于增加税后利润，有助于增强企业的投资能力和投资意愿。

2. 纳税扣除

纳税扣除是指允许纳税人将一些合乎规定的特殊支出按一定比例或全部从应纳税所得额中扣除，从而减轻其税负的税收支出形式。我国曾实施的“税前还贷”政策就属于纳税扣除。显然，当所得税采用累进税制时，纳税人的所得额越高，纳税扣除的实际价值就越大，因为纳税扣除不仅使纳税人的应纳税所得额缩小，而且可能引起其适用的税率档次下降。

3. 税收抵免

税收抵免是指允许纳税人将其某种合乎奖励规定的支出，按照一定比例从应纳税额中扣除，以减轻其纳税负担。在西方国家，税收抵免主要有投资抵免和国外税收抵免两种形式。投资抵免也称投资津贴，它是指依据政府的规定，可折旧性资产的投资者可以从其当年应纳的公司所得税税额中，扣除相当于新投资设备某一比率的税额。国外税收抵免，是指一国政府在对本国居民的国外所得征税时，允许其用国外已纳的税款冲抵在本国应缴纳的税款，从而实际征收的税款只为该居民应纳本国税款与已纳外国税款的差额。由此可见，投资抵免通常以鼓励投资、刺激经济增长为目的，而国外税收抵免则以避免国际重复征税、使纳税人的税负公平为宗旨。

4. 优惠税率

优惠税率又称低税率优惠，是指对合乎规定的纳税人按低于一般水平的税率课税。在许多国家的税法中都有关于优惠税率的规定。例如，我国增值税条例中所规定的低税率，就属于优惠税率。优惠税率的适用范围，可根据实际需要而给以伸缩。这种优惠形式既有期限的限制，也可给予长期的优惠。在实践中，优惠税率的表现形式很多，如纳税限额（即规定总税负的最高限额）事实上就是优惠税率的方式之一。

5. 延期纳税

延期纳税，是指允许纳税人对那些合乎规定的税收，延迟缴纳或分期缴纳其应负担的税款。这种形式的税收支出通常都应用在税额较大的税收上。采取延期纳税时，等于纳税人得到了一笔无息贷款，能在一定程度上帮助纳税人缓解财务上的困难。

6. 盈亏相抵

盈亏相抵是指准许企业以某一年的亏损抵销以后或以前年度的赢利，以减少以后年度的应付税额，或是去冲抵以前年度的盈余，申请退还以前年度已缴纳的税款。盈亏相抵是国外运用税收支出时最常用的一种方法。一般而言，抵销以后年度的赢利或冲抵以前年度的赢利，都有一定的时间限制，时间限制的长短决定着这种税收支出形式对纳税人实际利益影响的大小。这种优惠形式对扶持新办企业的发展具有重要作用，对具有风险的投资有相当大的激励作用，尤其对盈余无常的企业具有激励效果。

7. 加速折旧

加速折旧是指允许纳税人在固定资产使用年限的初期提取较高折旧的税收支出形式。在计算企业每个年度的应纳税额时，企业在该年内提取的固定资产折旧额应从其应纳税所得额中减除。如果企业采用加速折旧方法，就会使其在该固定资产使用年限的初期折旧多、税负轻，后期折旧少、税负重。对企业来说，虽然总体税负不变，但能够由此延期缴纳部分税款，相当于得到一笔政府给予的无息贷款。当然，加速折旧也有利于企业提前收回投资。在企业开办初期急需资金的情况下，加速折旧这种税收支出形式确有其税收激励的功能。

8. 退税

退税是指将已经入缴国库的税款的一部分或全部，经批准按规定程序退还给纳税人。退税的情况有很多，并非所有的退税都属于税收支出。例如多征、误征的税款，按规定提取的地方附加、按规定提取的代征手续费等就不属于退税。属于税收支出的退税是指优惠性退税，即可以直接减轻纳税人税收负担的那一部分退税，主要有两种形式：出口退税和再投资退税。出口退税是指为鼓励出口而给予纳税人的税款退还：一是退还进口税，即用进口原料或半制成品加工制成成品后，出口时退还其已纳的进口税；二是退还已纳的国内消费税、增值税等。再投资退税是指为鼓励投资者将所得的利润进行再投资，而退还纳税人再投资部分已纳税款。

本章小结

财政转移性支出主要包括补助支出、捐赠支出和债务利息支出。其中，补助支出又包括社会保障支出、财政补贴支出和税收支出。财政转移性支出不仅在整个转移性支出中所占份额最大，而且全面影响着收入分配，间接影响着社会资源的配置。

社会保障制度以其独特的功能成为经济发展的稳定器。社会保障制度主要包括社会保险、社会救济、社会福利和社会优抚四个部分。中国已经建立了具有本国特色的社会保障制度，涵盖了养老、医疗、失业、工伤、生育、社会救济和社会福利等方面。

财政补贴与相对价格结构联系密切，自身对经济有独特的影响机理，因而成为世界各国重要的财政调控手段。

税收支出也属于财政补贴范畴，是政府的一种经济政策，它形式多样、内容丰富，可用于调控经济的目的，但必须对其实施有效的预算控制。

练习与思考

一、重要概念

1. 社会保障　2. 社会福利　3. 社会救济　4. 社会保障制度　5. 社会优抚　6. 现收现付制　7. 完全基金制　8. 部分基金制　9. 财政补贴　10. 税收支出　11. 税收豁免　12. 纳税扣除　13. 税收抵免　14. 优惠税率　15. 延期纳税　16. 盈亏相抵　17. 加速折旧

二、单项选择题

1．下列能够改变相对价格结构的是（　　）。

A．社会保障　　B．财政补贴　　C．财政投资　　D．政府预算

2．下列不属于财政转移性支出的是（　　）。

A．补助支出　　B．捐赠支出　　C．债务利息支出　　D．科学研究支出

3．社会保险资金筹集模式主要有完全基金式、部分基金式和（　　）。

A．现收现付式　　B．全额拨款式　　C．部分拨款式　　D．全额交费制

4．我国社会保障制度体系的构成包括基本社会保险、社会救济、社会福利项目和（　　）。

A．辅助社会保险　　B．下岗职工生活补贴　　C．农村五保户救济　　D．灾民救济

5．在我国政府的财政统计中，财政补贴主要有两大类，即物价补贴和（　　）。

A．粮棉油价格补贴　　B．平抑物价补贴　　C．肉食价格补贴　　D．企业亏损补贴

6．从税收支出所发挥的作用来看，它可分为照顾性税收支出和（　　）。

A．刺激性税收支出　　B．引导性税收支出　　C．财政性补贴支出　　D．经营性补贴支出

7．在西方国家，税收抵免的最主要形式是国外税收抵免和（　　）。

A．储蓄抵免　　B．投资抵免　　C．消费抵免　　D．国内税收抵免

8．纳税扣除指企业把一些合乎规定的特殊支出，以一定的比率或全部从（　　）中扣除。

A．应纳税所得额　　B．应纳所得税额　　C．企业总税额　　D．企业总费用

9．最常见的税收豁免项目有两类：一是免除关税和货物税；二是免除（　　）。

A．所得税　　B．资源税　　C．土地增值税　　D．屠宰税

三、多项选择题

1．下列国家中实施福利型社会保障制度的有（　　）。

A．英国　　B．比利时　　C．丹麦

D．瑞典　　E．挪威

2．下列属于税收支出的有（　　）。

A．逃税　　B．出口退税　　C．延期纳税

D．加速折旧　　E．免税

3．下列属于社会救济的有（　　）。

A．城镇居民最低生活保障　　B．下岗职工生活补贴

C．农村五保户救济　　D．灾民救济

E．失业保险

4．社会保障包括（　　）。

A．社会保险　　B．社会救助　　C．社会优抚

D．法律援助　　E．慈善捐赠

5．最常见的税收豁免项目有（　　）。

A．免除关税与货物税　　B．免除消费税

C．免除营业税　　D．免除所得税

E．免除农业税

6．在西方国家，税收抵免的形式多种多样，其中最主要的形式有（　　）。

A．储蓄抵免　　B．投资抵免　　C．国外税收抵免

D．国内税收抵免　　E．罚没抵免

7．社会保障制度主要包括（　　）。

A．社会保险　　B．社会福利　　C．社会救济

D．社会优抚　　E．社会治安

8．我国基本社会保障制度包括（　　）。

A．工伤保险　　B．生育保险　　C．养老保险

D．失业保险　　E．医疗保险

四、分析判断题

1．社会保险市场具有逆向选择、道德风险等种种弊端。（　　）

2．社会保险要求雇员与雇主缴费，与社会保障有很大不同。（　　）

3．投资抵免通常以鼓励投资、刺激经济增长为目的，而国外税收抵免则以避免国际重复征税、使纳税人的税负公平为宗旨。（　　）

4．从理论上来说，养老社会保险的覆盖范围广于失业保险的覆盖范围。（　　）

5．社会保障与财政补贴的区别主要在于对相对价格体系的影响不同。（　　）

6．财政补贴有调整需求结构和供给结构的作用，是政府调节经济运行的政策手段，因此它多多益善。（　　）

7．所谓税收支出，是指国家为取得一定的税收而支付的代价，如办税经费等。（　　）

8．税收支出的概念，是由美国哈佛大学教授、时任财政部部长助理的斯坦利·萨里于1967年首先提出的。（　　）

9．刺激性税收支出又可分为两类：一是针对特定纳税人的税式支出；二是针对特定课税对象的税收支出。（　　）

五、简答题

1．简要分析社会保障制度的主要特征与功能。

2．简述社会保障制度的主要内容与类型。

3．简述我国社会保障制度存在的主要问题及改革思路。

4．简述财政补贴的积极效应。

5．简述税收支出的主要形式。

6．简述社会保障资金的筹资模式。

7．简述我国社会保障制度的主要内容。

六、论述题

1．试述财政补贴对经济的影响机理。

2．试述我国现行社会保障制度的问题及改革思路。

七、材料分析题

人力资源和社会保障部：能够确保基本养老金按时足额发放

据中国政府网2019年7月22日消息　国务院新闻办公室于2019年7月19日（星期五）下午3时举行国务院政策例行吹风会，请人力资源和社会保障部副部长介绍降低社保费率有关情况。

【中国日报记者】降低养老保险费率以后基金收入会减少，部分地区的基金收支压力加大，会不会影响养老金按时足额发放，对此有什么对策？

【人力资源和社会保障部副部长】这个问题问得非常好，这是广大退休人员最关心的问题。人人都有年老退休的那一天，养老保险制度关系到每个人的切身利益，全社会都非常关注和关心。

首先，请大家放心，我们一定能够确保基本养老金按时足额发放，不仅当前能确保，长远也一定能确保。确保基本养老金按时足额发放，保障退休人员基本生活，这是国家建立基本养老保险制度的初心和使命，也是党和政府的承诺，更是社会保险工作的“底线”和“红线”，绝不能突破。

其次，养老保险制度运行平稳，能够确保基本养老金按时足额支付。1—6 月，企业职工基本养老保险基金当期收入 1.9 万亿元，支出 1.6 万亿元，当期结余 3 000 亿元，6 月底累计结余超过 5 万亿元，可支付 18 个多月。事实上大家都知道，在确保养老金发放的基础上，今年还进一步提高了退休人员基本养老金水平，这是 2005 年以来的连续第 15 年调整，目前各地正在贯彻落实，现有 23 个省份养老金的调整已经到位。

降费有效减轻了企业社保缴费负担，同时也带来养老保险基金收入的减少，加大部分地区基金收支压力。对此，党中央、国务院高度重视，已经部署了一系列应对措施。

一是加大基本养老保险基金中央调剂力度。基金中央调剂制度去年下半年建立实施，去年调剂比例 3%起步，2019 年中央调剂比例提高到 3.5%，全年跨省调剂资金规模近 1 600 亿元，将进一步均衡地区之间的养老负担，加大对部分基金收支压力较大省份的支持。同时，省级政府切实承担起确保基本养老金发放和弥补基金缺口的责任，对特殊困难省份，中央将通过适当方式加大支持力度。

二是继续加大各级财政对基本养老保险的投入。今年中央财政安排补助企业养老保险的预算资金达到 5 285 亿元，同比增长 9.4%，有力地支持了各地确保养老金发放工作。部分地方财政也相应作出了资金安排。

三是继续做大做强战略储备基金。国家已经建立全国社会保障基金作为战略储备，基金规模不断扩大，目前已达到 2 万亿元左右。刚才陆司长介绍了，划转部分国有资本充实社保基金的工作已经启动，并且在加快。

四是稳步推进养老保险制度改革发展，抓紧研究完善多缴多得、长缴多得的激励机制，加强养老保险支出管理，继续做好基本养老保险基金投资运营，现在已经有 8 000 多亿元基本养老保险基金在委托全国社保理事会投资运营，采取综合改革措施，打“组合拳”，增强养老保险基金支撑能力，促进养老保险制度可持续发展。

社保费率降低以后，门槛降低了，企业和职工参保门槛降低，积极性提高了，更多的企业和职工纳入这个制度中，有利于养老保险基金的“蛋糕”做大，有利于养老保险制度可持续发展，有利于更好地确保养老金按时足额发放，形成制度的良性循环。总之，我们有底气、有信心地告诉大家，做到“两个确保”丝毫没有问题，确保降低社保费率政策落实到位，确保养老金按时足额发放，请大家放心。

任务：我国为何降低养老保险费率？降低养老保险费率以后养老保险基金收入会减少，部分地区有可能出现影响养老金按时足额发放的问题，你认为政府应如何应对？

第六章　财政收入一般理论

案例引导

中国财政报告 2019

从全国层面看，财政收入增速大幅放缓，主要是增值税和个人所得税下滑幅度较大。2019 年 1—11 月个人所得税和增值税累计同比分别为-26.8%和 2.3%，较 2018 年全年下滑 42.7 和 6.8 个百分点。国有资本经营收入与国有资源（资产）有偿使用收入，两项合计增收额占全国非税收入增收额的 93%，拉高全国非税收入增幅 24 个百分点。1—11 月房地产相关税收收入，包括增值税、企业所得税、个人所得税，房地产贡献的归属地方政府的相关税收与土地出让收入合计 7.9 万亿元，占地方收入（公共财政与政府性基金收入之和）的 50.2%。经济下行、房企融资收紧，房地产相关税收和土地出让收入增速下行，但房地产对全国财政尤其是地方收入的贡献度依然较高。2019 年以来为推动减税降费实质落地，政府开源节流，坚持过“紧日子”。财税改革继续推进，以保持增值税“五五分享”，稳定地方收入预期，以后移消费税征收环节，逐步拓展地方税源。

（摘自《中国财政报告 2019：财政形势严峻，怎么稳增长和促改革？》）

试问：财政收入增长受哪些因素影响？税收收入是财政收入中的主要部分，在减税降费的背景下，政府履行其职能的财力如何保障？

财政收入是政府为履行其职能的需要，依据政治和经济权力，从企事业单位和居民个人取得的由政府支配的一切收入。在市场经济条件下，财政收入主要表现为由政府掌握和使用的一定量的货币资金；在商品经济不发达的历史时期，财政收入还表现为由政府财政部门掌管使用的一定量的实物。其实质反映了一部分社会产品和服务，或一部分经济资源的支配使用权由企事业单位和居民个人转移给政府。

财政收入问题是现代财政理论与实践的重要组成部分。经济决定财政，在通常情况下，财政收入随着经济的增长而增长，也随着经济的下降而下降。组织财政收入，筹集财政资金，使之与经济发展相适应，从而为社会经济发展提供财力保障，是财政工作的重要内容。

想一想

财政收入增长快于经济增长会是一种什么样的经济现象？慢于经济增长又会怎么样？

第一节　财政收入的原则与分类

一、财政收入的原则

政府在筹集财政资金时，既不应滥取无度，也不能因噎废食。怎样把政府提供公共产品和服务的成本费用分配给社会成员，是财政收入的基本问题。用一个形象的比喻就是：政府在筹集财政资金的过程中，怎样才能既拔了鹅毛，又不让鹅叫呢？对此，财政经济学家提出了许多原则。由于有些原则在以后税收基本理论内容中进一步阐述，这里只介绍公共财政原则、受益对称原则和支付能力原则。

1. 公共财政原则

公共财政原则，指的是财政收入应当以满足政府履行其职能的需要为主要目的，或者说财政收入应当满足财政支出的需要。

根据这一原则，政府应依据财政支出的需要，确定财政收入的规模，即以支定收。通常情况下，应尽量做到收支平衡，避免产生赤字。随着社会经济的发展，政府职能不断扩大时，政府可以通过增税或税收的自然增收相应增加财政收入，以满足财政支出不断增长的资金需要。

这一原则的主要优点是，如果它能够得以成功地贯彻，可以避免财政赤字，实现财政收支平衡。应注意的是，执行这一原则应以合理界定财政支出规模为前提，否则，可能产生财政收入取之无度的不良后果。

2. 受益对称原则

受益对称原则，指的是政府所提供的公共产品和服务的成本费用的分配，要与社会成员从政府提供的产品和服务中获得的收益相联系。

受益对称原则的主要优点在于，如果它能够得以成功地贯彻，那么，政府所提供产品和服务的每单位成本可以与社会成员从这些产品和服务的消费中获得的边际收益挂钩。所有社会成员都依据其从政府提供公共产品和服务中所获得的边际收益的大小缴纳相应费用，那么，就能避免“免费搭车”的问题。然而，政府提供的大多数产品和服务，具有整体消费或共同受益的性质，客观上很难分清每一社会成员受益多少。因此，这一原则的适用范围具有局限性，主要适用于个别成员或少部分社会成员受益的产品和服务的成本费用的分配。根据这个原则，规费和使用费是最理想的财政收入形式。

3. 支付能力原则

支付能力原则，指的是政府提供的产品和服务的成本费用的分配，要与社会成员的支付能力相联系。按照这一原则，政府所提供的产品和服务的成本费用的分配，与社会成员所获得的边际收益大小无关，只与其支付能力相联系。例如，收入多者多纳税，收入少者少纳税。

支付能力原则的优点在于，如果它能够得以成功地贯彻，政府提供产品和服务的成本费用的分配，可以改变国民收入的分配状况，使其向收入分配的公平目标转变，可以使社会成员的境况达到相对公平的状态。

支付能力原则的实施存在一定的困难。一是测度社会成员的支付能力有困难；二是按照社会成员的支付能力确定其所承担的政府支出成本的份额同样有困难。

> **想一想**
>
> 为什么政府要取得一定的财政收入？政府取得财政收入的理论依据和实践依据是什么？

二、财政收入的分类

财政收入的分类是指对财政收入按一定的标准进行归类，以方便对财政收入进行统计分析。财政收入分类标准不同，分类方法有多种，具体分类情况如下。

（一）按收入形式的不同分类

财政收入的形式是政府取得财政收入所采取的具体方式或方法。按照组织财政收入形式的不同，可以把财政收入分为税收收入、非税收入和公债收入。

1. 税收收入

税收是国家或政府为了实现其职能，凭借政治权力，按照法律规定的标准和程序，无偿地、强制地取得财政收入的一种形式。它历史悠久，具有强制性、无偿性、固定性的特征，是国家取得财政收入的重要形式。税收在取得财政收入的过程中，还能起到调节经济运行、资源配置和收入分配的重要作用。

税收是最古老的财政范畴，历史上又称赋税、租税、捐税等。早在奴隶社会，税收就已经出现。目前，世界上绝大多数国家的税收收入都占财政收入的90%左右，税收已成为国家组织财政收入的最基本、最主要的形式。不仅如此，政府还把税收作为调节经济、稳定经济的重要政策工具来使用。如在税制设计上，充分发挥累进所得税的内在稳定器作用；在经济运行中，充分利用税收的相机抉择作用，适时地增税和减税，调节总供给和总需求，促进经济的稳定发展。

2. 非税收入

政府非税收入是政府为实现其职能，按照一定规则采取收费、基金等非税方式，由中央和地方分别筹集的用于特定专门用途的财政性资金。

非税收入是相对于税收收入而言的，是由各级政府职能部门、具有行政管理职能的社会团体、行业主管部门（团体）、依法代行政府职能的受委托机构，在履行和代行政府职能过程中，依据国家法律法规和具有法律效力的规章以及国有资产（资源）所有权或政府信誉，所收取的行政事业性收费、政府性基金（附加）、罚没收入、国有资产和资源收入、各种专项收入以及其他税收以外的财政性资金。国有资产收益是国家凭借国有资产所有权获得的利润、租金、股息、红利、资金占用费等收入的总称。

> **视野拓展**
> 乱收费何时休（新闻）

3. 公债收入

公债是政府凭借其信用，采取有借有还的信用方式取得财政收入的一种形式。公债是一个特殊的财政范畴，也是一个特殊的信用范畴，兼有财政与信用两种属性。

作为财政范畴，公债的出现及其作用比税收晚且弱。据文献记载，公元前4世纪，希腊和罗马就出现了国家向商人、高利贷者和寺院借债现象；“债台高筑”这一成语来自战国后期伐秦失败无力偿债的周赧王。封建社会，由于战争引起的财政支出的增加，公债有了进一步的发展。不过，封建社会时期，公债在社会经济生活中的作用远不及现代社会，因而那时候公债规模较小，制度也不完善。到了资本主义社会，随着国家干预经济的加强，公债得以发展并发挥越来越多的经济功能。

（二）按收入来源的不同分类

财政收入按来源的不同分类，有两种方法：一是以财政收入来源的所有制结构为标准，将财政收入分为公有制经济收入、非公有制经济收入等；二是以财政收入来源的部门结构为标准，将财政收入分为工业、农业、商业、建筑业、交通运输业等收入，也可分为第一产业部门、第二产业部门和第三产业部门收入等。

无论国家以何种方式参与国民收入分配，财政收入过程总是和该国的经济制度和经济运行密切相关的。如果把财政收入视为一定量的货币收入，它总是来自国民收入的分配和再分配。经济作为财政的基础和财政收入的最终来源，对财政分配过程和财政收入本身具有决定性的作用。按财政收入来源的不同分类，有助于研究财政与经济之间的制衡关系，有利于确定财政收入的规模和结构，并建立经济决定财政、财政影响经济的和谐运行机制。

> **想一想**
> 财政收入的来源结构与经济发展水平是否存在关联性？

（三）按收入价值构成的不同分类

按照马克思主义的再生产理论，社会产品的价值由C、V、M三部分构成。C是补偿生产资料消耗的价值部分，V是新创造的价值中归劳动者个人支配的部分，M是新创造的归社会支配的剩余产品价值部分。相应地，财政收入也分为来自C的收入[①]、来自V的收入、来自M的收入。从我国实际情况看，M是财政分配的对象，是财政收入的主要来源。

（四）按收入管理权限的不同分类

按收入管理权限的不同，可将财政收入分为中央财政收入、地方财政收入、中央和地方共享财政收入。按照预算法律和财政管理体制的规定，由中央政府筹集、安排使用的财政资金为中央财政收入，由地方政府筹集、安排使用的财政资金为地方财政收入，由中央和地方分享的财政资金为中央和地方共享财政收入。考虑到中央政府的特殊地位和职能需要，遵循财权和事权相结合的原则，单一制国家一般把财源稳定、充裕和涉及宏观调控的收入划为中央财政收入或中央和地方共享财政收入，把财源零星分散、收入规模相对较小的适宜地方征管的收入划为地方财政收入。联邦制国家一般通过联邦宪法，规定联邦政府拥有征税优先权和举债优先权，以保证中央（联邦）政府在财政收入分配中的主导地位。

视野拓展

财政收入分类的依据

财政收入的分类是依据不同的标准来进行的，而这些不同的标准又来源于不同的经济发展阶段以及不同的财政职能。最为常见的有按照形式或来源的不同分类，主要强调财政收入的组织，或者说区分各类收入给予财政收入的贡献，尤其是按照产业收入来源的不同分类，更是清晰地说明了各个产业对于财政收入的贡献，这在某种程度上可以获悉发展相关产业的重要性以及相关产业发展的状况。

以一定的标准对财政收入进行分类只是问题的表象，依法划分财政收支是财政收入分类的本质，如依据收入管理权限的不同将财政收入分为中央财政收入、地方财政收入、中央和地方共享财政收入。这种划分严格意义上是遵照“财政收支划分法”或“政府间财政关系法”，它有三大原则：一是适度分权原则。指在财政收支权的划分上应兼顾中央和地方的利益，在保证中央财政收支权的前提下，适度下放给地方一定的财政收支权。二是事权与财权相结合原则。指在划分财政收支权时以各级政府的事权为基础，根据事权的大小来划分财政收支权。三是兼顾效率与公平原则。指在财政收支划分时不能一味强调效率，也不能一味强调公平，而应妥善处理好这两者之间的比例关系，以达到效率与公平的完美结合。

第二节　财政收入规模理论

财政收入规模是指财政收入在数量上的总水平。它是衡量国家财力和政府在社会经济生活中职能范围大小的重要指标。通常用财政收入总额、财政收入总额占国民收入或国民生产总值的比重来表示。财政收入规模，从政府的意愿及满足财政支出的角度来看，似乎越多越好，但财政收入受国民收入等因素的制约，在国民收入一定的情况下，财政收入过多，会减少企业和个人占有社会产品的份额，从而在一定程度上影响企业生产的积极性和人民生活水平的提高；财政收入过少，又满足不了政府提供公共产品和服务的财力需要，因此，必须保持适度的财政收入规模。

微课堂

财政收入规模

① 通常而言，财政不分配C，当折旧基金、大修理基金等集中统一由政府管理时，其变相地成为政府的财政收入。

一、衡量财政收入规模的指标

财政收入规模的大小可以用财政收入的绝对量和相对量两类指标来表示。

1. 财政收入的绝对量

财政收入的绝对量是指一定时期内财政收入的数量总额。如果把同一国家不同时期财政收入的绝对量联系起来考察分析，可以看出财政收入规模随着经济发展、经济体制改革以及政府职能变化而增减变化的情况和趋势。据统计，我国财政收入总额 1978 年为 1 132.26 亿元，2019 年为 19 万亿元，是 1978 年的 168 倍，说明我国财政收入的绝对规模呈现出随经济发展而不断增长的趋势。

2. 财政收入的相对量

财政收入的相对量是指一定时期内财政收入与有关经济和社会指标的比率。财政收入不是孤立的，其规模大小受多种经济和社会因素的影响，单纯讲财政收入的绝对量，可以反映一个国家或地区在不同时期的政府财力以及政府参与经济资源配置和收入分配的范围和力度的变化情况。绝对量在不同的国家和地区之间不完全具有可比性，甚至容易引起误解。如甲、乙两地区的财政收入分别为 120 亿元和 60 亿元，总人口分别为 6 000 万人和 2 000 万人。从财政收入的绝对量看，甲地区是乙地区的 2 倍，似乎甲地区财力较强，乙地区财力较弱。但若从相对指标（人均财政收入水平）看则不尽然，按人均计算的财政收入水平乙地区高于甲地区。因此，在分析财政收入规模的时候，不仅要看绝对数量，更要注重对相对数量的研究。

想一想

比较财政收入规模是要基于相同的财政收入规模统计口径。财政收入规模有几种统计口径？

财政收入相对量指标有财政收入占国民收入（NI）的比重、财政收入占国民生产总值的比重、财政收入占国内生产总值的比重、人均财政收入等，其中财政收入占国内生产总值的比重是衡量一国财政收入相对规模的基本指标，也是国际上衡量和比较财政收入规模大小比较通用的指标。近年来，我国比较多地使用财政收入占国内生产总值的比重来衡量和统计分析我国财政收入规模。财政收入占国内生产总值的比重，反映了财政年度内的国内生产总值由政府集中和支配使用的份额，综合体现了政府与微观经济主体之间占有和支配社会资源的关系，体现了政府介入社会再生产进而影响经济运行和资源配置的范围和力度。在国内生产总值一定的条件下，财政收入占国内生产总值的比重越高，表明社会资源由政府集中配置的数额越多，企业和居民的可支配收入相应越少，即市场配置的份额相对缩小；反之，财政收入占国内生产总值的比重越低，表明政府参与国内生产总值分配和直接配置资源的份额就越小，市场配置的份额也就越大。

二、影响财政收入规模的因素

财政收入持续稳定增长是世界各国政府的财政目标之一。财政收入规模受多种政治经济因素的制约，如经济发展水平、经济结构、分配制度和分配政策、价格等因素。

1. 经济发展水平因素

经济发展水平反映一个国家社会产品的丰富程度和经济效益的高低，通常用一国一定时期的社会总产值、国内生产总值、国民收入等指标来表示。一般而言，经济发展水平越高，为财政分配提供的对象——社会产品、国内生产总值或国民收入就越多，财政收入总额就越大，财政收入占国内生产总值或国民收入的比重也就越高。当然，财政收入规模还受其他主客观因素的影响，但是，经济发展水平对财政收入规模的影响是基础性的、决定性的。

从世界范围的现实状况考察，发达国家财政收入规模大多高于发展中国家财政收入规模，而在发展中国家中，中等收入国家又大多高于低收入国家，绝对数量如此，相对数量亦如此。据世界银行统计，2017 年，欧元区政府财政收入（不含捐赠收入）占国内生产总值的 34.97%，而世界平均水平仅为 23.91%。从几个发达国家历史发展纵向比较来看，英、法、美三国 1880 年财政收入只相当于国民生产总值的 10%左右，到 20 世纪 80 年代已上升为 20%～40%。1994 年后，我国财政收入进入快速增长阶段，年均增长 19.7%。2019 年，全国财政收入占国内生产总值比重为 19.21%。

2. 经济结构因素

从产业结构来看，各个产业部门创造产值的能力不同，其赢利水平高低不一，对财政收入的贡献大小也存在差异。在现代社会，第二产业、第三产业创造的产值占社会总产值的比重大，赢利能力一般远远高于第一产业，对财政收入的直接贡献率比较大，因此工商业发达的国家或地区的财政收入规模要高于工商业欠发达的国家或地区的财政收入规模。从生产资料所有制结构来看，改革开放后，我国民营经济蓬勃发展，财政收入的来源以国有经济为主，逐渐转变为公有制经济和非公有制经济并重。目前，民营经济的发展水平及效益已成为影响财政收入的重要因素之一。

3. 分配制度和分配政策因素

制约财政收入规模的另一个重要因素是政府分配制度和分配政策。经济决定财政，财政收入规模的大小归根结底受经济发展水平的制约。但在经济发展水平既定的情况下，还存在通过分配调节的可能性。所以，经济发展水平相同的国家，财政收入规模未必相同。

分配体制和政治体制的集权与分权程度有直接的联系。比如：英、法两国的财政收入规模较高，主要原因在于其政治体制倾向于集权；瑞典等北欧国家的财政收入规模很高，这是因为这些国家由政府包办的社会福利范围大；美国实施的是联邦制政治体制，倾向于分权，而且政府负责的社会福利水平相对不高，因而美国的财政收入规模不大。

我国改革开放初期，财政收入占国内生产总值的比重出现逐年下滑的趋势，直接原因是经济转轨过程中国内生产总值分配格局的急剧变化。据有关部门统计，政府收入所占比重 1978 年为 31.3%，到 1994 年下降为 12.0%，下降了 19.3%；企业收入所占比重 1978 年为 18.2%，1994 年为 21.5%，上升了 3.3%；个人收入所占比重 1978 年为 50.5%，1994 年为 66.5%，上升了 16%。在计划经济体制下，我国的分配模式是“先扣除，后分配”，实行低工资、低收入制度，财政收入占国内生产总值的比重曾高达 39.3%（1960 年）。1979 年实施大幅度提高农副产品价格、提高职工工资水平、对企业减税让利三项政策措施以后，财政收入的增长有了较大改观。1979 年、1980 年两年财政收入平均只增长 1.2%，财政收入占国内生产总值的比重急剧下降，1980 年比 1978 年下降了 5.6%，是下降幅度最大的一年。此后，继续实行减税让利政策，直到 1995 年，财政收入占国内生产总值的比重一直是下滑趋势。适当降低财政收入规模，是经济体制改革的必然要求。实践证明，分配体制改革促进了经济体制改革，促进了经济的快速增长，但是，财政收入占国内生产总值的比重过低，会造成财力过于分散、财政资金紧张，影响财政职能的发挥。

为了加强财政的宏观调控能力，在党的十四届五中全会上，中央提出要“提高两个比重”，即提高财政收入占国内生产总值的比重，提高中央财政收入占全国财政收入的比重。1993 年，中央采取税制改革等整顿措施以后，尤其是 1994 年实施了分税制财政体制改革，财政收入占国内生产总值的比重才相对稳定，1996 年开始停止下滑并逐渐上升，到 2007 年，我国财政收入占国内生产总值的比重已上升至约 30%，2019 年又下降到 19.21%。

4. 价格因素

财政收入在现代社会主要表现为一定量的货币收入，它是在一定的价格体系下形成的，又是按一定时点的现价计算的，所以，价格变动以及价格变动引起的国民收入再分配必然影响财政收入的规模。

在现代纸币制度条件下，一般不存在价格总水平下跌的趋势。随着价格总水平的上升，财政收入若同比例增长，则表现为财政收入的“虚增”，即名义增长而实际并无增长。从理论上讲，价格总水平变动对财政收入的影响可能出现几种不同的情况：①财政收入增长率高于价格增长率，实际财政收入和名义财政收入都增长；②价格增长率高于财政收入增长率，名义财政收入增长，实际财政收入负增长；③财政收入增长率与价格增长率大体一致，名义财政收入增长，实际财政收入不变。

价格结构变动，即产品比价变动也会影响财政收入。因为产品比价变动会引起国民收入在企业、部门和个人各经济主体之间的再分配，导致财源分布结构发生变化，相关企业、部门和个人上缴的税利就会有增减，而增减的综合结果就是对财政收入的最终影响。

视野拓展

财政收入增长与国内生产总值增长的关系

三、财政收入规模的合理界限

如何确定财政收入的规模，是财政理论和实践中的重要问题，它涉及国家、企业和个人三个方面的利益关系。财政收入规模，一方面必须保证国家行使其职能的需要，另一方面又不能妨碍企业发展和人民生活水平的改善。如果财政收入占国民收入的比重过大，会影响企业发展和人民生活水平的提高，但如果这一比重过小，使资金过于分散，国家行使其职能所需要的资金得不到满足，财政的宏观调控能力削弱，也不利于国民经济持续、稳定、协调地发展，所以必须合理确定财政收入的规模。

财政收入规模是由多种因素综合决定的，不同国家以及同一国家的不同时期均存在差异。因此，很难用一个固定数值或比例来衡量世界各国各个时期财政收入规模的合理性，而主要采用以下三个原则性的客观标准来衡量。

（1）财政收入规模的上限是同期的剩余产品价值总量。根据理论分析，财政收入主要来源于剩余产品价值量，一定时期的财政收入总量不应超过同一时期的剩余产品价值总量。从维持简单再生产和扩大再生产的角度看，财政收入只能是剩余产品价值总量的一部分而不能是全部，因此，剩余产品价值总量是财政收入的最高数量界限。

（2）财政收入规模的下限是满足财政支出的最低需要。在政府职能既定的情况下，财政收入规模的下限应能够维持政府日常职能的经费支出和公共产品最基本供应的资金需要。在合理界定政府职能的基础上，确定财政支出的方向和资金需要量，进而确定财政收入的规模。

想一想

财政收入规模大或者小对社会治理分别产生什么样的影响？

（3）财政收入规模的增长应与经济增长协调同步。财政收入来源于经济发展，只有经济增长了，财政收入增长才有充足的物质基础。因此，财政收入应随经济的增长而增长，财政收入的增长速度应与经济的增长速度相适应。这样，才能满足人民群众日益增长的公共需要。

案例分析与讨论 6.1

地方财政收入增长新常态

自 2015 年起，地方财政收入步入“新常态”，部分省区市不得不承受财政收入下滑的失落与痛楚。

如广西 2015 年国内生产总值达到 1.68 万亿元，同比增长 8.1%，相应的地方一般公共预算收入仅增长 6.5%。辽宁、山西财政收入出现负增长。辽宁 2015 年国内生产总值实现 2.87 万亿元，同比微弱增长 3%，但地方财政收入增速为-33%。山西国内生产总值增长 3.1%，地方一般公共预算收入同口径大幅减少了 17%。山西财政厅表示，财政收入负增长，主要受经济持续下行、工业经济持续回落、煤炭价格大幅下降以及结构性减税和普遍性降费等因素影响。

在持续性的减税降费政策作用下，各个地方财政收入都出现明显的增长下降趋势。如广东、江苏、山东等省财政收入均出现增长下降趋势。2019 年广东地方一般公共预算收入为 12 651.46 亿元，比上年增长 4.5%，低于国内生产总值（6.2%）增长幅度。江苏省一般公共预算收入完成 8 802 亿元，增长 2.0%，低于国内生产总值增速 4.7 个百分点。山东全省一般公共预算总收入为 6 526.64 亿元，比上年仅增长 0.6%。可见，地方财政收入增长已经进入新常态。

全国各省地方财政收入动态（视频）

启发思考

（1）地方财政收入新常态有着什么样的宏观经济背景？

（2）地方财政收入新常态为何存在不均衡？

第三节　财政收入结构理论

财政收入结构是指财政收入的项目组成及各项收入在财政收入总体中的比重，它包括财政收入的价值构成和部门构成等。对财政收入结构进行分析的根本目的，在于探求增加财政收入的合理途径，并使财政收入构成与经济制度、经济发展、经济结构相适应。

一、财政收入的价值构成

社会产品按其价值构成可分为 C、V、M 三部分，这三部分价值都可能成为财政收入的来源，但它们对财政收入的贡献大小是不一样的，其中 M 是财政收入的主要来源。

1．C 与财政收入

C 是用来补偿生产过程中消耗掉的生产资料的价值，属于补偿基金。只要社会再生产连续不断地进行，C 就需要不断地补偿，否则简单再生产不能进行。当进行扩大再生产时，C 部分还应得到新的追加和补充。

在生产过程中，C 可具体分解为补偿流动资金的价值 C_1 和补偿固定资金的价值 C_2 两部分。其中 C_1 主要指材料、燃料、辅助材料等劳动对象的价值，这部分价值在循环周转中具有一次性全部转移到新产品价值和一次性从产品销售收入中得到足额补偿的特征。对这部分价值，可通过银行信贷短期调剂使用，一般不可能也不需要通过财政分配。C_2 主要指机器设备、厂房和其他建筑物等劳动资料的价值。这部分价值的转移和补偿具有特殊性，主要表现为价值补偿和实物补偿在时间和空间上是分离的。这样，补偿固定资产消耗的折旧基金可以作为积累基金使用，其中的一部分有可能形成财政收入，由政府统筹调剂使用。

2．V 与财政收入

按照马克思主义政治经济学的观点，V 是维持劳动力再生产的价值。V 是劳动者的报酬，通常以工资、奖金等形式发给劳动者个人。由于劳动者客观上存在劳动能力的差别以及社会产品分配中存在多种分配形式，各个劳动者实际得到的报酬在数量上存在差异。高收入者的收入远远高于维持劳动力再生产的价值，而低收入者或无收入者则不能满足其基本的生活需要。为实现社会公平目标，促进社会稳定，政府应以社会管理者的身份，凭借政治权力对高收入者征税，对低收入者包括无收入者给予补贴，进行收入分配的再调节。这样，代表劳动者报酬的 V 就构成了财政收入的来源。例如，对个人收入课征的个人所得税，以工资为课税对象课征的社会保险税，是劳动者报酬 V 作为财政收入来源的最明显例证。除此之外，对消费品和消费行为课征的消费税，也包括一部分由劳动者报酬 V 转移来的价值。

目前，不少发达国家实行以个人所得税、社会保险税为主体税种的税制，劳动者报酬 V 已成为这些国家财政收入的重要来源。我国长期实行以流转税为主体税种的税制，并且居民收入水平一直较低，所以来自劳动者报酬 V 的财政收入所占份额不大。随着居民收入水平的提高及个人所得税制的完善，居民个人就其收入纳税越来越普遍，来自劳动者报酬 V 部分的财政收入会逐渐上升。从政府角度看，对劳动者报酬 V 部分征税，既是调节居民个人收入分配和控制消费基金增长的重要手段，也是筹集财政收入的重要渠道。

3. M 与财政收入

M 是剩余价值，即社会产品价值扣除补偿生产的价值 C 和维持劳动力再生产的价值 V 后的价值。M 是社会产品价值中最终归社会支配的部分，它是财政收入的基本源泉，是社会进行扩大再生产和满足社会公共需要的物质基础；只有 M 多了，财政收入的增长才有坚实的基础。增加 M 是增加财政收入的根本途径。正如马克思所指出的："富的程度不是由产品的绝对量来计量的，而是由剩余产品的相对量来计量的。"否则，如果片面强调产值而忽视经济效益，往往发生社会总产品价值增长，而财政收入非同步增长甚至下降的现象。我国经济工作已经转移到以提高经济效益为中心的轨道，M 是且必须是增加财政收入的根本途径。

> **想一想**
>
> 财政是否可以将所有的 M 分配完结？为什么？

二、财政收入的部门构成

财政分配的对象是由国民经济各个部门创造并实现的。研究财政收入的部门结构，可以揭示财政收入的部门来源，以及国民经济各部门及其结构变化对财政收入的影响程度，从而使财政收入构成与国民经济的部门构成相适应。

1. 农业与财政收入

农业是国民经济的基础，是国民经济各部门赖以发展的基本条件。农业的发展状况对人民生活和国民经济发展都有着重要的影响。农业部门为国家提供的财政收入表现在两个方面：一是直接提供财政收入，包括所有涉农税费收入。自从 2006 年取消农业税以后，与农业相关的直接税基本不复存在，仅存与农业生产流通相关的增值税等，农业直接带来的财政收入非常有限。事实上，由于我国农业劳动生产率比较低，农业收入扣除内部积累和个人消费部分以后，所剩不是很多。即使在取消农业税之前，农业带来的直接财政收入也是非常有限的。如 1991 年，来自农业部门的财政收入只占财政总收入的 3.7%。二是间接提供财政收入。农业为工业提供原料、原材料，以及为服务业提供交易商品，加之工农业产品仍然存在剪刀差问题，使得农业部门创造的一部分价值转移到工业部门中去。因而，这部分价值形成的财政收入体现为非农业部门的贡献。但从根本上说，这部分财政收入是由农业部门创造的。

2. 工业、建筑业与财政收入

长期以来，工业在国民经济中处于主导地位，也是财政收入的主要来源之一，素有"无工不富"之说。如 1979 年，工业部门提供的财政收入占财政总收入的比重达到了 78.8%。改革开放以后，随着国家向企业让利，加之国有企业利润下降，工业部门提供的财政收入的相对数也在下降，1991 年下降到 41.2%。即便如此，2019 年我国工业、建筑业增加值占国内生产总值仍然达到了 39.16%，其对财政收入的贡献是显而易见的。主要原因在于，工业部门的劳动生产率和剩余产品价值率都比较高，加之，我国增值税、消费税等流转税主要设置在生产和流通环节，因此来自工业部门的财政收入相应较多。工业部门的规模效益的变化以及财务制度和利润分配制度的改革调整，都成为影响财政收入增长的重要因素。

3. 服务业与财政收入

需求与供给理论认为，一个国家经济增长的同时往往伴随着居民收入的不断提高，伴随着人们购买力的增加和消费者对商品需求的变化，导致供给方的相应变化从而促进产业结构的转变。根据生产率上升原则，产业结构变化的过程本质上是一个生产资源从低效率部门向高效率部门流动且资源配置趋于均衡的合理过程。在这个过程中，生产资料利用效率低下的部门在产业中所占的比重逐步下降，而生产资料利用效率高的部门则相反。在相同的生产资料供给下，资源的利用率越高，经济增长也就越快。服务业是为第一产业、第二产业提供服务的，其效率直接影响着第一产业、第二产业的生产效率及其价值实现。因此，产业结构的优化与升级通常表现为服务业水平和效率的提高，资源向服务业集聚。事实上，经济社会的发展，突出表现为服务业规模和质量的提升。世界经济实践表明，第三产业的发展已经成为经济发展的重要标志。2019 年，我国第三产业增加值占国内生产总值的比重已经达到了 53.9%，人均国内生产总值已经超过 1 万美元，已经进入中等发达国家行列。此时的第三产业已经是财政收入的最大贡献者。

案例分析与讨论 6.2

表 6.1 为 2017 年全国一般公共预算收入决算表。

表 6.1　2017 年全国一般公共预算收入决算表

项目	预算数（亿元）	决算数（亿元）	决算数占预算数的比例（%）
一、税收收入	70 412.00	75 697.15	107.5
国内增值税	26 850.00	28 166.02	104.9
国内消费税	10 270.00	10 225.09	99.6
进口货物增值税	12 630.00	15 284.77	121.0
进口货物消费税	590.00	685.90	116.3
出口货物退增值税	−12 983.00	−13 855.15	106.7
出口货物退消费税	−17.00	−15.22	89.5
企业所得税	19 565.00	20 422.79	104.4
个人所得税	6 460.00	7 180.73	111.2
资源税	34.00	42.78	125.8
城市维护建设税	155.00	158.03	102.0
印花税	1 300.00	1 068.50	82.2
其中：证券交易印花税	1 300.00	1 068.50	82.2
船舶吨税	48.00	50.40	105.0
车辆购置税	2 850.00	3 280.67	115.1
关税	2 660.00	2 997.85	112.7
其他税收收入		3.99	
二、非税收入	8 200.00	5 426.21	66.2
专项收入	570.00	508.55	89.2
行政事业性收费收入	420.00	440.07	104.8
罚没收入	70.00	232.04	331.5
国有资本经营收入（部分金融机构和中央企业上缴利润）	6 541.00	3 624.10	55.4
国有资源（资产）有偿使用收入	494.00	532.31	107.8
其他收入	105.00	89.14	84.9

续表

项目	预算数（亿元）	决算数（亿元）	决算数占预算数的比例（%）
中央一般公共预算收入	78 612.00	81 123.36	103.2
中央财政调入资金	1 633.00	1 633.37	100.0
从中央预算稳定调节基金调入	1 350.00	1 350.00	100.0
从政府性基金预算调入	26.00	26.37	101.4
从国有资本经营预算调入	257.00	257.00	100.0
支出大于收入的差额	15 500.00	15 500.00	100.0

注：全国一般公共预算支出大于收入的差额=支出总量（全国一般公共预算支出+补充中央预算稳定调节基金）-收入总量（全国一般公共预算收入+全国财政使用结转结余及调入资金）

启发思考

（1）2017 年全国一般公共预算收入结构有什么特点？

（2）分析国有资本经营收入为何决算数只有预算数的一半多。

课堂金话筒

美国《福布斯》曾做过一项统计，结论是中国内地的“税负痛苦指数”位居全球第二。其指标取自各项税负的最高税率，如个人所得税最高税率为45%，其痛苦指数即为45。总指标是将企业及个人所得税、企业和个人缴纳的社会保险费比率、增值税、财产税等的痛苦指数简单相加后而得出的。

请运用本章所学知识及其他资料，批驳《福布斯》这一错误结论的不合理之处。

本章小结

财政收入是政府为履行其职能的需要，依据政治和经济权力，从企事业单位和居民个人取得的由政府支配的一切收入。

筹集财政资金应遵循公共财政原则、受益对称原则和支付能力原则等。

财政收入分类的方法有多种，可以按收入形式分，按来源分，按收入价值构成分，按管理权限分等。

衡量财政收入规模的指标有财政收入的绝对量和财政收入的相对量两种指标。

影响财政收入规模的主要因素有经济发展水平、经济结构、分配制度和分配政策、价格等因素。财政收入规模的上限是同期的剩余产品价值总量，财政收入规模的下限是满足财政支出的最低需要，财政收入规模的增长应与经济增长协调同步。

财政收入的构成包括财政收入的价值构成和财政收入的部门构成。

练习与思考

一、重要概念

1．财政收入　2．公债　3．税收　4．规费　5．财政收入规模　6．财政收入结构　7．受益对称原则　8．支付能力原则

二、单项选择题

1．目前，我国财政收入的最主要形式是（　　）。

A．税收收入　　B．企业收入　　C．债务收入　　D．事业收入

2．财政收入中，凭借资产所有权获得的收入是（　　）。

A．税收收入　　B．国有资产收益　　C．债务收入　　D．其他收入

3．按经济部门分类，我国财政收入大部分来自（　　）。

A．农业　　B．工业　　C．交通运输业　　D．商业及服务业

4．从社会总产品价值的构成来看，财政收入主要来自（　　）。

A．C 部分　　B．V 部分　　C．M 部分　　D．V+M 部分

5．制约财政收入规模最重要的因素是（　　）。

A．经济体制　　B．分配制度及政策　　C．价格变动　　D．生产技术水平

6．在财政收入中，通过信用方式取得的收入是（　　）。

A．税收收入　　B．国有资产收益　　C．债务收入　　D．专项收入

7．从世界各国的情况来看，发达国家的财政收入规模水平比发展中国家（　　）。

A．高　　B．低　　C．相等　　D．无法判断

8．作为财政收入核心依据的是（　　）。

A．政治管理权　　B．公共资产所有权　　C．固有资产所有权　　D．公共信用权

9．财政收入分析中最为常用的一种分类方式是（　　）。

A．按照财政收入的形式　　B．按照财政收入的级次

C．按照财政收入的经济性质　　D．按照财政收入的连续性

三、多项选择题

1．影响财政收入规模的因素有（　　）。

A．经济发展水平　　B．经济周期循环与宏观经济调控

C．价格　　D．政府的职能及范围

2．无偿收入是财政收入的主要来源，包括（　　）。

A．税收收入　　B．国有资产收益分配　　C．罚没收入　　D．各种借款收入

3．按照第一、二、三产业的划分，第三产业具体包括（　　）。

A．流通部门　　B．生产和生活服务部门

C．工业部门　　D．为社会提供公共服务的部门

E．为提高科学文化和居民素质服务的部门

4．按经济性质分类，上交财政收入的部门有（　　）。

A．农业　　B．工业　　C．建筑业

D．交通运输业　　E．商业及服务业

5．下列关于财政收入来源的叙述，正确的有（　　）。

A．国内收入和国外收入　　B．预算内收入和制度外收入

C．税收收入、非税收收入和债务收入　　D．无偿收入和有偿收入

6．财政收入中直接来自农业收入比例较小，主要原因是（　　）。

A．农民负担重　　B．农业结构单一化

C．长期稳定的负担政策　　D．农业劳动生产率低

7．财政收入的数量和规模失当，其不良影响表现为（　　）。

A．收入规模过大，影响市场机制的良性循环　　B．收入规模过小，影响政府职能的实现

C．收入规模过小，影响社会公共需要的满足　　D．收入规模过大，容易产生腐败

8．下列有关税收的论述，正确的有（　　）。

A．税收属于分配范畴　　B．税收属于历史范畴

C．税收属于财政范畴　　D．与国家有着本质的联系

9．来自必要劳动产品价值 V 的财政收入有（　　）。

A．个人所得税　　B．企业所得税

C．居民购买的国库券　　D．直接向个人收取的规费收入

E．出售高税率消费品的部分收入

10．按照财政收入的形式，可以将财政收入分为（　　）。

A．税收收入　　B．国有资产收益　　C．公债收入

D．政府收费　　E．经常性收入

四、分析判断题

1．农业是国民经济的基础，也是财政收入的基础，所以我国的财政收入主要来自农业。（　　）

2．在生产力发展水平和所有制结构为一定的条件下，影响财政收入规模的因素关键是国家的需要。（　　）

3．由于财政收入主要来自剩余产品的价值，因此，在其他条件不变情况下，随着剩余产品价值率的提高，财政收入的相对规模一定会提高。（　　）

4．从国际比较看，在发达国家，第三产业创造的财政收入占全部财政收入的50%以上，居于主要地位。（　　）

5．政府凭借政治权力、经济权力和财产权力获得财政收入。（　　）

6．财政收入规模过大，会影响市场机制的良性循环。（　　）

7．税收属于分配范畴。（　　）

8．作为财政收入核心依据的是公共资产所有权。（　　）

9．在其他条件不变的情况下，提高折旧率对财政收入的影响是减少财政收入。（　　）

10．财政收入分析中最为常用的一种分类方式是按照财政收入的形式分类。（　　）

五、简答题

1．简述财政收入的分类和结构。

2．试述影响财政收入规模的因素。

3．为什么说经济发展水平和技术进步对财政收入规模起着决定作用？

4．请分析价格因素与财政收入的关系？

六、论述题

1．简要说明改革开放以来中国财政收入规模的变化及其发展趋势，并分析产生原因。

2．试从财政收入结构的角度探讨提高中国财政收入水平的途径。

第七章　税收基本原理

案例引导

包税制曾造成惨痛的历史悲剧

在法国，除了一些很短的时期之外，从13世纪到法国大革命时期间接税通常都是通过包税制来征收的。当时法国对盐、烟草等商品实行由包税官征税的制度。这些包税官向政府上缴一定数量的税款后，把多征收的部分全部纳入私囊。因此，几乎所有的包税官都横征暴敛，直到刮尽最后一个铜板。1792年，法国发生“恐怖政治”，激进派发布了逮捕所有包税官的命令。作为当时的包税官，拉瓦锡也未能幸免。生活于法国路易专制时代的优秀化学家拉瓦锡，发明过诸如新的合金、燃料、炸药、纤维、塑料等现代产品，他把化学从死胡同引上了正确的轨道，赋予化学新的前景。被捕时，他大声申辩说：“我是科学家，我和政治毫无关系。作为包税官所获得的钱，我都用于科学实验了。”但革命浪潮所至，1794年5月2日，拉瓦锡还是被送上了断头台，终年51岁。法国伟大的数学家拉格朗日对此感慨万分：“一瞬间就砍下了拉瓦锡的头颅，可是一百年也产生不出他那样的头脑。”

试问：税收为什么会引起社会动乱？税收制度包含哪些要素？

税收是财政收入的主要形式。对很多国家而言，税收收入已占到政府财政收入的90%以上，正如富兰克林所说：“人的一生有两件事是不可避免的，一是死亡，一是纳税。”那么，什么是税收，政府应如何征税，政府征税对企业和个人的经济行为有什么影响等问题，将在本章进行讨论。

第一节　税 收 概 述

微课堂
税收概述

一、税收的概念和特征

（一）税收的概念

税收是国家取得财政收入的基本形式。随着时代的变迁和社会制度的变革，国家曾采用多种形式取得财政收入，但其中产生最早、运用最普遍、筹集财政资金最为有效的形式还是税收。

国家征税的依据是国家的政治权力。社会产品分配必须依托于一定的权力。马克思曾指出：在我们面前有两种权力，一种是财产权力，也就是所有者权力；另一种是政治权力，即国家的权力。税收是凭借国家政治权力取得的，它可以超越所有制，向任何经济单位和个人征税，并渗透到社会经济生活的各个方面。

税收体现着以国家为主体的分配关系。税收属于分配范畴，征税的过程就是把一部分社会产品或国民收入支配权从其他社会成员手中转移到国家或政府手中的分配过程。这必然会引起社会产品或国民收入在不同社会成员之间占有状况的变化，体现着一定的分配关系。税收是以国家政治权力为依据的分配，其分配的主体是国家，对什么征税、征多少税以及如何征税等，无不体现国家的意志。

综上所述，税收是国家为向社会提供公共产品，凭借政治权力，按照法律规定的标准和程序，参与社会产品或国民收入分配，强制地、无偿地取得财政收入的主要形式。税收的含义为：第一，税收是筹集财政收入的主要形式；第二，税收与国家存在密切相关，是国家机器赖以存在并行使其职能的物质基础；第三，税收是按照法律规定的标准和程序课征的，课征的依据是国家的政治权力，因而具有强制性、无偿性和固定性的特点；第四，税收的主体是国家，体现以国家为主体的分配关系。

（二）税收的特征

从税收的概念可以看出，税收具有强制性、无偿性和固定性三大特征。

1. 强制性

税收的强制性，指国家课税凭借政治权力，任何单位和个人都不得违抗，否则就会受到法律的制裁。税收的强制性是由国家的政治权力决定的，它是一种超经济的强制。税收的强制性包括两个方面：一是税收分配关系的建立具有强制性。它是通过立法程序确定的，国家依法征税，纳税人依法纳税，不允许有任何超越《税法》的行为。税收之所以成为财政收入的强有力形式，就在于它有法律保证，有法律的约束力。二是税收征纳过程具有强制性。税收征收的法律保证是《税法》,《税法》从征税和纳税两方面规范、约束、保护和巩固税收分配关系。就征税者而言,《税法》是国家征税的依据，当征税受到阻挠和抵制时，国家就可以用法律进行制裁。就纳税者而言，必须依法纳税，凡违反《税法》有关申报项目、缴纳数额及纳税期限等规定的，均要受到法律的制裁。

2. 无偿性

税收的无偿性，指的是国家征税之后，税款即为国家所有，既不需要偿还，也不需要对纳税人付出任何代价。税收的无偿性是针对具体的纳税人而言的，即国家征税不是与纳税人之间进行等价交换或补偿，而是纳税人无偿地向国家缴纳其部分收入，国家不需要对纳税人直接返还已纳税款，也不需要直接对纳税人提供相应的服务或特许权力。明确税收的无偿性特征，可以把税收同公债、国有资产收益和规费等财政收入形式区别开来。

这里需要指出的是，对税收的无偿性不能作绝对理解。就具体的纳税人而言，纳税后国家并未付给其任何报酬，从这个意义上而言，税收不具有偿还性。但从财政活动的整体考察，国家通过组织财政收入和安排财政支出，实现国家职能或满足社会公共需要，这又反映了税收有偿性的一面。甚至可以理解为：税收是与公共产品的交换，税收是“取之于民，用之于民”的。

3. 固定性

税收的固定性，指的是征税前国家就以法律的形式规定了征税对象、比例和数额，并且只能按规定的标准征税。就纳税人而言，取得了应税收入，发生了应税行为，拥有了应税财产，就必须按规定的标准依法纳税。同样，政府也只能按规定的标准征税，不得随意改变。当然，税收的固定性也是相对的，随着社会经济条件的变化，税收制度也会作相应的、适当的调整。因此税收的固定性是指征税有一定的标准，而该标准又具有相对稳定性。税收的固定性是国家稳定地取得财政收入的基本保证，是税收区别于罚没收入、收费等其他财政

微课堂
税收分类

收入形式的重要标志。

> **温馨提示**
>
> 上述税收的三个基本特征，又称为税收“三性”。这三个特征是密切联系、相辅相成的。由于税收是国家凭借政治权力进行分配，必然具有强制性。税收的强制性决定了税收的无偿性，税收的无偿性又要求强制性做保障。强制性和无偿性又要求税收具有固定性。这是因为征税凭借的是国家的政治权力，征税的目的是满足国家实现其职能的需要或者说是为了满足公共需要，因而决定了所征税款不再直接返还给纳税人。如果没有国家政治权力的强制性为前提，无偿性便不能实现；如果分配是有偿的，便不需要强制征收。税收的强制性和无偿性又要求固定性的制约，防止随意、盲目地征税，以维护国家和纳税人的合法权益。
>
> 税收“三性”是税收的共性，是任何社会、任何国家的税收都具有的三个基本特征，也是税收和其他财政收入相区别的重要标志。鉴别一种财政收入形式是否属于税收，就要看其是否同时具备税收的三个基本特征。

二、税收的分类

对税收进行分类是进行税收分析和税收管理的必要前提，税收可以按照多种标准进行分类。

1. 商品税、所得税和财产税

按照课税对象的性质不同，一般可将税收分为商品税、所得税和财产税三大类。商品税是指以商品和劳务为课税对象的税种，如增值税、消费税、关税等。所得税是指以纳税人的净所得（纯收益或纯收入）为课税对象的税种，一般包括个人所得税、企业所得税等。财产税是指以各类动产和不动产为课税对象的税种，如一般财产税、遗产税、赠与税等。

2. 直接税和间接税

以税负是否容易转嫁为依据可将税收分为直接税和间接税。凡是税负容易转嫁的税种属于间接税，凡是税负难转嫁的税种属于直接税。一般认为，所得税和财产税属于直接税，商品税属于间接税。这种分类方法也存在一定的问题，税负能否转嫁不仅取决于税收的性质和特点，还取决于客观的经济条件；有些税种看起来似乎可以转嫁，但在一定经济条件下却未必可以转嫁，税负转嫁是有条件的。

3. 从量税和从价税

按照课税标准的不同分类，可将税收划分为从量税和从价税。凡是按课税对象的数量、重量、容量或体积等计税的税种是从量税；凡是按课税对象的价格计税的税种是从价税。从量税的税额随课税对象数量的变化而变化，计算简便，但税负水平是固定的，是不尽合理的，因而只有少数税种采用这种计税方法，如我国的资源税、车船使用税等。从价税更能适应商品经济的要求，同时也有利于贯彻国家税收政策，因而大部分税种都采用这一计税方法。

4. 价内税和价外税

以税收与价格的关系不同为标准可将税收分为价内税和价外税。凡税金是价格组成部分的，称为价内税；凡税金作为价格之外附加的，称为价外税。与之相适应，价内税的计税依据称为含税价格，价外税的计税依据称为不含税价格。一般来说，价内税比价外税更容易转嫁。价内税课征的侧重点为厂家或生产者，价外税课征的侧重点是消费者。西方国家的消费税大都采用价外税方式。我国现行的增值税是典型的价外税。

5. 中央税和地方税

按税种的隶属关系不同可将税收分为中央税和地方税。凡是由中央政府征收管理并支配其收入的税种称为中央税。由地方政府征收管理并支配其收入的税种称为地方税。把税收划分为中央税和地方税，并不意味着中央与地方具有同等的征税权力，而是由国家在政治和经济上实行分级管理体制决定的。中央税和地方税的划分方法因国家政体和管理体制的不同而有所不同。有些国家的地方政府（州、省、县等）拥有税收立法权，可以自行设立税种，这类税种显然就是地方税；而中央政府开征的税种就是中央税，中央税与地方税的隶属关系是十分明确的。有些国家的

> **视野拓展**
>
> 实施更大规模减税降费后调整中央与地方收入划分改革推进方案

税种是由中央政府统一设立的，但根据财政管理上的需要，特别是为了调动地方的积极性，划出一部分税种给地方，其管理和使用权限也相应下放给地方，从而形成另外一种类型的地方税。我国 1994 年税制改革以后，明确了中央税、共享税和地方税，其中，中央税有消费税、关税等，共享税有增值税、资源税、对证券交易征收的印花税、企业所得税、个人所得税等，地方税则是指除中央税和共享税以外的所有税种。

案例分析与讨论 7.1

河北省率先试点水资源费改税

2016 年 7 月 1 日起，我国全面推开资源税改革，全面实行从价计征，全面清理收费基金，启动水资源税试点，向世界彰显我国发展绿色经济的决心。

我国资源税开征于 1984 年，2015 年收入 1035 亿元。现行制度受困于大部分资源品目实行从量定额计征、征收范围仅限于矿产品和盐、收费基金项目较多且税权集中等，已不适应经济体制改革和“两型”社会建设的需要，改革迫在眉睫。

此次改革的核心内容为：全面推开资源税从价计征改革；新增对铁矿、金矿、石墨、海盐等 21 个税目由从量定额改为从价定率计征；对未列举名称的其他金属矿和其他非金属矿的大多数矿种，也全部实行从价计征。从便利征管原则出发，对经营分散、多为现金交易且难以控管的黏土、砂石等少数矿产品，仍实行从量定额计征。

中华人民共和国资源税法

2020 年 9 月 1 日起施行的《中华人民共和国资源税法》规定，资源税征收范围扩大，水更是一项重要的资源。河北省率先开展水资源费改税试点，现已扩展到北京、天津、山西、内蒙古、河南、山东、四川、宁夏、陕西等省。森林、草场、滩涂等自然资源也将逐步纳入资源税征收范围。在税收改革的同时，全面清理涉及矿产资源的收费基金。将全部资源品目矿产资源补偿费费率降为零，停止征收价格调节基金，取缔地方针对矿产资源违规设立的收费基金项目。

启发思考

（1）为什么资源税要从价计征？

（2）资源税改革能否提升资源的使用效率？

课堂金话筒

举例说明一种商品的价格可能与哪些税种有关，并谈谈你对商品出售是以含税价格体现的这一现实的看法。

第二节　税收原则与最适课税理论

视野拓展

瓦格纳的四项九目税收原则

一、税收原则

税收原则就是税收制度设计和税收制度改革应遵循的基本准则，也是评价一国某一时期税收制度优劣的基本标准。第一次明确而系统地阐述税收原则的是亚当·斯密，他在《国民财富的性质与原因的研究》一书中提出了“平等、确定、便利、节省”四原则。19 世纪后期，德国新历史学派的代表人物阿道夫·瓦格纳在亚当·斯密的基础上，提出了四项九目税收原则，突出了国民经济原则，强调减少效率损失的必要性。19 世纪末，英国新古典学派重点研究税收的效率原则，研究如何设置税制、选择税种以降低效率损失。20 世纪 30 年代，凯恩斯运用财税政策对经济进行调节以应付经济危机的方法，得到西方国家的广泛运用。于是，经济稳定自然成为税收原则中的重要内容。总的来看，税收应遵循效率、公平、稳定三大原则。

1. 效率原则

税收效率原则主要包括两个方面的内容：一是税收经济效率原则，二是税收行政效率原则。

税收经济效率原则旨在考察税收对资源配置和经济机制运行的影响状况。检验税收是否具有经济效率的标准，在于税收的超额负担是否最小化。

税收在将社会资源从纳税人手中转移到政府部门的过程中，除了会给纳税人造成相当于纳税数额的负担外，还可能在下述两个方面给社会带来超额负担。一是资源配置方面的超额负担。如因征税而导致私人经济利益损失大于因征税而增加的社会经济利益，即发生税收在资源配置方面的超额负担。二是经济机制运行方面的超额负担。如因纳税对市场经济的运行产生了不良影响，干扰了私人消费和生产的最佳决策，同时相对价格和个人行为方式随之变更，即发生税收在经济机制运行方面的超额负担。

降低税收的超额负担，关键在于保持税收的中性。所谓税收的中性，是指政府课税不扭曲市场机制的正常运行。它包括两方面的含义：其一，政府征税使社会或纳税人所付出的代价应以征税数额为限，而且，不能让纳税人或社会遭到其他的经济牺牲或额外损失；其二，政府征税应当尽可能少地干扰市场机制的有效运行，特别是不能超越市场而成为影响资源配置和经济决策的力量，以免使经济资源脱离其最有效的使用途径。实际上，税收对经济的影响不可能限于征税数额本身而保持中性。倡导税收中性的意义在于，尽可能减少税收对经济的干扰作用，尽量压低因征税而使纳税人或社会所承受的超额负担。

> **想一想**
>
> 税收如果是非中性的，效率将如何变化？

税收行政效率原则，是指以最小的税收成本取得最大的税收收入，即税收征管效率。

征税过程中通常发生两类税务支出。一类是管理费用，即税务部门在征收管理中所发生的费用。包括税务人员的工资、薪金和奖励支出；税务部门办公用具和办公设施支出；税务部门在征税过程中因实施各种办法、措施而支付的费用以及进行或适应税制改革而发生的费用等。另一类是遵从费用，即纳税单位和个人在按照税法规定履行纳税义务的过程中所发生的费用。具体包括纳税人为履行纳税义务而雇用会计师、税务顾问或职业报税者所花费的费用；公司、企业为个人代缴税款所发生的费用；纳税人花在纳税方面的时间、精力和交通费等。

2. 公平原则

如果某一税制能够公平地或公正地对待每一纳税者，则这一税制就是公平的。公平原则是设计税制时应坚持的首要原则。它包括两个方面：一方面是经济能力或纳税能力相同的人应当缴纳数额相同的税款，即同等条件同等对待，这称作"横向公平"或"水平公平"；另一方面是经济能力或纳税能力不同的人应当缴纳数额不同的税款，即不同条件不同对待，这称作"纵向公平"或"垂直公平"。

通常情况下，按受益原则和支付能力原则设置税种或分配税收负担被认为是公平的。

受益原则是指税收负担应该按纳税人从税款使用中所得到的利益大小来分摊，受益多者多缴税，受益少者少缴税，不受益者不缴税。但从实践上看，按受益原则分摊所有税收是行不通的。因为在多数情况下，税收使用结果如何，具体受益人是谁，受益多少，往往难以测度。但个别税种，按受益原则征税不仅可能而且必要。如车船税就属于受益税，谁拥有并使用车船，享受公路、河道的设施，谁就应负担该种税收。

支付能力原则是指纳税人应按其实际支付能力的大小来分担政府的税收。能力大的多负担，能力小的少负担，拥有相同支付能力的人必须缴纳相同的税款，即达到纵向公平和横向公平的要求。

案例分析与讨论 7.2

燃油税体现的是公平原则还是效率原则？

所谓燃油税，即将原本征收的养路费和其他费用合并成燃油税，通过法律约定整合各部门间的利益关系，从而最大限度地节省能源和基础设施开支。显而易见，相较于养路费，燃油税使车辆的使用成本结构发生变化，原本不同车辆间几乎一视同仁的养路费等固定支出，将其转换成燃油税，实行捆绑收费。原有的养路费一般是按吨位和运营收入两种计费方法收取的，实际上形成了一种定额费。而对于用油大户尤其是汽车来说，道路使用率存在较大差距。“因为无法测算每台车的道路使用率”“燃油税通过将养路费捆绑进油价，将每辆汽车要交的养路费转换成税费，在道路等公共设施日益成为一种稀缺资源的大背景下，更多地体现了‘多用多缴，少用少缴’的公平原则。”

燃油税的优点：首先，汽车的消费更趋经济和理性，小排量、低油耗、使用频率低的车主所付出的燃油税将低于养路费、车船使用税等费用。其次，燃油税接近公平，也就是说，使用公路越多，收益越多，其支付的燃油税也越多。

启发思考

（1）费和税的根本区别是什么？

（2）燃油税能否节约能源和基础设施开支？

3. 稳定原则

税收稳定原则指的是运用税收的杠杆作用，以调节经济运行。其杠杆作用表现在两个方面：“自动稳定器”和“相机抉择”。

税收的“自动稳定器”作用是指税收制度本身具有使税收收入随经济活动的变化而自动地发生增减变化的作用，从而自动地调节国民收入水平，缓解经济的波动。这种自动稳定器的作用主要是通过所得税制度，尤其是累进所得税制度的自动调节而产生的。

“相机抉择”是指政府根据不同时期的经济形势，主动地选择运用增税或减税的政策措施，“熨平”经济波动，促进经济稳定。一般来说，在把税收作为国家进行需求管理的工具时，在经济衰退时期，可通过减税刺激总需求，增加就业，抑制经济衰退；在经济繁荣时期，则可用增税抑制需求，防止通货膨胀。

> **想一想**
>
> 还有其他的“自动稳定器”和“相机抉择”的管理工具吗？

二、最适课税理论

效率和公平是税收制度应遵循的两大基本原则，理想的税收制度应能兼顾效率与公平原则，但这两个原则之间往往存在矛盾与冲突。最适课税理论所研究的是如何构建公平原则和效率原则兼顾的税收制度。

1. 最优课税

最适课税理论也称为最优税收理论，该理论所涉及的税收是依据纯税收中性原则设置或征收的、不产生税收超额负担和不造成任何经济扭曲，且符合公平原则的税收。实质上，最适课税理论是政府征税在公平和效率意义上使社会福利最大化的理论。

最优税收理论基于五个主要假定：第一，所有的经济主体都是理性的，都能作出比其他任何决策机制更为理性的决策，并拥有作出决策所必需的完全信息。第二，生产和生产要素市场处于完全竞争状态，要素具备完全的流动性。税前市场价格反映实际的社会机会成本。私人成本和收益完全内在化，不存在外溢问题。第三，经济主体行为只受价格影响，不受其他因素左右。第四，政府支出难以积极地影响相对价格，它不能弥补税收对相对价格的扭曲效应。第五，所得和财富的初次分配和再分配都由市场力量决定，并认为是正确的和社会可接受的，收入的再分配不是税收的主要目标。

显然，最优税收只是某种可望而不可即的目标，因为现实不可能满足或完全满足最优税收理论的上述假设前提，资源的市场配置不可能实现帕累托最优状态。提出最优税收目标的意义在于为政府设计税制和制定税收政策提供一种理想的参照系。

2. 次优课税

次优课税是以西方经济学中的次优理论为基础的。帕累托最优是要解决经济不存在扭曲因素条件下的资源最优配置问题，然而现实社会符合帕累托最优的条件往往难以完全存在，扭曲损失无法从经济各部门中完全排除。那么，如何使政府政策的扭曲损失最小，是次优理论所关注的核心问题。

所谓次优课税，是指在满足政府一定收入规模的前提下，课税所导致的效率损失或超额负担最小。在各国的税制实践中，由于受信息、财政压力、收入分配目标、税源结构和征管能力等多方面因素的制约，政府往往不得不采取扭曲性的税收工具。如理想的、有效率的增值税要求对所有商品和劳务，按照单一税率课征，以避免多档税率产生替代效应和扭曲。但是，许多国家出于再分配和产业政策的考虑，对食品、药品、农产品等采用低税率，甚至给予免税，由此形成次优问题，即面临效率和公平的权衡问题。

次优课税的目标有两个：一是内在优化税收目标，二是外在优化税收目标。内在优化税收目标是指通过税收自身内部的政策和制度的优化设计，实现税收的超额负担和效率损失尽可能最小。其税收制度和税收政策选择的具体要求是：第一，征税对相对价格不发生或发生较小影响。第二，对经济决策主体的抉择产生最小扭曲。第三，选择征税范围广泛的税基，尽可能按单一税率征税。外在优化税收目标，是指在市场失效和政策干预导致扭曲的情况下，通过税收手段弥补市场缺陷，矫正扭曲，谋求效率损失最小。

3. 最优商品税

最优商品税理论要研究和解决的问题是，当政府以商品税筹集财政收入时，应当如何设计商品税的课税范围和税率，以使税收的额外负担最小。

从直观上看，似乎对所有商品课征同一税率的商品税不会产生扭曲效应，因为这样不会改变商品间的相对价格体系，更符合效率原则。然而，经济研究表明，从效率的角度看，对全部商品实行同一税率并不一定是最优的。这是因为商品的性质、用途及人们的偏好程度（即需求弹性）是不同的，如果按照同一税率课税，对商品价格和纳税人经济选择行为造成的影响也会不同。为了使税收的额外负担最小，拉姆齐在 1927 年提出了著名的“逆弹性法则”（又称拉姆齐法则），认为在最优的商品税体系中，税率应与应税商品的需求弹性成反比，即对需求弹性较小的商品课以较高的税率，对需求弹性较大的商品课以较低的税率。拉姆齐的另一个法则是“等比例减少法则”，认为要使税收的额外负担最小，税率的设置应使各种应税商品的生产以相同的百分比减少。

人物谱
弗兰克·拉姆齐

拉姆齐法则是建立在一系列脱离客观现实的假设条件基础之上的，研究局限于完全竞争的封闭经济。也就是说，在政府征税前经济处于帕累托最优状态，税制所需要做的就是保持这种状态。客观实际中，由于垄断、信息不完全及公共产品等的影响，经济往往无法保持在帕累托最优状态，因此理论上得到的税制方案可能不适用于现实。如果考虑公平问题，根据拉姆齐法则设计的税制将是非常不公平的，因为需求弹性较小的商品往往是生活必需品，若课以较高的税率，低收入者用于购买生活必需品的开支占收入的比重将远大于高收入者，即低收入者的税负将重于高收入者。

众多经济学家在优化商品税方面达成的共识有两个：一是商品的需求弹性越大，征税的潜在扭曲效应越大。因此，最适商品课税要求对无弹性或缺乏弹性的商品采用高税率，对弹性大或富于弹性的商品采用低税率。二是为了保证生产的高效率，要求开征扭曲性税收，即实行差别商品税制，对生活必需品实行低税或免税，对奢侈品实行高税率，使商品税具有再分配功能。

4. 最优所得税

所得税是政府调节收入分配和筹集财政收入的主要工具，最优所得税理论涉及的主要问题就是如何设计所得税率（累进或累退）以有利于实现税收的公平目标。

最优所得税的设计关键是确定税率的累进程度，即不同的收入水平所对应的边际税率。一般认为，累进税率的税制比单一税率的税制更能促进社会公平目标的实现。主要是因为富人的收入边际效用比穷人小，在相同纳税额的情况下，穷人对收入损失的痛苦程度大于富人，所以应该对富人征重税。但是，边际税率的设置不能过高，因为税收对消费选择的影响，累进程度较高的所得税制会扭曲人们在工作与休闲之间的选择，削弱工作、劳动的积极性，带来税收的额外负担。累进的所得税制与政府的转移性支出相结合，更符合公平原则。

最优的税率结构，应处于使收入再分配带来的福利（效用）与累进税制削弱激励机制造成的效率损失相等的边际点上，即倒“U”型所得税率模式。它强调，从公平与效率的总体角度出发，对中等收入阶层的边际税率可以适当提高，因为提高这一阶层的税率带来的税收收入大于提高高收入阶层的税率带来的税收收入，并能使对这两个阶层的征税所造成的效率损失保持在同等程度上。相反，对低收入阶层和高收入阶层应实行较低的边际税率，因为降低低收入阶层的边际税率，有利于增进低收入者的福利，促进收入分配的公平；降低高收入阶层的边际税率，可以强化税收对经济主体的刺激作用，促进效率的提高，增进社会总福利。

第三节　税收制度概述

一、税收制度的含义

税收制度简称税制。它包括两个方面的含义：一方面，税收制度是指国家各种税收法律和征收管理办法的总称。它包括税收基本法律、法规、条例、实施细则、管理体制、专项管理制度、征收管理办法、工作制度等。另一方面，税收制度是指国家按一定的税收原则组成的税收体系。其核心是主体税种的选择和各税种的搭配问题。前一种含义的侧重点是税收的工作规范和管理制度，是国家向纳税人征税和纳税人向国家纳税的法律依据和工作规程。后一种含义侧重于税种的选择与组合，是以税收活动的经济意义为中心的一种理解。

微课堂

税制构成要素

税收制度总是由具体的税种组成的，但组成的方法可以有不同的选择，有两种不同的理论主张。一是单一税制论，即认为一个国家的税收体系应由一个税类或少数几个税种构成。如单一的消费税、单一的土地税、单一的财产税以及单一的所得税等。二是复合税制论，即认为一个国家的税收体系必须由多种税类的多个税种组成，通过多种税的互相配合组成一个完整的税收体系。当然，复合税制并不是否定各税种在功能、作用和地位上的差别，恰恰相反，它往往以某一个税种或某两个税种作为筹集财政收入和调节经济活动的主导，即所谓主体税种，在不影响其他各税种的作用的前提下，优先或突出主体税种的作用。从世界各国的税收实践来看，由于单一税制缺乏弹性，难以充分发挥筹集财政收入和调节经济的功能，因此没有哪个国家真正实行过单一税制。

二、税收制度的构成要素

> **想一想**
> 什么类型的税，纳税人与负税人是一致的？

税收制度的构成要素通常是指构成各个独立税种基本法规的主要因素，它包括纳税人、课税对象、税率、课税标准、纳税环节、纳税地点、纳税期限、减免税、附加和加成、起征点和免征额、违章处理等。其中，纳税人、课税对象、税率是构成税收制度的三个最基本的要素。

（一）纳税人

纳税人亦称纳税义务人，是指税法规定的直接负有纳税义务的单位和个人。它是纳税的主体，主要解决对谁征税的问题。纳税人可以是自然人，也可以是法人。自然人是指依法独立享受民事权利并承担民事义务的公民或居民个人。法人是指依法成立并享有民事权利和承担民事义务的企业、单位、团体等社会组织。

与纳税人有联系的一个概念是负税人。负税人是指最终负担税款的单位和个人。它与纳税人有时是一致的，如在税负不能转嫁的情况下；有时是分离的，如在税负可以转嫁的情况下。

（二）课税对象

课税对象又称征税对象，是税法规定的课税的目的物。它是征税的客体，主要解决对什么征税的问题。每个税种都必须明确对什么征税，每个税种的课税对象都不会完全相同，因此，课税对象是一种税区别于另一种税的主要标志。在现代社会，国家的征税对象主要包括所得、商品和财产三大类，与此相对应，税制也主要由所得税、商品税和财产税三大类税组成。

税目是课税对象的具体项目。它规定了一个税种的征税范围，反映了征税的广度。有些课税对象具体明确，其本身就是税目，但大多数课税对象不够具体，需作进一步划分。税目的划分使课税对象具体化，便于纳税人更准确地掌握税收制度，也可以使国家灵活地运用税收来调节经济。如对同一税种的不同税目实行差别比例税率，就是国家调节经济的方式之一。

在税率既定的情况下，计税依据的大小直接决定了税款的多少和税收负担的高低。因此，计税依据是税收征纳双方直接面对的量化了的征税对象。在确定计税依据时，要明确计税单位，究竟是按照征税对象的实物量（如数量、重量、体积、面积等），还是按照征税对象的价值或金额来确定。

> **想一想**
> 税基广的税制，其效率性和公平性如何？

（三）税率

税率是指税额与征税对象数额之间的比率。税率是税收制度的核心，主要解决征多少税的问题。它关系着国家财政收入的多少和纳税人的负担程度，在一定程度上反映着国家集中配置资源与纳税人通过市场机制分散配置资源的数量结构，体现着国家的税收政策。

税率可分为比例税率、累进税率和定额税率三种类型。

1. 比例税率

比例税率是指对同一课税对象，不论其数额大小，只按一个比例的税率统一征税。它不因征税对象数额或税基的变动而变动，具有计算简便、方便征纳，有利于鼓励企业规模经营和平等竞争的优点，但不太符合量能纳税原则，调节收入分配的功能较弱。

按照比例税率计算应纳税额的公式为

$$应纳税额=课税对象数额\times比例税率$$

比例税率一般适用于流转课税。在实际运用中，比例税率又分为三种情况：①单一比例税率，即一个税种只规定一个比例税率。如我国现行的企业所得税。②差别比例税率，即一个税种对不同纳税人或不同地区、不同行业、不同产品采取不同的比例税率。如增值税实行行业差别比例税率，消费税实行产品差别比例税率。③幅度比例税率，即在税法规定的税率幅度内，由地方政府根据实际情况确定本地区适用的税率。如土地使用税的税率为幅度差别比例税率。

2. 累进税率

累进税率是指按课税对象数额的大小，将课税对象划分为若干等级，并分别规定不同的税率，课税对象数额越大，税率就越高；课税对象数额越小，税率就越低。累进税率根据计算税款方法的不同，主要分为两种。

（1）全额累进税率。即以征税对象的全部数额适用的最高税率作为累进税率计征税款。按这种税率计税简便，但纳税人负担相差悬殊，税负不合理，目前已很少使用这种税率。按全额累进税率计征税款可以用以下公式表示：

全额累进税额 = 全部课税对象数额 × 全额累进税率

（2）超额累进税率。即把课税对象划分为若干等级，每个等级由低到高分别规定相应的税率，各等级分别计算税额，最后加总各等级应纳税额，即得到按超额累进税率计算的应纳税总额。按照超额累进税率计征税款，税率累进幅度缓和，税收负担较为合理，能较好地体现公平原则，但计算手续繁杂。其计算公式可表示如下：

超额累进税额 = Σ (各等级课税对象数额 × 适用税率)

想一想

什么是累退税率？比例税率、累进税率、累退税率的社会公平性如何？

全额累进税率与超额累进税率都是按照负担能力原则设计的，但两者之间又有不同。首先，全额累进税率的累进程度高，超额累进税率的累进程度低，在课税对象数额相同时，前者的负担重，后者的负担轻；其次，当课税对象数额处于级距临界点时，按全额累进税率课税会出现税额增长超过课税对象数额增长的不合理现象，按超额累进税率计税则不存在这一问题；最后，用全额累进税率计税简便，按超额累进税率计税则较为复杂。

3. 定额税率

定额税率亦称固定税额，是按照课税对象的计量单位直接规定一定数量的税额。采用定额税率计征的税是从量税，只与征税对象的数量有关，不受课税对象价格变化的影响，较为稳定，且计算征收简便易行。其计税公式为

应纳税额 = 课税对象数量 × 定额税率

（四）纳税环节

纳税环节是指税法规定的商品从生产到消费的流转过程中以及提供劳务的经营活动中应该征税的环节。商品从生产到消费要经过许多环节，一般来说，要经过生产、运输、批发、零售等环节。国家确定和选择在哪个环节征税，对于税负的平衡、财政收入的增减、征收管理的难易都有一定的影响。纳税环节的确定一般要遵循两个原则：一是要有利于税收的征收管理，选择比较易于征管的环节作为纳税环节；二是要遵循税收的效率原则，选择易于发挥税收调节作用的环节作为纳税环节，或者选择对市场机制干扰小的环节作为纳税环节。如果一种税只选择在某一个环节征收，这种税就称为单环节税；选择在两个或两个以上的环节征收的税，称为多环节税。

（五）纳税地点

纳税地点是指税法规定的纳税人缴纳税款的所在地或场所。一般为纳税人的住所地、营业

地、财产所在地、行为发生地等。纳税环节和纳税地点共同构成了纳税的空间概念。

（六）纳税期限

纳税期限是指税法规定的纳税人在缴纳税款的时间方面的规定。纳税期限是纳税的时间概念，包括纳税间隔期、纳税义务发生时间、纳税申报期三方面内容。纳税间隔期是指税法规定的计算和缴纳税款的间隔时间，即纳税人隔多长时间计算缴纳一次税款。纳税义务发生时间是指纳税人就其应税行为承担纳税义务的具体法定时点。在纳税间隔期明确的情况下，纳税义务发生时间是确定纳税人某项业务的应纳税款所属纳税期的依据。纳税申报期是指纳税间隔期满后，纳税人办理纳税手续、解缴税款的时间。如我国现行增值税相关法规规定，纳税人以一个月为一期纳税的，应当自期满之日起 15 日内申报纳税。

纳税期限的规定是税收强制性和固定性的体现，能促使纳税人按时依法纳税，保证税款及时入库。

（七）减免税

减税和免税是对某些纳税人和课税对象给予鼓励或照顾的特殊规定。减税是对应纳税额少征一部分，免税是对应纳税额全部免征。实施减免税意味着国家把本来可以收取的一部分税款，通过税收优惠无偿地让渡给了纳税人。

起征点和免征额属于特殊的减免税方式。起征点是指税法规定的对课税对象开始征税的数额起点，即征税对象数额未达到起征点的不征税，达到或超过起征点的就其全部数额征税。免征额是指税法规定在全部课税对象数额中免予征税的数额，即不论课税对象数额大小，只对按标准减去免征数额部分后的余额征税。起征点与免征额有相同点，即当课税对象小于起征点和免征额时，都不予征税。两者也有不同点，即当课税对象大于起征点和免征额时，执行起征点制度时要对课税对象的全部数额征税，执行免征额制度时仅对课税对象超过免征额部分征税。在税法中规定起征点和免征额都是对纳税人的一种照顾，但两者照顾的侧重点显然不同，前者照顾的是低收入者，后者则是对所有纳税人的照顾。

> **想一想**
>
> 我国现行个人所得税月费用扣除标准（5000 元）是起征点还是免征额？

第四节　税负和税负的转嫁

一、税收负担

> **微课堂**
>
> 税收负担

税收是国家凭借政治权力对国民收入的再分配。就纳税人而言，国家征税直接减少了纳税人的收入或所得，给纳税人带来了负担。从税收与国民经济的关系分析，一国的税收总规模及其增长速度必须与该国的国民经济发展水平和增长速度相适应。如果税收的规模及其增长速度超越了经济发展水平和增长速度，必然破坏国民经济的正常运行而成为“负担”。税收负担有狭义和广义之分。狭义的税收负担是指因国家征税而相应地减少了纳税人的可支配收入，给纳税人造成的经济利益损失或使其承受的经济负担。这种经济利益损失用绝对数表示，称作负担额，是纳税人缴纳税款的数额，表示纳税人负担税款的绝对规模大小；用相对数表示，称作税收负担率，是纳税人的纳税额与同期课税对象数额的比例，通常用来表示纳税人税负水平的高低。

税收负担简称为税负。适度的税收负担水平是保证资源配置优化、收入分配合理和国民经济健康运行的必要条件。一般来说，税负水平的确定既要考虑政府的财政需要，又要考虑纳税人的实际负担能力，两者必须兼顾。

（一）税收负担的衡量指标

1. 绝对税负和相对税负

根据衡量税负水平的方式不同，可把税负区别为绝对税负和相对税负。绝对税负是指用绝对数额表示的税负。相对税负即用相对数额表示的税负。例如，某纳税人在一定时期内按照税法规定应缴纳各种税款为 500 元，占其全部所得或收益的比率为 20%，那么，该纳税人绝对税负为 500 元，相对税负为 20%。

2. 名义税负和实际税负

名义税负是指纳税人的法定税收负担，可用纳税人在一定时期内按照税法规定应该缴纳的税款额来表示，也可用名义税收负担率，即纳税人法定应纳税额与其所得或收益的比率来衡量。名义税收负担率与税法规定的税率不一定相符，因为它可以是纳税人全部应纳税额与其所得或收益的比率，而税率一般是指某一税种的税额与课税对象的比率。同一纳税人可能承担若干税种，不同税种的税率又有比例税率、定额税率和累进税率之分，这种情况下两者就可能不相符。如果仅就某个税种而言，两者可能一致。名义税负率是衡量纳税人税负承受能力的一个主要指标。

实际税负是指纳税人实际承受的税收负担。可以用纳税人实际承担的税款额来表示，也可用实际税负率即纳税人实际承担税款额与其所得与收益的比率来衡量。

纳税人实际承受的税负不一定是其实际缴纳的税款。因为考虑到税负转嫁等因素，纳税人实际缴纳的税款并非都由自己承担，实际承担的部分也并非都由自己缴纳。税负转嫁是一个复杂的经济过程，纳税人实际缴纳的税款中有多少属于转嫁部分是难以确定的，因而，在计算实际税负时，出于简便，有时就用纳税人实际缴纳的税款代表其实际承担的税负。

3. 宏观税负和微观税负

宏观税负亦称总体税负，是指一定时期内国家在参与社会产品的分配过程中，以税收形式所集中的收入总额。它可用国内生产总值税负率或国民收入税负率来表示。国内生产总值税负率是指一定时期内国家税收收入总额占同期国内生产总值的比重。国民收入税负率是指一定时期内国家税收收入总额占同期国民收入总额的比重。其公式分别为

国内生产总值税负率 =税收收入总额/ 国内生产总值 × 100%

国民收入税负率 =税收收入总额/国民收入总额× 100%

宏观税负率是衡量一国税负总水平以及对各国进行税负比较的主要指标，也是实施宏观调控的重要手段。在经济过热时，国家可提高宏观税负率以抑制社会总需求的扩张；反之，国家可降低宏观税负率以扩大社会总需求，从而维持社会总供求的平衡，促进经济的稳定发展。

微观税负又称个体税负，主要反映各类纳税人的税负状况，也是国家制定税收政策和制度的重要依据。通常使用的衡量指标有企业综合负担率、企业所得负担率和个人所得负担率等。

企业综合负担率是指一定时期内企业所纳各种税款的总额占同期企业总收入额的比率，其公式如下：

企业综合负担率 =企业所纳税款总额/企业各项收入总额× 100%

企业所得负担率是指一定时期内企业所纳的所得税款占同期企业所得（实现利润）总额的比率，其公式为

企业所得负担率 =企业所得税总额/企业所得总额× 100%

个人所得负担率是指一定时期内个人所得税款占同期个人所得（收入）总额的比率，其公式为

个人所得负担率 =个人所得税额/个人所得总额× 100%

（二）合理的税负水平

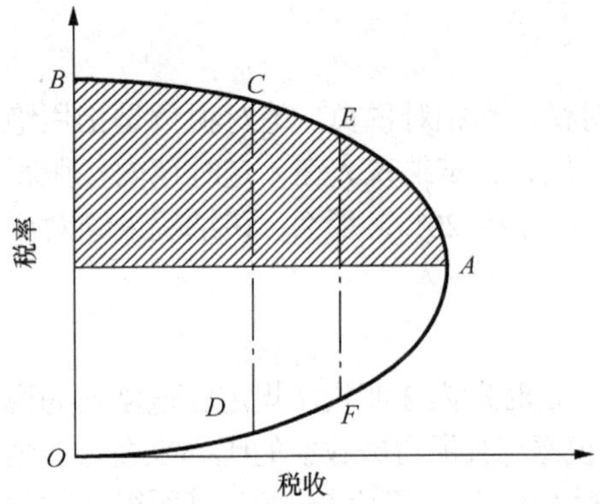

图 7.1　拉弗曲线

美国供给学派的代表人物阿瑟·拉弗设计的“拉弗曲线”是对合理税负水平研究的典型代表，见图 7.1。

该曲线用于说明税率与税收收入或国内生产总值之间的函数关系。图中的纵轴代表税率，横轴代表税收收入，原点 *O* 表示两者皆为零，税率逐步提高到 *B* 点为 100%，则税收收入的函数呈 *OAB*，即为“拉弗曲线”。当税率提高到 *A* 点时税收收入最大；当税率超过 *A* 点继续提高时，税率越高，税收收入越少；当税率提高到 *B* 点即 100%时，税收收入为零。因而图中的阴影部分被视为课税的“禁区”。

该曲线对说明税率与税收收入和经济增长之间的关系有重要意义：①说明高税率不一定会促进经济增长，取得高收入。高收入也不一定需要高税率。因为高税率会削弱经济主体的活力，导致经济的停滞或下降；高税率还往往带来过多的减免和优惠。②说明基于上述同样的理由，取得同样多的收入可以采用两种不同的税率，如图中 *C* 点和 *D* 点的税收收入是相等的，而 *C* 点是高税率，*D* 点是低税率。*E* 点、*F* 点也是如此。③税率和税收收入及经济增长之间的最优结合虽然在实践中是少见的，但从理论上证明是可能的，即表现在图中的 *A* 点，它是税制设计的理想目标模式，也就是最佳税率。

人物谱
阿瑟·拉弗

视野拓展

世界各国税负率比较

据世界经济论坛《2017—2018 年全球竞争力指数报告》，从世界范围来看，由于税收制度的差异，各国民众的税收负担也明显不同，可以用税负率作一粗略的比较。从表 7.1 中的数据可以看出，法国、印度、比利时、墨西哥、奥地利、希腊等国家的税负率都超过 50%，劳动者的税收负担相对较重。

表 7.1　2017—2018 年部分国家税负率　（单位：%）

国家	税负率	国家	税负率	国家	税负率	国家	税负率
法国	62.8	希腊	50.7	荷兰	40.4	爱尔兰	26
印度	60.6	西班牙	49	挪威	39.5	加拿大	21
比利时	58.7	德国	48.9	英国	30.9	卢森堡	20.8
墨西哥	52	日本	48.9	冰岛	30.1	新加坡	19.1
奥地利	51.6	美国	44	瑞士	28.8	阿联酋	15.9

二、税负转嫁与归宿

税负转嫁是指纳税人将税收负担转嫁给他人的经济现象。也就是说，某种税的法定纳税人不一定是该税的负担人，他可以把所纳税款的一部分或全部转移给其他人。只要某种税的纳税人和负税人是分离的，便发生了税负转嫁。税负转嫁是纳税人的一种主动的行为倾向，纳税人

为了将因纳税所造成的自身经济利益损失降到最低限度，必然想方设法将税负转嫁给他人。

微课堂
税负转嫁与归宿

税负归宿是指税负的最终落脚点。只要税负转嫁过程一结束，税负归于最后的负担人，税负就有了归宿。如某一笔税款，工业企业转嫁给批发商，批发商转嫁给零售商，零售商转嫁给消费者；当税负不能再转嫁时，消费者就是该笔税款的税负归宿。

1. 税负转嫁的形式

根据经济交易过程中税负转嫁的不同途径，可把税负转嫁分为五种形式。

（1）前转，又称“顺转”或“向前转嫁”，即纳税人将其所纳税款，按商品流转方向，通过提高商品销售价格的方法，向前转嫁给商品购买者或消费者负担的一种形式。这是税负转嫁最典型和最普遍的形式，多发生在商品或劳务的课税上。例如，在生产环节课征的消费税，厂家可以通过提高商品出厂价格，把税负转嫁给批发商，批发商把税负转嫁给零售商，零售商把税负转嫁给消费者，消费者必须付出包括部分或全部税收在内的价格方能购得商品或劳务。

（2）后转，亦称“逆转”或“向后转嫁”，即纳税人将其所纳税款，以压低商品进价或降低工资、延长工时等方法，向后转嫁给商品供应者或生产者负担的一种形式。例如，某种商品在零售环节课税，但由于市场供求关系的作用难以提高零售价格，在这种情况下，零售商为了转嫁税负，会想方设法压低进货价格，而批发商则进一步采用同种办法将税负逆转给厂家，厂家可能采取压低劳动力价格和原材料价格的方式，将税收负担后转给雇用的工人和原材料供应商。

（3）散转，亦称为混合转嫁。前转和后转是税负转嫁的两种基本形式。在现实经济生活中，税负转嫁往往不是采取单一的形式，而是前转和后转并行，即一笔税款通过提高销售价格转移一部分，同时又通过压低进价转移一部分，从而形成了税负的混合转嫁。

（4）消转，亦称为税收的转化。即纳税人在无法将税负前转或后转的情况下，依靠自身的努力，通过改善经营管理、改进生产技术等方法提高生产效率，补偿其纳税损失，使支付税款前后的收入或利润水平不变，从而使税负在生产或收入增长过程中消化掉。严格地说，这不是一种税负转嫁形式，因为纳税人并没有把税负转嫁给任何人，也没有特定的负税人，是纳税人自行消化税负的一种方式。

（5）税收资本化，亦称资本还原。它是指在课税商品出售时，买者将此后可预见的应纳税款预先从所购商品的资本价值中做一次性扣除。虽然此后名义上是由买主按期缴纳税款，但实际上税款是由卖主负担的。税收资本化实质上是后转方式的一种特殊形态，多发生在某些资本品的交易中。例如政府征收土地税，土地购买者将预期应纳的土地税折入资本，将税负转嫁给土地出售者，从而表现为地价下降。此后，名义上由土地购买者按期纳税，但实际上税款是由土地出售者负担。

2. 税负转嫁与归宿的规律

任何纳税人都希望将税负转嫁出去，但能否转嫁以及转嫁多少，不完全以纳税人的意志为转移，要受多种客观因素的制约。一般来说，税负转嫁有以下规律。

（1）商品课税较易转嫁，所得课税一般不易转嫁。税负转嫁的最主要方式是变动商品的价格，因而，以商品为课税对象，与商品价格关系密切的增值税、消费税、关税等比较容易转嫁；而与商品及商品价格关系不密切或距离较远的所得课税往往难以转嫁。如对个人财产和劳动所得课征的税收一般只能降低个人的消费水平，无法转嫁出去。对各类企业课征的企业所得税尽管存在转嫁的渠道，如提高本公司商品的售价，降低或延迟增长雇员的工资或增加劳动强度，以及降低股息和红利，等等，但这些渠道并不畅通，或者会受到企业雇员和股东的强烈反对，或者受制于社会供求关系的变化情况，往往都难以实现。

（2）供给弹性较大、需求弹性较小的商品的课税较易转嫁，供给弹性较小、需求弹性较大的商品的课税不易转嫁。社会中大量的商品生产和销售都处于竞争状态，商品价格的确定最终取决于供求关系，而税负转嫁自然与供求弹性有关。一般来说，供给弹性较大的商品，生产者可灵活调整生产数量，并能以其所期望的价格销售出去，因而所纳税款完全可以作为价格的一个组成部分转嫁出去；而供给弹性较小的商品，生产者很难调整生产数量，也难以控制价格水平，税负转嫁比较困难。同样，需求弹性较小的商品，其价格最终决定于卖方，也可以顺利地实现税负转嫁；需求弹性较大的商品，买方可以通过调整购买数量影响价格，税负转嫁比较困难。如果把供给和需求结合起来考虑，则供给弹性大于需求弹性时，税负容易转嫁；供给弹性小于需求弹性时，税负转嫁比较困难。

（3）课税范围宽广的税种较易转嫁，课税范围狭窄的税种难以转嫁。税负转嫁必然引致商品价格的升高，若其他商品可以替代加价的商品，消费者往往会转而消费替代商品，从而使税负转嫁失效。但若一种税收课税范围很广，甚至波及同类商品的全部，消费者无法找到价格不变的代用品时，只好承受税负转嫁的损失。

（4）对垄断性商品课征的税容易转嫁，对竞争性商品课征的税较难转嫁。因为垄断性商品在较大的市场范围内具有独占性，生产者和经营者基本上掌握价格的控制权，提价转嫁税负的能力较强；竞争性商品要根据市场供求状况调整价格，提价转嫁税负的能力较弱。

想一想

从效率角度，政府更倾向于税负容易转嫁的税还是税负不容易转嫁的税？

（5）从价课税的税负容易转嫁，从量课税的税负不容易转嫁。从量课税是按课税对象的数量、重量、容积、面积、体积征税，税额不受价格变动的影响，购买者对提价转嫁比较敏感，纳税人担心转嫁税负得少失多。在从价课税条件下，价格随税负转嫁而上升，购买者不易察觉，相对来说比较容易转嫁税负。

第五节　税收效应

西方经济学界一直流传着一种说法，即税收应保持中性，不对纳税人的经济选择或经济行为产生任何影响，即“税收中性原则”。但是，税收中性实际上只是一种理想的状态，现实经济生活中难以实现。税收作为一种强制和无偿的国家占有形式，会对纳税人的经济选择或经济行为发生这样或那样的影响。因此，税收效应就是指国家征税对纳税人的经济活动和经济决策产生的影响，这种影响包括收入效应和替代效应两个方面。

一、税收与消费者行为

1．税收对消费者选择的收入效应

税收对消费者选择的收入效应，表现为国家征税之后，会使纳税人的收入下降，从而降低商品的购买量，而居于较低的消费水平。这种效应可用图 7.2 直观地说明。

图中的横轴和纵轴分别代表纳税人对服装和食品的消费量。假定某纳税人的收入全部用于购买食品和服装两种商品，食品和服装的价格是固定的，直线 AB 代表课税前纳税人的预算线，曲线 I_1、I_2 分别代表纳税人在不同收入水平下的效用无差异曲线。课税前，预算线 AB 与无差异曲线 I_1 相切于 X 点，这一点表示课税前纳税人能够消费且能获得最大效用的食品和服装的数量组合点，此时购买的食品数量为 OA'，购买的服装数量为 OB'。课税后，纳税人可支配收入下降，其预算线由课税前的 AB 下移为 CD，CD 与无差异曲线 I_2 相切于 Y 点，Y 点表示课税后纳税人能够消费的且能获得最大效用的食品和服装的数量组合，此时购买的食品数量由课税前的 OA' 降为 OC'，购买的服装数量由 OB' 降为 OD'。

可见，因政府课税而使纳税人可支配收入水平下降，从而被迫减少商品消费。

2. 税收对消费者选择的替代效应

税收对消费者选择的替代效应，表现为国家对商品征税之后，会使被征税商品价格上涨，造成纳税人减少对征税或重税商品的购买量，而增加对无税或轻税商品的购买量，即以无税或轻税商品替代征税或重税商品，如图 7.3 所示。

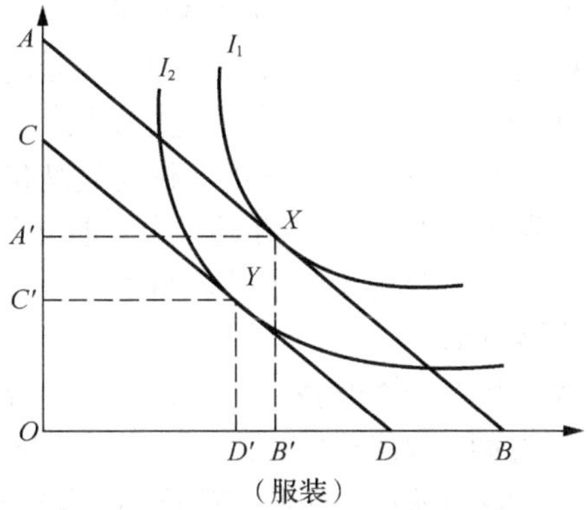

图 7.2 税收对纳税人在商品购买方面的收入效应

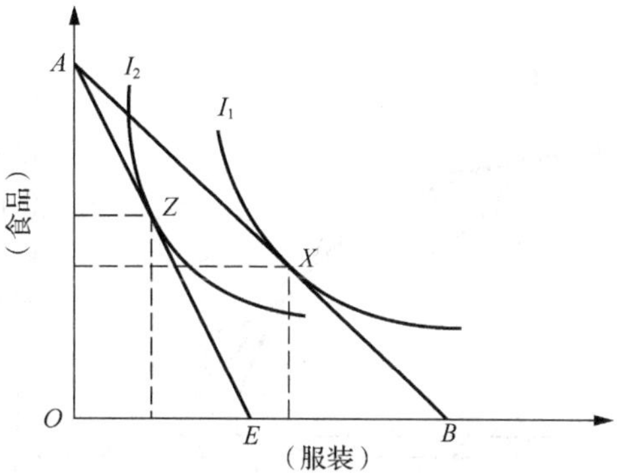

图 7.3 税收对消费者选择的替代效应

假定某纳税人在政府不对商品征税条件下的最佳选择点为 X 点。现政府决定对服装征税，但对食品不征税，则该纳税人购买这两种商品的预算线由 AB 移至 AE。AE 与无差异曲线 I_2 相切于 Z 点，此切点是对服装课税后纳税人能够购买的且能获得最大消费效用的服装和食品数量组合点。

可以看出，由于政府对服装征税而对食品不征税，改变了纳税人对商品购买的抉择。其最佳选择点由 X 点移至 Z 点，意味着纳税人在政府对服装征税后，减少了对服装的购买量，而相对增加了对食品的购买量，即以增加对食品的消费相应替代了对部分服装的消费。

二、税收与生产者行为

这里的生产者，即微观经济学中的厂商或企业。税收对生产者行为的影响，主要是通过税收对市场价格机制的干扰来完成的。政府征税往往会引起商品相对价格体系和厂商可支配的生产要素的变化，从而影响厂商的生产行为和生产决策，发生税收的替代效应和收入效应。

1. 税收对生产者选择的收入效应

税收对生产者选择的收入效应，表现为政府课税之后，会使生产者可支配的生产要素减少，从而降低了商品的生产能力，而处于较低的生产水平，如图 7.4 所示。

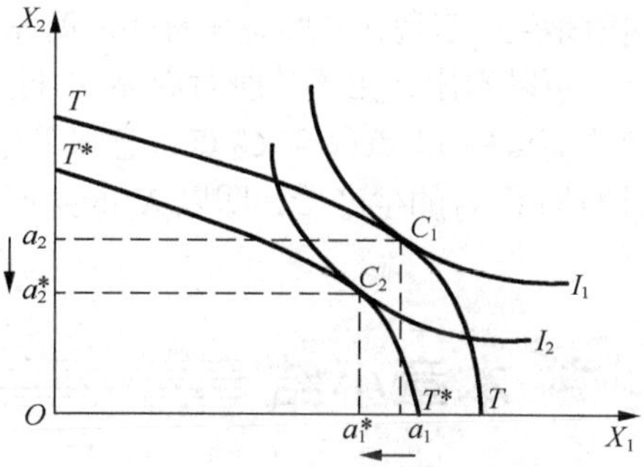

图 7.4 税收对生产者选择的收入效应

假定某生产者在政府课税前的厂商均衡点为 C_1。在 C_1 点，其生产可能性曲线与所能达到的最高无差异曲线 I_1 相切，生产者按照 a_1 和 a_2 的坐标所决定的最佳组合生产商品 X_1 和商品 X_2。

现假定政府决定向生产者征收某种税，将生产者购买力的一部分转归政府使用。政府征税的结果，是生产者的生产可能性曲线向内移动，在图中由原来的 TT 线移至 T^*T^*线。新的生产可能性曲线 T^*T^*与其所能达到的最高无差异曲线 I_2 在 C_2 点相切，形成税后的厂商均衡点。这表明生产者所能支配的生产要素较政府征税前减少了，生产能力因此而相应下降。现在生产者只能按照 a_1^* 和 a_2^* 坐标所决定的最佳组合生产商品 X_1 和 X_2，而这一税后组合的产量较税前有所减少（如图中箭头所示），其可能获得的最大利润量也较税前降低了。

不难看出，由于政府征税，改变了生产者的生产抉择。其厂商均衡点由 C_1 点移至 C_2 点，意味着生产者在政府征税之后，因可支配生产要素减少，不得不相应减少商品的生产量。

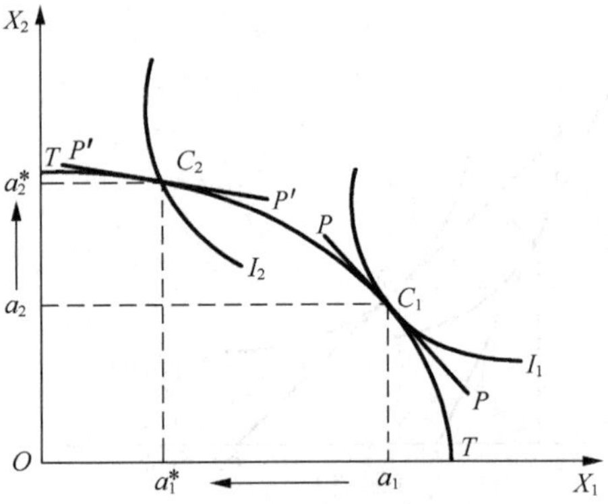

图 7.5　税收对生产者选择的替代效应

2. 税收对生产者选择的替代效应

税收对生产者选择的替代效应，主要通过税收对市场价格机制的干扰完成。不论税款由生产者缴纳还是由消费者缴纳，也不论是从量计税还是从价计税，税收都会在课税商品价格中打进一个“楔子”，其结果是消费者支付的含税价格上升，而生产者实际得到的不含税价格下降。

税收对生产者选择的替代效应，表现为政府课税之后，生产者面临的课税商品的不含税价格相对下降，生产利润空间缩小，因此，生产者将减少课税或重税商品的生产量，而增加无税或轻税商品的生产量，即以无税或轻税商品替代课税或重税商品。如图 7.5 所示，假设某生产者拥有的生产要素是固定的，并全部用来生产两种商品 X_1 和 X_2，其生产可能性曲线 TT 代表可能生产出来的商品 X_1 和 X_2 的组合情况。TT 线上的任何一点切线的斜率都代表生产一种商品相对于另一种商品的边际替代率或社会机会成本。

政府课税之前，TT 线与无差异曲线 I_1 在 C_1 点相切，形成税前的厂商均衡点。意味着在 C_1 点上，X_1 和 X_2 的组合最优，生产者按 a_1 坐标生产商品 X_1，按 a_2 坐标生产商品 X_2，获得的利润最大。TT 线也同 PP 线在 C_1 点相切，其斜率代表 X_1 和 X_2 之间税前的边际成本的比率。

现假定政府决定对商品 X_1 征收消费税，对商品 X_2 不征税。消费者为 X_1 支付的价格随之上升，生产者实际得到的价格下降，边际成本比率（如沿 $P'P'$ 线所示）也急剧提高。TT 线与 $P'P'$ 线在 C_2 点相切，在新的边际成本比率下，生产者所能达到的最高无差异曲线为 I_2，在 C_2 点形成税后的厂商均衡点。生产者面临着 X_1 和 X_2 的新的最优组合。这意味着在新的相对价格比率条件下，生产者将减少 X_1 的生产量，而将由此腾出的一部分生产要素用于增加 X_2 的生产量（如图中箭头所示）。也就是生产者现在按照 a_1^* 坐标生产商品 X_1，按 a_2^* 坐标生产商品 X_2，其可能获得的利润最大。

可以看出，由于政府对商品 X_1 征税而对商品 X_2 不征税，改变了生产者的生产抉择。其厂商均衡点由 C_1 点移至 C_2 点，意味着生产者在政府对 X_1 征税之后，减少了 X_1 的生产量，而相对增加了 X_2 的生产量，即以 X_2 的生产相应替代了一部分 X_1 的生产。

本章小结

税收是国家及各级政府凭借政治权力取得财政收入的主要形式，具有强制性、无偿性、固定性三个特征。出于分析和研究的需要可以对税收进行多种分类。

税收应遵循效率、公平、稳定等原则，最适课税理论研究的就是如何构建公平原则和效率原则兼顾的税收制度。

税制要素具体包括纳税人、课税对象、税率、课税标准、纳税环节、纳税地点、纳税期限、减免税等。其中，纳税人、课税对象、税率是构成税收制度的三个最基本的要素。

税收会给纳税人带来负担。纳税人可以通过经济交易中的价格变动，将所纳税款的一部分或全部转嫁给其他人负担。税负能否顺利转嫁受多种因素的制约。

税收作为一种强制和无偿的国家占有形式，会对纳税人的经济选择或经济行为发生这样或那样的影响，即税收效应，包括税收收入效应和税收替代效应两个方面。

练习与思考

一、重要概念

1．税收 2．直接税 3．间接税 4．从量税 5．从价税 6．逆弹性法则 7．税负转嫁 8．税负归宿 9．全额累进税率 10．超额累进税率 11．起征点 12．免征额 13．税收负担 14．拉弗曲线 15．税收资本化 16．税收中性原则

二、单项选择题

1．财政收入的主要形式是（　　）。

A．收费　B．税收　C．政府债务　D．罚款

2．我国个人所得税中的工资、薪金所得税采用（　　）。

A．比例税率　B．超额累进税率　C．全额累进税率　D．累退税率

3．降低税收的超额负担，关键在于保持税收的（　　）。

A．中性　B．稳定性　C．公平性　D．可持续性

4．下列哪项不是税收的原则？（　　）

A．稳定性　B．收入性　C．效率性　D．公平性

5．下列哪项不属于拉弗曲线所表述的思想？（　　）

A．税率高不一定带来高税收　B．任何经济体均存在税率禁区

C．理论上存在最佳税率　D．税收收入与税率成反比关系

6．下列哪个不是税收制度的构成要素？（　　）

A．纳税人　B．扣缴义务人　C．纳税地点　D．税收减免

7．商品税一般采用（　　）。

A．比例税率　B．定额税率　C．全额累进税率　D．超额累进税率

8．我国现行税法规定个人所得税的免征额为（　　）元。

A．2 000　B．1 600　C．3 500　D．5 000

9．在其他条件不变时，超额累进税率和全额累进税率相比，（　　）对纳税人造成的负担更重。

A．超额累进税率　B．全额累进税率　C．一样多　D．以上都不对

10．商品课税较（　　）转嫁，所得课税一般较（　　）转嫁。

A．易，难　B．易，易　C．难，难　D．难，易

三、多项选择题

1．按照课税对象的不同可以将税收分为（　　）。

A．商品税　B．所得税　C．财产税

D．增值税　　E．房产税

2．现代税收原则包括（　　）。

A．效率原则　　B．公平原则　　C．简化原则

D．稳定原则　　E．收入原则

3．下列哪些是税制构成的基本要素？（　　）

A．纳税人　　B．课税对象　　C．税率

D．纳税地点　　E．纳税环节

4．下列哪些是税收的特征？（　　）

A．强制性　　B．无偿性　　C．固定性

D．有偿性　　E．任意性

5．下列哪些商品征税的税负较易转嫁？（　　）

A．垄断性商品　　B．竞争性商品

C．需求弹性小的商品　　D．供给弹性大的商品

6．亚当·斯密的税收原则包括（　　）。

A．平等　　B．节省　　C．确定　　D．便利

7．以下哪些人曾提出过税收原则？（　　）

A．亚当·斯密　　B．瓦格纳　　C．阿瑟·拉弗

D．凯恩斯　　E．卢卡斯

四、分析判断题

1．税收具有及时性、严肃性等特征。（　　）

2．实行比例税率的商品税其实就是“累退税”。（　　）

3．亚当·斯密的税收原则分别反映了市场经济的自由竞争的根本要求。（　　）

4．税收是一种强制性收入。（　　）

5．所得税是间接税。（　　）

6．商品税是间接税。（　　）

7．目前我国的资源税全部采取从量税。（　　）

8．我国现行的增值税采用的是价内税。（　　）

9．西方国家的消费税采用的是价外税。（　　）

10．所有国家的地方政府都没有税收立法权。（　　）

五、简答题

1．简要分析税收与国家的关系。

2．简述税收原则的演化历程。

3．试述拉弗曲线提出的经济、社会背景。

4．简要分析拉姆齐法则。

5．简要分析最优所得税理论。

6．简述税负转嫁的主要形式。

7．简要分析我国商品税各税种的收入比重。

8．有些公司的母公司和子公司不在同一个地点，请简要分析其纳税地是何处。

六、论述题

1．我国地方政府是否具有税收立法权？并论述为什么。

2．画图分析税收的效应。

3．查阅资料，论述我国税收和财政收入的关系。

七、材料分析题

减轻中产阶层的税收负担

据中金网 2016 年 10 月 25 日讯　中国一份官方文件《激发重点群体活力带动城乡居民增收的实施意见》引发不小争议。该文件要求实施财产性收入开源清障行动，实施收入分配秩序规范行动，提出进一步减轻中等以下收入者税负，同时适当加大对高收入者的税收调节力度，堵塞高收入者非正规收入渠道，发挥收入调节功能。

但如何界定高收入者呢？有国内媒体将高收入者界定为年收入 12 万元以上的群体，一时舆论哗然，随即引发官方专家紧急发话，表示媒体解读是引申演绎甚至谣言。政策出台之前，每每风声鹤唳，无论最终落地情况如何，这一次 12 万元引发的争议，却实打实地击中了中国城市中产人群的痛点。

12 万元的提法，完全是空穴来风吗？回顾以往个税改革历史，在 2006 年后 12 万元即成为个税申报的门槛，这也是导致媒体解读 12 万元的基础之一。

不谈税收，以收入界定，12 万元是什么水平？一方面有人表示 12 万元扣除五险一金后所剩无几，另一方面也有人表示对比欧美，中国税率不算最高，更何况即使 12 万元在一线城市也算高收入。

确实，即使放眼一线城市，12 万元的收入绝对不能说低。根据上海社会科学院公布的 2016 年一期民生民意调查报告，个人年收入在“5 万元及以下”的占 29.70%，“5.1 万元至 7 万元”的占 30.60%，“7.1 万元至 10 万元”的占 25.30%，“10 万元以上”的占 14.40%。这意味着，收入 10 万元以上者只是少数。既然如此，为何大家对于 12 万元还是那么敏感？

真实情况在于，所谓的高收入者很多生活在一、二线城市，面对高涨的房价与膨胀的生活费用，12 万元其实说不上宽裕，甚至可谓城市“夹心层”。按照中原地产统计数据，上海全市二手房平均成交价已经接近 6 万元，核心区更是高达 9 万元，一套 100 平方米的房子，12 万元的高收入者不吃不喝甚至不纳税也得 50 年才能买下。如此说来，这所谓的高收入者其实也难说是真正的高收入者。

一方面达到 12 万元收入者为数寥寥，另一方面则是 12 万元的购买力日益降低，这与中国烈火烹油的繁荣景象似乎不相符合。究其根本，这更多地反映了中国收入与财富分配不平等的程度。在众多 12 万元收入者之上，的确存在着一小部分富有者，其中最富有的 1%家庭，却拥有 1/3 的社会财富。

任务：请分析在中国，什么样的收入水平属于中产阶层？如何完善现行税收制度，从而达到减轻中产阶层税负的目的？

第八章 税收制度

案例引导

企业的交际应酬支出应该享受税收优惠吗？

1978 年，吉米·卡特总统将美国的所得税描述为“人类的耻辱”。他被这样一个事实所激怒：企业经理可以将“喝了三瓶马丁尼酒的午餐”作为企业费用扣除，而雇员则不能扣除他们的香肠三明治的费用。他还可以列举出一些事例：企业可以扣除游艇费用、公务旅行的机票费用、高档餐厅的餐饮费用、狩猎场所的费用、运动场上昂贵的飞艇费用、游泳池费用、高尔夫球赛费用、网球训练费用以及摇滚音乐会的费用。无疑是管理人员和雇员在这些项目中娱乐，却减少了税收或者说增加了其他纳税人的负担。企业的交际应酬支出从应纳税额中扣除，从而降低了应纳税额。

1987 年，企业的交际应酬支出的扣除限额为支出的 80%以内，1993 年降至 50%。许多经济学家对这些支出是否应当扣除提出质疑，因为对于那些从中享受的人来说，这些支出属于未课税的消费。企业认为，这些支出是吸引顾客或保持雇员士气等企业经营活动的一部分，因而应当被扣除。

（尼尔·布鲁斯，2005）[523]

试问：你赞成谁的观点呢？

税收制度是指一个国家或政府的税收组成体系及各种征管法令、制度等的总称。本章将学习商品课税、所得课税和财产课税等税类的特征、功能及其主要税种，介绍我国主要税种及我国税收制度改革。

第一节 商品课税

一、商品课税概述

1. 商品课税的特征

商品课税是泛指所有以商品和劳务为征税对象的一类税的总称。商品课税起源很早，历史上曾是各国政府的主要收入来源。即使在以所得税为主体税种的发达国家，商品课税也仍然十分重要，特别是其中的增值税，以税收中性、高效率、高透明度和收入稳定的特点，受到很多国家政府的重视。而在发展中国家，商品课税则一直是其税制结构中的主体税种。商品课税有以下几个方面的特征。

> **想一想**
> 普遍课征体现的是效率还是公平？

（1）课征普遍。商品课税以商品和劳务的交换所形成的销售收入或营业收入为前提，它伴随商品和劳务的交易行为的发生而课征，只要发生商品和劳务的交易行为就可征税，收入来源稳定可靠。

（2）以商品和劳务的流转额为计税依据。商品和劳务的流转额是指商品和劳务的销售收入额或营业额。由于商品和劳务的课税以流转额为计税依据，因此这类税又称流转税。在税率既定的前提下，商品税税额的大小直接依存于商品和劳务价格的高低及流转额的多少，而与商品的成本和费用水平无关，不受纳税人经营状况和赢利水平的影响。

（3）实行比例税率。除少数税种实行定额税率外，多数税种适用比例税率。

（4）计征简便。商品课税以流转额为计税依据，且实行的是比例税率，征收成本较低且计征便利。

（5）税负可以转嫁。商品课税常常附加在商品的售价中，在销售过程中转嫁给消费者。与所得税和财产税税额从收入和财产额中直接扣除不同，消费者虽然负担了商品课税，但感受到税收负担的压力并不明显，因此，政府对商品课税的阻力也较小。

从以上商品课税的特征来看，商品课税的优点是税源充裕，收入来源稳定可靠，征税阻力较小，容易征收管理，征收费用较少。但商品课税的缺点也是明显的，主要是它未考虑纳税人的负担能力，按统一税率征收，从税收负担占个人收入的比例看，高收入者比低收入者负担小，具有累退性，不符合税收的公平原则。此外，由于商品课税与商品价格相联系，在国内会干扰市场运行，在国际间会阻碍资金、劳动力和商品的自由竞争和流动。

2. 商品课税的类型和主要税种

按照不同的标准，可对商品课税进行不同的分类。

（1）按课税基数的不同可划分为两类：一是对商品和劳务的销售收入全额征税，如消费税；二是对商品的增加值课征，如增值税。

（2）按课税环节的不同可划分为两类：一是单环节税，即只在商品的生产、批发、零售当中的某一环节征税；二是多环节税，即在商品的流转过程中选择多个环节征税。

（3）按计税依据的不同可划分为两类：一是从价税，即以商品和劳务的价格为计税依据计算应纳税额；二是从量税，即以商品的数量、重量、容积、面积等为计税依据计算应纳税额。

我国现行商品课税由增值税、消费税、关税等税种组成，来自这些税种的收入占我国税收收入的 70%以上。

二、增值税

增值税是以货物或劳务价值中的增值额为课征对象的一个税种。增值税 20 世纪 50 年代始于法国，以后在西欧和北欧各国迅速推广，现已成为许多发达国家和发展中国家广泛采用的一个国际性税种。

温馨提示

我国税收制度改革与完善尚处于“正在进行时”。本教材讲解的税收制度是教材编写时的最新税制内容，当你使用本书时，有关税收法规可能已经发生变化。最新的税收法律法规参见国家税务总局网站税收政策库。

1. 增值税的优点

增值税具有很多优点。

（1）避免重复征税。增值税的最大特点之一是在对一种商品多次课征中避免重复征税。这有利于生产的专业化和技术协作，保证税负分配相对公平。

（2）增值税采取道道课税的课征方式，并以各企业新创造的价值为计税依据，可以使各关联企业在纳税上互相监督，减少乃至杜绝偷税漏税。因为上游企业漏税必然使下游企业多纳税，在经济利益原则驱使下，下游企业会主动监督上游企业的纳税情况。

（3）增值税的课征与商品流转环节相适应，但税收额的大小又不受流转环节多少的影响。

（4）企业的兼并和分解都不影响增值税额，可以保证税收的稳定。

（5）对出口需要退税的商品可以实行零税率，将商品在国内已缴纳的税收一次全部退还给企业，比退税不彻底的一般流转税更能鼓励外向型经济的发展。

2. 增值税的类型

一般而言，增值税的计税依据是商品和劳务价款中的增值额，但各国的增值税制度对购进固定资产价款的处理有所不同，据此，增值税可分为三种类型。

（1）生产型增值税。不准许抵扣任何购进固定资产价款，就国民经济整体而言，计税依据相当于国民生产总值，称为生产型增值税。

（2）收入型增值税。只准许抵扣当期应计入产品成本的折旧部分，就国民经济整体而言，计税依据相当于国民收入，称为收入型增值税。

（3）消费型增值税。准许一次全部抵扣当期购进的用于生产应税产品的固定资产价款，就国民经济整体而言，计税依据只包括全部消费品价值，称为消费型增值税。

由于计税依据有差别，因而不同类型增值税的收入效应和激励效应是不同的。从财政收入着眼，生产型增值税的效应最大，收入型增值税次之，消费型增值税最小；从激励投资着眼，则次序相反。西方国家采用生产型增值税者较少，普遍采用后两种类型。

3. 我国的增值税制度

我国自20世纪80年代开始试行增值税，当时的增值税是由原产品税转化而来的，仅限于对部分工业品征收，而且设置了多档税率。1994年全面改革工商税制时，增值税被列为改革的核心内容。其目标是按国际上通行的做法，在我国当时条件下，建立一种比较完整的增值税课征机制，使之符合市场经济对税制的要求。

2009年1月1日起，我国增值税进行了重大改革，由原来的生产型增值税改为消费型增值税。2016年5月1日起，我国实施全面营改增试点，营业税全部改征增值税，流通环节由增值税全部覆盖。2018年3月，国务院常务会议决定，从5月1日起降低增值税税率，以减轻企业税负。2019年3月21日，财政部、国家税务总局、海关总署三部门发布了《关于深化增值税改革有关政策的公告》。公告明确，增值税一般纳税人发生增值税应税销售行为或者进口货物，原适用16%税率的，税率调整为13%；原适用10%税率的，税率调整为9%。现归纳如下。

微课堂
增值税

（1）增值税的征收范围，包括生产、批发、零售和进口货物及提供的各种服务、劳务。

（2）增值税的纳税义务人，是指在境内发生应税交易且销售额达到增值税起征点的单位和个人，以及进口货物的收货人。增值税起征点为季销售额30万元。

（3）增值税税率，一般纳税人适用税率一共有13%、9%、6%、零税率四档（见表8.1）。

表8.1　增值税税率表（截至2020年9月）
（一般纳税人适用）

序号	税目	税率	序号	税目	税率
1	销售或者进口货物（除9～12项外）	13%	7	运输服务	9%
2	加工、修理修配劳务	13%	8	转让土地使用权	9%
3	有形动产租赁服务	13%	9	饲料、化肥、农药、农机、农膜	9%
4	不动产租赁服务	9%	10	粮食等农产品、食用植物油、食用盐	9%
5	销售不动产	9%	11	自来水、暖气、冷气、热水、煤气、石油液化气、天然气、二甲醚、沼气、居民用煤炭制品	9%
6	建筑服务	9%	12	图书、报纸、杂志、音像制品、电子出版物	9%

续表

序号	税目	税率	序号	税目	税率
13	邮政服务	9%	18	生活服务	6%
14	基础电信服务	9%	19	销售无形资产（除土地使用权外）	6%
15	增值电信服务	6%	20	出口货物	零税率
16	金融服务	6%	21	跨境销售国务院规定范围内的服务、无形资产	零税率
17	现代服务（除租赁服务外）	6%			

（4）小规模纳税人计税办法，对年应征增值税销售额在500万元及以下，且会计核算不健全，不能按规定报送有关税务资料的小规模纳税人，实行简易征收办法，按应征增值税销售收入乘以征收率计算应纳税额。增值税征收率有3%和5%两档。征收率5%的主要包括销售不动产，不动产租赁，转让土地使用权，提供劳务派遣服务、安全保护服务选择差额纳税的；征收率 3%的主要包括建筑服务，有形动产租赁，小规模纳税人提供劳务派遣服务、安全保护服务未选择差额纳税的。这其中还包括两个“减按”：一是个人出租住房，按照5%的征收率减按1.5%计算应纳税额；二是销售自己使用过的固定资产、旧货，按照3%征收率减按2%征收[①]。

（5）价外税，即以不含税价格作为计税依据，在零售以前各环节销售商品时，专用发票上要求分别填写税金和不含税金的价格。在零售环节，消费者购买的商品为自己使用，已不存在税款抵扣问题，为了照顾我国广大消费者的习惯心理，零售环节的价、税仍实行合一的办法。

视野拓展

中华人民共和国增值税法

（6）应纳税额的计算：按购进扣税法计算应纳税额，实行根据专用发票注明税金进行税款抵扣制度。其计算公式为

应纳税额 = 当期销项税额 − 当期进项税额

销项税额 = 不含税销售额 × 适用税率

准予从销项税额中抵扣的进项税额为下列扣税凭证上注明的增值税额：从销售方取得的增值税专用发票上注明的税额；从海关取得的完税凭证上注明的税额。外购的固定资产所含的税款，计算应纳税额时准予扣除，因而我国现行的增值税属于消费型增值税。

视野拓展

“放管服”与增值税发票综合服务平台

案例分析与讨论 8.1

江苏省连云港市2019年减税降费成效调查

为全面掌握减税降费政策实施成效情况，密切跟踪政策实施效果，江苏省连云港市对超过百家服务业企业“减税降费”情况进行了跟踪调查，基本情况如下。

（1）接近百分之百的企业认可认知。由于“江苏降费”政策普惠性强，企业对政策的认可度和认知度普遍较高。综合调研测算，百分之百的企业享受到了应享受的“减税降费”优惠。其中认为税负有不同程度减轻的企业达99.8%，认为各项费用减轻的则达到100%。

（2）超过九成的企业受益。从受益情况看，有高达96.2%的企业认为企业在“减税降费”中受益，其中认为明显受益的达82.7%。具体而言，有55.8%的企业享受到增值税优惠政策，有42.3%的企业享受到所得税优惠政策，有26.9%的企业享受到六税两费优惠政策，100%的企业享受到社保费率降低政策。

① 2020年，为应对新冠疫情的影响，对复工复业的小规模纳税人，湖北省免征，其他省、自治区、直辖市按1%的征收率征收。自2020年5月1日至2023年12月31日，从事二手车经销的纳税人销售其收购的二手车，由原按照简易办法依3%征收率减按0.5%征收增值税。

（3）绝大多数企业感觉税费减轻。从税负角度看，在感觉税负有所减轻的企业中，认为明显减轻的有44.9%，认为稍有减轻的为 46.5%。从费用方面看，感觉费用明显减轻的企业为 38.6%，感觉稍有减轻的为 61.4%。

（4）近八成企业将受益用于再生产投入。据调查，在税费减轻后，有近八成的企业计划将政策红利转化为发展动能，进一步促进企业的良性循环。其中有 32.3%的企业计划用于扩大生产规模，有 37.8%的企业计划用于企业更新改造，有 43.3%的企业计划用于提高职工薪酬水平，有 11.0%的企业计划用于加大科研与创新，也有约 21.3%的企业表示暂时没有变化。

（5）几乎所有企业都比较满意。从满意度方面看，2019 年以来，该市实施“减税降费”政策迅速到位，企业满意度普遍较高，综合满意度在九成以上。

启发思考

（1）对企业而言，减税降费意味着什么？

（2）你认为企业感知减税降费的关键是什么？

三、消费税

消费税是以消费品或消费行为为课税对象征收的一种税。在国际上，实行消费税的国家比较广泛，通常征收增值税的国家也同时征收消费税。政府课征消费税的目的主要是调节消费结构，引导消费方向，筹集财政收入。对烟、酒等消费品实行高税率或单独设置税种课以较重的税收，是国际上普遍的做法。

1. 消费税的特点

消费税与其他税种相比具有明显的不同，那就是实现寓禁于征的目的。为实现这一目的，消费税在征收范围、税率和课税环节等方面都有其特殊的规定。

（1）消费税的征收范围是有选择的，通常是在普遍征增值税的基础上选择某些特定的消费品或消费行为征收，而不是普遍征收，实现寓禁于征的目的。消费税征收范围的选择主要考虑以下几方面的因素：一是非生活必需品中一些高档、奢侈的消费品；二是从保护身体健康、生态环境等方面的需要出发，不提倡也不宜过度消费的某些消费品；三是一些特殊的资源性消费品。

（2）消费税平均税率较高，而且通过设置产品差别税率来达到调节消费、调节收入的作用。

（3）消费税通常实行单环节课征制，一般选择在生产或进口环节征收。消费税从理论上说最终是由消费者负担的，但为了减少纳税人的数量，从而降低征收费用，防止税款流失，消费税的征税环节通常确定在生产和进口环节。如果在生产或进口环节征收了，其他流转环节就不再征收，以避免重复征收，并保证课征费用低、征收效率高。

视野拓展

中华人民共和国消费税法

2. 我国现行消费税制度

（1）征税范围。在种类繁多的消费品中，征收消费税的商品数量较少。我国现行《消费税暂行条例》中，确定征收消费税的品目包括烟、酒、高档化妆品、贵重首饰及珠宝玉石、鞭炮焰火、成品油、摩托车、小汽车、高尔夫球及球具、高档手表、游艇、木制一次性筷子、实木地板、电池、涂料等。

（2）纳税人。消费税的纳税人包括在中华人民共和国境内生产、委托加工和进口《消费税暂行条例》规定的消费品的单位和个人，以及国务院确定的销售《消费税暂行条例》规定的消费品的其他单位和个人。

（3）计税方法。消费税采取从价定率、从量定额和从价从量复合税率计征三种计算征税方法。从价定率的方法是指根据商品销售价格和税法规定的税率计算征税。消费税实行价内征收的办法，以含有消费税税金而不含增值税税金的消费品价格为计税依据。从量定额的方法是指根据商品销售数量和税法规定的单位税额计算征税。对一些价格差异不大、计算单位规范的消费品，如啤酒、汽油等，采取从量定额征税的方法；大多数消费品实行从价定率征税的方法。只有卷烟和白酒实行从价从量复合税率计征方法。

（4）税率。消费税对不同的消费品设置了不同档次的税率（税额），以体现消费税特殊的调节作用。

（5）征税环节。我国应税消费品的消费税征税环节一般在生产、委托加工和进口环节。金银首饰和钻石饰品、超豪华小汽车在零售环节征收，卷烟在批发环节加征 11%的消费税。

四、关税

关税是指对进出一国关境的货物和物品征收的一种税。关税是一个重要的税种，除了具有筹集财政收入的作用外，还与国家的权益和对外经济贸易紧密联系在一起，是一国政府实现政治、经济和对外贸易关系目标的重要手段。在世界贸易组织体制下，关税制度获得新的国际协调机制，深刻影响各国关税法律的改革与完善。

（一）关税的种类

关税主要分为进口关税、出口关税与过境关税，还可分为财政性关税与保护性关税。

1. 进口关税

进口关税是指针对输入国境或关境的商品征收的关税。进口关税具有调节进口商品价格和保护本国产业的功能，是目前世界各国广泛采用的关税。

进口关税实际上存在通常状态下的进口关税与非正常状态下加征的进口关税，前者称为进口正税，后者则相应称为进口附加税。进口附加税通常是适应国际贸易竞争的需要而使用的，是针对一项具体的贸易活动而临时使用的，主要包括以下几种。

（1）反补贴关税，是指进口国针对出口国为促进商品的竞争能力而设立的种种补贴措施而征收的附加税。

（2）反倾销税。倾销是指一国商品以低于正常价值的方式进入另一国市场，从而对该国已建立的工业造成重大威胁的行为。反倾销税是针对倾销商品征收的附加税。

（3）报复性关税，是指一国在认为本国出口商品受到不公正的歧视性待遇时，对实施该歧视性待遇的国家向本国进口的商品征收的歧视性关税。

（4）歧视性关税，是指一国因为某种贸易经济或相关原因而对他国进口的商品征收高于本国正常关税税率的关税。

视野拓展
中美贸易争端资料

2. 出口关税

出口关税是指对出口商品征收的关税。对出口商品征收关税会造成本国出口商品价格上升，在国际贸易竞争中必然处于劣势。因此，现代各国已经较少征收出口关税。存在出口关税的主要是发展中国家，基于本国财政收入增加的需要，对本国出口的稀缺商品征收出口关税。例如，中国现在征收的出口关税的范围包括鳗鱼苗、生漆、钨矿砂等 47 种商品。

3. 过境关税

过境关税是指一国针对经过本国口岸停留后，再转运到其他国家的商品征收的关税。过境关税区别于进口关税和出口关税的特点在于应税商品既非出自纳税国，也不向纳税国进口，虽然进入该国的国境或关境，但并没有与纳税国的市场发生关联。目前各国为促进转口贸易的发展，基本上停止征收过境关税。

4. 财政性关税与保护性关税

财政性关税是指关税的征收仅是或主要是满足国家财政的需要。保护性关税是指以保护本国相关产业为目的征收的关税。

（二）关税的作用

关税对于维护国家主权和经济利益、保护和促进本国工农业生产的发展具有重要的作用，并能调节国民经济和对外贸易行为，增加财政收入。

（1）维护国家的主权和经济利益。对进出口货物征收关税，表面上看似乎只是一个与对外贸易相联系的税收问题，其实一国采取什么样的关税政策直接关系到国与国之间的主权和经济利益。关税已成为各国政府维护本国政治、经济利益，乃至进行国际经济斗争的一个重要手段。

（2）保护和促进本国工农业生产的发展。一个国家采取什么样的关税政策，是实行自由贸易，还是采用保护性关税政策，是由该国的经济发展水平、产业结构状况、国际贸易收支状况以及参与国际经济竞争的能力等多种因素决定的。我国作为发展中国家，一直十分重视利用关税保护本国的“幼稚产业”，促进进口替代工业发展，在保护和促进本国工农业生产的发展方面发挥了重要作用。

（3）调节国民经济和对外贸易行为。关税是国家调节经济的重要杠杆，通过税率的高低和关税的减免，可以影响进出口规模和结构，调节国民经济活动。

（4）筹集财政资金。关税是国家财政收入的重要组成部分，为国家筹集财政资金是海关的基本职能之一。从世界上大多数国家尤其是发达国家的税制结构分析，关税收入在整个财政收入中的比重不大，并呈下降趋势。但是，在发展中国家，特别是那些国内工业不发达、工商业税源有限、国民经济主要依赖某种或某几种初级资源产品出口，以及国内许多消费品主要依赖进口的国家，征收进出口关税仍然是其取得财政收入的重要渠道之一。目前，发挥关税在筹集财政资金方面的作用仍然是我国关税政策的一项重要内容。

（三）我国现行关税制度

（1）征税对象。我国关税的征税对象是进出我国关境的货物或物品。其中，货物是指贸易性商品，物品是指入境旅客携带的行李和产品、个人邮递产品、各种运输工具上的服务人员携带进口的自用产品、馈赠产品以及其他方式进入国境的个人产品。

（2）纳税人。贸易性商品的纳税人是经营进出口货物的收货人、发货人。产品的纳税人则包括入境的行李和产品的持有人、所有人及进口个人邮件的收件人。

（3）税率。关税的税目和税率在《海关进出口税则》中确定。进口税率分为普通税率和优惠税率，出口税率为差别比例税率。

（4）减免税。关税的减免税可分为法定减免税、政策性减免税和临时性减免税三种。法定减免税是税法中明确列出的减税、免税。政策性减免税也称特定减免税，是在法定减免税之外根据国家有关进出口政策办理的减免税。临时性减免税是由于特殊原因对某个纳税人临时给予的减免税。

（5）应纳税额的计算。关税应纳税额的计算公式为

$$应纳税额 = 关税的完税价格 \times 适用税率$$

进出口货物的完税价格，由海关以进出口货物的实际成交价格为基础确定。

案例分析与讨论 8.2

美国施加的关税对中国贸易的影响

2019 年 11 月，联合国贸易和发展会议（UNCTAD）经济学家亚历山大·尼西塔（Alessandro Nicita）发布了一篇研究报告（*Trade and tradediversion effects of United States tariffs on China*），对中美贸易摩擦爆发以来，美国所施加的关税对中国贸易的影响进行了分析。

自 2018 年年中，中美贸易摩擦爆发以来，中美之间经历了几轮报复性关税对抗。尼西塔研究了美国对中国施加关税对美国进口的影响。结果显示，被施加关税的产品，进口下降幅度超过了 25%。分析还发现，美国从中国进口减少的部分，转移到了其他地区。这些影响还在继续增加。另外，研究显示，中国出口商开始以较低的出口价格来承担部分关税成本。总体而言，美国对中国施加关税同时损害了两国经济。美国的损失体现在消费价格上涨，而中国的损失体现在出口下降。

启发思考

（1）关税对进出口商品价格有什么影响？

（2）关税对国际贸易有什么影响？

第二节　所 得 课 税

所得课税是以纳税人的所得为课税对象的税类。所得税产生于 1799 年的英国，之后世界上其他国家也相继开征所得税。目前，所得税是发达国家的主体税种。

一、所得课税概述

1. 所得课税的特征

所得课税具有以下特征。

（1）税负相对公平。所得课税是以纯收入或净所得为计征依据，并一般实行多所得多征、少所得少征的累进征税办法，合乎量能课税原则。同时，所得课税往往规定起征点、免征额及扣除项目，可以在征税上照顾低收入者，不会影响纳税人的基本生活。

（2）一般不存在重复征税问题，不影响商品的相对价格。所得课税是以纳税人的总收入减去准予扣除项目后的应税所得额为课征对象，征税环节单一，只要不存在两个以上课税主体，则不会出现重复征税。所得税的应税所得额不构成商品价格的追加，且不易转嫁，因而一般不会干扰各类商品的相对价格。

（3）有利于维护国家的经济利益。在国际经济交往与合作不断扩大的现代社会，跨国投资和经营的情况极为普遍，因而存在跨国所得。对跨国所得征税是一个主权国家应有的利益，这就需要利用所得税可以跨国征税的天然属性，参与纳税人跨国所得的分配，维护本国利益。

（4）课税有弹性。所得来源于经济资源的利用和剩余产品的增加，从长远来看，随着资源利用效率的提高，剩余产品也会不断增加，因而所得课税不仅税源可靠，而且可根据国家的需要灵活调整，以适应政府支出的增减。

所得课税的缺陷是：①所得课税的开征及其财源受企业利润水平和人均收入水平的制约；②所得课税的累进课税方法会在一定程度上压抑纳税人的生产和工作积极性的充分发挥；③计征管理比较复杂，需要较高的税务管理水平，在发展中国家广泛推行往往遇到困难。另外，有一种观点认为同商品课税相比，所得课税的经济调节功能较弱，不易有效地体现政府的经济政策。

2. 所得课税的类型

依据对课税对象计税方法的不同规定，所得税可以分为以下三类。

> **想一想**
> 对劳动所得征税和对资本所得征税会产生什么不同的经济效应？

（1）分类所得税，是指针对不同性质的所得，如工资薪金、利息、股息、财产转让、劳务所得等，分别按不同的税率和扣除标准计算征税。分类所得税的优点是，可以按照不同性质的所得分别课征，实行区别对待，贯彻政府政策意图，而且征收比较简便。其缺点是不能按照纳税人的负担能力课征，无法真正贯彻税收的公平原则。正因如此，发达国家的所得税制经历了一个从分类所得税向综合所得税的转变过程。目前，纯粹采用分类所得税的国家已经很少。

（2）综合所得税，是指将纳税人各种性质的所得加以合并，综合所有所得征收的一类所得税。它通常是将纳税人的综合所得按照家庭情况准予扣除基本生活费用等，再以余额衡量纳税人的纳税能力，按超额累进税率课税。综合所得税比较符合量能课税的原则，但征纳手续比较烦琐，如果政府缺乏有效的税收征收、稽查能力，偷税、漏税现象会比较严重。

（3）分类综合所得税，是指对某些所得或一定收入数量限额以下的所得采用分类所得税办法征收，而当各类所得数额之和达到某一规定标准时，再加征综合所得税。它兼有分类所得税和综合所得税的优点。

二、企业所得税

企业所得税是以企业（公司）为纳税人，将其生产经营的所得额或利润额作为课税对象的一种税收。在国外一般称之为“公司所得税”。它与个人所得税通行于发达国家，曾经是许多国家的主要收入来源。

我国 1980 年开征中外合资经营企业所得税，1982 年开征外国企业所得税，1983 年实行“利改税”，开始征收国营企业所得税。1985 年将工商所得税改为集体企业所得税，另又开征私营企业所得税，加上当时实行的中外合资经营企业所得税和外国企业所得税，形成了我国按企业所有制性质划分的企业所得税体系。《中华人民共和国外商投资企业和外国企业所得税法》于 1991 年 7 月 1 日起施行，它合并了原来的中外合资经营企业所得税和外国企业所得税。1994 年工商税制改革，将原来对内资企业开征的各个税种，即国营企业所得税、集体企业所得税、私营企业所得税统一为企业所得税，仍然保留了外商投资企业和外国企业所得税。2008 年 1 月 1 日起实施的《中华人民共和国企业所得税法》统一了内外资企业所得税。

我国于 2008 年 1 月 1 日起实施的企业所得税制度主要内容如下。

1. 纳税人

企业所得税的纳税人为在中华人民共和国境内的企业和其他取得收入的组织，包括内外资企业，但不包括个人独资企业和合伙企业。

企业分为居民企业和非居民企业。居民企业，是指依法在中国境内成立，或者依照外国（地区）法律成立但实际管理机构在中国境内的企业。非居民企业，是指依照外国（地区）法律成立且实际管理机构不在中国境内，但在中国境内设立机构、场所的，或者在中国境内未设立机构、场所，但有来源于中国境内所得的企业。

2. 征税范围

居民企业应当就其来源于中国境内、境外的所得缴纳企业所得税。

非居民企业在中国境内设立机构、场所的，应当就其所设机构、场所取得的来源于中国境内的所得，以及发生在中国境外但与其所设机构、场所有实际联系的所得，缴纳企业所得税。

非居民企业在中国境内未设立机构、场所的，或者虽设立机构、场所但取得的所得与其所设机构、场所没有实际联系的，应当就其来源于中国境内的所得缴纳企业所得税。

3. 税率

企业所得税的税率为 25%。非居民企业在中国境内未设立机构、场所的，或者虽设立机构、场所但取得的所得与其所设机构、场所没有实际联系的，应当就其来源于中国境内的所得缴纳企业所得税，适用税率为 20%。符合条件的小型微利企业，减按 20%的税率征收企业所得税。国家需要重点扶持的高新技术企业和经认定的技术先进型服务企业，减按 15%的税率征收企业所得税。

4. 应纳税所得额

企业每一纳税年度的收入总额，减除不征税收入、免税收入、各项扣除以及允许弥补的以前年度亏损后的余额，为应纳税所得额。

收入总额包括销售货物收入、提供劳务收入、转让财产收入、股息和红利等权益性投资收益、利息收入、租金收入、特许权使用费收入、接受捐赠收入和其他收入。不征税收入包括财政拨款、依法收取并纳入财政管理的行政事业性收费、政府性基金、国务院规定的其他不征税收入。企业实际发生的与取得收入有关的、合理的支出，包括成本、费用、税金、损失和其他支出，准予在计算应纳税所得额时扣除。企业发生的公益性捐赠支出，在年度利润总额 12%以内的部分，准予在计算应纳税所得额时扣除。

5. 应纳税额的计算

企业的应纳税所得额乘以适用税率，减除依照企业所得税法关于税收优惠的规定减免和抵免的税额后的余额为应纳税额。其计算公式为

$$应纳税额 = 应纳税所得额 \times 适用税率 - 减免和抵免的税额$$

三、个人所得税

微课堂
个人所得税

（一）个人所得税概述

个人所得税是对个人（自然人）取得的应税所得征收的一种税。它的征收体现一个主权国家在其管辖权范围内与其居民和非居民的一种征纳关系。个人所得税是所得课税中的主要税种，是世界各国普遍征收的，特别是在一些发达国家，其税收收入额在财政收入中占有相当高的比重。个人所得税的作用主要有以下几点。

（1）增加财政收入。随着人们生活水平的提高，个人所得不断增加，个人所得税因而成为政府收入的重要来源。

（2）有利于实现社会公平。个人所得税区别不同性质和来源的所得，实行差别税率和超额累进税率，能较好地体现量能课税的原则，缩小收入差距，有利于社会公平。

（3）有利于建立税收自动稳定器机制。所得税的自动稳定器机制主要体现在个人所得税中，尤其是综合所得税制，采用累进税率，税收弹性更大，对经济周期的自动稳定机能更为明显。

（二）我国现行个人所得税制度

我国现行的个人所得税属于分类综合所得税，即对纳税人取得的部分所得采取综合征收，部分所得采用分项征收的模式。

1. 纳税人

个人所得税以所得人为纳税人，具体分为两种情况：居民个人和非居民个人。在中国境内有住所，或者无住所而一个纳税年度内在中国境内居住累计满 183 天的个人，为居民个人。居民个人从中国境内和境外取得的所得均需缴纳个人所得税。在中国境内无住所又不居住，或者

无住所而一个纳税年度内在中国境内居住累计不满 183 天的个人，为非居民个人。非居民个人从中国境内取得的所得需缴纳个人所得税。

2. 征税项目、税率

个人所得税的征税项目包括工资、薪金所得，劳务报酬所得，稿酬所得，特许权使用费所得，经营所得，利息、股息、红利所得，财产租赁所得，财产转让所得，偶然所得，国务院财政部门确定征税的其他所得等。居民个人取得工资、薪金所得，劳务报酬所得，稿酬所得，特许权使用费所得称综合所得，综合所得按纳税年度合并计算个人所得税。综合所得，以每年收入减去费用 60 000 元以及专项扣除、专项附加扣除和其他扣除后的余额为应纳税所得额。专项附加扣除，是指个人所得税法规定的子女教育、继续教育、大病医疗、住房贷款利息或者住房租金、赡养老人等 6 项专项附加扣除。

非居民个人的工资、薪金所得，以每月收入减除费用 5 000 元后的余额为应纳税所得额，劳务报酬、稿酬、特许权使用费所得以每次收入额为应纳税所得额。经营所得，以每一个纳税年度的收入总额减除成本费用及损失后的余额为应纳税所得额。

个人所得税税率主要有超额累进税率和比例税率两种。综合所得实行的是七级超额累进税率。对个体工商户的生产、经营所得，企业、事业单位的承包经营、承租经营所得实行五级超额累进税率。其他项目实行 20%的比例税率。

3. 综合所得的计税方法

综合所得，以每年收入减去费用 60 000 元以及专项扣除、专项附加扣除和其他扣除后的余额为应纳税所得额。居民个人取得的综合所得，按年计算个人所得税（见表 8.2）；有扣缴义务人的，由扣缴义务人按月或者按次预扣预缴税款。

视野拓展
个人所得税专项附加扣除暂行办法

（1）专项扣除包括居民个人按照国家规定范围和标准缴纳的基本养老保险、基本医疗保险、失业保险等社会保险费和住房公积金等。

（2）专项附加扣除，是指个人所得税法规定的子女教育、继续教育、大病医疗、住房贷款利息或者住房租金、赡养老人等 6 项专项附加扣除。

（3）其他扣除包括个人缴付的符合国家规定的企业年金、职业年金等扣除项目。

表 8.2　综合所得个人所得税税率表（一）

（居民个人适用）

级数	全年应纳税所得额	税率（%）	级数	全年应纳税所得额	税率（%）
一	不超过 36 000 元的部分	3	五	超过 420 000 元至 660 000 元的部分	30
二	超过 36 000 元至 144 000 元的部分	10	六	超过 660 000 元至 960 000 元的部分	35
三	超过 144 000 元至 300 000 元的部分	20	七	超过 960 000 元的部分	45
四	超过 300 000 元至 420 000 元的部分	25			

注：本表所称全年应纳税所得额是指依照《中华人民共和国个人所得税法》第六条的规定，居民个人每一纳税年度收入额减除费用 6 万元以及专项扣除、专项附加扣除和依法确定的其他扣除后的余额

4. 财产租赁所得的计税方法

财产租赁所得，按照纳税人每次取得的收入计算缴纳个人所得税。每次收入不超过 4 000 元的，减除费用 800 元；4 000 元以上的，减除 20%的费用，其余额为应纳税所得额。按照 20%的税率计算应纳所得税额。

5. 财产转让所得的计税方法

财产转让所得，以转让财产的收入额减除财产原值和合理费用后的余额为应纳税所得额，按照20%的税率计算应纳所得税额。

6. 利息、股息、红利所得，偶然所得和其他所得的计税方法

利息、股息、红利所得，偶然所得和其他所得，以每次收入额为应纳税所得额。

7. 主要免税和减税项目

下列各项个人所得免纳个人所得税：①省级人民政府、国务院部委和中国人民解放军军以上单位，以及外国组织、国际组织颁发的科学、教育、技术、文化、卫生、体育、环境保护等方面的奖金；②国债和国家发行的金融债券利息；③按照国家统一规定发给的补贴、津贴；④福利费、抚恤金、救济金；⑤保险赔款；⑥军人的转业费、复员费；⑦按照国家统一规定发给干部、职工的安家费、退职费、退休工资、离休工资、离休生活补助费；⑧依照我国有关法律规定应予免税的各国驻华使馆、领事馆的外交代表、领事官员和其他人员的所得；⑨中国政府参加的国际公约、签订的协议中规定免税的所得；⑩经国务院财政部门批准免税的所得。

有下列情形之一的，经批准可以减征个人所得税：①残疾、孤老人员和烈属的所得；②因严重自然灾害造成重大损失的。

课堂金话筒

（1）比较关境和国境的概念，区分关境和国境有什么政策意义？

（2）你认为当前我国个人所得税制度还存在哪些问题，应如何进一步改革完善？

（3）消费税对资源过度消费行为有抑制作用，有人认为，应该对日用消费品全面征收消费税，你怎么看这种观点？

第三节　资源与环境课税

一、资源税

资源税是一种以各种自然资源为课税对象的税。自然资源是指天然形成、自然存在的物质资源，是大自然对人类无偿赐予的物质财富，一般包括土地、海洋、森林、草原、水、矿藏以及生物资源等。

1. 资源税的课征方式

资源税有两种课征方式：一是以自然资源本身为计税依据，这种自然资源必须是私人拥有的；二是以自然资源的收益为计税依据，这种自然资源往往为国家所有。前一种资源税实质上就是财产税，即对纳税人拥有的自然财富的课征，它与对纳税人拥有的其他形式财产的课税没有根本的差别。很多国家的自然资源为私人拥有，因而这些国家只有财产税而没有资源税。

2. 我国现行资源税的特点

我国现行资源税有以下特点。

（1）征税范围小。我国现行资源税征税范围仅包括金属矿、非金属矿、水和盐。森林、草场、滩涂等资源未纳入资源税征收范围，征税范围较小。

（2）征税目的主要是调节资源级差收入。我国资源税的立法目的是：调节资源开采企业因资源开采条件的差异所形成的级差收入，为资源开采企业之间开展公平竞争创造条件。因此，

采用了对不同资源条件以及利润水平的企业区别对待的原则，实行差别较大的比例税率。

（3）从价定率和从量定额结合计税。2016 年 7 月 1 日我国实行资源税改革，资源税征收方式由从量征收改为从价征收，对经营分散、多为现金交易且难以控管的黏土、砂石，按照便利征管原则，仍实行从量定额计征。对《资源税税目税率幅度表》中未列举名称的其他非金属矿产品，按照从价计征为主、从量计征为辅的原则，由省级人民政府确定计征方式。

3. 我国现行资源税制度

《中华人民共和国资源税法》有如下规定。

（1）纳税人：在中华人民共和国领域和中华人民共和国管辖的其他海域开发应税资源的单位和个人。

（2）征税范围：所有矿产品、盐和水资源。矿产品包括能源矿产品、金属矿产品和非金属矿产品等。

（3）计税方法：资源税实行按产品类别从价定率或从量定额征税，税率形式有比例税率和定额税率两种。水资源实行从量计征。实行从价计征的，应纳税额按照应税产品的销售额乘以具体适用税率计算。实行从量计征的，应纳税额按照应税产品的销售数量乘以具体适用税率计算。

二、环境保护税

开征环境保护税是为了保护和改善环境，减少污染物排放，推进生态文明建设，《中华人民共和国环境保护税法》自 2018 年 1 月 1 日起施行。

视野拓展

推动环境保护费改税
保障环保税法顺利实施

1. 纳税人

在中华人民共和国领域和中华人民共和国管辖的其他海域，直接向环境排放应税污染物的企业事业单位和其他生产经营者为环境保护税的纳税人。

2. 课税对象

应税污染物，是指《环境保护税税目税额表》《应税污染物和当量值表》规定的大气污染物、水污染物、固体废物和噪声。

3. 计税依据

应税污染物的计税依据，按照下列方法确定：

（1）应税大气污染物按照污染物排放量折合的污染当量数确定；

（2）应税水污染物按照污染物排放量折合的污染当量数确定；

（3）应税固体废物按照固体废物的排放量确定；

（4）应税噪声按照超过国家规定标准的分贝数确定。

4. 税额计算

环境保护税应纳税额按照下列方法计算：

（1）应税大气污染物的应纳税额为污染当量数乘以具体适用税额；

（2）应税水污染物的应纳税额为污染当量数乘以具体适用税额；

（3）应税固体废物的应纳税额为固体废物排放量乘以具体适用税额；

（4）应税噪声的应纳税额为超过国家规定标准的分贝数对应的具体适用税额。

5. 税收减免

下列情形，暂予免征环境保护税：

（1）农业生产（不包括规模化养殖）排放应税污染物的；

（2）机动车、铁路机车、非道路移动机械、船舶和航空器等流动污染源排放应税污染物的；

（3）依法设立的城乡污水集中处理、生活垃圾集中处理场所排放相应应税污染物，不超过国家和地方规定的排放标准的；

（4）纳税人综合利用的固体废物，符合国家和地方环境保护标准的；

（5）国务院批准免税的其他情形。

第四节　财产课税和行为课税

一、财产课税

财产课税是对所有以财产为课税对象的税种的统称，主要包括土地税、房产税、不动产税、一般财产税、遗产税等税种。

（一）财产税的类型、特征和作用

目前，财产税的课征范围大多数是房屋、土地、车辆、遗产等财产。对于机器、设备等生产资料和日常生活用品以及无形资产等，一般不征财产税。

1. 财产税的类型

财产税主要有以下三种类型。

（1）一般财产税。一般财产税是对财产所有者拥有的全部财产进行课征；税率多采用比例税率，也采用累进税率；纳税人主要是个人，也有国家对公司法人征税。

（2）特别财产税。特别财产税是对特别选定的某些财产分别课征，主要有土地税、房屋税或房产税、房地产税、不动产税等。

（3）财产转移税。财产转移税是对财产所有权变更进行课征，包括遗产税、赠与税等。

2. 财产课税的特征和作用

财产课税具有以下特征。

（1）课税比较公平。个人拥有财产的多寡往往可以反映他的纳税能力，对财产课税符合量能纳税原则。

（2）具有促进社会节约的效能。对财产课税可以促进社会资源合理配置，限制挥霍和浪费。

（3）课税不普遍，且弹性较差。这是财产课税固有的缺陷。财产课税只能选择征税，不可能遍及所有财产，因而征税范围较窄。同时，由于财产增长需要较长时间，速度较慢，弹性较差，因而财产课税不可能作为一个国家的主要税种，一般是作为地方政府的主要收入来源。

（4）对社会财富的存量课税。作为课税对象的财产大多是不直接参与流转和交易的财产。

财产课税虽然在组织收入、调节公平和促进效率等方面发挥了一定的作用，但由于财产课税存在一些难以避免的缺陷，如收入缺乏弹性、难以普及无形资产、妨碍资本形成、财产估价困难等，使得财产税在整个税收体系中的地位有逐渐下降的趋势。在现代社会，财产课税已不可能成为国家的主要税种。但是，财产课税作为现代国家的三大税收体系之一，部分地弥补了商品课税和所得课税的不足，成为税收制度的重要组成部分，在筹集财政收入、公平社会财富分配等方面仍然发挥着其他税种所无法取代的作用。

微课堂
房产税

（二）我国财产课税的主要税种

1. 房产税

我国现行房产税是以房屋为征税对象，依据房产的价格或房产租金收入向房产所有人或经营人征收的一种税。

现行房产税制度有以下几个要点。

（1）房产税纳税人是指在我国城市、县城、建制镇和工矿区内拥有房屋产权的单位和个人。

（2）征税范围为城市、县城、建制镇和工矿区，农村不征。

（3）税率。我国房产税实行比例税率。按房产余值计征的，税率为 1.2%；按房产租金收入计征的，税率为 12%。从 2001 年 1 月 1 日起，对个人按市场价格出租居民住房用于居住的，可暂减按 4%的税率征收房产税。

（4）应纳税额的计算。房产税应纳税额的计算分为以下两种情况：以房产余值为计税依据的，

$$应纳税额 = 房产余值 \times 1.2\%$$

以房产租金收入为计税依据的，

$$应纳税额 = 房产租金收入 \times 12\%$$

视野拓展

上海房产税

上海市和重庆市于 2011 年实施房产税改革试点，上海房产税基本内容如下。

征税范围：本市居民家庭在本市新购且属于该居民家庭第二套及以上的住房（包括新购的二手存量住房和新建商品住房）；非本市居民家庭在本市新购的住房。

计税依据：住房市场交易价格的 70%。

税率：实行 0.4%～0.6%差别化税率。适用税率暂定为 0.6%，但对应税住房每平方米市场交易价格低于或等于本市上年度新建商品住房平均销售价格 2 倍的，税率可暂减为 0.4%。

重庆市关于开展对部分个人住房征收房产税改革试点的暂行办法

征税面积：对本市居民家庭给予人均 60 平方米的免税住房面积（指住房建筑面积）扣除。合并计算的家庭全部住房面积为居民家庭新购住房面积和其他住房面积的总和。

上海房产税的计算公式为

$$应纳税额=应税面积\times新购房单价\times70\%\times税率$$

2. 车船税

车船税是对在中华人民共和国境内依法在车船管理部门登记的车辆、船舶征收的一种财产税。

现行车船税制度有以下几个要点。

（1）纳税人是车辆、船舶的所有人或管理人。

（2）征税范围具体可分为车辆和船舶两大类。其中，车辆为机动车，包括载客汽车、载货汽车、三轮汽车、低速货车、摩托车专项作业车和轮式专用机械车；船舶为机动船和非机动驳船。

（3）税率。车船税实行幅度定额税率，对各类车船分别以排气量、净吨位为计税标准。载客汽车按发动机排气量大小计税，机动船舶按净吨位计税。

3. 土地增值税

土地增值税是以土地为课税对象，以土地增值额为课税标准而征收的一种税。

土地属于不动产，对土地课税是一种古老的税收形式，也是当代各国普遍征收的一种财产税。对土地征税，依据税基不同，大致可以分为两大类：一类是财产税性质的土地税，以土地的数量或价值为税基，实行从量计税或从价计税，如我国历史上的田赋、地亩税、地价税等；另一类是收益税性质的土地税，可以对一定时期内土地价格的增加部分征税，也可以对出卖土地的价格高于购入价格的差额部分进行征税，如土地收益税、土地增值税等。

我国现行土地增值税制度有以下几个要点。

（1）纳税人。我国土地增值税的纳税人是有偿转让国有土地使用权及地上建筑物和其他附

着物产权（简称转让房地产）取得增值性收入的单位和个人。不分经济性质，不分内外资企业及中外籍人员，不论是专营还是兼营房地产，只要在中华人民共和国境内转让房地产并取得收入的单位和个人，都是土地增值税的纳税义务人。

（2）征税对象。土地增值税的征税对象，是转让国有土地使用权、地上建筑物及其附着物所取得的收入，减除相关的成本、费用及税金后的余额，即为转让房地产的增值额。

（3）税率。土地增值税实行四级超率累进税率。

（4）应纳税额，计算公式为

$$应纳税额 = 增值额 \times 适用税率 - 扣除项目金额 \times 速算扣除系数$$

4. 城镇土地使用税

城镇土地使用税是以城镇土地为征税对象，对在城镇范围内拥有土地使用权的单位和个人征收的一种税。

我国现行城镇土地使用税征收制度有以下几个要点。

（1）纳税人。凡在城市、县城、建制镇、工矿区范围内使用土地的单位和个人都是纳税人。

（2）征税范围，为城市、县城、建制镇和工矿区范围内的国家所有和集体所有的土地，农村不征。

（3）税率。城镇土地使用税实行定额税率，按大、中、小城市和县城、建制镇、工矿区分别规定每平方米土地使用税的年应纳税额。具体如下：大城市 1.5～30 元/平方米；中等城市 1.2～24 元/平方米；小城市 0.9～18 元/平方米；县城、建制镇、工矿区 0.6～12 元/平方米。

（4）应纳税额，其计算公式为

$$全年应纳税额 = 计税土地面积 \times 适用税额$$

5. 契税

契税是以所有权或使用权发生转移的房屋和土地为征税对象，向产权承受人征收的一种税。因房地产的产权发生转移，一般都要书立契约，契税因此而得名。

契税具有财产转移税的特点，并且由产权承受人缴纳，对于增加土地财政收入、保护合法产权、避免产权纠纷等具有一定意义。

我国现行契税征收制度有以下几个要点。

（1）纳税人是在中华人民共和国境内转移土地、房屋权属，承受相关权属的单位和个人。

（2）征税范围为发生土地使用权和房屋所有权转移的土地和房屋，具体包括国有土地使用权的出让和转让，房屋的买卖、赠予和交换等。

（3）税率。契税实行 3%～5%的幅度比例税率。

（4）应纳税额。其计算公式为

$$应纳税额 = 计税依据 \times 适用税率$$

二、行为课税

行为课税是指以某些特定行为及为实现国家特定的政策目的为课税对象的一类税。我国行为课税的主要税种有城市维护建设税、印花税、耕地占用税、车辆购置税等。

1. 城市维护建设税

城市维护建设税与其他税种不同，没有独立的征税对象或税基，而是以增值税、消费税实际缴纳的税额为计税依据，属于两税的附加税。它随着两税的征收而征收，随着两税的减免而减免。海关对进口产品征增值税、消费税的，不征收城市维护建设税；对出口产品退还增值税、消费税的，不退还已缴纳的城市维护建设税。

城市维护建设税税款专款专用，用来保证城市的公共事业和公共设施的维护和建设，因此，它是一个具有特殊用途的目的税。

我国现行城市维护建设税征收制度要点如下。

（1）征税范围。城市维护建设税的征税范围包括城市、县城、建制镇以及税法规定征收增值税、消费税的其他地区。

（2）纳税人。城市维护建设税的纳税人是在中华人民共和国境内缴纳增值税、消费税的单位和个人。不论是单位和个人，只要缴纳了增值税、消费税中的任何一种税，都必须同时缴纳城市维护建设税。外商投资企业和外国企业暂不缴纳城市维护建设税。

（3）税率。按照纳税人所在地的不同，城市维护建设税实行地区差别比例税率。纳税人所在地在城市市区的税率为7%，纳税人所在地不在城市市区的税率为5%。

（4）应纳税额。其计算公式为

应纳税额＝实际缴纳的增值税、消费税税额和出口货物、劳务或者跨境销售服务、无形资产增值税免抵税额之和×适用税率

2. 印花税

印花税是对经济活动和经济交往中书立、使用、领受具有法律效力的凭证的单位和个人征收的一种税。印花税是一种具有行为税性质的凭证税，凡发生书立、使用、领受应税凭证的行为，就必须依照印花税的有关规定履行纳税义务。

我国现行印花税征收制度有以下几个要点。

（1）征税范围。印花税征税范围广泛，凡税法列举的合同或具有合同性质的凭证、产权转移书据、营业账簿及权利许可证照，都必须依法纳税。现行印花税有15个税目，涉及经济活动的各个方面。

（2）纳税人。纳税人是在中国境内书立、使用、领受《印花税暂行条例》所列举的凭证并应依法履行纳税义务的单位和个人。具体包括立合同人、立据人、立账簿人、领受并持有权利许可证照的人，以及在国外书立、领受但在国内使用该凭证的使用人。值得注意的是，对应税凭证，凡有两方或两方以上当事人共同书立的，其当事人各方都是印花税的纳税人，应各就其所持凭证计税金额履行纳税义务。

（3）税率。印花税实行比例税率和定额税率两种形式。应税合同按不同类型，税率分别为合同列明价款或者报酬的万分之三、万分之零点五和千分之一；应税产权转移书据税率为支付价款的万分之五；应税权利、许可证照税率为每件五元；应税营业账簿税率为实收资本（股本）、资本公积合计金额的万分之二点五；证券交易税率为成交金额的千分之一。

（4）应纳税额，其计算公式为

应纳税额＝应税凭证的计税金额（或应税凭证件数）×适用税率

3. 耕地占用税

耕地占用税是对占用耕地建设建筑物、构筑物或者从事非农业建设的单位和个人征收的一种税。征收耕地占用税的目的是合理利用土地资源，加强土地管理，保护耕地。

我国现行耕地占用税制度要点如下。

（1）征税范围。耕地占用税的征税范围是一切用于建房或从事其他非农业生产建设的耕地，包括国家所有和集体所有的耕地。占用耕地建设农田水利设施的，不缴纳耕地占用税。

（2）纳税人。纳税人是占用耕地建房或从事其他非农业生产建设的单位和个人。

（3）税率。耕地占用税采用幅度地区差别定额税率，从量征收。占用基本农田的，应当按照当地适用税额，加按150%征收。

（4）应纳税额，其计算公式为

应纳税额 = 实际占用耕地的面积（平方米）× 适用的单位税额

4. 车辆购置税

车辆购置税是以在中国境内购置规定的车辆为课税对象，在特定环节向车辆购置者征收的一种税。车辆购置税是对应税车辆的购置行为课征，征税环节选择在使用环节（即最终消费环节），实行一次课征制。纳税人应在向公安机关等车辆管理机构办理车辆登记注册手续前缴纳车辆购置税。

我国现行车辆购置税制度要点如下。

（1）征税范围。纳税范围是《中华人民共和国车辆购置税暂行条例》规定的应税车辆，包括汽车、摩托车、电车、挂车和农用运输车。

（2）纳税人。纳税人是在中华人民共和国境内购置应税车辆的单位和个人。

（3）税率。实行单一比例税率，税率为10%。

（4）应纳税额，其计算公式为

应纳税额 = 计税价格 × 税率

纳税人购买自用的应税车辆，以纳税人购买应税车辆而支付给销售者的全部价款和价外费用（不含增值税）为计税依据；纳税人进口自用的应税车辆以组成计税价格为计税依据。

本章小结

商品课税泛指所有以商品和劳务为征税对象的一类税。商品课税的特征是课征普遍、以商品和劳务的流转额为计税依据、实行比例税率、计征简便、税负可以转嫁。我国现行商品课税制度主要由增值税、消费税、关税等税种组成。

所得课税是以纳税人的所得为课税对象的税类。其主要特征是税负相对公平、一般不存在重复征税问题、有利于维护国家的经济利益、课税有弹性。我国现行所得课税的主要税种有企业所得税、个人所得税。

资源税是以各种自然资源为课税对象的一种税。开征资源税的主要目的是促进资源的合理开发和利用，并体现国有资源有偿使用的原则。

财产课税是对所有以财产为课税对象的税种的统称，主要包括土地税、房产税、不动产税、一般财产税、遗产税等税种。行为课税是指以某些特定行为及为实现国家特定的政策目的为课税对象的一类税。我国行为课税的主要税种有城市维护建设税、印花税、耕地占用税、车辆购置税等。

练习与思考

一、重要概念

1. 商品课税　2. 增值税　3. 消费税　4. 关税　5. 个人所得税　6. 企业所得税　7. 反倾销税　8. 反补贴关税　9. 报复性关税　10. 歧视性关税　11. 过境关税　12. 财政性关税　13. 保护性关税

二、单项选择题

1. 下列哪种税实行累进税率？（　　）

A. 增值税　　B. 个人所得税　　C. 企业所得税　　D. 资源税

2. 下列哪种税的税负较易转嫁？（　　）

A．增值税　　B．个人所得税　　C．企业所得税　　D．遗产税

3．以《财政部税务总局海关总署公告》（2019 年第 39 号）为准，我国增值税一般纳税人的基本税率为（　　）。

A．13%　　B．10%　　C．16%　　D．3%

4．对增值税而言，现行小规模纳税人的征收率为（　　）。

A．3%　　B．5%　　C．13%　　D．7%

5．下列哪个不是消费税的税目？（　　）

A．一次性筷子　　B．实木地板　　C．烟酒　　D．服装

6．我国现行个人所得税是（　　）。

A．分类所得税　　B．综合所得税　　C．分类综合所得税　　D．以上都不是

7．我国现行车辆购置税的税率为（　　）。

A．3%　　B．5%　　C．13%　　D．10%

8．我国现行税法规定个人所得税的月费用扣除标准为（　　）元。

A．2 000　　B．1 600　　C．3 500　　D．5 000

9．我国现行个人所得税为（　　）级累进。

A．7　　B．9　　C．5　　D．6

10．我国现行企业所得税基本税率为（　　）。

A．33%　　B．25%　　C．24%　　D．17%

三、多项选择题

1．下列哪些属于商品税？（　　）

A．增值税　　B．消费税　　C．关税

D．企业所得税　　E．个人所得税

2．我国现行消费税采取何种方式计征？（　　）

A．从价定率　　B．从量定额　　C．复合税率

D．全额累进计征　　E．超额累进计征

3．下列哪些是消费税的税目？（　　）

A．一次性筷子　　B．实木地板　　C．烟酒

D．服装　　E．金融保险业

4．财产税包括（　　）。

A．一般财产税　　B．遗产税　　C．赠与税

D．车船税　　E．车船使用税

5．所得税包括（　　）。

A．一般财产税　　B．个人所得税　　C．企业所得税

D．资本利得税　　E．遗产税

6．关税包括（　　）。

A．进口关税　　B．出口关税　　C．过境关税

D．贸易关税　　E．双边关税

7．相对而言，以下哪些税种征收相对较烦琐？（　　）

A．增值税　　B．个人所得税　　C．消费税　　D．一般财产税

四、分析判断题

1．增值税的计税依据是不含税价格。（　　）

2．我国消费税只实行从量计征。（　　）

3．我国现行增值税（价外税）最早实行于20世纪60年代。(　　)

4．在我国，商品税占税收收入的较大比重。(　　)

5．我国工资、薪金个人所得税的起征点为5 000元。(　　)

6．目前我国的资源税仅采取从量计征。(　　)

7．将消费税征收环节由生产环节向批发、零售环节后移，会降低征税成本。(　　)

五、简答题

1．简述商品课税的特征、功能和作用。

2．简述所得课税的特征、功能和作用。

3．简述财产课税的特征、功能和作用。

4．简述资源税的特征、功能和作用。

5．简述增值税的优点。

6．简述增值税的三种类型及我国增值税转型的经济意义。

六、论述题

1．论述我国财产税现状、问题及其改革展望。

2．分析我国资源税改革的背景。

七、材料分析题

专项扣除，你还将获得哪些减税红利

据《光明日报》2018年10月21日报道　在个税费用扣除标准上调后，人们关心2019年起用于教育、医疗、房贷、房租、赡养老人等方面的支出还能享受哪些减税红利。10月20日，财政部、国家税务总局公布《个人所得税专项附加扣除暂行办法（征求意见稿）》(以下简称《暂行办法》)，正式开始为期两周向社会公开征求意见。

《暂行办法》对《个人所得税法》规定的子女教育、继续教育、大病医疗、住房贷款利息、住房租金和赡养老人等6项专项附加扣除进行了详细的规范。

在子女教育方面，按纳税人每个子女每年12 000元（每月1 000元）的标准定额扣除。

在继续教育方面，纳税人接受学历或非学历继续教育的支出，在规定期间可按每年4 800元或3 600元定额扣除。

在大病医疗方面，纳税人在社会医疗保险管理信息系统记录的、由个人负担超过15 000元的医药费用支出部分为大病医疗支出，可以按照每年60 000元标准限额据实扣除。

在住房贷款利息方面，纳税人本人或配偶发生的首套住房贷款利息支出，可以按照每年12 000元(每月1 000元）标准定额扣除。

在住房租金方面，根据纳税人及配偶承租住房所在城市的不同，按每月800～1 200元定额扣除。房贷利息和房租抵税，两者只能选一种。

在赡养老人支出方面，纳税人赡养60岁（含）以上父母以及其他法定赡养人的赡养支出，按照每年24 000元（每月2 000元）的标准定额扣除。其中，独生子女按每人每月2 000元标准扣除，非独生子女与其兄弟姐妹分摊每月2 000元的扣除额度。

值得一提的是，扣除范围并非一成不变。《暂行办法》提出，将根据教育、住房、医疗等民生支出变化情况，适时调整专项附加扣除范围和标准。《暂行办法》向社会公开征求意见后依法于2019年1月1日起实施。

任务：在当前的经济社会发展状况下，出台个人所得税专项附加扣除意义何在？个人所得税“专项扣除”和“专项附加扣除”是一回事吗？

第九章　非税收入管理

案例引导

收费公路

2018年末，全国收费公路里程16.81万千米，占公路总里程484.65万千米的3.5%，公路收费率比2015年（3.6%）下降了0.1个百分点。全国收费公路累计建设投资总额88 823.5亿元，比上年增长7.9%。在累计建设投资总额中，累计资本金投入27 044.7亿元，资本金比例为30.4%；累计债务性资金投入61 788.8亿元，债务性资金比例为69.6%。与上年末相比，全国收费公路累计债务性资金投入61 778.8亿元，比上年增长8.9%。

试问：高速公路收费的理论依据是什么？如何做到高速公路收费的透明化？

公路收费是政府取得财政收入的一种形式。政府非税收入是财政收入体系的重要组成部分，是政府参与国民收入初次分配和再分配的一种形式，属于财政资金范畴。加强政府非税收入管理，是市场经济条件下理顺财政收入分配关系、健全公共财政职能的客观要求，也是推进政府职能转变、促进经济社会持续协调发展的重要举措。

第一节　非税收入概述

一、非税收入的含义及分类

政府非税收入（以下简称非税收入），是指除税收和政府债务收入以外的财政收入，是由各级政府、国家机关、事业单位、代行政府职能的社会团体及其他组织依法利用政府权力、政府信誉、国家资源、国有资产或提供特定公共服务、准公共服务取得的财政资金。

通常政府非税收入中不包括公共债务收入、社会保险费和住房公积金（指计入缴存个人账户部分）。这是因为，无论是内债还是外债，公债都以还本付息和自愿为前提。因此，严格意义上讲，公债不属于政府收入范畴。社会保险费由于其特殊的收支特点和相对独立的运行管理方式，社会保险基金预算按照统筹层次和社会保险项目类别编制，做到收支平衡。社保收支已经纳入国家预算管理，地方社会保险如果出现赤字，地方财政公共预算必须补贴，一般公共预算财政兜底。基于社会保险基金是通过编制专门的社会保险基金预算来管理，独立于经常性预算，通常也不划入经常性政府非税收入的范畴。计入个人账户的住房公积金实质上的支配权在个人而非政府，因而住房公积金也不属于政府财政收入。此外，政府间转移支付收入在我国尽管也划归在本级政府的一般公共预算收入之列，但从整个政府收入体系来讲，并不是额外取得的收入，而且大部分转移支付来源于税收，因此，政府间转移支付收入通常也不属于政府非税收入。

政府非税收入包括行政事业性收费、政府性基金等12类。针对不同类别和性质的非税收入，国务院制定了相应的管理政策和制度。

（1）行政事业性收费收入，是指国家机关、事业单位、代行政府职能的社会团体及其他组织根据法律、行政法规、地方性法规等有关规定，依照国务院规定程序批准，在向公民、法人提供特定服务的过程中，按照成本补偿和非营利原则向特定服务对象收取的费用。

（2）政府性基金收入，是指各级政府及其所属部门根据法律、行政法规和中共中央、国务院的有关文件规定，为支持某项特定基础设施建设和社会公共事业发展，向公民、法人和其他组织无偿征收的具有专项用途的财政资金。

视野拓展

江苏政府性基金目录

（3）罚没收入，是指国家司法机关、依法具有行政处罚权的国家行政机关、法律法规授权的具有管理公共事务职能的组织等依据法律、法规和规章规定，对公民、法人或者其他组织实施处罚所取得的罚款、没收的违法所得、没收的非法财物及其变价收入等。

（4）国有资源（资产）有偿使用收入，包括土地出让收入，新增建设用地土地有偿使用费，海域使用金，探矿权和采矿权使用费及价款收入，场地和矿区使用费收入，出租汽车经营权、公共交通线路经营权、汽车号牌使用权等有偿出让取得的收入，政府举办的广播电视机构占用国家无线电频率资源取得的广告收入，以及利用其他国有资源取得的收入。

国有资源有偿使用收入还包括国家机关、实行公务员管理的事业单位、代行政府职能的社会团体以及其他组织的固定资产和无形资产出租、出售、出让、转让等取得的收入，世界文化遗产保护范围内实行特许经营项目的有偿出让收入和世界文化遗产的门票收入，利用政府投资建设的城市道路和公共场地设置停车泊位取得的收入，以及利用其他国有资产取得的收入。

（5）国有资本经营收入，包括国有资本分享的企业税后利益，国有股股利、红利、股息，企业国有产权（股权）出售、拍卖、转让收益和依法由国有资本享有的其他收益。

（6）彩票公益金收入，是指政府按彩票销售额的一定比例提取的专项用于支持社会公益事业发展的资金。2008年以前，彩票资金收入纳入财政专户管理，从2008年起全部纳入财政预算管理。

（7）特许经营收入，是指国家依法特许企业、组织或个人垄断经营某种产品或服务而获得的收入，属于政府非税收入的组成部分，主要包括烟草专卖收入、酒类产品专卖收入、免税商品专营收入、货币发行收入、印钞造币收入、纪念邮票（纪念币）发行收入等。

（8）中央银行收入，是指中央银行在实施货币政策时所获得的各项收入，包括再贴现、再贷款利息收入，证券买卖收入，外汇交易收益，收费收入等。

（9）以政府名义接受的捐赠收入，是指以各级政府、国家机关、实行公务员管理的事业单位、代行政府职能的社会团体以及其他组织名义接受的非定向捐赠货币收入，不包括定向捐赠货币收入，以不代行政府职能的社会团体、企业、个人或者其他民间组织名义接受的捐赠收入。

（10）主管部门集中收入，是指国家机关、实行公务员管理的事业单位、代行政府职能的社会团体及其他组织集中所属事业单位收入。

（11）政府收入的利息收入，是指税收和非税收入所产生的利息收入，按照中国人民银行规定计息，统一纳入政府非税收入管理范围。

（12）其他非税收入，指未包括在上述事项中的非税收入。

案例分析与讨论 9.1

交通违章罚款到底用在哪儿了？

买菜着急停到路边罚款200元；过红绿灯不小心压到线，又罚100元！所有司机朋友都会有一个相同的感受：我真的不是故意违反交规，开车已经很小心了，但总是稀里糊涂地违章！根据测算，每个车主平均一年“贡献”交通违章罚款 500 元。截至 2019 年年底，全国机动车保有量约为 3.4 亿辆，按照上面的平均罚款数额计算，全国一年的交通违章罚款收入就达到了 1 700 亿元，这是一个庞大的数字。这些钱都去哪儿了？

（1）地方财政收入。严格来说，交警的工资里还真就有车主的罚款。因为从财政角度来看，罚没收入进入一般公共预算，完全可以形成交警部门的公用经费支出乃至交警的工资和福利支出。

（2）道路交通基础设施建设。交通违章罚款形成地方财政收入后，会安排用于交通基础设施的建设。这包含对道路、桥梁、车站、码头等以及交通运输业、交通运输机关产业的投资，用于清理交通路障，交通违章车辆拖、吊及保管等。

（3）道路交通事故社会救助基金。机动车所有人、管理人未按照国家规定投保机动车第三者责任强制保险的，由公安机关交通管理部门扣留车辆至依照规定投保后，并处依照规定投保最低责任限额应缴纳的保险费的二倍罚款。依照前款缴纳的罚款全部纳入道路交通事故社会救助基金。具体办法由国务院规定。

（4）其他用途。

启发思考

（1）除交通违章罚款外，还有哪些罚没收入？

（2）查阅文件资料，分析我国非税收入收支两条线管理的历史背景和现实状况。

二、非税收入与税收收入的比较

非税收入与税收收入的相同点包括：两者都是政府参与社会产品分配和再分配的一种形式；收入的归属都是国家（政府）；都是凭借行政权力或垄断地位取得的收入，体现政府行为；征收对象都是法人、社会团体和城乡居民个人；征收主体都是政府机关或者代行政府职能的某些行政事业单位。

非税收入与税收收入的区别包括：一是立法层级和政策制定机关不同。税收由全国人大立法、依法征收，非税收入则主要由各职能部门、各级政府立项征收。因此，税收的立法权限相对集中且层次高，而非税收入的立法权限（或政策制定权限）比较分散且层次低。二是立法和政策制定的程序不同。税收的立法或制定程序非常规范和严格，“提出立法方案、审议、表决通过和公布”四道程序缺一不可；而非税收入则不然，政府或几个甚至一个职能部门就可以立项征收。三是征收机关不同。尽管两者的征收主体都是政府，但具体执行机关不同。税收由各级税务机关和海关征收，具体征收主体固定；非税收入则由政府的有关行政机关和事业单位收取，具体征收主体多元且不固定，新生或派生征收主体的可能性非常大。四是运作和管理方式不同。税收的运作管理比较规范、科学，实行征、管、查三分离，且收入全部纳入财政预算管理，管理形式单一；而非税收入的执行人员往往“身兼数职”，集征、管、查于一身，且管理形式较复杂，我国转轨时期有纳入财政预算内管理的，甚至还有一部分是部门和单位自收自支的。五是分配方式不同。税收具有无偿性，税收缴纳与享受公共服务并不具有直接对应关系；而大部分非税收入以执收部门付出某些服务为前提，对应关系较明显。

三、非税收入的功能

政府能否正确发挥非税收入的作用，在很大程度上取决于对非税收入的功能能否合理界定。因此，非税收入的功能问题是非税收入研究的一个基本理论问题。一般认为，非税收入具有三项基本功能。

1. 收入功能

非税收入的收入功能是指，非税收入是政府参与国民收入初次分配和再分配的一种收入形式。通过非税收入，政府获得一定的财政资金。这些收入主要包括行政事业性收费收入、政府性基金收入、彩票公益金收入、国有资源（资产）有偿使用收入、国有资本收益、罚没收入、特许经营收入、中央银行收入、以政府名义接受的捐赠收入、主管部门集中的收入、政府收入的利息收入和其他非税收入等。这些项目构成了非税收入的组成部分，它弥补了税收收入的不足，并克服了税收的强制性、固定性等刚性缺陷，为政府提供社会公众所需要的公共服务奠定了丰富的物质基础。

视野拓展

2019 年全国非税收入同比增长 20.2%

2. 分配功能

非税收入的分配功能是指非税收入通过改变国民收入分配格局而为政府筹集财政收入。非税收入的分配功能与税收收入的分配功能各有分工、相互协调、相辅相成，共同完成资金筹集和资源配置任务。

在财政实践中，税收分配的强制性、固定性和无偿性特征，使之可以有效解决公共产品生产和提供的“免费搭车”问题，因而税收收入在政府收入体系中居于不可替代的重要地位，具有强大的分配功能。但是，税收的分配功能客观上也存在一定的局限，税收收入筹集和公共产品提供之间的内在联系缺乏结构性的对应关系，这既不利于合理界定政府和纳税人之间的权利和义务关系，也不利于公共产品生产效率的提高和纳税人自主纳税意识的培养。政府提供的产品或服务中，除公共产品外，还有大量的混合产品，只要混合产品具有排他性特征，就可以依据受益原则筹集收入，即按受益原则对用户收取合理的费用，这样既能以公开和公正的、社会和受益人都能接受的方式筹集收入，又能提高公共设施等由政府提供的混合产品的使用效率。

3. 调节功能

非税收入的调节功能具体体现在以下几个方面。

第一，提高资源配置效率的功能。政府如果对准公共产品的使用者不予收费，则社会成员对准公共产品的需求就会增大到边际收益为零的数量。政府提供准公共产品需要花费成本，且边际成本递增，按照“帕累托效率标准”的要求，资源配置达到边际收益和边际成本相等时才是有效率的，而在准公共产品的边际收益为零时，边际成本大于边际收益，意味着资源配置量过多、供给量过大而导致效率损失。如果政府按照边际收益和边际成本相等的原则确定收费标准，则可实现资源配置的效率。即使政府有意识地要增加低收入者的消费量，从而提高社会福利水平，也要适当收取一定的费用，这才会使之具有较高的供给效率。比如，在卫生方面，按服务成本的一定比例收取一定费用，与完全免费医疗相比，会大大减少对药品和医疗服务的过度需求；政府行政司法部门收取的规费，虽然带有一定的成本补偿性质，但更重要的是要促使社会成员或单位合理有效地使用政府提供的公共服务，避免滥用而导致效率损失。

第二，公平收入分配的功能。公共产品是由政府通过“税收—财政支出”机制向消费者提供，使低收入者和高收入者都能消费到这些产品，有助于公平收入分配。但在现实经济生活中，不同阶层的人们在公共产品的消费上存在差异。比如，政府免费提供高等教育或通过降低学校的收费标准继而予以补贴，则受益较多的是来自富裕家庭的子女。可见，“税收—财政支出”机制在公平收入分配方面存在一定的局限。而非税收入在公平收入分配方面也是有条件的。如果不能合理界定费用收取标准和方法，则非税收入也很难达到公平收入分配的目标。比如，政府通过向生产者提供补贴以降低水、电价格，受益多的很可能是那些城市里的用水、用电大户，其中包括大量的高收入者，而低收入者却由于水、电消费量少而得到较少的好处。因此，实现非税收入的公平收入分配功能必须和确定合适的费用收取方式结合起来。

想一想

在公平收入分配方面，税收和非税的调节对象有什么不同？

第三，避免和减轻“拥挤”的功能。政府提供拥挤性公共产品，需要对使用者收取一定的使用费，有助于避免和减轻拥挤。比如，某公园的拥挤点是 1 000 人，政府性收费标准的设计应基于将游客控制在 1 000 人以下。显然，该收费并非为了弥补修建公园的成本开支，而仅仅是为了解决公园使用过程中的拥挤问题，因而收费标准应该适度。收费标准过低，游客人数超过拥挤点，会导致游客的消费质量下降，使拥挤的边际成本大于消费的边际收益，导致社会福利损失；而收费标准过高，固然解决了拥挤问题，但由于游客过少，而使公园这种公共设施的利用率下降，出现资源闲置，此时消费的边际收益大于拥挤的边际成本，同样带来社会福利的损失。

第二节　政府性收费的理论基础

一、政府性收费的含义

微课堂
政府收费的理论基础

政府性收费是政府在提供公共服务、公共设施或实施行政管理的过程中，向受益者或管理对象所收取的费用。政府性收费是公共部门提供有偿服务取得的报酬，或者是公共部门支配、管理特定社会资源的价格。纯公共产品具有非排他性和非竞争性，只能通过税收弥补成本，但是准公共产品的提供，如果技术上排他可行且经济上合理，那么政府可以在一定程度上根据“谁受益、谁付费”的原则向特定主体收取费用。所以，政府性收费一般是针对准公共产品的供给而言的。政府性收费的目的是补偿项目成本，所以应该收取与受益方实际获益相对应的成本费用，不得收取与项目的全部成本相对应的费用。从财政分配的角度来讲，政府性收费是一种国民收入分配和再分配的行为，是凭借国家权力所获得的收入，从本质上看也是财政性资金。从政府行为角度来看，政府性收费是依据国家法律法规推行政务的组织活动，在一定程度上体现了政府行政管理职能和经济管理职能，是管理经济和社会的重要手段之一，具有法律手段、行政手段和经济手段的某些特征。它既作用于经济领域、社会文化领域，又作用于政治领域，对社会经济的稳定和健康发展起着不容忽视的作用。

二、政府性收费的分类

政府性收费按收费的性质、主体和经济效益不同，可进行不同的分类。

（一）按收费的性质不同划分

政府性收费按其收费性质不同可分为规费和使用费两种。

1．规费

规费是指公共部门向个人或企业提供某种特定服务或实施行政管理时所收取的手续费或工本费。规费一般包括行政规费和司法规费。

（1）行政规费。这是附属于公共部门各种行政活动的收费，名目繁多，范围广泛，一般包括内务规费（如户籍规费）、外事规费（如护照费）、经济规费（如商标登记费、商品检验费、度量衡鉴定费）、教育规费（如毕业证书费）以及其他行政规费（如会计师、律师、医师等执照费）。

（2）司法规费。它又可分两类：一是诉讼规费，如民事诉讼费、刑事诉讼费；二是非诉讼规费，如结婚登记费、出生登记费、财产转让登记费、继承登记费和遗产管理登记费等。

2. 使用费

使用费是政府根据既定标准，向特定公共服务或公共设施的使用者收取的费用，以补偿提供这些服务和设施的部分或全部成本，这种成本补偿是按照使用者的受益程度来分配的。如公路使用费、公共交通的车票、公园门票费、水费、电费、煤气费、教育收费、使用体育设施收费、到公共医院看病收费，等等。

（二）按收费的主体不同划分

政府性收费按其收费主体不同，可分为行政性收费和事业性收费两种。

1. 行政性收费

行政性收费是国家行政部门在履行职能，进行社会与经济管理时依法收取的费用。政府提供的服务种类繁多，但并非都要征收规费。只有当政府提供的服务能给某人或某单位带来某种特定的权益，如证明一种权利或身份等，才予以收费。行政性收费主要包括如下几种类型。

（1）管理性收费。管理性收费包括：①资格审查收费。如对饮食业进行卫生条件审查的卫生许可收费；对机动车辆和驾驶人员进行年审的收费等。②证照性收费。对合格、合法的单位或个人颁发的证明其行为或身份合法性的证件收费，如工商营业执照、结婚证、卫生许可证、生产许可证、行车执照、驾驶执照、居民身份证、出口许可证等。③裁定性收费。对社会经济活动中某些发生争议的行为进行协调和裁定的收费。如经济合同仲裁费、鉴定费、劳动合同手续仲裁费等。④交易行为管理费。如市场管理费、摊位费、旧车交易市场管理费等。

视野拓展

关于降低部分政府性基金征收标准的通知

视野拓展

关于减免部分行政事业性收费有关政策的通知

（2）惩罚性收费。惩罚性收费是指对违反国家法律、法规，有损社会和经济秩序正常运转的行为给予的经济性惩罚。如对违反交通规则的罚款，对违反治安管理条例的罚款，对经营假冒伪劣商品的罚款，对违反技术标准、违反商标管理的罚款等。惩罚性收费与管理性收费都是规范和管理社会经济的有效手段，但它们在社会经济管理中所处的环节不同，管理性收费侧重事前规范和事中控制，而惩罚性收费则侧重事后惩罚和纠正。

（3）资源性收费。资源性收费是指对自然资源的监督、使用和保护的收费。如土地管理费、矿产资源补偿费等。一般来看，政府行政管理部门提供的服务是纯公共产品，不能以收费方式来筹集资金。但行政部门为了更有效地提供管理服务，有时也可以选择以下项目收费：一是对违规者的罚款；二是对特许权的收费；三是在提供部分行政管理服务中发生的与被服务对象直接相关的可计量费用，如工本费等。

2. 事业性收费

事业性收费是国家规定的实行事业管理的单位向服务对象收取的费用，其实质是对劳务服务的部分补偿。如学校、医院、科研单位、文化馆、体育馆、图书馆、剧院、出版社等单位向服务对象收取的费用。事业性收费对象与服务对象是统一的，征收单位不能向未享受其服务的单位或个人收取费用。但这类收费与市场交易行为有区别。市场交易行为必须遵循等价交换的原则，具有营利性；而事业性收费大多数是不等价的，不以营利为目的，是对劳务服务成本的部分补偿。

（三）按收费的经济效应的不同划分

政府性收费按其经济效应不同，可划分为以下三种。

（1）限制自然垄断的收费。自然垄断性行业具有边际成本递减的特点。由于边际成本低于平均成本，如果按效率定价的要求，价格低于边际成本，企业会发生亏损。垄断者为确保利润往往会通过减少产量来提高价格，损害消费者的利益。因此，这种商品应由政府来提供或委托经营，把价格定在边际水平上，所发生的亏损可通过政府财政补贴来解决。

（2）市场准入性收费。政府从社会管理的角度出发，对某些行业往往实行必要的市场准入制度，通过颁发或拍卖许可证，如资源开发许可、建筑许可、烟草专卖许可等，收取一定的费用，一方面可以将一些资源使用效益不高的经营者排除在外；另一方面也可以规范经营行为。

视野拓展

国外高速公路如何收费

（3）校正外部不经济的收费。按照社会治理外部负效应所需成本来核定公共收费，迫使企业将这部分惩罚性收费打入生产成本，以校正社会成本和私人成本的差异，使生产者负担起其真实的活动成本，可以有效地遏制外部不经济行为，使生产达到适度规模。

课堂金话筒

中国的一个企业要面临哪些收费项目？企业的费用率通常为多少？利用公共产品理论分析政府性收费的依据及收费边界。

第三节　公 共 定 价

一、政府性收费的定价准则

（一）政府性收费定价的基本准则

收费价格又称“收费标准”，也称为“费率”。收费标准的确定、执行和调整是否合理，直接关系到政府性收费行为的导向力度和社会效果。由于政府性收费是一种非市场行为，其价格往往由供应方单方面确定，因此必然要求对政府性收费的定价进行有效的制度约束，针对不同的收费内容确定定价所必须遵循的基本准则。通常根据下面两个标准来确定政府性收费的数额：一是费用还原原则，是指根据政府部门提供服务所消耗的成本费用数额来确定收费标准，即以收费补偿花费的费用，因此，政府性收费资金往往采取专款专用的形式；二是劳务报偿原则，即以公民从政府部门服务中受益的大小来确定收费标准，即劳务应得收益。

微课堂

公共定价

（二）不同收费主体的定价准则

1．行政性收费的标准

行政单位的经费由国家财政拨付，其收费不以营利为目的，只是对管理成本的部分补偿，故行政性收费主要包括提供特定服务的直接费用，不包括税金、利润等费用。收费主体与收费对象之间，主要是管理与被管理的行政关系，收费多少与公共部门的管理性劳动并不存在必然联系，具有很强的政策性。此时，公共部门的首要任务是有效地实施社会经济管理，管理费用的补偿居于次要地位。根据收费对象的不同，应有不同的收费标准。

（1）罚款收费定价。罚款收费必须以相关的法律法规为准绳。首先，必须有判断某种行为违规违法的法律依据。其次，罚款的标准必须同违法违规造成的社会危害相联系，经由法律程序确定。同个别案例相联系的罚款要通过专门的程序确定，经常发生的违规罚款标准则应写入相关的法律法规和管理条例，使之成为收取罚款的定价依据。为达到有效规制的目的，罚款收费标准可高于实际的管理成本，但要坚决杜绝罚款人员随意定价收取罚款的行为。

（2）特许权收费定价。即应经过一定的政治程序来确定哪些行业和哪些行为是必须经过特许才能获得的权利。从政府管理角度来看，主要有两类：①特许行业，即那些不适合充分竞争的行业，如金融业、出租车行业、特殊资源行业等。其收费应以特许行业的经营者获得的超额收益为依据，对超额利润的测算要准确，过高的收费会导致特许行业的供应不足或价格过高，而过低的收费会使特许行业利润过高而导致非法经营者的出现。以竞标拍卖特许行业经营权来确定特许费价格，可以较准确地显示特许经营的超额利润水平。②特许行为，即需要经过特殊职业资格审查的行为，如驾驶、行医、诉讼代理等。其收费应以资格审查过程中直接发生的服务成本为定价标准，任何凭借权力抬高收费标准的行为都应被禁止。

> **想一想**
>
> 与税收相比较，行政性收费具有什么样的管理特质？公共定价权应如何配置？

（3）证照收费标准。证照收费是国家机关授权行使职能的单位通过发放证照，如许可证、登记证、通行证等实施对社会经济、技术和自然资源管理时，按照法律、法规、规章所收取的费用。对财政拨给经费的，不得收费；财政未拨足经费的，只收工本费，不收管理费和手续费，如有节余则上缴财政。工本费以实际耗费作为收费的标准，收费单位必须从消费者的立场出发来考虑降低工本费。

2. 事业性收费的标准

国家事业单位向社会提供的服务一般都具有公共消费的特征，体现了一定的公益性。收费主体不同程度地享受财政拨款或补贴，以更好地发挥作用，为社会服务。收费只是为了补充财政拨款的不足部分，包括为社会提供某种特定服务的直接费用和间接费用，不含税金和利润。事业的发展必须与经济发展的水平相适应，收费的水平不能超过收费对象的承受能力。事业性收费应根据特定的服务所需的合理性支出，以财政拨款为基础，既要考虑价值的补偿，以维持正常的事业发展，同时要考虑交费方的承受能力，以有利于贯彻国家大政方针政策。交费者在付费的同时，不仅获得了某种服务或公共设施的使用，还间接地享受到了一定的财政补贴，付费和受益之间体现了一定的对应关系。

> **想一想**
>
> 公共定价通常针对的是纯公共产品还是准公共产品？

二、公共定价的方法

在市场经济中，所有经济主体都会采取使自我利益（企业是利润，消费者是福利或效用）最大化的行动，价格成为行为信号，价格机制是实现最优资源配置的主要机制。由于政府也提供大量的满足社会公共需要的“市场性产品”，这些产品（包括服务）也涉及同其他产品和服务一样的问题。政府相关部门通过一定程序和规则制定提供公共产品的价格和收费标准，即公共定价。

从定价政策来看，公共定价包括两个方面：一是纯公共定价，即政府直接制定自然垄断行业（如能源、交通等公用事业和石油、原子能、天然气等基本品行业）的价格；二是管制定价或价格管制，即政府规定竞争性管制行业（如金融、农业、教育和医疗等行业）的价格。政府通过公共定价，不仅可以提高整个社会资源的配置效率，而且使这些产品和服务得到最有效的使用。

（一）公共定价的基本方法

无论是纯公共定价还是管制定价，都涉及定价水平和定价体系两个方面。定价水平是指政府提供每一单位“公共产品”的价格。在管制行业里，定价水平依据正常成本加合理报酬得到的总成本计算。因此，研究定价水平实质上是研究如何确定总成本。定价体系是指把费用结构和需求结构考虑进来的各种定价组合。公共定价方法包括平均成本定价法、二部定价法和负荷定价法。

1. 平均成本定价法

平均成本定价法是指政府在保持企业收支平衡的情况下，采取尽可能使经济福利最大化的定价方式。理论上，边际成本定价是最理想的定价方式，但它会致使企业亏损，长此以往，企业将难以提供足够的满足社会公共需要的产品，因为财政补贴是有限度的。因此，在成本递减行业，为了使企业保持收支平衡，公共定价或价格管制要高于边际成本定价。

2. 二部定价法

二部定价法是由两种要素构成的定价体系：一是与使用量无关的按月或按年支付的“基本费”；二是按使用量支付的“从量费”。二部定价是定额定价和从量定价二者合一的定价体系，也是反映成本结构的定价体系。由于二部定价法中的“基本费”是不考虑使用量的多少而收取的固定费，因此有助于企业财务的稳定；由于二部定价法具有“以收支平衡为条件实现经济福利最大化”的性质，因此，它适合于受管制行业（如电力、天然气、自来水等自然垄断行业）的定价。

3. 负荷定价法

负荷定价法是指针对不同时间段或不同时期的需要制定不同的价格。在电力、煤气、自来水等行业，按需求的季节、月份、时区的高峰和非高峰的不同，系统地制定不同的价格，以平衡需求状况。在需求处于最高峰时，收费最高；处于最低峰时，收费最低。

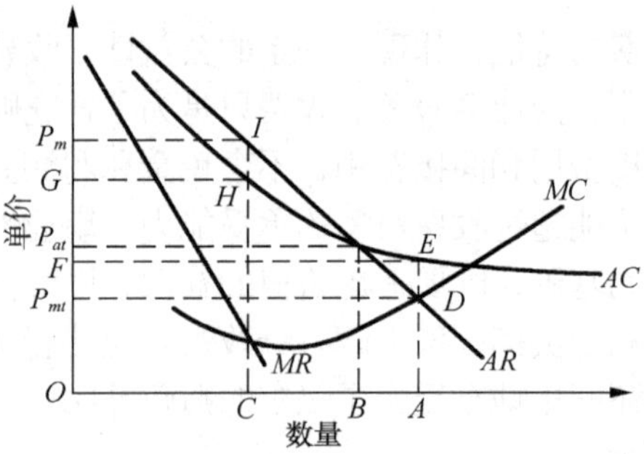

图 9.1 自然垄断行业的公共定价法

（二）自然垄断行业的公共定价

现以自然垄断行业为例，说明公共定价方法的选择。如图 9.1 所示，自然垄断行业具有较大的经营规模，且以较低的成本满足市场需要。这些部门随着产量的增加，平均成本（AC）呈递减的趋势。

令价格 P_{mt} = 边际成本（MC），则产出为 OA，该部门将蒙受 $P_{mt}DEF$ 的亏损；如任由市场定价，则在利润最大化情况下，边际收益（MR）= 边际成本（MC），此时的价格为 P_m，产量为 OC，而利润为 $GHIP_m$。

另一种情形，如以平均成本（AC）定价，平均收益等于价格。此时，价格为 P_{at}，产量为 OB，厂商的损益持平，无额外利润。

比较以上三种情况可知：产量按边际成本定价时的 OA > 按平均成本定价时的 OB > 按利润最大化定价时的 OC。而价格的情况正好相反：按边际成本定价时的 P_{mt} < 按平均成本定价时的 P_{at} < 按利润最大化定价时的 P_m。

很显然，若公共事业部门也按利润最大化的原则定价，此时价格为 P_m，而满足社会需要的产量只有 OC，它远比社会可能提供的公共事业部门的产量 OA 要低。这就意味着：资源并未得到充分利用，社会对公共事业部门产出的需要未能得到充分的满足。若按边际成本定价，价格为 P_{mt}，而满足社会需要的产量最大，此时，企业处于亏损状态，但提供了较多的社会需要的基础性产品或服务。亏损的弥补，部分可以通过财政渠道以补贴形式来进行，部分则可通过自身的收费来弥补。

温馨提示

由此可见，政府若要既充分提供公共产品，又要提高有关财政支出的效益，就必须适当选择定价方法。

课堂金话筒

（1）什么是阶梯式电价？其理论依据是什么？

（2）高速公路通行费的收费依据是什么？国家法定节假日及连休日免高速公路通行费的经济学理论基础是什么？

视野拓展

国家发改委2018年第21号令《政府制定价格听证办法》主要内容节选

1．政府制定价格听证是指定价机关依法制定（含调整，下同）政府指导价、政府定价的价格水平或者定价机制过程中，由政府价格主管部门采取听证会形式，征求经营者、消费者和有关方面的意见，对制定价格的必要性、可行性、合理性进行论证的活动。

2．制定关系群众切身利益的公用事业价格、公益性服务价格和自然垄断经营的商品和服务价格等政府指导价、政府定价的价格水平，应当实行定价听证。

3．听证会应当公开举行，允许旁听和新闻报道，但涉及国家秘密或者商业秘密的除外。

4．听证会参加人由下列人员构成：消费者；经营者；其他利益相关方；相关领域的专家、学者；政府价格主管部门认为有必要参加听证会的政府部门、社会组织和其他人员。其中，消费者人数不少于听证会参加人总数的2/5。

5．听证会参加人的权利和义务：可以向有关经营者、行业组织、政府主管部门了解与听证事项相关的情况；出席听证会，就听证事项发表意见、阐明理由；保守国家秘密和商业秘密，遵守听证会纪律；因特殊原因不能出席的，应当提前3个工作日告知听证组织部门，同时提交书面意见。

6．听证会举行30日前，政府价格主管部门应当通过政府网站、新闻媒体向社会公告听证会参加人的名额、产生方式及具体报名办法等相关事项。

7．听证会举行15日前，政府价格主管部门应当通过媒体向社会公布定价听证事项、听证会举行的时间、听证会参加人、旁听人员、新闻媒体的名额、产生方式及具体报名办法。

8．定价机关作出定价决定时应当充分考虑听证会的意见。

9．定价机关作出定价决定后，应当通过政府网站、新闻媒体向社会公布定价决定和对听证会参加人意见采纳情况及理由。并可以通过政府网站、新闻媒体就听证事项听取社会各方面的意见。

10．定价机关制定定价听证目录内商品和服务价格，未举行听证会的，由本级人民政府或者上级政府价格主管部门宣布定价无效，责令改正；对直接负责的有关责任人，依法给予行政处分。

11．政府价格主管部门违反规定程序组织或者举行听证会，情节严重的，由本级人民政府或者上级政府价格主管部门责令改正，并通报批评；对直接负责的有关责任人，依法给予行政处分。

12．政府价格主管部门、定价机关和第三方机构的工作人员在听证会的组织或者举行过程中，玩忽职守、滥用职权、徇私舞弊的，依法给予行政处分；构成犯罪的，依法追究刑事责任。

第四节　非税收入征收管理

非税收入是政府财政收入的重要组成部分，应当纳入财政预算管理，加强政府非税收入管理，规范政府收支行为。

非税收入管理包括设立和征收管理、票据管理、资金管理和监督管理。

一、非税收入征收管理概述

设立和征收非税收入，应当依据法律、法规的规定或者按相应管理权限予以批准。具体管理权限见表9.1。

表9.1　非税收入征收管理权限表

序号	项目	征收管理权限
1	行政事业性收费	按照国务院和省、自治区、直辖市人民政府及其财政、价格主管部门的规定
2	政府性基金	按照国务院和财政部的规定设立和征收
3	国有资源有偿使用收入、特许经营收入	按照国务院和省级人民政府及其财政部门的规定设立和征收
4	国有资产有偿使用收入、国有资本收益	由拥有国有资产（资本）产权的人民政府及其财政部门按照国有资产（资本）收益管理规定征收
5	彩票公益金	按照国务院和财政部的规定筹集
6	中央银行收入	按照相关法律法规征收
7	罚没收入	按照法律、法规和规章的规定征收
8	主管部门集中收入、以政府名义接受的捐赠收入、政府收入的利息收入及其他非税收入	按照同级人民政府及其财政部门的管理规定征收或者收取

当前，非税收入有些由财政部门直接征收，也有些由财政部门委托的部门和单位（简称执收单位）征收。非税收入在征管中，存在一些问题，比如擅自缓征、减免非税收入、违规收取已取消或停征的事业性收费等现象时有发生问题。非税收入应当由税务部门征收，这是非税收入财政资金属性的要求，对于提高非税收入征管效率，保障非税收入安全性有重要意义。

视野拓展
征管体制改革
相关新闻

二、非税收入票据管理

非税收入票据是征收非税收入的法定凭证和会计核算的原始凭证，是财政、审计等部门进行监督检查的重要依据。规范非税收入票据领购，能够从源头上保证依法征收非税收入；票款同步，确保资金安全；以票管收，能够提高非税收入监管能力。

非税收入票据种类包括非税收入通用票据、非税收入专用票据和非税收入一般缴款书。①非税收入通用票据，是指执收单位征收非税收入时开具的通用凭证。②非税收入专用票据，是指特定执收单位征收特定的非税收入时开具的专用凭证，主要包括行政事业性收费票据、政府性基金票据、国有资源（资产）收入票据、罚没票据等。③非税收入一般缴款书，是指实施非税收入收缴管理制度改革的执收单位收缴非税收入时开具的通用凭证。

非税收入票据的印制、发放、核销与销毁、年检应依法进行，实行统一印制、凭证领取、分次限量、核旧领新制度。除财政部另有规定外，执收单位征收非税收入，应当向缴纳义务人开具财政部或者省级财政部门统一监（印）制的非税收入票据。对附加在价格上征收或者需要依法纳税的有关非税收入，执收单位应当按规定向缴纳义务人开具税务发票。不开具规定票据的，缴纳义务人有权拒付款项。

为降低非税收入征收成本，提高收缴水平和效率，很多地区正式启动非税收入收缴电子化和财政电子票据管理改革，实现非税收入收缴、清分、退付以及电子票据开具、查询、报销入账等全流程电子化管理。电子化票据管理有利于规范执收、加强监管，有利于信息透明、加强协作，有利于打破区域限制、方便缴款人缴款。全面推行非税收入收缴电子化管理，既是提高财政管理水平的现实需要，也是推进创建服务型政府、便民利民的重要举措。

三、非税收入征收管理现状

自2015年1月1日“新预算法”实施以来，将全部政府收支纳入预算，非税收入管理朝着法制化、规范化方向发展，但仍然存在一些不规范的地方。

（1）执收单位未严格按规定征缴非税收入。有些单位擅自缓征、减免非税收入；违规收取已取消或停征的事业性收费；乱收费现象时有发生，包括自立项目乱收费和以捐赠名目乱收费；坐收坐支非税收入现象时有发生。

（2）财政部门非税收入管理不规范。有些地方直接或变相下达非税收入征收指标；虚列收入或将事业单位经营性收入作为非税收入，造成非税收入不真实；非税收入相关账户设置专户数量过多，账户设立随意，缺少严肃性，增加缴款人负担。

（3）非税收入的监督管理不规范。对非税收入的征收、资金使用、票据等监督管理未形成体系，造成了很多非税收入的征管随意，缺乏有效的监督机制，更缺乏对非税收入资金使用绩效的评价。

四、非税收入征收管理改革

随着新时代中国特色社会主义市场经济的改革推进，过去非税收入自收、自支的模式已经不能适应新时期的财政管理需要。非税收入应尽可能实行“税务收、财政管、部门支、审计查”的多部门共管模式，即：由税务部门征收非税收入，并纳入财政预算管理，再由相关部门或单位将这些收入支付给用款单位或个人，整个非税收入的“收、支、管”全过程都要接受审计的监督。

1. 进一步健全非税收入的预算制度

非税收入规模受政策性等客观因素影响较大，具有不稳定性的特点。与税收收入相比，非税收入增长规模与经济发展速度难以形成固定的正相关关系，不宜简单参照经济发展速度，用固定比例测算年度收入规模。非税收入预算应按部门进行细化编制，严禁一些执收单位故意瞒报漏报、逃避财政监管等违规行为。

根据非税收入交换性、灵活性、非普遍性和不稳定性的特点，非税收入的支出预算的编制应当有明确用途。非税收入的交换性特点，决定了行政事业性收费等大部分非税收入的取得，是以向缴款人提供相应的服务或利益为前提条件的；也意味着大部分非税收入的取得，均需发生一定的征收成本。同时，对政府性基金、专项收入等国家为支持某项公共事业发展而设立的具有专项用途的非税收入，必须按照规定用途安排使用。因此，在非税收入的支出预算的编制过程中，对于征收管理中发生费用的非税收入，应科学核定征收成本，优先安排基本支出费用、工本费用等成本性支出，确保执收部门和单位能正常开展业务；对于国家明确规定具有专项用途的政府性基金、专项收入等非税收入，应严格按照规定用途安排专项支出，不得挤占挪用。

2. 逐步推进非税收入征管体制改革

应当逐步将非税收入的征管权限划转至税务部门。2019年1月1日起，社会保险费和11种非税收入征管职责划转到税务部门。这是税收征管体制改革的重要内容，也是非税收入财政资金属性的要求。通过改革，构建起职责清晰、流程顺畅、征管规范、协作有力、便民高效的社会保险费和非税收入征缴体制，将有利于为提高社会保险费统筹层次奠定良好基础，有利于为完善缴费比率和推进非税收入法治化进程奠定良好基础。

3. 建立健全非税收入资金使用绩效评价体系

非税收入支出具有异质性特征，它是根据部门提供公共服务需要而进行支出的。因而，对于非税收入的资金使用应当建立相应的绩效评价体系，确保支出的规模、范围、效率与提供的公共服务一致。

课堂金话筒

非税收入管理改革永远在路上，需要我们不懈努力，建立适应市场经济体制的公共财政制度体系和非税收入管理制度。你对非税收入管理改革还能提出什么样的政策建议？

本章小结

政府非税收入是政府参与国民收入初次分配和再分配的一种形式，属于财政资金范畴，包括行政事业性收费收入、政府性基金收入、罚没收入等内容。非税收入具有分配和调节功能。

政府性收费是政府在提供公共服务、公共设施或实施行政管理的过程中，向受益者或管理对象所收取的费用，是非税收入的重要组成部分。政府性收费可按不同标准分为不同类型。

收费价格又称“收费标准”，也称为“费率”。收费标准的确定、执行和调整是否合理，直接关系到政府性收费行为的导向力度和社会效果。公共定价就是按照受益原则对享用政府提供的公共产品的受益方收取一定的费用。公共定价方法包括平均成本定价法、二部定价法和负荷定价法等。

当前规范政府非税收入管理，主要应强化征收管理、票据管理等方面的管理。非税收入征收管理改革的内容：进一步健全非税收入的预算制度，逐步推进非税收入征管体制改革，建立健全非税收入资金使用绩效评价体系。

练习与思考

一、重要概念

1．非税收入 2．行政事业性收费收入 3．政府性基金收入 4．国有资源（资产）有偿使用收入 5．国有资本经营收入 6．彩票公益金收入 7．罚没收入 8．规费 9．公共定价 10．平均成本定价法 11．二部定价法 12．负荷定价法

二、单项选择题

1．改革开放前，我国国有企业上缴利润在预算收入科目中的名称是（　　）。

A．国有企业利润上缴 B．企业收入 C．非税收入 D．国有资产收益

2．下列财政收入中不属于非税收入的是（　　）。

A．国有资产收益 B．规费收入 C．外事服务收入 D．遗产税

3．以财政收入的形式为标准分类，可将财政收入分为（　　）。

A．税收收入和企业收入 B．企业收入和其他收入

C．税收收入和非税收入 D．强制性财政收入和非强制性财政收入

4．政府非税收入是（　　）。

A．财政收入 B．收税收入 C．单位自有收入 D．预算外收入

5．政府非税收入的主管部门是（　　）。

A．县级以上人民政府 B．县级以上财政部门

C．县级以上税务部门 D．县级以上监察部门

6．下列尚未纳入政府非税收入管理范围的是（　　）。

A．国有资产有偿使用收入　　B．国有资本经营收益
C．彩票公益金　　D．住房公积金

7．地方行政事业性收费项目由（　　）审批。
A．省、自治区、直辖市人民政府及其财政、价格主管部门
B．财政部会同国家发展和改革委员会
C．省、市、县人民政府
D．省、自治区、直辖市的财政部门

8．政府性基金项目由（　　）审批。
A．省、自治区、直辖市或物价行政主管部门　　B．省、自治区、直辖市财政厅
C．国务院和财政部　　D．省、自治区、直辖市人民政府

9．以政府名义接受的捐赠收入是指以各级政府、国家机关、实行公务员管理的事业单位、代行政府职能的社会团体及其他组织名义接受的（　　）。
A．非定向捐赠货币收入　　B．所有捐赠货币收入
C．定向捐赠货币收入　　D．实物捐赠收入

三、多项选择题

1．通常政府非税收入中不包括（　　）。
A．公共债务收入　　B．资源税　　C．规费
D．教育收费　　E．遗产税

2．下列哪些属于政府非税收入？（　　）
A．行政事业性收费收入　　B．政府性基金收入
C．国有资源有偿使用收入　　D．国有资产有偿使用收入
E．国有资本经营收入

3．下列关于规费的说法正确的有（　　）。
A．规费是财政收入　　B．规费是非税收入
C．证照费是规费　　D．规费是预算收入
E．规费是预算外收入

4．行政性收费主要包括（　　）。
A．管理性收费　　B．惩罚性收费　　C．资源性收费
D．水利发展基金　　E．机场建设费

5．公共定价的方法包括（　　）。
A．平均成本定价法　　B．二部定价法　　C．负荷定价法
D．内部成本定价法　　E．参照法

6．行政规费一般包括（　　）。
A．内务规费　　B．外事规费　　C．经济规费
D．教育规费　　E．其他行政规费

7．下列哪些属于司法规费？（　　）
A．民事诉讼费、刑事诉讼费　　B．结婚登记费
C．出生登记费　　D．财产转让登记费
E．继承登记费和遗产管理登记费等

8．管理性收费包括（　　）。
A．资格审查收费　　B．证照性收费　　C．裁定性收费　　D．交易行为管理费

9．政府性收费价格的定价准则有（　　）。

A．费用还原原则　　B．劳务报偿原则　　C．收益标准原则

D．成本收益原则　　E．无限追偿原则

四、分析判断题

1．最近的一次政府收支分类改革是在 2007 年进行的。（　　）

2．非税收入的调节功能只体现在避免“拥挤”方面。（　　）

3．政府性收费的目的是补偿项目成本。（　　）

4．收费价格又称收费标准，也称为“费率”。收费标准的确定、执行和调整是否合理，直接关系到政府性收费行为的导向力度和社会效果。（　　）

5．非税收入也具有强制性。（　　）

6．非税收入也具有固定性。（　　）

7．非税收入也具有无偿性。（　　）

8．在我国，非税收入占整个财政收入的比重约为 30%。（　　）

9．在我国，非税收入的实施主体只有地方政府和中央政府。（　　）

10．教育收费不属于非税收入。（　　）

五、简答题

1．简述非税收入的内容。

2．简述非税收入的特点。

3．简要回答非税收入的功能。

4．简述政府性收费的种类。

5．简述公共定价的基本方法。

6．简述非税收入与税收收入的区别。

7．画图说明自然垄断行业的公共定价。

六、论述题

结合现实，谈谈我国非税收入管理存在的问题及其改革方向。

七、材料分析题

成品油定价机制改革

国内成品油价格形成机制在各种质疑中不断地进行改革。

综合媒体报道　2009 年的“22 工作日+4%”成品油定价机制存在明显的弊端，由于市场可以提前估算出调整的幅度和方向，导致市场力量提前作出反应，使得投机、囤货等现象在各地频频发生，不利于整个油品市场秩序的稳定。此外，由于 22 个工作日调价期限的限制，使得调价存在明显的滞后性，周期过长，导致经常出现国际油价已经转为下跌而国内油价反而上涨，或是国际油价已经转为上涨而国内油价反而下跌的奇怪局面。

2013 年 3 月 27 日实施的新的成品油定价机制，成品油定价周期由 22 个工作日缩短至 10 个工作日，取消挂靠国际市场油种平均价格波动 4%的调价幅度限制，同时适当调整了国内成品油价格挂靠的国际市场原油品种。此次改革很好地兑现了国家发改委“缩短调价周期，改进调价操作方式，进一步提高机制运行透明度”的承诺，同时，也有着较好的市场反应。

2016 年年初，国家发改委设置调控上下限，调控上限为每桶 130 美元，下限为每桶 40 美元。

任务：请根据以上资料并进一步查阅相关资料，分析我国成品油价格的变化特点及其趋势，论证以成品油价格调整来促进税费改革的现实意义。

第十章　政府债务管理

案例引导

我国政府债务状况究竟如何？

2019 年 11 月底，中央政府债务余额 16.28 万亿元，地方政府债务余额 21.33 万亿元，合计 37.61 万亿元。此外，与政府关系紧密的城投债余额 7.8 万亿元。中国政府部门杠杆率在国际上处于中等水平。国债和地方政府债务偿还期均集中在 2020—2024 年的五年，年均到期 4.3 万亿～5.6 万亿元，清偿过于集中，增加了资金周转压力。截至 2019 年 11 月末，存量国债、地方政府债券的平均剩余期限分别是 7.49 年和 5.0 年。国际货币基金组织测算中国 2018 年末地方政府隐性债务规模达 30.9 万亿元，增速显著放缓，但规模庞大。

试问：政府债务规模如何衡量？不同国家或地区，政府债务偿债率和杠杆率是否也应不同？

如果一国的宪法允许地方政府举债，那么即使债务是延迟的税收，可能纳税人也希望通过提供借款而暂时免除一些沉重的税收负担。陈岱孙先生在《马萨诸塞州地方政府开支与人口密度的关系》一文中论述了地方债务利息支出增长的原因：“总有这样一种基于政治的考虑，宁可为应付地方的需要而举债，而不愿增税。对任何政府的官员来说，通过短期借款即可筹到款项是太有吸引力了；特别在需求紧迫，而税率的再提高可能给行政当局造成很大麻烦的时候。”

第一节　政府债务概述

一、政府债务及其特征

（一）政府债务及其相关概念

政府债务就是政府举借的债务，是指政府及政府所属机构以债务人的身份，按照国家的法律规定或合同的规定，同有关各方发生的特定的债权债务关系。要正确理解政府债务的概念，必须将其与几个相关的概念区分开。

1. 公债与私债

根据债务人性质的不同，可以将债务划分为公债与私债。公债的债务人是政府，包括中央政府和地方政府以及政府所属机构。私债的债务人是私人部门，包括自然人和法人。政府以及所属机构举借公债的目的，是筹集资金用于经济建设、弥补财政赤字和满足社会公共需要。私债的举债目的是满足债务人的生活、生存或投资需要，通常具有营利性。公债的债信基础是政府的政治权力和政府所掌握的各种社会资源与财富，因此，公债的信用基础相对可靠，而私债的

> **想一想**
> 地方政府发行公债的理论依据是什么？

信用基础相对薄弱。

2. 公债与国债

公债包括中央政府公债和地方政府公债。凡属中央政府发行的公债，为中央政府公债，也称“国债”。它是作为中央政府组织财政收入的形式而发行的，其收入列入中央政府预算，作为中央政府调度使用的资金。凡属地方政府发行的公债，称为地方公债，简称“地方债”或“市政债券”。它是作为地方政府筹措财政收入的一种手段而发行的，其收入列入地方预算，由地方政府安排使用。

我国习惯于将公债统称为“国债”，这主要是因为我国曾经长期只有中央政府公债，最初的预算法没有赋予地方政府发债权，也就没有“合法的”地方政府公债。西方国家一般将中央（或联邦）政府的债务称为“国债”，将各级地方政府的债务称为“地方公债”。因保持习惯称呼，下文中“国债”可能包括地方政府公债。

3. 公债与国家信用、政府信用

从金融角度看，信用通常是指不需要提供担保，按预先规定的条件偿付借款或放款。有时也指这种借款或放款活动，是价值运动的特殊形式。

政府信用是指政府以债务人的身份取得的信用或以债权人的身份提供信用及其信用活动。从狭义上来说，是指政府作为债务人，举债筹集财政资金的行为。其中，中央政府的信用或信用活动即为国家信用或国家信用活动。

政府以债务人身份，通过发行公债和其他借款方式取得信用的主要形式有：在国内发行国库券、公债券、建设债券等；国库向中央银行（在我国，指中国人民银行）借款或透支；国家向外国政府、私人和国际金融组织借款；等等。

政府以债权人身份提供信用，即政府作为债权人，以发放贷款的方式供应财政资金或组织财政支出。如我国国家基本建设投资贷款、小型技术措施贷款，各类财政周转金，中央政府（国家）向国外发放的贷款等。

（二）政府债务的特征

政府债务作为政府取得财政资金的一种手段，与税收、政府性收费等方式有着很大的不同，它有自愿性、有偿性和灵活性等特征。

1. 自愿性

所谓自愿性，是指公债的发行或认购是建立在认购者自愿承受的基础上。是否认购或者认购多少，完全由认购者视其个人或单位的情况自主决定。税收是以国家的政治权力为依托，任何单位和个人都必须依法纳税，否则就要受到法律的制裁。因此，税收的特性之一就是强制性。公债的发行是以国家或政府的信用为依托，以借贷双方自愿互利为基础，按照一定条件与认购者结成债权债务关系的一种行为。

2. 有偿性

所谓有偿性，是指通过发行公债筹集的财政资金，政府必须作为债务按期偿还，而且还要按事先约定的条件向认购者支付一定数额的暂时让渡资金使用权的报酬，即利息。这也是政府债务区别于税收的重要特征。通过征税取得的财政收入，国家既不需要偿还，也不需要对纳税人付出任何代价，税收是无偿的。而公债的发行是政府作为债务人以偿还和付息为条件，向认购者借取资金的暂时使用权，因而政府与认购者之间具有直接的借贷关系。

3. 灵活性

所谓灵活性，是指公债发行与否以及发行多少，一般完全由政府根据具体情况灵活加以确定，而非通过法律形式预先规定。

税收是按照税法规定的标准征收的，只要纳税人取得应税收入或发生应税行为，就必须依法纳税，与当时政府的财政状况无关。公债是否发行以及发行规模不依照某一固定的法律，它是政府根据财政资金状况灵活决定的。公债既不具有发行时间上的连续性，也不具有发行数额上的固定性，具有一定的发行灵活性。但是，政府不能超越客观经济条件而随意确定公债发行规模。许多国家的立法机关根据政府的财政负担能力规定一个“负债”的最高限额，从而对公债总量加以适当控制。

> **温馨提示**
>
> 政府债务的上述三个特性密切相关。政府债务的自愿性，决定于政府债务的有偿性，因为如果政府债务是无偿的，也就无所谓自愿认购。政府债务的自愿性和有偿性又要求发行上的灵活性。否则，政府可以按照固定的数额每年连续地发行公债，而不管客观经济条件和政府财政负担能力，其结果，或者是一部分公债推销不掉而需派购，或者是通过公债筹措的财政资金处于闲置状态，不能发挥应有效益，政府因而无力还本付息。

二、政府债务的起源与发展

1. 政府债务的产生及发展

政府债务产生的直接原因是政府财政收不抵支。随着政府职能范围的不断扩大，财政支出规模也相应扩大，仅靠税收已经不能满足政府财政支出的需要，政府不得不靠借债来筹集一部分财政资金，解决财政困难。政府债务产生的基本条件是商品经济发展到一定程度时，社会存在闲散资金，也即剩余购买力的存在是政府债务产生的基本前提。

政府债务作为一种特殊的财政范畴，它的出现在历史上要比税收晚一些。政府债务是在私债的基础上发展和演变而来，产生于奴隶社会末期，兴起于封建社会，快速发展于商品经济和信用经济高度发达的资本主义社会。目前，政府债务的发展已经远远超出了发达资本主义国家的范围，并成为几乎所有国家政府财政收入的重要来源。政府债务也是政府调节经济的重要杠杆。

2. 我国国债的历史沿革

我国历史上最早的国债是1898年清朝政府发行的“昭信股票”，主要用来偿付甲午战争赔款。为了镇压农民起义和偿还战争赔款，清朝政府多次举借丧权辱国的外债。北洋政府统治时期，经济凋敝、财源枯竭，借债度日成为当时财政的一大特色。国民党统治时期，迫于财政入不敷出，也大量举债。抗日战争前后共发行48种内债，数额达15亿元，同时还借有六七十亿美元的外债，其规模超过了我国历史上的任何一个时期。旧中国的国债基本上属于资本主义筹措战争经费，但又带有明显的半封建半殖民地的特点。

中华人民共和国成立后，我国的国债发行可分为两个阶段。

第一阶段（1950—1958）：1950年发行了总价值约3.02亿元的“人民胜利折实公债”，成为中华人民共和国历史上第一种国债。在随后的“一五”计划期间，又于1954—1958年每年发行了一期“国家经济建设公债”。1958年以后，由于历史原因，国债的发行被终止。

第二阶段（1981年至今）：1981年恢复国债发行。国债市场的发展具体可分为以下几个时段。1981—1987年，国债年均发行规模仅为59.5亿元，且发行日也集中在每年的1月1日；1988—1993年，国债发行规模扩大至284亿元，增设了国家建设债券、财政债券、特种国债与保值公债等；1994年财政部首次发行了半年和一年期的短期国债；1998年我国开始实行积极的财政政策，扩大财政支出，加大对基础设施的投资力度，国债发行总额为6 011亿元（其中，2 700亿元用于补充国有商业银行资本金）；为应对 2008 年的全球金融危机，当年国债发行额达到8 549亿元；2019年，国债发行4.0万亿元，地方政府债券发行4.4万亿元，金融债券发行6.9万亿元，政府支持机构债券发行3 720亿元，资产支持证券发行2.0万亿元，同业存单发行18.0万亿元，公司信用类债券发行9.7万亿元。总的来看，国债发行规模趋于扩大。

三、政府债务的分类

政府债务可以按照以下五种方式进行分类。

1. 按国家举债的形式不同分类

政府债务按国家举债的形式不同可分为国家借款和发行债券。

国家借款是指按照一定的程序和方式，借贷双方共同协商，通过签订借贷协议或合同而形成的债权债务关系。它是一种较早出现的举债形式，具有契约借款手续简便、筹资成本费用较低、周期较短等优点。国家借款通常只能在应债主体较少的条件下进行，如向国内外金融机构和外国政府借款等，因而具有应用范围较窄、不具普遍性等缺陷。

发行债券是一种由政府发行的表示债权债务关系内容的有价证券。它以发达的信用制度为基础，具有普遍性、受法律保护和持久性等优点，并且应用范围较广，效能较高。通常政府对民众和企业的借债主要采用这种方式，如世界各国发行的国库券、中长期债券、预付税款债券、国际债券等。发行债券也存在一些缺陷，如发行费用较高，并且需要以完善的金融市场和证券市场作为基础。

想一想

外债和内债对一个国家的经济社会发展的影响有何不同？

2. 按发行地域的不同分类

政府债务按发行地域的不同可分为内债和外债。

内债是指政府面向本国的企业、组织（团体）和居民个人发行的债券或借款而形成的债务。内债的发行、流通和偿还是在一国范围内进行的，它不影响国内资源总量，也不存在本国资源向国外转移问题，但是会引发国内资源在一定时期内的重新配置。

外债是指政府面向外国企业、团体和居民个人发行的债券或向外国政府、外国银行借款所形成的债务。与内债不同，外债的发行和还本付息通常会影响本国资源总量的增减变化。

3. 按流通与否分类

政府债务按流通与否可分为可转让国债和不可转让国债。

可转让国债是指可以在金融市场上（主要指证券交易场所和银行柜台）自由流通买卖的国债，亦称“上市国债”。这种国债的认购者不一定是债券的唯一或最终持有者，认购者在购入这种国债后，可视其资金需求状况和金融市场行情，将债券在市场上出售。目前世界各国发行的国债大多是可转让国债。

想一想

可转让国债和不可转让国债对货币市场会产生什么影响？

不可转让国债是指不能在金融市场上自由流通买卖的国债，亦称“不上市国债”。这种国债的认购者是债券的唯一或最终持有者，认购者在购入这种国债后，即使遇到急需资金的情况，也不能将该债券拿到市场上转让。有些国家之所以限定某些债券不可转让，常常具有政治和经济方面的特定原因及目的。这种国债的不可流通性在一定程度上抑制了投资者的热情，为保证这种国债可以发行出去，必须在利率和偿还方式上给予优惠。

4. 按是否有偿还期限分类

政府债务按是否有偿还期限可分为有期国债和无期国债。

有期国债是指有还本付息期限的国债。对于有期国债，根据偿债期限的长短，可将其分为短期国债、中期国债和长期国债三种。

无期国债也称永久国债，即政府永远不归还本金，只需按期支付利息。这类国债的债权人只是有权按期索取利息，无权要求清偿。因为这类国债通常为上市债券，所以，债权人也有随时售卖以取回资金的便利。

5. 以发行的凭证为标准分类

以国债发行的凭证为标准可分为凭证式国债和记账式国债。

凭证式国债是指国家采取不印刷实物券，而用填制国库券收款凭证的方式发行的国债。它是以国债收款凭单的形式作为债权证明，不可上市转让，但可提前兑付。凭证式国债通过各大银行的储蓄网点以及财政部门的国债服务部办理，由发行点填制凭证式国债收款凭单，其内容包括购买日期、购买人姓名、购买金额、身份证号码等。

记账式国债又称“无纸化国债”，是指将投资者持有的国债登记于证券账户中，投资者购买时并没有得到纸券或凭证。记账式国债通过交易所交易系统以记账的方式办理发行。投资者购买记账式国债必须在交易所开立证券账户，并在证券经营机构开立资金账户。

四、政府债务的功能与效应

（一）李嘉图等价定理

19 世纪英法第二次百年战争（1689—1815）后期，英国因战争费用庞大，国库入不敷出。在如何筹措军费上，英国议会关于征税筹款还是发行公债筹款展开了争论，经济学家也卷入其中。马尔萨斯（1766—1834）认为，征税会减少消费支出，引起经济紧缩，而发行公债的方式影响要小得多。李嘉图认为，无论是征税还是发行公债，对经济都具有同样的影响，这也就是后来被称为李嘉图等价定理的基本思想。

人物谱
大卫·李嘉图

李嘉图等价定理的主要内容：政府支出是通过发行公债融资还是通过税收融资没有区别，即债务和税收等价。其推理并不复杂，李嘉图学派的核心观点是政府债务仅仅是延迟的税收，当前为弥补财政赤字发行的公债本息在将来必须通过征税偿还，而且税收的现值与当前的财政赤字相等。李嘉图等价定理的逻辑基础是消费理论中的生命周期假说和永久收入假说。即假定消费者能理性预期，政府今天通过发行公债弥补财政赤字，意味着未来会征收更高的税，通过发行公债而不是征税为政府支出筹资，并没有减少消费者生命周期内的总的税收负担，唯一改变的是推迟了征税的时间。根据李嘉图学派的观点，消费者具有完全理性，能准确地预见到无限的未来，他们的消费安排不仅根据他们的现期收入，而且根据他们预期的未来收入。为了支付未来因偿还政府债务而将要增加的税收，他们会减少现时的消费，而增加储蓄。从本质上说，李嘉图等价定理是一种中性原理，认为无论是选择征收一次性总量税，还是发行公债为政府支出筹措资金，对于居民的消费和国民储蓄的影响是相同的。

李嘉图等价定理是否成立具有深远的政策意义。如果李嘉图等价定理成立，即所谓发行公债等于未来的税收，那么以增发公债为手段的扩张性财政政策就不会影响总需求。因为，政府发行公债，居民家庭为了应对未来增加的税收，将可支配收入储蓄起来，减少消费，这样政府由发债而增加的支出与消费者减少的消费正好相等，总需求不变，扩张性的财政政策是无效的。

视野拓展

巴罗对李嘉图等价定理的重新阐释

20 世纪 70 年代，李嘉图等价定理重新被美国经济学家罗伯特·巴罗（Robert Barro）所揭示。巴罗发表于 1974 年的著名论文《政府债券是净财富吗？》（*Are Government Bonds Net Wealth*？）在经济学界引起了广泛关注，这一理论因而成为新古典宏观经济学的重要组成部分。巴罗假设消费者具有“利他主义”的遗产动机，这种利他主义的消费者既从他自己的消费中获得满足，也从他的子女的消费中获得效用。因此，消费者不但关心他自己的消费，也关心他的子女的消费。如果他的子女也是利他主义者，他们也会有这样的行为……由于这种代与代之间的联系，今天的消费者或纳税人就会像他们能够永远活着一样进行消费或储蓄。如果政府通过发行债券而不是通过增加税收来筹资，消费者会预期到他们的孩子将面临更重的纳税负担，为了不减少孩子们的消费，他们就会给自己的孩子留下更多的遗产。因此，今天的消费者就会更多地储蓄，而不是更多地消费。

根据巴罗的分析，对于利他主义的消费者来说，由他们自己还是由他们的子孙缴纳较高的税收来偿付政府债务的本息，结果都是一样的。

（二）政府债务的政策功能

1. 弥补财政赤字

通过发行公债弥补财政赤字是政府债务产生的主要动因，也是现代国家的通行做法。通过发行公债弥补财政赤字，实质上是将不属于国家支配的资金在一定时期内让渡给国家使用，是社会资金使用权的单方向转移。弥补财政赤字的方式有三种：一是增加税收，使政府财政收入增加到与财政支出相当的水平。但税收的增加在客观上受经济发展速度和效益的制约，如果强行提高税率实现税收快速增长，就会影响经济发展，令财源枯竭，结果得不偿失。同时，改变税制要受立法程序的制约，也不易为广大纳税人所接受。二是财政部门向中央银行透支或借款。这种方式会增大流通中的货币量，使社会购买力的需求超过社会供给，导致通货膨胀。三是发行公债。一般认为，政府债务对经济发展影响较小。其原因是：①发行公债只是部分社会资金的使用权的暂时转移，使分散的购买力在一定期限内集中到国家手中，不会影响流通中的货币总量，更难以形成通货膨胀。②公债的认购通常遵循自愿的准则，通过发行公债获取的资金基本上是社会的游离资金，将其暂时集中使用，通常不会对经济发展产生不利的影响。

2. 筹集建设资金

长期以来，中国的经济和社会发展已形成路径依赖：一是建设资金的短缺，主要是通过各方筹集才得以满足；二是计划经济体制的投资意识尚存，人们习惯于依靠国家投资来推动本地区经济社会的发展。

经过 40 多年的改革与完善，我国已经建立了公共财政制度体系，并基本实现由建设型财政向服务型财政的转变，但财政支出中经济建设资金所占比例仍不容忽视。由于固定资产投资支出的绝对数和比重都较大，如果不发行公债，势必要压缩固定资产投资支出，从这个角度来看，发行公债具有明显的筹集建设资金的功能。事实上，许多国家从法律上或在发行时对公债的功能均有明确的规定。如我国 1987 年发行的重点建设债券和重点企业债券，尤其是 1998 年实行积极财政政策，我国就发行了长期建设国债 2 100 亿元，用于基础产业、技术进步、经济结构调整等方面的支出，对于促进内需发挥了重要作用。

3. 调节经济运行

政府债务不仅是国家筹集财政资金的重要手段，而且是国家调节经济的重要杠杆。其调节作用表现在：首先，调节社会总需求与总供给的基本平衡。当总供给过剩、总需求不足，经济萎缩时，通过发行公债可以扩大政府开支，刺激需求，推动经济回升。当总供给不足，总需求过旺，出现通货膨胀时，将政府债务用于财政盈余，则能起到抑制需求、紧缩通货、稳定经济的作用。其次，调节积累与消费的比例关系，促进两者的相互转化和基本协调。在社会总需求与总供给基本平衡的前提下，也可能出现积累与消费比例的结构性失调。当投资需求过大、生产资料供不应求，而消费需求不足、消费品积压时，可用公债吸收企业一部分积累基金，增加社会消费和公共福利支出。反之，当积累不足、消费膨胀时，则可用公债吸收居民的一部分消费基金，扩大国家建设规模，从而使积累与消费的比例关系与生产资料、消费资料的供应相适应。最后，调节投资结构，实现产业结构优化。通过公债有偿集中一部分社会财力，以国家直接投资形式用于重点建设或以国家参股、控股方式引导企业投资方向，既不影响企业的资金所有权和积极性，又能变短期投资为长期投资、变分

视野拓展

从特别的“国债”到特别国债

散性投资为集中性投资、变盲目建设为计划投资，从而实现投资结构和产业结构的优化。

第二节　政府债务的规模与结构

一、政府债务的规模

政府债务的规模又称国债规模，也叫国债的数量界限，它是指一个国家在一定时期内所能承受政府债务的数量界限。国债的发行和偿还形成政府债务负担，它不仅受政府还债能力的限制，还受国债认购人认购能力的限制，因此，政府债务发行具有客观界限。如果随意扩大政府债务发行规模，有可能产生债务危机，最终影响国民经济的正常发展和人民生活水平的提高。

微课堂
政府债务规模及其控制

（一）国债规模的衡量指标

1. 国债规模总量指标

国债规模总量指标有以下三种：一是当年新发行的国债规模；二是历年累积的国债规模，即国债余额；三是当年到期需要还本付息的债务总额。对国债总规模的控制是防止债务危机的主要环节，而控制当年发行额和到期偿还额，特别是严格控制未偿还的国债余额，是控制国债规模的主要手段。

2. 国债规模监测指标

国债规模通常通过相关指标加以监测，这些指标主要包括以下几项。

（1）国债借债率，是指当年国债发行额占当年国内生产总值的比例。用公式表示为

$$\text{国债借债率} = (\text{当年国债发行额}/\text{当年 GDP}) \times 100\%$$

本指标的警戒线是 3%，这一指标在一定程度上反映了当年国债发行对经济的影响程度。

（2）国债负担率，是指当年国债余额占当年国内生产总值的比例。用公式表示为

$$\text{国债负担率} = (\text{当年国债余额}/\text{当年 GDP}) \times 100\%$$

该项指标表示政府债务存量规模与国民经济活动规模的关系，反映政府举债对国民经济的影响程度。国债负担率较高，说明政府的借债行为对国民经济活动的影响较大，增发国债的潜力有限；国债负担率较低，则说明社会应债能力较强，国债规模可以适当扩大。该指标国际公认的警戒线是 60%。

（3）国债偿债率，是指当年国债还本付息额占当年财政收入总额的比例。用公式表示为

$$\text{国债偿债率} = (\text{当年国债还本付息额}/\text{当年财政收入总额}) \times 100\%$$

这一指标反映了财政的债务清偿能力。该项指标表明预算年度的财政总收入中有多大份额需用于偿付到期债务本息，反映以往年度发行的公债对当期财政形成的压力大小。这一指标国际上公认的警戒线是 10%。

（4）国债依存度，反映的是当年国债发行总额占财政支出总额的比例。用公式表示为

$$\text{国债依存度} = (\text{当年国债发行总额}/\text{当年财政支出总额}) \times 100\%$$

想一想
国债依存度有什么经济含义？

国债依存度从流量上反映了一个国家的财政支出有多少是依靠发行国债来实现的。当国债的发行量过大、国债依存度过高时，表明财政支出过分依赖国债收入，财政处于脆弱的状态，并对其未来发展构成潜在的威胁。这一指标国际上一般以 20%为警戒线。

（二）我国国债规模

自 1979 年我国恢复发行国债以来，国债规模有日益膨胀之势，尤其是 1998 年实施积极财政政策以来，随着债务规模的进一步扩大，我国债务规模成为社会各界关注的焦点。

1. 指标分析

一种观点认为，从我国宏观经济的运行情况看，国债规模还在一个可控的范围内。尤其是国债负担率比较低，我国仍然存在较大的发债空间。另一种观点则认为，我国国债规模膨胀速度过快，且存在大量的“隐性债务”，当前债务依存度太高，存在较大的债务风险。我们认为，应通过国际上常用的指标，并结合我国的实际情况，对债务规模作出综合判断。

（1）国债负担率。从表 10.1 可以看出，我国国债负担率多年来基本维持在 20%之内，变动幅度不大，这一指标的国际警戒线一般为 60%，仅从该指标看，我国还存在较大的发债空间。与其他国家相比，我国国债负担率较低，实际也是构成人们认为我国国债规模不大的最主要的原因。

表 10.1　2008—2019 年国家债务变化情况

年份	国内生产总值（亿元）	全国财政支出（亿元）	国债发行额（亿元）	国债余额（亿元）	国债负担率（%）	国债依存度（%）
2008	300 670	62 400	8 549	53 271	17.72	13.70
2009	335 353	76 300	16 400	60 238	17.96	21.49
2010	397 983	89 874	17 778	67 548	16.97	19.78
2011	471 564	108 930	15 610	72 045	15.28	14.33
2012	534 123	125 953	14 527	77 566	14.52	11.53
2013	588 019	14 0212	16 950	86 747	14.75	12.09
2014	636 139	151 786	17 877	95 656	15.04	11.78
2015	689 052	152 217	21 285	106 600	15.47	13.98
2016	744 127	187 841	30 870	120 007	16.92	16.43
2017	820 754	203 086	40 042	134 770	16.13	19.72
2018	900 310	220 904	36 011	149 607	16.61	16.30
2019	990 865	238 874	40 000	162 800	16.43	16.74

注：表内数据根据 2008—2019 年《中国统计年鉴》《中国财政年鉴》以及财政部网站提供的数据测算而得

（2）国债依存度。国际上一般以 20%为国家财政国债依存度的警戒线。我国的国债依存度自 2008 年以后，除了 2009 年超过警戒线，其余年份都在警戒线之内，显示我国财政支出对发债的依存度在一个合理的范围之内。

2. 总体判断

通过对衡量国债规模的一些指标的分析，我们应该对我国不断膨胀的国债规模保持一个正确的认识与判断。从反映国民经济应债能力的指标——国债负担率来看，我国国债规模一直处在国际公认的安全警戒线之内，也即我国国债规模尚有进一步扩张的空间。但在 2009 年，国债依存度偏高，似乎说明国债规模偏大。然而，社会经济实践表明，这一“偏高”的国债依存度并未做实国债规模偏大的担忧。因为，我国政府债务一直是处在风险可控的范围之内，在某种意义上，它反映了我国国债政策的基本走向。我国只是在改革开放前夕才恢复发行国债，且在开始恢复年份里发行额度低，加之长期债券比例小，致使国债负担率较低。自 1998 年以来，特别是为应对 2008 年全球金融危机，我国主动实施积极财政政策，出现国债依存度攀升的现象。这些都是特定时期政府采取的相应的财政政策的结果。其实，除了从一些指标上判断政府债务状况，政府的应债能力与一国货币币值也有着一定的联系，如果一国货币成为国际储备货币，该国政府的融资能力就会大大提升。

国际货币基金组织测算，全球最富有的 10 个国家，其国债占国内生产总值的比例均呈现出逐年上升的趋势，由 2007 年的 78%上升到 2014 年的 114%。美国 2019 年财政赤字占国内生产总值比重为 4.6%，国债负担率为 79%。为抗击新冠疫情以及抵御经济衰退，2020 年美国推出 2 万亿美元刺激计划，美国财政赤字和整体国家债务负担都进一步加大。相比之下，我国的债务压力相对较小。

> **视野拓展**
> 2020 年美国 2 万亿美元刺激计划

二、政府债务的结构

政府债务结构又称国债结构。国债结构是指一个国家各种性质债务的搭配状况及其相互之间的数量比例关系。主要包括品种结构、期限结构和持有者结构等。

1. 国债的品种结构

国债的品种结构是指国家发行的不同品种的国债构成及其数量比例关系。我国自恢复发行国债以来，国债的品种得到了极大的丰富。1981—1986 年主要发行一种债券，即国库券，其主要特点是不可流通。1987 年开始增加发行重点建设债券。尤其从 1988 年开始，国债流通放开试点，国债发行的品种有所增加，陆续发行了国家建设债券、财政债券、特种国债、保值国债、定向国债等，具体见表 10.2。

表 10.2　中国历年国债品种

年份	种类
1981—1986	国库券
1987	国库券、国家重点建设债券
1988	国家建设债券、财政债券
1989	国库券、保值公债、特种国债、财政债券
1990	国库券、转换债、财政债券、特种国债
1991	国库券、财政债券、特种国债、转换债
1992—1993	国库券、转换债、财政债券
1994—2018	国库券、定向国债、特别国债、专项国债、基础设施国债、凭证式国债、记账式国债

注：本表根据历年来我国国债发行的情况整理而得

我国国债品种结构存在结构比较单一和单一品种所占比重过高等问题，需要考虑从以下几个方面予以优化：①增加国债品种，以满足不同投资者的投资需求。②适当降低单一品种占整个国债的比重，尤其要增加短期国债的发行量，丰富并完善国债市场的发展。③提高电子式国债比重，简化投资手续，满足信息化要求。

2. 国债的期限结构

国债的期限结构是指发行国债的期限构成，这种构成中包括短、中、长期国债。合理的国债期限结构应该是短、中、长期国债合理搭配的结构。国债的期限结构是政府债务结构的重要组成部分，对国债的顺利发行、流通、偿还以及政府对经济的调控都有重要的影响。

总的来看，我国短期国债和长期国债数量相对较少。因此，优化国债期限结构，可以从三个方面来考虑。

第一，提高短期国债和长期国债在国债发行总额中的比重。短期国债的发行可以平衡国库短期收支，也可以为中央银行利用公开市场业务调节货币流通创造条件，尤其是能够满足短期资金持有者投资国债的要求。长期国债的增加可以为国家筹集长期建设资金。

第二，优化短、中、长期国债各自内部的结构。首先，增加短期国债发行量，并优化其内部结构。其次，中期国债可在 2 年期、3～5 年期和 7 年期等几个品种方面进行选择；长期国债可在 15 年期、20 年期，甚至更长期限的品种间选择。

第三，保证国债期限结构具有一定的弹性。首先，对发行者而言应具有弹性。一些中、长期国债在未到期之前，如果发行者认为有必要，可以提前支付本金和利息，这样可以保证发行者处于更主动的地位。其次，对购买者而言应具有弹性。这种弹性体现在购买者认为有必要时，可以转让或提前兑现国债，这实际可使国债持有者比较灵活地调整持有国债的期限。是否具备良好的弹性，是衡量国债期限结构是否合理的重要标志。

3. 国债的持有者结构

国债的持有者结构，是指在一定时期，国债规模一定的条件下，国债由哪些机构和个人持有，以及他们持有国债数额在国债总额中所占比例关系。国债持有者一般包括中央银行、商业银行、非银行金融机构、机关团体、企业和事业单位以及居民个人等。

中央银行持有国债主要是为开办公开市场业务创造条件。在发达国家，中央银行持有的国债占其资产比重较高。如1990年，美国国债占美国联邦储备系统总资产的82%，日本国债占日本银行总资产的比例达48%。中央银行购买国债一般会导致流通中的货币量增加，许多国家都严格控制中央银行购买国债的行为，且多限于购买短期国债。我国中央银行积极利用公开市场业务来调控货币供应量，中央银行适当增持国债是很有必要的。

商业银行、非银行金融机构大量持有国债不仅必要，而且可能。金融机构投资国债有雄厚的资金保证，金融机构大量持有国债可降低筹资成本，有利于增强流动性，促进国债市场发展。同时，商业银行等金融机构持有一定国债也是中央银行开办公开市场业务的必要条件。国债的买卖主要应该在中央银行和商业银行之间进行，只有这样才能起到收缩或扩张信用的作用，为此，商业银行应持有一定数量国债。

> **想一想**
>
> 如果国债规模适度，国债结构不合理会产生什么样的影响？

随着市场发行办法的逐步完善，以及金融市场的发育和健全，我国个人持有国债的比重会有所降低，机构渐渐成为国债的主要持有人。截至2017年12月底，中国国债登记结算公司和上海清算所披露的托管债权持有人结构分布中，商业银行和非银行金融机构占比超过70%。尽管国债占债券的比重并不高，但国债的持有人主要是机构的格局已经形成。随着投资机构的进一步发展，大批分散投资者可不再涉足证券市场，而是将资金交给专业投资人员管理，形成投资基金并通过机构来买卖国债。基金组织将成为国债的重要持有者。

第三节　政府直接债务和或有债务

一、政府直接隐性债务和或有债务

（一）直接隐性债务和或有债务的含义

世界银行专家哈纳·波拉科瓦把政府承担的所有债务分为两类，即直接债务和或有债务。

1. 直接债务

直接债务是指在任何情况下都要承担的债务，不依附于任何事件，是可以根据某些特定的因素来预测和控制的负债。直接债务，又分为直接显性债务和直接隐性债务。

（1）直接显性债务是由国家法律或合同明确规定的，不依赖任何具体事件发生，必须由政府偿还的债务。如财政赤字、政府举借的内外债等。

（2）直接隐性债务是产生于政府中长期公共政策，并没有以法律、合同明确规定的政府债务。如公共投资项目的中长期维护费、未来养老金收支缺口等。

2. 或有债务

或有债务是指由某一或有事项引发的债务，是否会成为现实，要看或有事项是否发生以及由此引发的债务是否最终要由政府来承担。政府或有债务的基本特点是其是否发生是不确定的。或有债务又分为或有显性债务和或有隐性债务。

（1）或有显性债务是以法律、合同形式确定的，在某一特定事件发生情况下，需要由政府偿还的债务。如政府为公共部门和私人部门融资提供担保而产生的政府债务等。

（2）或有隐性债务是没有被政府纳入预算，但在市场失灵、迫于公众压力下，政府不得不偿还的债务。这类债务大多由经济社会生活中的私人风险转化而来，有的是由下级政府破产、突发性自然灾害等原因引发，对财政冲击最大。

如果将直接负债、或有负债、显性负债和隐性负债组合到一起，就形成了政府财政风险来源矩阵，见表 10.3。

表 10.3　政府财政风险来源矩阵①

	直 接 负 债	或 有 负 债
显性负债	• 对内和对外的主权借款（签订合同的政府借款和政府发行的债券） • 《预算法》规定的开支 • 具有法律约束力的长期预算支出（如公务员的工资、公务员的养老金）	• 国家对非主权借款、地方政府以及公共和私营部门实体债务提供的担保 • 政府为抵押贷款、学生和小企业提供的贷款担保 • 政府为贸易、汇率、外国政府借款和私人投资提供的担保 • 国家保险计划（对存款、私人养老金最低收益、农作物、洪水和战争风险提供的保险）
隐性负债	• 公共投资项目的未来经常性费用 • 法律没有规定的未来公共养老金 • 没有法律责任的社会保障计划 • 没有法定责任的养老保险	• 地方政府、公共或私人实体对未担保的负债以及其他负债违约 • 银行破产（超出国家保险范围之外） • 未担保的养老基金、失业保险基金和其他社会保障基金（针对小投资者的社会保护）的投资失败 • 中央银行未能履行其责任（外汇合约、本国货币保护和国际收支稳定） • 抵抗私人资本外逃的紧急财政救助 • 环境的破坏、自然灾害、军事行动等

（二）我国政府直接隐性债务和或有债务的现状分析

《中华人民共和国预算法》（以下简称《预算法》）规定，地方各级预算按照量入为出、收支平衡的原则编制，除《预算法》另有规定外，不列赤字。经国务院批准的省、自治区、直辖市的预算中必需的建设投资的部分资金，可以在国务院确定的限额内，通过发行地方公债的方式筹措。举借债务的规模，由国务院报全国人民代表大会或者全国人民代表大会常务委员会批准。省、自治区、直辖市依照国务院下达的限额举借的债务，列入本级预算调整方案，报本级人民代表大会常务委员会批准。目前对地方政府发行地方公债实行限额管理，存在一定的限制。因此，我国地方政府债务主要以直接隐性债务、或有债务形式出现。了解我国政府隐性债务、或有债务的现状，对于防范化解我国地方政府债务风险，保持全国财政的可持续性具有非常重要的现实意义。

1. 直接隐性债务

我国地方政府直接隐性债务主要表现为养老金收支缺口。改革开放以前，我国职工养老金实行现收现付制。从 1995 年起我国养老保障实行社会统筹和个人账户相结合的基本养老保险制度，职工养老保险费由个人和企业共同负担，国有企业缴纳不足部分由财政兜底。当时，由于我国国有企业普遍经营困难，从竞争性领域退出加快，企业欠缴保险费现象相当普遍，加之我国人口老龄化加速，缴费人数增长速度远远低于离、退休人数增长速度，由此使养老金收入无法满足支出需要。为了实现当期养老金支付，政府不得不挪用个人账户资金，这就形成了养老金个人账户“空转”。这部分资金缺口由地方政府承担，也就形成了地方政府养老金隐性债务。

2. 或有显性债务

（1）国债项目配套资金。实行积极财政政策，主要以发行国债安排项目投资，并要求地方政府提供配套资金。国债项目多是社会效益明显的基础设施，配套资金很难通过项目收回。在国债配套资金中，银行配套资金主要来自政策性银行贷款和政府担保的商业银行贷款，地方政府配套资金，也大多通过政府投资公司等地方政府经济实体从多渠道融资而来。因此，国债地

① 本表来自汉娜·布瑞希（Hana Brixi）《或有政府负债：一个隐蔽的财政风险》，国际货币基金组织季刊《金融与发展》（1999 年 3 月）。

方使用部分的配套资金实际上成了地方政府的或有显性债务。①

（2）政府担保的国内金融机构贷款。尽管《中华人民共和国担保法》规定，地方政府不得为项目和企业融资提供担保，而且国务院已于2010年6月10日紧急叫停地方政府违规担保行为，但地方政府为基础设施、企业融资提供担保和变相担保的情况还是时有发生。不过，全国人大常委会审批通过并认定15.4万亿元存量地方政府担保贷款为政府债务，并经过3年发债置换完毕，也即从2015年开始，地方政府担保和变相担保不再形成政府债务。2017年1月，财政部首次问责内蒙古自治区、河南省、重庆市、四川省等几个地方政府的违规担保和举债行为。

> **想一想**
>
> 政府担保和政府性担保机构担保对或有债务的形成产生什么不同影响？

（3）粮食收购和流通中的亏损挂账。1998年，我国推行以“敞开收购、顺价销售”为主要内容的粮食流通体制改革。这项改革实施后，由于政府难以区分国有粮食企业的政策性亏损和经营性亏损，加之是政府推行粮食流通体制改革造成的，形成的粮食企业亏损挂账实际上隐含了政府对这项改革损失的担保。因此，国有粮食企业的亏损挂账是政府的或有显性债务。

（4）政府担保的外债。我国的外债包括国际商业贷款、国际金融组织贷款、外国政府贷款和其他贷款等。在这些外债余额中，国际金融组织贷款用于中央、地方公益性项目，由中央、地方政府偿还，构成政府直接债务。外国政府贷款分为两种：一种是由财政部门委托国内银行转贷给企业和项目，如果企业和项目不能按时还款，国内银行又无力垫付，政府就要承担还款责任。另一种是国内银行经政府部门授权作为借入人，将贷款转贷给项目，银行对外作为债务人负责还款。由于主权外债是国家信誉，不论政府是否担保，一旦企业、项目和国内银行无法偿还，政府最终都要承担还贷责任。另外，国际商业贷款和其他贷款中也有一部分是经过地方政府担保和变相担保借入的，如果用款企业、项目无力还款，也需要地方政府偿还。

3. 或有隐性债务

（1）国有企业未弥补亏损。由于国有企业的亏损大多以银行不良资产形式体现出来，国有企业未弥补的累计亏损，拖累了银行，使相当一部分贷款变成不良资产，甚至成了坏账。

（2）地方金融机构不良资产。我国主要的金融机构国有性质决定了不良资产有其特殊性和复杂性。作为债权人的国有银行和作为债务人的国有企业，债权债务双方都是国有的。国有商业银行的高不良资产率与国企的高负债率，形成规模不小的国有商业银行的不良资产。

（3）县乡政府债务。在政府之间，由于上级政府为下级政府提供了隐性担保，如果下级政府出现债务危机，上级政府不得不进行救助，因此，下级政府全部债务都是上级政府的或有隐性债务。

案例分析与讨论 10.1

中国政府债务风险究竟如何？

> 政府债务风险与化解

中国政府债务现状：截至2019年11月，中央政府债务和地方政府债务余额合计37.6万亿元，杠杆率在国际上处于中等水平，但偿债高峰期集中在2020—2024年。从中央政府看，2019年11月末，国债余额为16.22万亿元，1—11月净融资额约为1.44万亿元，债券市场余额为95.7万亿元，国债余额占比近17.0%。从地方政府看，2019年1—11月全国发行地方政府债券4.32万亿元，其中一般债券1.77万亿元，专项债券

① 《国务院关于推进中央与地方财政事权和支出责任划分改革的指导意见》（国发〔2016〕49号）已经明确，“中央各职能部门和直属机构不得要求地方安排配套资金”。也就是说，随着中央和地方财政关系的进一步改革，因配套资金形成的地方政府或有显性债务压力在减小。

2.55 万亿元，11 月末全国地方债务余额 21.11 万亿元，占中国债券市场余额比重为 22.1%。

政府债务规模攀升的主要是由经济发展和城镇化进程、中央与地方财政体制、预算软约束与政绩考核机制、经济下行叠加，减税降费扩大赤字并削弱偿债能力等原因造成的。

启发思考

（1）中国政府债务规模如何？

（2）中国是否存在国内债务危机？

二、政府或有债务风险的防范和化解

1. 深化企业管理制度改革，加强市场秩序监管

2018 年财政部发布《关于规范金融企业对地方政府和国有企业投融资行为有关问题的通知》（财金〔2018〕23 号）（以下简称《通知》)。《通知》旨在规范金融企业对地方政府和国有企业的投融资行为，与地方政府债务管理等政策形成合力，共同防范和化解地方政府债务风险。

除购买地方政府债券外，金融企业不得直接或通过地方国有企事业单位等间接渠道为地方政府及其部门提供任何形式的融资；不得违规新增地方政府融资平台公司贷款；不得要求地方政府违法违规提供担保或承担偿债责任；不得提供债务性资金作为地方建设项目、政府投资基金或政府和社会资本合作（PPP）项目资本金。

在资本金审查方面，国有金融企业应当按照“穿透原则”加强资本金审查，若发现融资主体存在以“名股实债”、股东借款、借贷资金等债务性资金和以公益性资产、储备土地等方式违规出资或出资不实的问题，国有金融企业不得向其提供融资。

在合作方式方面，国有金融企业不得采取与地方政府及其部门签署一揽子协议、备忘录、会议纪要等方式开展业务，不得对地方政府及其部门统一授信。

在产权管理方面，国有金融企业应聚焦主业，严格遵守国有金融资产管理有关规定，做好与地方政府及其部门合作所形成股权资产的登记、评估、转让、清算、退出等工作。

在资管管理业务方面，国有金融企业发行银行理财、信托计划、证券期货经营机构资产管理计划、保险基础设施投资计划等资产管理产品参与地方建设项目，应按照“穿透原则”切实加强资金投向管理，全面掌握底层基础资产信息，强化期限匹配，不得以具有滚动发行、集合运作、分离定价特征的资金池产品对接，不得要求或接受地方政府以任何方式提供兜底安排或以其他方式违规承担偿债责任，不得变相为地方政府提供融资。国有金融企业在进行资产管理产品推介时，应充分说明投资风险，不得以地方政府承诺回购、保证最低收益等隐含无风险条件作为营销手段。

2. 深化政府管理体制，多渠道防范和化解政府债务风险

（1）深化政府管理体制。坚决制止违法违规融资担保行为，严禁以 PPP、政府投资基金、政府购买服务等名义变相举债。加强风险源头管控，硬化预算约束，严格项目审核，管控金融“闸门”，禁止以新增隐性债务方式上新项目、铺新摊子。

（2）建立市场化、法治化的债务违约处置机制。坚决打消地方政府认为中央政府会“买单”的“幻觉”，坚决打消金融机构认为政府会兜底的“幻觉”。建立市场化、法治化的债务违约处置机制，依法实现债权人、债务人共担风险，及时有效防止违约风险扩散蔓延。

（3）加大监督力度，强化问责机制。对政府隐性债务的规模、类别、结构与举债时间、资金用途和安全性进行动态、实时监测。对政府隐性债务的偿还、管理和决策进行风险评估，加强审计。强化问责机制，坚决查处各类违规违法举债行为和化解隐性债务不作为行为。

第四节　地方政府债务

微课堂
地方政府债务

一、地方政府职能与地方政府债务

地方性公共产品存在地域差异，地方政府提供既有效率也符合公平。在事权与支出责任划分明确的情况下，地方政府可以通过发债筹集财政资金，以履行地方政府职能。

地方政府的财政事权主要有社会治安、市政交通、农村公路、城乡社区事务等受益范围地域性强、信息较为复杂且与当地居民密切相关的基本公共服务。地方与中央共同财政事权主要包括义务教育、高等教育、科技研发、公共文化、基本养老保险、基本医疗和公共卫生、城乡居民基本医疗保险、就业、粮食安全、跨省（区、市）重大基础设施项目建设和环境保护与治理等体现中央战略意图、跨省（区、市）且具有地域管理信息优势的基本公共服务。

地方政府发行债券需要遵循以下规定。

1. 发行主体及范围

地方政府债券与国债的主要区别表现在发行主体及其范围上。根据一级政权、一级财政的原则，地方公债的发行主体是各级地方政府。根据相关规定，地方政府债券的发行主体是省、自治区、直辖市政府（含经省级政府批准自办债券发行的计划单列市政府），其他层级的政府暂时还不能发行债券。并规定针对没有收益的公益性项目发行，约定一定期限内主要以一般公共预算收入还本付息。发行范围一般应在本省（或地、市）区域，即对省（或地、市）内各企事业单位、部门团体及城乡居民发行。为更好地体现受益与公平原则，对于某些为满足局部地区专项建设需要而发行的地方债券，可以指定在某些地区发行，债权人就是受益单位或受益居民，使认购者与受益者相结合，以利于债券的推销和地方建设事业的发展。

2. 地方政府债券的种类

地方政府债券根据其收入用途的不同可分为公用事业债券和地方经济建设债券。发行公用事业债券，主要是为了弥补地方公用事业建设资金的不足，因此，地方公用事业债券主要用于地方各种公用事业或设施的建设。这类债务收入的投资效果主要体现在社会效益上，直接的经济效益并不明显。所以，清偿这类债务的资金来源主要是地方税收和其他经常性财政收入。地方经济建设债券是特定用于一些能够产生经济效益的基本建设工程的债券。这种债券是为建设某项特定的营利性工程而发行的，如铁路、隧道、桥梁、码头、机场等，债务收入实行专款专用。地方公用事业债券和地方经济建设债券是两类具有不同用途和不同效果的债券。一般来说，地方公用事业债券的规模越大，给地方财政带来的负担就越重。因此，地方公用事业债券的规模应以地方财政收入的增量减除经常性财政支出的增量后的余额作为最高限额。地方经济建设债券的规模，在债券总量不超过认购能力的前提下，着重投资项目的赢利水平，只要利税率不低于利息率，通常不会给地方财政带来压力。

3. 地方政府债券的用途

地方政府经常性的财政支出，都是以地方债务之外的经济性财政收入作为财源的。根据均衡财政的观点，最理想的是避免借债，以免增加下一年度的财政负担。但是，当地方政府所进行的投资效果能够创造新的财源或能为以后的发展打下基础，就可以将地方债务作为发展地方经济或社会公益事业的财源。因此，当今世界大多数国家都规定地方债务主要用于基本建设资金的筹措。

二、外国地方政府债务管理

地方债是各级地方政府为提供地方性公共产品而筹措建设资金的一种融资方式。无论是联邦制国家还是单一制国家，允许地方政府举借债务，是世界上绝大部分国家的通行做法。

1. 举债权限

作为一种普遍采用的融资手段，各国对地方政府的举债权限都有一定的约束。多数国家规定地方政府只能举借内债；只有个别国家规定在中央政府授权的情况下，一定级别的地方政府可以举借外债。

> **想一想**
>
> 地方政府举债的理论依据是什么？

2. 地方债的种类

从担保品来看，地方债主要分为：①一般责任债券。它是由州、县、特区、城市、镇及学区所发行的，以其征税能力和征税权力为保证的债务凭证。其特点是以地方的税收来源作为还款保障。②收入债券。它是地方政府发行的、以某一特定的收入来源作为还款来源的债务凭证。收入债券主要是为某一项目融资并以项目的收入还款，不受政府税收权力的保证和支持，所以其依赖的是基础项目的赢利能力。有些市政债券的担保具有一般责任债券和收入债券的共同特征，如投保债券、银行担保市政债券、再融资债券等。

3. 举债方式

地方政府的举债方式有两种：一是发行地方政府债券；二是向金融机构借款，但一般都要求地方政府不得向其所属金融机构借款。发达的市场经济国家地方政府举债方式倾向于发行债券或向银行借款。美国的州和地方政府主要通过发行市政债券举债，辅之以银行借款和融资租赁。美国的市政债券分为一般责任债券和收益债券。一般责任债券是以发行机构的全部声誉和信用为担保并以政府财政税收为支持的债券，而收益债券则是与特定的项目相联系。

4. 举债用途

多数国家要求地方政府在举债时遵守“黄金规则”，即除短期债务以外，地方政府举债只能用于基础性和公益性资本项目支出，不能用于弥补地方政府经常性预算缺口。少数国家，如加拿大、美国、德国和瑞士等允许地方政府借债用于弥补财政收支季节性缺口。

5. 管理机构

世界上绝大部分国家都在中央层次建立地方政府债务管理机构。根据与财政部门之间的关系，地方政府债务管理机构一般有两种模式。第一种模式是将地方政府债务管理机构内设于财政部门，地方政府债务全部由财政部门统一管理。这种模式又包括两种类型：一是由财政部门下属机构负责管理，如加拿大、菲律宾、荷兰、南非等国；二是在财政部门内专设地方政府债务管理机构，如澳大利亚、法国、保加利亚、波兰、德国、新西兰等国。第二种模式是地方政府债务管理机构独立于财政部门，但仍需向财政部门汇报相关情况。美国、日本、爱尔兰、瑞典、英国、匈牙利等都属于这种模式。

> **视野拓展**
>
> **欧洲债务危机**
>
> 2012年可谓欧洲“债务年”，希腊债务危机引发了人们对包括欧元在内的一系列的欧洲一体化前景的担忧。为防止欧债危机蔓延，世界主要经济体及国际组织纷纷伸出援手，祭出许多有效的援助计划，才缓解了欧债危机。

三、我国地方政府债务管理

1. 明确界定各级政府和各职能部门的管理职责

明确政府债务实行统一管理，分级负责。各级政府是本级政府债务管理的责任主体，负责统筹协调政府债务管理工作；政府债务管理委员会各组成部门在委员会领导下，按照职责分工，履行管理职责。

2. 规范债务“借、用、管、还”

一是规范债务举借。省级政府债务由省政府采取发行地方政府债券方式统一举借，没有收益的公益性事业发展通过发行一般债券融资；有一定收益的公益性事业发展通过发行专项债券融资。政府债务规模实行限额管理，债务高风险地区原则上不得新增债务余额。省级政府在国务院批准限额内合理确定全省举债规模，市（州）县政府在核定限额内合理确定本地区举债规模，新发生的或有债务依法限定在外债转贷范围内。二是严格债务使用。政府债务资金只能用于公益性资本支出和适度归还存量债务，不得用于经常性支出。政府债务资金全额纳入国库，未经批准不得改变用途。三是明确偿债责任。各级政府应承担本级政府债务偿还责任，省级政府不对下级政府救助；分清政府债务与企事业单位债务边界，切实做到“谁借谁还、风险自担”。四是明确偿债资金来源。一般债务通过一般公共预算安排支出偿还，专项债务通过政府性基金或专项收入偿还。存量债务应进行分类处置，企事业单位债务不纳入政府债务，继续由自身运营收入偿还。

3. 强化预算管理约束

将政府债务收支分类纳入全口径预算管理。一般债务收支纳入一般公共预算；专项债务收支纳入政府性基金预算；或有债务纳入监管范围。政府债务收支实行分级预算管理和分层预算编制，省、市（州）、县三级政府将债务收支纳入本级预算管理，按照管理隶属关系分别将债务收支编入单位预算、部门预算和政府预算。

4. 加强风险防控

对政府债务进行总量控制，严控增量，化解存量，规范政府举债融资行为，严禁新增隐性债务。建立完善风险评估预警、应急处置等防控机制，定期对债务高风险地区进行风险预警提示，高风险地区须积极采取措施逐步降低债务风险。明确公办高校、医院和国有企业除外债转贷外新发生的债务依法不属于政府债务，并要求分类进行监管，严防其债务风险向政府转移。

5. 加强地方债的监管与协调

解决了地方政府自主发行债券以后，地方债管理才真正开始。首先，要促使地方政府的观念和行为能够适应党的十九大提出的经济高质量发展的要求，就必须设计一套有效的机制来切实加以保障，其中最关键的是债务问责机制的设计。有效的债务问责机制可以打破地方政府和国有企业的各种预算软约束，消除刚性兑付的预期，最大限度地减少债务风险。其次，把“终身问责、倒查责任”的债务问责机制纳入政绩考核体系，新增债券分配要和地方控制债务风险绩效挂钩。对那些控制债务风险较好的地区实行一定程度的专项奖励，或者提高其地方政府债券分配额度。最后，保持合理的债券发行规模和科学的利率定价，前提是公正的信用评级以及全面规范的信息披露，这可以激励地方政府不断强化财政管理和提高财政运行效率，来保持较高的信用等级，并吸引更多的投资者。

案例分析与讨论 10.2

地方政府一般债务预算管理办法

地方政府债务是地方财政收支的重要组成部分，依法应当纳入各级预算管理。《地方政府一般债务预算管理办法》（以下简称《办法》）的主要内容如下。

一是确定地方政府债务限额。依据《财政部关于对地方政府债务实行限额管理的实施意见》（财预〔2015〕225 号）有关规定，明确地方各级政府债务限额的确定依据和程序。

二是规范预算编制和批复的流程。按照《预算法》和国发〔2014〕43 号文件“将一般债务收支纳入一般公共预算管理，将专项债务收支纳入政府性基金预算管理”的要求，《办法》细化了债务收支列入预算草案或者预算调整方案的编制内容、审批程序、科目使用等。

三是严格预算执行。按照《预算法》和国发〔2014〕43 号文件“地方政府举债应当有偿还计划和偿还资金来源，市县级政府确需举借债务的由省级政府代为举借”的规定，《办法》细化了债券发行、转贷、使用，还本付息和发行费用支付的处理方法，以保障偿债资金来源，维护政府信用。

四是非政府债券形式存量债务纳入预算管理。按照国发〔2014〕43 号文件“经清理甄别的地方政府存量债务纳入预算管理”的要求，明确存量债务纳入预算的程序、总预算会计账务处理、转化为政府债券的程序、或有债务转化为政府债务的程序等，提高存量债务管理透明度和规范性。

五是强化监督管理。按照国发〔2014〕43 号文件“建立地方政府性债务公开制度……各地区要定期向社会公开政府性债务及其项目建设情况，自觉接受社会监督”的规定，《办法》强调了债务公开有关要求，强化人大和社会监督，以发挥地方财政部门和专员办的监督作用，形成依法监管合力。

地方政府一般债券预算管理办法

启发思考

（1）发行地方政府债券对地方经济的发展有何裨益？

（2）发行地方政府债券置换存量债务的好处有哪些？

课堂金话筒

如何看待我国地方政府债务？如何从中央政府和地方政府之间的财政关系看地方公债发展的路径选择？

第五节　政府债券市场的构成及其功能

微课堂
政府债券市场及其功能

一、政府债券市场的构成

在我国，政府债券市场被称为国债市场，它是以国债券（并不一定是实物券）为对象而形成的供求关系的总和，即国债券发行和交易的场所。按照国债交易的层次或阶段不同，国债市场包括国债发行市场和国债流通市场。

（一）国债发行市场

国债发行市场，也称国债一级市场，是指国债发行与推销的市场。通过市场手段促进国债债权人与债务人发生债权与债务关系，其职能是完成国债发行任务，使政府筹措到所需资金，也为社会上的资金所有者提供投资并获取收益的机会。

在国债发行市场上，政府是国债的发行者，通过发行国债筹集所需资金。社会上众多的资金持有者是投资者，他们通过购买国债实现投资目的。通常情况下，国债的发行者与认购者并不直接联系，他们通过国债发行的中介机构来完成国债交易过程。所以，国债的发行市场，主要是由发行者、中介机构和投资者三方组成的。

政府在国债发行市场上是以债务人的身份出现的，它是国债发行的主体。一般来讲，政府发行国债的目的是筹集资金，以弥补财政赤字、扩大政府投资支出和解决暂时性资金短缺等。政府总是希望以最小的筹资成本，获取最大量的、能长期使用的资金。政府发行国债必须依据一定的法律程序，按照预定的发行条件进行。

国债的投资者在国债发行市场上是以债权人的身份出现的，他们用货币购买国债，从而持有国债并承担一定的风险。投资者之所以冒风险进行投资，就是为了能从中获得稳定的收益。由于国债的偿还期限有长有短，利率有高有低，每年还本付息次数多少不等，买进时的市价有高有低，因此，国债的投资收益也各有不同。一般来说，投资收益与投资风险成正比，风险大，收益也高，风险小，收益也低。

中介机构在国债发行市场上是以媒介的身份出现的，如银行、证券商和经纪人等，他们是国债发行者和投资者的连接纽带。国债首先由中介机构承购，然后再向投资者出售。中介机构主要以两种方式承销国债：一种方式是接受政府委托，以委托募集的方式承销国债。此种方式，中介机构本身不负有接受国债的义务，也不承担任何国债发行风险。另一种方式是以承包募集的方式承销国债。它的基本要点是中介机构有义务承购因未完成计划发行额而剩余的国债部分，因而也就承担相应的国债发行风险。

（二）国债流通市场

国债流通市场，也称国债二级市场，是指转让买卖已发行国债的市场。其功能是为已发行的国债提供再次出售的机会，由此促成一种流动性，使国债持有者在需要资金时能够卖出国债，收回资金，并给新的投资者提供投资选择的机会。

1. 国债流通市场的交易类型

国债流通市场的交易类型包括交易所交易和柜台交易两种。

（1）交易所交易，是一种有集中的、固定的交易场所和交易时间的国债交易类型。交易所是一种高度组织化的二级证券市场，是最主要的证券交易场所，在多数国家中也是唯一的证券交易场所。它通常有较严密的组织和管理规则，采用公开竞价的方式并借助完善的交易系统进行交易。一般地，只有交易所成员才能在交易所中从事交易活动，公众则需通过经纪人或交易员进行交易；买卖的证券也必须经过核准才能进入交易所。

（2）柜台交易，也称店头市场交易，指国债经纪人或国债自营商不通过证券交易所，直接与顾客进行交易的方式。它的主要特点是交易方式灵活，由买卖双方协商定价。投资者既可以与证券公司直接议价买卖，也可以委托经纪人与证券公司议价买卖。通常柜台交易有两种形式，即自营买卖和代理买卖。在自营买卖的情况下，证券公司以批发价格从其他证券公司买进国债，然后再以零售价格把国债出售给客户，或者证券公司以零售价格向客户买进国债，然后再批发给其他证券公司。在代理买卖的情况下，证券公司作为经纪人根据客户的委托，代理客户买卖国债，以赚取手续费。在从事代理业务时，经纪人必须为客户的利益着想，但在交易中不承担任何风险，其所得报酬只是手续费。

2. 国债流通市场的交易方式

国债买卖主要有三种方式，即现货交易、期货交易及回购协议交易。

（1）现货交易，也称现金现货交易，是指买卖双方同意在国债成交时即时交割。在实际交易过程中，往往有一个较短的延迟时间，因而实际上即时交割的情况并不多见。通常采取次日交割或例行交割等方式。次日交割是指在成交后的下一个营业日正午之前办完交割手续。例行交割则是一种在交割时间上约定俗成的交易办法。

（2）期货交易，指国债成交后，并不马上交割，而是买卖双方按契约约定的价格和时间，在将来某一时间进行交割结算的交易。期货交易都是通过证券交易所进行的。在交割日期到来之前，买进期货的人可以再卖出同样一笔期货，卖出期货的人也可以再买进同样一笔期货。在期货交易中，投资者可以利用期货价格与现货价格的不一致进行套买套卖，这样可以达到套期保值或投机的目的。套期保值，是指在现货市场上买进或卖出某种债券的同时，再在期货市场上卖出或买进同等数量的债券，这样，当期货到期后，因价格变动而在现货交易中造成的赢利或亏损就可以由期货交易中的亏损或赢利得到弥补或抵销。

（3）回购协议交易是指卖出一种国债时，附加一定的条件，于一定时期后以预定的价格或收益率，由最初出售者再将该种国债券购回的交易方式。在回购协议交易中，对国债的原持有人（卖方）来说，是回购，而对投资人（买方）来说，则是逆回购。由于是带有回购条件的买卖，因此国债实际上只是被暂时抵押给了买方，买方得到的只是双方议定的回购协议的利息，而不是国债本身的利息，国债本身的利息（包括被抵押出去的这段时间内的利息）属于卖方（国债的原持有人）。这种有条件的国债交易方式实际上是一种短期的资金借贷。回购协议的期限最短为 1 天（隔夜交易），最长为 1 年。通常为 1 周、2 周和 3 周或 1 个月、2 个月、3 个月、6 个月。回购协议的利率是由协议双方根据回购期限、货币市场行情以及回购国债的质量等有关因素议定的，与国债本身的利率没有直接关系。

国债发行市场和国债流通市场是国债市场两个对称运行的组成部分，它们相互作用、相互依存，从而有机地构成了统一的国债市场。一方面，国债发行市场是国债流通市场存在的前提和运行的基础。如果没有发行市场，政府就无法筹集资金，投资者也无处购买国债。从这个意义上说，没有发行市场就不可能有交易市场。只有具备了具有一定规模和质量的发行市场，流通市场上的国债转让才可能进行。并且，发行市场上的国债的发行条件和发行方式等对流通市场上的国债的价格和流动性都有着深刻的影响。另一方面，国债流通市场又是国债发行市场的重要保证。如果没有流通市场，国债投资者就不能随时卖出所购国债、及时收回资金以解决其他需要或者改换投资目标，从而也就无法灵活地运用自己的资金，这样投资者就不会愿意持有国债，最终将阻碍国债的发行。所以说，只有国债发行市场和国债流通市场都能有效地运行，才能形成一个健康的国债市场。

二、政府债券市场的功能

国债既是财政政策工具，又是货币政策工具，因此，国债市场具有两种功能。

（一）实现国债的顺利发行和偿还

国债作为财政政策工具，国债市场具有顺利实现国债发行和偿还的功能。国债通过国债市场发行，国债市场的发展是国债顺利发行的条件，只有国债市场发展了，国债的流动性得到保证，投资者可以很容易地进入或退出市场，通过频繁的交易为国债合理地定价，国债的发行才能受到社会的认可。

（二）合理、有效地调节社会资金的运行，提高社会资金效率

1. 国债市场是一国金融市场的重要组成部分

由于国债风险小、同质性强、规模大，是其他金融资产（如商业票据、证券化资产、金融债券等）定价的基准和众多衍生金融资产（例如回购、期货、期权等）的基础资产，同时也是交易者对冲风险的重要工具。一个富于流动性的国债市场，在提高金融体系的效率，保持金融体系稳定方面，具有重要的意义。国债市场形成的国债期限结构，能够反映市场的参与者对利率变化的预期和长期利率趋势，为货币政策的实施提供信息，使得货币政策的意图能够有效地传导。

2. 国债市场拓宽了居民的投资渠道

在一个活跃的市场，社会资金可以很方便地流入流出，企业和居民的富余资金可以投入债市获取利益，需要兑换时又可以及时在市场上卖出债券，增加了投资渠道，丰富了企业和居民

的金融资产替代选择；包括国债市场在内的债券市场和股票市场相互配合产生不同类型的投资工具，为投资者提供了可供选择的收益—风险组合，投资者能根据外部环境的变化适时调整自己的投资策略。这是金融市场有效运作的基础。

3. 国债市场是连接货币市场和资本市场的渠道

一些本来不宜进行长期产权投资的短期资金，如企业暂时不用的闲置资金，也有可能参与资本市场的投资。尽管一个企业的资金可能只能在这个市场上停留两三个月，但新的短期投资者会形成新的接替关系，由此就可以实现全社会投资规模的扩大。

4. 国债是央行在公开市场上最重要的操作工具

在不够活跃的国债市场里，央行吞吐基础货币，调节社会信用总量的能力会受到限制，资产价格容易过度波动；而国债市场的壮大，有助于中央银行公开市场操作业务的开展，使中央银行的货币政策从直接控制为主逐步向市场化为主的间接调控转变。

本章小结

政府债务是指政府及政府所属机构以债务人的身份，按照国家的法律或合同规定，与有关各方发生的特定的债权债务关系。与税收比较，其具有自愿性、有偿性和灵活性等特征，具有弥补财政赤字、筹集建设资金、调节经济运行的功能。

李嘉图认为，无论是征税，还是发行公债，对经济的影响本质上是没有区别的，这就是被称为李嘉图等价定理的基本思想；政府债务的“挤出效应”，是指政府部门发行公债所引起的民间消费或投资降低的作用。

国债规模是指一个国家在一定时期内所能承受政府债务的数量界限。国债的发行和偿还形成政府债务负担，它不仅受政府还债能力的限制，还受国债认购人认购能力的限制。国债借债率、国债负担率、国债偿债率、国债依存度是衡量国债规模的重要指标。

我国地方政府债务主要以直接隐性债务、或有债务形式出现。了解政府隐性债务、或有债务的现状，对于防范和化解我国地方政府债务风险，保持全国财政的可持续性具有非常重要的现实意义。

国债市场是指政府债券市场，它是以国债券（并不一定是实物券）为对象而形成的供求关系的总和。国债市场由两个部分组成：国债发行市场和国债流通市场。国债市场的功能是：实现国债的顺利发行和偿还；合理、有效地调节社会资金的运行，提高社会资金效率。

练习与思考

一、重要概念

1．政府债务 2．或有债务 3．公债 4．直接隐性债务 5．直接显性债务 6．或有显性债务 7．或有隐性债务 8．地方政府债务 9．国债借债率 10．国债负担率 11．国债偿债率 12．国债依存度 13．李嘉图等价定理

二、单项选择题

1．弥补财政赤字最有效的方法是（　　）。

A．征税　　B．发行债券　　C．发行货币　　D．动用历年结余

2．李嘉图等价定理的核心观点是（　　）。

A．政府债务仅仅是延迟的税收　　B．政府债务劣于税收

C．政府债务优于税收　　D．以上说法都不正确

3．国债借债率是指（　　）。

A．（当年国债发行额/当年国内生产总值）× 100%

B．（当年国债余额/当年国内生产总值）× 100%

C．（当年国债还本付息额/当年财政收入总额）× 100%

D．（当年国债发行总额/当年财政支出总额）× 100%

4．我国在 1981—1986 年主要发行一种债券，即国库券，其主要特点是（　　）。

A．不可流通　　B．可流通　　C．强制性购买　　D．强制性储蓄

5．（　　）是政府直接显性债务。

A．对内和对外的主权借款

B．国家对非主权借款、地方政府以及公共和私营部门实体债务提供的担保

C．公共投资项目的未来经常性费用

D．地方政府、公共或私人实体对未担保的负债以及其他负债违约

6．（　　）是政府直接隐性债务。

A．对内和对外的主权借款

B．国家对非主权借款、地方政府以及公共和私营部门实体债务提供的担保

C．公共投资项目的未来经常性费用

D．地方政府、公共或私人实体对未担保的负债以及其他负债违约

7．（　　）是政府或有显性债务。

A．对内和对外的主权借款

B．国家对非主权借款、地方政府以及公共和私营部门实体债务提供的担保

C．公共投资项目的未来经常性费用

D．地方政府、公共或私人实体对未担保的负债以及其他负债违约

8．（　　）是政府或有隐性债务。

A．对内和对外的主权借款

B．国家对非主权借款、地方政府以及公共和私营部门实体债务提供的担保

C．公共投资项目的未来经常性费用

D．地方政府、公共或私人实体对未担保的负债以及其他负债违约

9．下级政府的债务都是上级政府的（　　）。

A．或有隐性债务　　B．或有显性债务　　C．直接显性债务　　D．直接隐性债务

10．政府担保的外债是（　　）。

A．或有隐性债务　　B．或有显性债务　　C．直接显性债务　　D．直接隐性债务

三、多项选择题

1．政府债务的特征为（　　）。

A．自愿性　　B．有偿性　　C．灵活性

D．固定性　　E．无偿性

2．按国家举债的形式分为（　　）。

A．国家借款　　B．发行债券　　C．其他　　D．征税

3．（　　）是衡量国债规模的总量指标。

A．当年新发行的国债规模　　B．国债余额
C．当年到期需要还本付息的债务总额　　D．国债占财政收入比重

4．（　　）属于国债规模的监测指标。

A．国债借债率　　B．国债负担率　　C．国债偿债率　　D．国债依存度

5．国债结构是指一个国家各种性质债务的搭配状况及其相互之间的数量比例关系，主要包括（　　）。

A．品种结构　　B．期限结构　　C．利率结构
D．持有人结构　　E．其他

6．从1988年开始，我国国债流通放开试点，国债发行的品种有所增加，陆续发行了（　　）。

A．国家建设债券　　B．财政债券　　C．特种国债
D．保值国债　　E．定向国债

7．国债持有者一般包括（　　）。

A．中央银行　　B．商业银行　　C．非银行金融机构
D．机关团体　　E．企业和事业单位以及居民个人等

8．国债属于（　　）。

A．财政政策　　B．货币政策　　C．稳定政策　　D．收入政策

9．我国国债品种结构存在的主要问题有（　　）。

A．结构单一　　B．单一品种所占比重过高
C．结构不协调　　D．存量过大

10．国债的期限结构包括（　　）。

A．中期　　B．长期　　C．短期　　D．超长期

四、分析判断题

1．国债就是政府债务。（　　）

2．政府担保的国内金融机构贷款是政府或有债务。（　　）

3．粮食收购和流通中的亏损挂账是政府直接显性债务。（　　）

4．国有企业未弥补亏损是或有隐性债务。（　　）

5．地方金融机构不良资产是政府显性债务。（　　）

6．政府借债凭借的是政治权力。（　　）

7．中央政府债务具有固定性。（　　）

8．地方政府债务是中央政府的或有隐性债务。（　　）

9．在我国，地方政府借债需要中央政府代发行债券。（　　）

10．国债和地方政府债务都是中央政府的债务。（　　）

五、简答题

1．简述政府债务的分类。

2．分析国债的功能与效应。

3．简述我国国债的历史沿革。

4．如何认识我国地方政府直接发行公债？

5．我国国债市场存在哪些问题？

6．目前我国国债结构存在哪些问题？

六、论述题

1．论述政府债务的分类、我国当前直接隐性债务和或有债务的现状及其防范和化解。

2．论述在当前我国地方政府是否应当具有发债权，为什么？

3．试论述李嘉图等价定理的提出与发展。

七、材料分析题

“327”国债期货风波

1992 年 12 月 28 日，上海证券交易所首先向证券自营商推出了国债期货交易。但由于国债期货不对公众开放，交投极其清淡，并未引起投资者的兴趣。

1993 年 10 月 25 日，上交所国债期货交易向社会公众开放。与此同时，北京商品交易所在期货交易所中率先推出国债期货交易。1994 年至 1995 年春节前，国债期货飞速发展，全国开设国债期货的交易场所从两家陡然增加到 14 家。由于股票市场的低迷和钢材、煤炭、食糖等大宗商品期货品种相继被暂停，大量资金云集国债期货市场，尤其是上海证券交易所。1994 年全国国债期货市场总成交量达 2.8 万亿元。

“327”国债是指 1992 年发行的 3 年期国债 92（三），1995 年 6 月到期兑换。1992—1994 年中国面临较高通货膨胀压力，银行储蓄存款利率不断调高，国家为了保证国债的顺利发行，对已经发行的国债实行保值贴补。保值贴补率由财政部根据通胀指数每月公布，因此，对通胀率及保值贴补率的不同预期，成了“327”国债期货品种的主要多空分歧。以上海万国证券为首的机构在“327”国债期货上做空，而以中经开为首的机构在此国债期货品种上做多。

当时虽然市场传言财政部将对“327”国债进行贴息，但在上海金融界具有一定影响的管××就是不相信。当然，管××的分析不无道理：国家财政力量当时薄弱，不太可能拿出这么大一笔钱来补贴“327”国债利率与市场利率的差，而且当时通胀局势已经得到初步控制。于是管××出手，联合辽国发等一批机构在“327”国债期货合约上做空。

1995 年 2 月 23 日，传言得到证实，财政部确实要对“327”国债进行贴息，此时的管××已经在“327”国债期货上重仓持有空单。据说，当时管××曾经要求上交所总经理尉××为万国证券的持仓多开敞口，但遭到尉××的拒绝。而尉××并不知道的是，管××此时已经在“327”国债期货上超过规定持仓量很多。

与此同时，万国证券的重要盟友辽国发突然翻空为多，联盟阵营的瓦解让空方始料不及，管××面对巨额亏损在下午 4:22 分开始出手，短短的 8 分钟之内，万国证券抛出大量的卖单，最后一笔 730 万份的卖单让市场目瞪口呆（按照上交所的规定，国债期货交易 1 份为 2 万元面值的国债，730 万份的卖单为 1 460 亿元，而当时“327”国债总共有 240 亿元）。据说，在最后 8 分钟内，万国证券共抛空“327”国债 1 056 万份（共计 2 112 亿元的国债）。“327”国债期货收盘时价格被打到 147.40 元。当日开仓的多头全线爆仓，万国证券由巨额亏损转为巨额赢利。但成交量的迅速放大并不能说明问题，关键是期货交易的保证金根本没有，一句话，是透支交易，但反映在期货价格上却成为当天的收盘价。

“327”国债期货事件事后被著名经济学家戴园晨称为“中国的巴林银行事件”。5 月 17 日，中国证监会鉴于中国当时尚不具备开展国债期货的基本条件，作出了暂停国债期货交易试点的决定。至此，中国第一个金融期货品种宣告夭折。

任务：“327”国债事件对国债市场乃至证券市场的发展都产生了严重冲击。请你就以上资料谈谈健康的国债期货市场至少应具备哪些基本条件，以及如何发挥监管部门的监管作用。了解美国等发达的市场经济国家的国债市场的监管制度，提出完善我国国债市场制度设计的政策建议。

第十一章　政府预算

案例引导

读懂 2019 年预算草案报告

政府预算是反映政府工作的一面镜子。你知道通过阅读政府预算，我们能得到哪些重要信息吗？

一是收入增速放缓。2019 年全国一般公共预算收入预计约 19.25 万亿元，同比增长 5%，低于 2018 年 6.2%的增速。加上调入资金及使用结转结余 15 144 亿元，收入总量为 20.76 万亿元。

二是财政加大力度支持教育。以税收为主的一般公共预算收入征缴到国库之后，又不断地投入教育、医疗、就业、住房、养老等领域。其中，中央财政就业补助资金拟安排约 539 亿元，增长 14.9%。

建议读者课前阅读财政部 2019 年 3 月 7 日推出的《读懂 2019 年预算草案报告：“四本账”透视》一文，对政府预算有个大致了解。

三是土地市场可能降温。2019 年全国政府性基金收入预计 7.79 万亿元，增长 3.4%。其中，政府卖地收入预计 6.71 万亿元，增长 3%，占地方政府性基金收入比重为 91%。

四是“财政+国资划转”充实社保。2019 年全国社会保险基金收入预计接近 8 万亿元，增长 9.7%。其中，保险费收入 5.7 万亿元，财政补贴收入接近 2 万亿元。

试问：政府预算是政府年度收支计划。2019 年预算草案反映了一种什么样的政府收支倾向？

什么是政府预算？从形式上看，政府预算是一个有关收支计划的报告或报告汇编，它涉及一个组织（家庭、企业、政府）的财务状况，包括收入、支出、活动及目的等信息。“预算”的英文是“budget”，意指皮质的钱袋、皮夹或手提包。在英国，该词最早是描述财政大臣用来向议会提交政府开支需求和收入来源报告的皮包，后演变为政府提交立法机构审批的财政收支计划。政府预算是国家（政府）的年度财政收支计划，反映了国家（政府）的活动范围和内容，体现了一定时期国家的施政方针和将要达到的政治、经济和社会发展目标。

政府预算表现出多维的现代功能。首先，预算肩负着实现充分就业并减少经济波动的政策目标。其次，预算可能在特定领域产生重大影响。如税收影响工作或消费的动机，税收、收益和支出都会影响收入分配。

第一节　政府预算概述

微课堂
政府预算概述

一、政府预算的产生和定义

（一）政府预算的产生

政府预算是比税收、国债都要年轻的一个财政范畴。现代政府预算制度最早出现在英国。1217 年英国《大宪章》规定，课税必须得到贵族和大地主代表会议的同意；1640 年英国资产阶级革命后，议会君主制的英国财政已受到议会的完全控制；1689 年通过的《权利法案》重申，不经议会批准通过，王室政府不得强迫任何人纳税；还规定了征税收入和财政支出都必须经过议会批准，并要求按年分配收支，在年前作出收支计划，提请议会审批和监督；1789 年议会通过了《联合王国总基金法案》，把全部财政收支统一在一个文件中，至此有了正式的预算文件。美国国会在 1921 年通过了《预算审计方案》，正式规定总统每年要向国会提出预算报告。我国在清朝光绪三十四年（公元 1908 年）颁布了《清理财政章程》，1910 年正式编制了政府预算。到 20 世纪初，几乎所有国家都建立了政府预算制度。

视野拓展

英国《大宪章》

英国《大宪章》（拉丁文 Magna Carter，英文 Great Charter）是英国于 1215 年订立的宪法，用来限制英国国王（主要是当时的约翰）的绝对权力。订立《大宪章》主要是因为教皇、英国国王约翰及封建贵族对皇室权力出现不同的意见。《大宪章》要求皇室放弃部分权力，以及尊重司法过程，接受王权受法律的限制。《大宪章》是英国建立宪法政治这一长远历史过程的开始。《大宪章》是现代预算制度的基石。

解读《大宪章》

（二）政府预算的一般定义

西方经济学家通常从几个角度定义“预算”。在家庭经济学中，预算被定义为在一定时期内家庭生活支出的计划安排；在有关宏观经济政策的讨论中，预算被视为执行财政政策的有效途径；在政治生活中，预算被解释为政府行政首脑每年向立法机关呈送的政府年度收支计划文件。

就公共财政本身而言，预算是指政府预算，是政府每一财政年度的全部公共收支结构一览表。简言之，政府预算是经法律程序批准的政府年度公共财政收支计划，是政府筹集、分配和管理财政资金的重要工具。国家预算是指经法定程序审核批准的一个国家各级政府预算的总和。作为政府公共财政收支计划的政府预算有两方面的含义。

1. 国家年度财政收支计划

从财政管理的形式来看，政府预算是由政府编制，经过国家权力机关按一定的法律程序审查批准，具有法律效力的国家年度财政计划。它规定了年度内政府财政收支的项目、内容和应达到的指标及其平衡状况。政府预算编成后，经国家权力机关审查通过后公布，成为具有法律效力的计划文件，政府负有贯彻执行的责任，并以政府预算为法律依据，按照政府预算规定的收入支出的项目内容，组织财政分配活动，保证国家实现其职能的物质需要，达到政府编制年度预算的目的。我国政府预算是国家的基本财政计划，预算内容体现了国家与全体劳动人民根本利益一致的分配关系。

2. 法定程序审批的法律文书

政府预算从形成的程序看，是年度财政收支计划经法定程序审批后而形成的法律文件。政府预算必须受到约束，一旦经权力机关审批就具有法律效力，政府必须贯彻执行，不能任意修改，如需修改要经权力机关批准。政府预算方案制定后由权力机关审核批准，可以明确法律的责任和义务，同时为监督机构监督检查预算的履行情况提供依据。预算作为一个说明法律义务的工具和说明职责的手段，政府机关有义务对各项资金和使用资金的项目进行恰当的安排，这一安排必须经过法律程序进行审批，使行政机构和权力机关的意图达到统一、协调后并形成有效的法律文书。现代预算的政治改革在于以法制约束消除旧预算制度的封建性、专政性因素，推进民主化。

二、政府预算的分类

政府预算在产生之初是十分简单的，将财政收支数字按一定程序填入规定的表格，预算就编制完成了。随着社会经济生活和财政分配活动的日趋复杂，政府预算由单一的收支表格逐步演变为包括多种预算形式和预算方法的复杂系统，这就需要对其进行科学、合理的分类，以便进行深入的分析研究。

（一）按预算组织形式划分

政府预算按预算组织形式可划分为单式预算与复式预算。

1. 单式预算

单式预算是将政府的全部财政收支汇集编入一个统一的预算表之中，而不区分各项财政收支的经济性质的预算形式。其优点在于：一是符合预算的完整性原则。由于把政府全部财政收支分列于预算表，单一汇集平衡，整体性强，便于权力机关审议批准和社会公众了解。二是简单易懂，一目了然。收入与支出科目的划分与国民收入核算体系相关，口径一致。单式预算的缺点是财政收支未按经济性质分类分列和分别汇集平衡，难以对支出项目和资金使用效益进行深入考察、追踪管理，透明度较差，不便于宏观经济调制，不利于经济效率分析。由于单式预算把不同性质的支出汇总成一个会计平衡表，不能清晰反映各类公共产品的成本。

2. 复式预算

复式预算是把预算年度内的全部财政收支按收入来源和支出性质的不同，分别汇集编入两个或两个以上的收支对照表，从而编成两个或两个以上的预算。

复式预算的典型形式是双重预算，即按经济性质把财政收支分别编入经常预算和资本预算（又称普通预算和特别预算、经费预算和投资预算、统一基金预算和贷款基金预算等）。两个部分以各自来源应付各自的支出，各自平衡，打破了传统的收支平衡观念，打破了预算的完整性原则。

（1）经常预算。经常预算反映政府一般行政上的经常性收支项目，主要用税收筹集收入来满足经常性支出，收入方以各项税收为主，支出方为各种公共服务、政府行政经费支出。经常预算体现着政府的社会管理和国家机器职能，也是一国政府的最低活动界限。

（2）资本预算。资本预算反映政府投资性收支，收入方包括经常预算转来的结余额、国债收入和国外借款收入等，支出反映政府的各项资本性支出，如政府对公共工程项目、国有企业的投资以及物资储备等，体现着政府的生产资料所有者职能。

目前，大多数西方国家以及不少发展中国家都实行复式预算。其优点是科学、严谨、便于政府对财政活动进行分析，有利于收支控制。缺点是复式预算的资本支出主要依赖于举债，如果举债规模控制不当，容易导致物价上涨，引起通货膨胀，影响国民经济的稳定。另外，复式预算总体功能较弱，编制和审批比较复杂。

（二）按预算编制方法的不同划分

政府预算按预算编制方法的不同划分为基数预算与零基预算。

基数预算是指在安排预算年度收支时，以上年度或基期的收支为基数，综合考虑预算年度国家政策变化、财力增加及支出实际需要量等因素，确定一个增减调整比例，以测算预算年度有关收支指标，并据以编制预算的方法。其优点是简便易行；其缺点是基数的科学性、合理性难以界定，方法简单、粗糙。

零基预算是指在编制预算时，根据当年政府预算政策要求、财力状况和经济与社会事业发展需要重新核定，而不考虑该指标以前年度收支状况或基数。按照零基预算的指导思想，零基预算是指在编制年度预算时，对每个部门的工作任务进行全面审核，然后再确定各部门的支出预算。零基预算的一个重要特点是编制预算时，不仅要对年内新增的任务进行审核，而且要对以前年度确定的项目进行审核。从预算支出角度看，就是不仅要对预算年度中新增支出进行审核，而且要对以前年度形成的基数支出进行审核。

零基预算的优点在于，不受现行预算执行情况的约束，对编制预算的各级单位赋予一定的权力，从而能够充分发挥各级管理者的积极性和创造性，按照轻重缓急确定优先项目，使预算管理工作更符合节约和效益原则。同时，零基预算也大大加强了主管部门和执行单位的责任感和成本意识。其缺点在于，不是所有的预算收支项目都能采用零基预算；编制零基预算需耗费大量人力、物力和财力。

（三）按预算编制的政策重点不同划分

政府预算按预算编制的政策重点不同划分为投入预算与绩效预算。

投入预算是指传统的线性预算，在编制、执行时强调严格遵守预算控制规则，限制甚至禁止资金在不同预算项目之间转移。其优点是有利于预算管理的规范化、制度化，也便于立法机关审议。其不足之处体现在，如果不重视产出，不能有效控制行政机构和人员编制，预算支出效率低下，这些规则的实际意义就会大打折扣。

与投入预算相反，绩效预算强调预算投入—产出关系，即政府公共产品与提供成本的比较。绩效预算是美国在 1949 年首次提出的一种预算方法，是政府部门按所完成的各项职能进行预算，将政府预算建立在可衡量的绩效基础上，即干多少事拨多少钱。绩效预算由绩、效、预算三个要素构成。“绩”是指财政支出所要达到的目标，“效”是指用具体指标评估完成目标的情况和取得的成绩，“预算”是指财政为这一支出目标提供的拨款额。

绩效预算与传统预算方法的不同之处在于，它把市场经济的一些基本理念融入公共管理，从而有效地降低了政府提供公共产品的成本，提高了财政支出效率。此外，它关注的不是预算的执行过程，而是执行结果，不是政府的钱够不够花、怎么花，而是这些钱花得有没有实效。绩效预算的优点表现为，可以提高预算资金利用效率，以最小的成本为社会提供更好的服务；其不足在于利用成本效益分析方法研究政府预算的投入产出关系，存在某些技术上的困难。

视野拓展

参与式预算

参与式预算，2005 年从泽国、新河两镇起步，至 2008 年延伸至市级部门，2010 年覆盖全市所有镇（街道），再到 2014 年，温岭市、镇两级政府及部门预决算在网上实现全公开。温岭“参与式预算”，生动演绎了百姓参与和管理公共事务的无限活力。

聚焦“参与式预算”

轻点鼠标，温岭所有部门、镇（街道）、单位的预决算账本以及“三公”经费开销就能在网上看得一清二楚。温岭区人大代表对乡镇的预算支出进行深入恳谈、讨论，真正有了主人的样子。

2016 年年底，浙江吴兴区推行“参与式预算+实事票决”，将参与式预算和实事项目代表票决制两者有机结合，不仅能让对话型的民主恳谈向决策型转变，也使民生实事项目资金落实得到有效保障，为“百姓点菜、政府买单”的协商民主创造了样本。

三、政府预算的组成及预算管理职权

（一）政府预算的组成

我国《预算法》明确规定，国家实行一级政府一级预算，设立中央，省、自治区、直辖市，设区的市、自治州，县、自治县、不设区的市、市辖区，乡、民族乡、镇五级预算。全国预算由中央预算和地方预算组成。地方预算由各省、自治区、直辖市总预算组成。

预算由预算收入和预算支出组成。政府的全部收入和支出都应当纳入预算。预算包括一般公共预算、政府性基金预算、国有资本经营预算、社会保险基金预算。

政府预算按政府级次的不同分为中央预算和地方预算；按照收支管理范围的不同分为财政总预算、部门预算和单位预算，部门预算是财政总预算的基础，单位预算是部门预算的基础。

1. 中央预算

中央预算是经法定程序批准的中央政府的预算收支计划。中央预算是中央履行职能的基本财力保证，主要表现中央政府的预算收支活动，在政府预算组织管理体系中居于主导地位。

中央一般公共预算包括中央各部门的预算和中央对地方的税收返还、转移支付预算。中央一般公共预算收入包括中央本级收入和地方向中央的上解收入。中央一般公共预算支出包括中央本级支出、中央对地方的税收返还和转移支付。

政府性基金预算是对依照法律、行政法规的规定在一定期限内向特定对象征收、收取或者以其他方式筹集的资金，专项用于特定公共事业发展的收支预算。政府性基金预算应当根据基金项目收入情况和实际支出需要，按基金项目编制，做到以收定支。

国有资本经营预算是对国有资本收益作出支出安排的收支预算。国有资本经营预算应当按照收支平衡的原则编制，不列赤字，并安排资金调入一般公共预算。

社会保险基金预算是对社会保险缴款、一般公共预算安排和其他方式筹集的资金，专项用于社会保险的收支预算。社会保险基金预算应当按照统筹层次和社会保险项目分别编制，做到收支平衡。

2. 地方预算

地方预算是权力机关依法定程序批准的地方各级政府的财政收支计划的统称，包括省级及省级以下的四级预算。地方预算负有组织大部分国家预算收入和相当部分预算支出的重要任务，是地方政府职能实施的财力保证，在国家预算管理体系中居于重要地位。

地方各级一般公共预算包括本级各部门的预算和税收返还、转移支付预算。地方各级一般公共预算收入包括地方本级收入、上级政府对本级政府的税收返还和转移支付、下级政府的上解收入。地方各级一般公共预算支出包括地方本级支出、对上级政府的上解支出、对下级政府的税收返还和转移支付。

3. 财政总预算

地方各级财政总预算由本级预算和汇总的下一级总预算组成；下一级只有本级预算的，下一级总预算即指下一级的本级预算。没有下一级预算的，总预算即指本级预算。

4. 部门预算

部门预算由本部门及其所属各单位预算组成。部门是指与本级政府财政部门直接发生预算缴拨款关系的地方国家机关、军队、政党组织和社会团体。“直属单位”，是指与本级财政部门直接发生预算缴款、拨款关系的企业和事业单位。各级政府预算反映该级政府的职能及任务，政府就要按其履行的独立职能组成相应的职能机构。例如，中央政府设置民政部、人力资源和社会保障部等行政职能机构。

5. 单位预算

单位预算是指列入部门预算的国家机关、社会团体和其他单位的收支预算，其以资金形式反映着预算单位的各种活动。政府内部设置的职能机构主要是行政部门，或称预算单位。政府职能机构是一个组织，为了更好地履行职责，需要成立相应的分支机构。独立提供某种公共劳务的分支机构也构成预算单位。

（二）预算管理职权

预算管理职权是指政府预算方针政策、预算管理法律法规的制定权、解释权和修订权；政府预决算的编制和审批权；预算执行、调整和监督权等。在我国，凡全国性的财政方针政策、法律法令都由中央统一制定，其解释权、修订权也归中央。各地方有权制定地区性的财政预算管理制度，但不能违反全国的统一规定，并应注意对毗邻地区的影响。根据《预算法》的规定，预算管理相关职权的具体划分如下。

1. 权力机关的预算管理职权

各级人民代表大会是审查、批准预决算的权力机关。各级人民代表大会审查本级总预算草案及本级总预算执行情况的报告；改变或者撤销本级人民代表大会常务委员会关于预算、决算的不恰当的决定或命令。

各级人民代表大会常务委员会监督预算执行情况；审批本级预算调整方案；审批本级政府决算；撤销本级人民政府和下一级人民代表大会关于预决算不恰当的决定或命令。

2. 各级人民政府的预算管理职权

各级人民政府是预算管理的国家行政机关。有权制定预算管理的具体办法；组织编制本级预算草案，向本级人民代表大会报告本级总预算草案；组织本级总预算的执行；决定本级政府预备费的动用；编制本级预算调整方案；监督本级各部门和下一级人民政府的预算执行情况；改变或者撤销本级各部门和下一级人民政府关于预算、决算不恰当的决定、命令。

3. 各级财政部门的预算管理职权

各级财政部门是预算管理的职能部门。负责编制本级预算、决算草案；负责组织本级总预算的执行；提出本级预算预备费动用方案；具体编制本级预算的调整方案；定期向本级政府和上一级政府财政部门报告本级总预算的执行情况。

4. 各部门的预算管理职权

政府各部门应根据国家预算法律、法规的规定制定本部门预算具体执行办法；负责编制本部门预算草案；组织和监督本部门预算的执行；定期向本级财政部门报告预算的执行情况；编制本部门决算草案。

5. 各单位的预算管理职权

各单位负责编制本单位的预决算草案；按照规定上缴预算收入，安排预算支出；接受国家有关部门的监督。

四、政府预算的原则

政府预算原则是指政府确定预算形式和编制预算的指导思想与准则。它是伴随着现代预算制度产生的，并随着社会经济和预算制度的变化而不断变化。时至今日，影响较大并为世界大多数国家接受的原则主要包括以下几项。

1. 公开性

公开性是指全部预算收支必须经过权力机关的审查批准，并向社会公布，让民众了解政府的财政收支状况，使之置于民众的监督之下。

预算涉及社会方方面面，涉及全社会每一个纳税人的利益，关系到每一个部门和单位的事业发展，因此，以适当的形式公开预算，使全社会了解预算、参与预算，加强预算监督力度，是预算管理活动的基本要求，也是预算民主化进程的关键环节。预算的公开性原则，包括预算编制审批的

> **想一想**
>
> 为什么要坚持预算公开的原则？

公开、预算执行过程的公开和预算完成结果（决算）的公开。在我国，预算的公开是通过人民代表大会报告制度实现的。预算的编制或执行结果以及执行过程中采取的重大措施经本级人民代表大会审议通过后，通过新闻媒介向公众公布。

2. 完整性

> **想一想**
>
> 如果预算缺乏完整性，容易产生哪些不良后果？

完整性是要求政府预算包括政府的全部预算收支项目，完整地反映以国家为主体的全部财政资金收支活动情况，不允许在预算之外存在任何以政府为主体的资金收支活动。预算的完整性是建立规范化、法制化预算的前提条件，只有完整的预算才能保证政府控制、调节各类财政资金的流向和流量，完善财政的分配、调节与监督职能。预算的完整性也便于权力机关审议批准和社会公众对政府活动的了解，便于监督政府预算的执行。

3. 可靠性

可靠性是指每一收支项目的数字指标，必须运用科学的计算方式，依据充分，资料确实，不得假定、估算，更不准任意编造。预算的编制和执行要以国民经济和社会发展计划为依据，违背客观经济规律而进行预算的编制和管理，将有碍于国民经济和社会发展的良性循环。预算的真实性要求预（决）算的各项数字必须准确、真实、可靠，既禁止隐瞒收入或支出留有缺口，又禁止虚收行为或虚列支出。

4. 统一性

尽管各级政府都设有财政部门，也有相应的预算，但这些预算都是政府预算的组成部分，所有地方政府预算连同中央预算一起共同组成统一的国家预算。这就要求设立统一的预算科目，每个科目都要严格按统一的口径、程序计算和填列。

预算是政府宏观调控的重要手段，保证预算的统一性是加强预算管理和增强政府宏观调控能力的必要条件。预算的统一性包括以下几点：一是预算政策的统一。全国性的财政方针政策如税收政策、财政规章制度、财务会计制度等都应由中央制定，各地区、各部门必须执行，不得任意改变，如遇特殊情况，须根据国家规定的程序进行调整。二是预算口径的统一。预算科目的设置和收支核算口径应参照国际上通行的经济分类和统计标准，制定一个统一的收支核算口径，增加国内外各种数据的可比性。三是预算年度与预算时效性的统一。具有法律效力的预算收支期限必须与预算年度一致，不得以临时预算或特种基金的名义另立预算。

5. 年度性

年度性是指政府预算必须按年度编制，要列清全年的财政收支，禁止将不属于本年度财政收支的内容列入本年度的政府预算。也就是说，任何一个国家政府预算的编制和实现，都要有时间上的界定，即所谓预算年度（亦称财政年度）。

预算年度是预算收支起讫的有效时间，通常以 1 年为标准。我国预算采用历年制，即当年 1 月 1 日起至 12 月 31 日止。有的国家采用跨年制，即从每年某月某日起至次年某月某日止，中间经历 12 个月，却跨越了两个年度，如日本、英国、加拿大等国家为 4 月制预算年度，即从当年 4 月 1 日起至翌年的 3 月 31 日止为一个预算年度；美国采用 10 月制预算年度，即从当年 10 月 1 日起至翌年 9 月 30 日止为一个预算年度；瑞典、澳大利亚等国从当年 7 月 1 日起至次年 6 月 30 日止为一个预算年度。

> **视野拓展**
>
> 英国预算制度与议会的关系

各国预算年度的选择主要考虑两个因素：一是与各国权力机关开会时间一致，以便在预算年度一开始就执行已经生效的预算；二是与收入旺季一致，以便在预算年度初期就有充足的预算收入，保证各项预算支出的顺利执行。

第二节　政府预算的编制、审批、执行与决算

政府预算[1]程序包括政府预算的编制、审批、执行与决算四个环节。从实际经济内容来看，政府预算的编制是政府对财政收支计划的安排，预算的执行是财政资金的筹措和使用过程，决算则是对政府预算执行情况的总结。

一、政府预算的编制与审批

微课堂

政府预算编制

我国政府预算编报和审批程序按“自下而上、自上而下、上下结合”的方式进行，这样有利于提高政府预算的科学性和准确性，可使财政部门与资金使用部门相互交流信息、沟通情况，使预算更加符合实际情况，以保证预算执行的严肃性。

1. 自下而上提出预算建议数

由单位、部门自下而上向财政部门上报编制预算建议数。单位根据预算年度工作计划、工作任务和收支增减因素，根据财政部门规定的预算报表格式，提出包括各项收支组成的概算，逐级汇总后，按规定的报送时间由主管部门报送同级财政部门主管财务机构。建议数由基层预算单位做起，单位应当按照规定程序逐级报送主管预算单位或者财政部门审批，然后逐级汇总报同级财政，地方政府报上级政府，上级政府逐级汇编下级政府建议数，并具有修正权。各部门上报的预算建议数要体现国家的有关政策，与国民经济和社会发展计划相一致，与国家财力相适应。

2. 自上而下下达预算收支控制指标

财政部门与有预算分配权的部门审核部门预算建议数后自上而下按预算级次下达预算控制数或预算指标。财政部门根据本级人民代表大会（以下简称人代会）初步审查所匡算的预算限度及本级政府批准的财政预算外资金收支计划，参照单位编报的收支概算，按照预算编报审批原则测算、分配下达单位预算指标，包括财政预算拨款指标和预算外资金核拨数额。预算指标自上而下逐级层层下达，直至基层政府的基层预算单位。

3. 自下而上编制汇总预算

单位、部门根据预算控制数编制本单位、本部门预算后，自下而上汇总后报送财政部门。单位根据财政分配下达的预算拨款收入指标，核实调整单位各项收支，结合单位其他各项收支，按照预算编报的要求，正式编制年度收支预算，按照规定程序逐级报送主管预算单位，经主管预算单位审核汇总后报送同级财政部门。财政部门对上报的单位预算审核汇总后形成本级预算草案，并报同级政府。省、自治区、直辖市财政部门汇总的本级总预算草案，上报财政部。

4. 自上而下审批各级预算

财政部门根据人代会批准预算草案自上而下批复部门、单位预算。财政部门对上报的单位预算，应进行认真审核、汇总，各级政府将预算草案提交同级人代会批准后，为当年预算；各级政府预算经本级人代会批准后，本级财政部门在规定期限内向本级各部门批复下达部门预算；各主管部门再在部门预算的范围内批复所属各单位预算。财政部在全国人代会批准中央预算后批复中央各部门预算。中央各部门应当在财政部批复本部门预算后批复各单位预算。经财政部门、主管预算单位批复后的预算即为当年的部门预算、单位预算，批复的预算成为预算执行的依据。

财政部于每年 6 月 15 日前部署编制下一年度预算草案的具体事项，规定报表格式、编报方

---

① 这里的政府预算指的是一般公共预算。政府性基金预算、国有资本经营预算和社会保险基金预算与一般公共预算的程序有所不同。

法、报送期限等。县级以上地方各级政府财政部门应当于每年 6 月 30 日前部署本行政区域编制下一年度预算草案的具体事项，规定有关报表格式、编报方法、报送期限等。县级以上地方各级政府各部门应当根据本级政府的要求和本级政府财政部门的部署，结合本部门的具体情况，组织编制本部门及其所属各单位的预算草案，按照规定报本级政府财政部门审核。县级以上地方各级政府财政部门审核本级各部门的预算草案，具体编制本级预算草案，汇编本级总预算草案，经本级政府审定后，按照规定期限报上一级政府财政部门。省、自治区、直辖市政府财政部门汇总的本级总预算草案或者本级总预算，应当于下一年度 1 月 10 日前报财政部。

二、政府预算的执行与调整

预算审批后，通过预算执行完成。预算执行是各级财政预算的具体组织实施，是政府预算组织、实现收入、支出、平衡和监督过程的总称。它涉及每一笔收支活动，贯穿于整个预算年度的始终，是一项艰巨、复杂、细微的日常性工作，是预算管理的关键。预算执行的目的是促使政府预算收支任务的圆满完成。政府预算由本级政府组织执行，具体工作由本级财政部门负责。预算执行包括组织预算收入、拨付预算支出和预算调整三个基本环节。

（一）组织预算收入

预算收入的执行是预算收入的实现过程。各预算收入征收机关是执行主体，包括税务机关、财政机关、海关等。在收入征收的过程中，征收机关必须依据国家相关法律法规及时、足额地完成财政收入计划，不得随意增收或减收；征收的收入要直接上缴国库，不得截留、挪用；国库部门对组织的财政收入要及时收纳、划分和报解，按规定办理收入退库；征收机关、国库和预算管理机关之间要实时传递会计信息。

（二）拨付预算支出

预算支出的执行是支出目标的实现过程。预算管理部门和政府所属的相关公共部门是支出执行的主体。财政部门要按预算计划、规定用途、工作进度和交易合同发出支付命令，国库要根据财政部门的支付命令及时、足额拨款，以保证政府部门履行其职能。

（三）预算调整

政府预算调整是指经立法机构批准的本级预算，在执行中因特殊情况需要增加支出或者减少收入，使原批准的收支平衡的预算总支出超过总收入，或者使原批准的预算中举借债务的数额增加的部分变更。即凡是打破原有预算平衡，扩大预算收支逆差、增加举债数额的都作为预算调整。因上级政府返还或者给予补助而引起的预算收支变化不属于预算调整，但接受上级返还或者补助的地方政府应当按照上级政府规定的用途使用，并向本级人大常委会或人代会报告有关情况。政府有关部门以本级预算安排的资金拨付给下级政府有关部门的专款，必须经本级政府财政部门同意并办理预算划转手续。

各级政府对必须进行的预算调整，应当由政府财政部门负责编制预算调整方案，列明调整的原因、项目、数额、措施及有关说明，经本级政府审定后，提请本级人大常委会（乡政府预算的调整方法提请本级人代会）审查和批准；未经批准，各级政府不得调整预算。对违反规定作出的决定，本级人代会、本级人大常委会或者上级政府应当责令其改变或者撤销。地方各级政府预算的调整方案经批准后，由本级政府报上一级政府备案。

在预算执行过程中，预算调整按调整幅度不同可分为全面调整和局部调整。

1. 全面调整

国家对原定国民经济和社会发展计划作较大调整时，政府也应对预算收支的总盘子进行相应的调整，这项工作涉及面广，工作量大，实际上等于重新编制政府预算。一般是在第三季度或第四季度初进行。全面调整并不经常发生。

全面调整由国务院提出调整预算计划，上报全国人代会审查批准，然后下达各地区、各部门执行。财政部门和主管部门经过上下协商、反复平衡，最后确定国家预算收支的新规模。

2. 局部调整

局部调整是对政府预算作的局部变动。在政府预算执行中，为了适应客观情况的变化，重新组织预算收支平衡，局部调整是经常发生的。预算局部调整的方法包括以下几个。

（1）动用预算后备基金，包括预备费和预算周转金。预备费是各级总预算中预留的不规定具体用途，专门用于满足某些意外支出需要的资金；预算周转金是为了平衡预算收支季节性差异、应付资金周转需要而用历年预算结余设置的专项资金。

（2）预算追加追减。在原核定预算收支总数不变的情况下，追加追减预算收入或支出数额。各部门、各单位需要追加追减收支时，均应编制追加、追减预算，按照规定的程序报经主管部门或者财政部门批准后，财政机关审核并提经各级政府或转报上级政府审定通过后执行。政府财政办理追加追减预算时经各级人大常委会批准，方可执行。

（3）经费流用。其亦称“科目流用”，是指在不突破原定预算支出总额的前提下，由于预算科目之间调入、调出和改变资金使用用途而形成的预算资金再分配，而对不同的支出科目具体支出数额进行调整。为了充分发挥预算资金的使用效果，可按规定在一些科目之间进行必要的调整，以达到预算资金的以多补少，以余补缺。经费流用的原则包括：一是调剂只能此增彼减，不能突破预算总规模和收支平衡；二是调剂要有利于提高资金使用效益，不能影响各项建设事业的完成；三是遵循流用范围，一般要求基建资金不与流动资金流用，人员经费不与公用经费流用，专款不与经费流用；四是通过一定的审批程序，不同科目间的预算资金需要调剂使用的，必须按照国务院财政部门的规定报经批准。

（4）预算划转。由于行政区划或企事业、行政单位隶属关系的改变，在改变财务关系的同时，相应办理预算划转，将其全部预算划归新接管地区和部门。预算的划转应报上级财政部门；预算指标的划转由财政部门和主管部门会同办理；企事业单位应缴的各项预算收入及应领的各项预算拨款和经费，一律按照预算年度划转全年预算，并将年度预算执行过程中已经执行的部分——已缴入国库的收入和已经实现的支出也要一并划转，由划出和划入的双方进行结算，即划转基数包括年度预算中已执行的部分。

三、政府决算

决算是整个预算工作执行情况的总结和终结。凡是编制预算的地区、部门、单位都要编制决算。行政单位决算由执行单位预算的国家机关编制；事业单位决算由执行单位预算的事业单位编制；基本建设财务决算由基本建设单位编制。参加组织预算执行，经办预算资金收纳和拨款的机构，如国家金库、税务部门、企业利润监缴机关、建设银行、农业银行等也要编制年报和决算。各级财政部门还要编制预算外收支决算。这些机构、单位和部门编制的各种年报或决算都是各级总决算和政府决算的有关组成部分。我国政府决算按统一的决算体系逐级汇编而成，包括中央级决算和地方总决算。编制决算是一项事业性和政策性很强的工作，是各级政府向人民报账，总结预算执行效果和经验，总结财政预算管理规律的大事。因此，从中央到地方，各地区、各部门、各企业、各事业及行政单位都应该重视决算的编制工作，年度终了，都要按国家的规定，正确、完整、及时地编制决算。

《预算法》规定：“各部门对所属各单位的决算草案，应当审核并汇总编制本部门的决算草案，在规定的期限内报本级政府财政部门审核。”决算草案的审核主要包括对企业、事业、行政单位和基本建设财务决算草案的审核。

《预算法》第七十七条规定："国务院财政部门编制中央决算草案，经国务院审计部门审计后，报国务院审定，由国务院提请全国人民代表大会常务委员会审查和批准。县级以上地方各级政府财政部门编制本级决算草案，经本级政府审计部门审计后，报本级政府审定，由本级政府提请本级人民代表大会常务委员会审查和批准。乡、民族乡、镇政府编制本级决算草案，提请本级人民代表大会审查和批准。"各级政府财政部门应当在本级人民代表大会常务委员会举行会议审查和批准本级决算草案的30日前，将上一年度本级决算草案提交本级人民代表大会有关专门委员会进行初步审查，或者送交本级人民代表大会常务委员会有关工作机构征求意见。

四、我国政府预算管理制度

> **温馨提示**
>
> 政府预算制度在不断的改革与发展之中，尤其是我国，预算公共化是公共财政制度完善的重要内容之一。有关预算方面的制度变化可参见相关网站，如中华人民共和国财政部网站"司局频道"中"预算司"内有关预算方面的信息较集中，美国国会预算办公室网站和经济合作与发展组织网站也有美国及其他国家的预算法规和制度的相关内容。

1995年《预算法》及《预算法实施条例》施行以来，我国财政制度改革取得显著成效，初步建立了与社会主义市场经济体制相适应的公共财政制度体系，作为公共财政制度基础的预算管理制度也不断完善，为促进经济社会持续健康发展发挥了重要作用。2014年对《预算法》进行了第一次修改，2018年进行了第二次修改。2018年的修改主要涉及以下几个方面。

1. 新《预算法》在立法宗旨上有了新突破

原《预算法》在立法宗旨中强调"加强国家宏观调控，健全国家对预算的管理"，带有鲜明的计划经济特色。新《预算法》的突破体现在由政府管理预算转变为通过预算制约政府收支行为，政府不再是管理的主体，而作为被约束、被监督的对象。这一主体的改变是政府行为回归公共财政本质的核心。政府的行为受纳税人委托，其支出当然需要接受约束与监督。

2. 明确了预算公开的时间和程度

> **微课堂**
>
> 预算法

既然政府行为需要接受纳税人监督，那么适时公开政府预算、规范公开政府预算内容就是政府支出接受监督的必要环节。原《预算法》只提出预算要及时向社会公开，没有提公开到什么程度。新《预算法》不仅规定了预算公开的时间（预算批准后20日内），还规定了预算公开的程度（按功能分类到项，按经济性质分类到款），而且增加了部门预算中机关运行经费安排和使用情况的说明。

3. 适度放开地方政府举债的权限

原《预算法》规定，"地方各级预算按照量入为出、收支平衡的原则编制，不列赤字"，规定地方政府不能发债。新《预算法》为地方政府发债打开闸门，明确了地方政府有发债的权限，并规定了举债主体、用途、规模、偿还和法律责任。

地方政府发债要"开前门、堵后门，同时筑起多重防火墙"。一是限制主体。经国务院批准的省级政府可以举借债务。二是限制用途。举借债务只能用于公益性资本支出，不得用于经常性支出。三是限制规模。举借债务的规模，由国务院报全国人大或者全国人大常委会批准。四是限制方式。举借债务只能采取发行地方政府债券的方式，不得为任何单位和个人的债务以任何方式提供担保。五是控制风险。举借债务应有稳定的偿债来源，建立地方政府债务风险评估和预警机制。

4. 建立全口径预算

新《预算法》明确规定：政府的全部收支都应当纳入预算。预算包括一般公共预算、政府性基金预算、国有资本经营预算和社会保险基金预算。同时对这四本预算的功能定位、编制原则及相互关系作出规范。

一般公共预算是以税收为主体的预算，目标是保民生、促发展、维护国家安全和国家机构正常运转。政府性基金预算是按照专门的法律法规向特定对象征收、收取或者以其他方式筹集的资金，并专项用于特定公共事业发展的收支预算。政府性基金预算收入属于非税收入，包括国有土地出让金收入、铁路建设基金、地方教育附加等，支出特点是专款专用，用于社会发展和改善民生，如教育、城市建设、文化事业发展等。国有资本经营预算是对国有资本收益作出支出安排的收支预算。社会保险基金预算是对社会保险缴款等各类收支模式，专项用于社会保险的收支预算。之所以将“社会保障预算”修改为“社会保险基金预算”，是因为社保中的社会救济、社会优抚、社会福利等已在一般公共预算中有安排。

5. 建立跨年度预算平衡机制，严惩过头税和财政空转

新《预算法》强调，各级政府应当建立跨年度预算平衡机制。各级政府一般公共预算按照国务院的规定可以设置预算稳定调节基金，用于弥补以后年度预算资金的不足。

根据经济形势发展变化和财政政策逆周期调节的需要，建立并完善跨年度预算平衡机制。中央一般公共预算执行中如出现超收，超收收入用于冲减赤字、补充预算稳定调节基金；如出现短收，通过调入预算稳定调节基金、削减支出或增列赤字并在经全国人大或其常委会批准的国债余额限额内发债平衡。地方一般公共预算执行中如出现超收，用于化解政府债务或补充预算稳定调节基金；如出现短收，通过调入预算稳定调节基金或其他预算资金、削减支出实现平衡。如采取上述措施后仍不能实现平衡，省级政府报本级人大或其常委会批准后增列赤字，并报财政部备案，在下一年度预算中予以弥补；市、县级政府通过申请上级政府临时救助实现平衡，并在下一年度预算中归还。政府性基金预算和国有资本经营预算如出现超收，结转下年安排；如出现短收，通过削减支出实现平衡。

案例分析与讨论 11.1

2019 年 4 月 2 日，中央部门预算集中向社会公开，预算公开的中央部门达到 102 个。这个数字与 2018 年相比，增加了 13 个部门。

（1）预算公开时间提前 11 天，增加 13 个中央部门。2019 年中央部门公开的部门预算，包括一般公共预算支出表、一般公共预算基本支出表、一般公共预算“三公”经费支出表等 8 张报表，全面、真实地反映了中央部门收支总体情况和财政拨款收支情况。中央部门在公开预算报表的同时，还对机关运行经费、政府采购、国有资产占有使用、预算绩效、提交全国人大审议的项目等情况进行了说明，对专业性较强的名词进行了解释，使公众可以看得更明白，了解得更清楚。

（2）政府过紧日子，压减一般性支出。每年中央部门预算公开，“三公”经费支出是公众关注的热点。2019 年《政府工作报告》明确要求，各级政府要过紧日子，一般性支出压减 5%以上，“三公”经费再压减 3%左右。从中央部门公开的预算来看，各部门积极回应群众关注的热点，对党中央国务院有明确要求、社会公众较为关注的支出事项，作了重点说明。其中，包括各部门压减非刚性、非重点项目支出的情况。2019 年全国税务系统“三公”经费继续压缩，比上年减少 15 148.75 万元。其中，因公出国（境）费减少 230.5 万元，公务用车运行费减少 5 311.05 万元，公务接待费减少 9 607.2 万元。

（3）50 个项目预算公开，公开部门范围扩大。为增强部门预算透明度，加大项目预算的公开力度，2019 年列入《中央部门预算草案》报全国人民代表大会审查的项目共 50 个，较去年增加 14 个。此次公开部门预算时，这 50 个项目的情况也随之公开。公开的项目内容包含项目概述、立项依据、实施方案、绩效目标和指标等。

启发思考

（1）请你举出现实中在预算公开方面推进力度比较大的地方政府。

（2）预算民主的关键是什么？

课堂金话筒

分析我国近年来的政府预算改革的成效、问题，以及如何进一步完善我国的政府预算制度。

本章小结

政府预算是经法律程序批准的政府年度公共财政收支计划，是政府筹集、分配和管理财政资金的重要工具。按不同分类标准进行分类，政府预算可分为单式预算与复式预算，基数预算与零基预算，投入预算与绩效预算等。政府预算应坚持公开性、完整性、可靠性、统一性和年度性原则。

我国现行预算包括一般公共预算、政府性基金预算、国有资本经营预算和社会保险基金预算。

政府一般公共预算程序可分为政府预算编制、政府预算审批、政府预算执行与调整、政府决算四个环节。

2018 年第二次修改的《预算法》的特点包括：立法宗旨有了新突破，明确了预算公开的时间和程度，适度了放开地方政府举债的权限，建立了全口径预算，建立了跨年度预算平衡机制，严惩过头税和财政空转。

练习与思考

一、重要概念

1．预算　2．单式预算　3．复式预算　4．零基预算　5．基数预算　6．中央预算　7．地方预算　8．部门预算　9．单位预算　10．预算管理权限　11．政府决算　12．预算编制　13．预算审批

二、单项选择题

1．《大宪章》颁布于（　　）年。

A．1217　　B．1215　　C．1213　　D．1668

2．我国《预算法》明确规定，一级政府设一级预算，我国预算体系由（　　）级预算组成。

A．四　　B．五　　C．三　　D．一

3．从预算的完整性角度，下列哪项不属于我国现行的预算构成？（　　）

A．一般公共预算　　B．政府性基金预算　　C．国有资本经营预算　　D．绩效预算

4．（　　）监督预算执行。

A．各级人民代表大会常务委员会　　B．全国人民代表大会常务委员会

C．财政部　　D．国务院

5．（　　）是预算管理的国家行政机关，有权制定预算管理的具体办法，组织编制本级预算草案。

A．各级人民政府　　B．人民代表大会常务委员会

C．财政部　　D．国务院

6．在我国，预算的公开是通过（　　）报告制度实现的。

A．人民代表大会　　B．人民代表大会常务委员会

C．财政部　　D．国务院

7．我国规定，预算科目的设置和收支核算口径应该参照（　　）通行的经济分类和统计标准。

A．国际　　B．中国　　C．地方　　D．以上都不正确

8．各级政府预算执行的机构是（　　）。

A．各级人民政府　　B．人民代表大会常务委员会

C．财政部门　　D．国务院

9．各级政府预算收入的征收机关不包括（　　）。

A．海关　　B．人民代表大会　　C．财政部门　　D．税务机关

10．各级财政部门（除乡级以外）具体负责编制的预算调整方案，经本级政府审定后提请本级（　　）（除乡级以外）审查和批准。

A．人民政府　　B．人民代表大会常务委员会

C．财政部　　D．国务院

三、多项选择题

1．（　　）等法案影响了政府预算制度的产生。

A．《预算法》　　B．《大宪章》　　C．《权利法案》

D．《联合王国总基金法案》　　E．《预算审计方案》

2．作为政府公共财政收支计划的政府预算有（　　）等含义。

A．国家年度财政收支计划　　B．法定程序审批的法律文书

C．勤俭治国　　D．以收定支

3．政府预算原则包括（　　）。

A．公开性　　B．完整性　　C．可靠性

D．统一性　　E．年度性

4．政府预算程序包括政府预算（　　）环节。

A．编制　　B．审批　　C．执行　　D．决算

5．我国预算编报和审批程序按（　　）的方式进行。

A．自下而上　　B．自上而下　　C．上下结合　　D．上下平行

6．预算执行包括（　　）等基本环节。

A．组织预算收入　　B．拨付预算支出　　C．预算调整　　D．预算平衡

7．预算调整的方法包括（　　）。

A．动用预算后备基金　　B．预算追加追减　　C．经费流用　　D．预算划转

8．（　　）等国家的预算采用跨年制。

A．中国　　B．日本　　C．加拿大　　D．美国

9．复式预算包括（　　）。

A．经常预算　　B．资本预算　　C．零基预算

D．绩效预算　　E．地方预算

四、分析判断题

1．各级政府预算应当按照国务院的规定设置预算稳定调节基金。（　　）

2．中央政府一般公共预算不得列赤字。（　　）

3．《预算法》规定各级政府应当建立跨年度预算平衡机制。（　　）

4．中央预算和地方各级政府预算，应当参考上一年预算执行情况和本年度收支预测进行编制。（　　）

5．日本、英国、加拿大等国家为4月制预算年度，即从当年4月1日起至翌年3月31日止为一个预算年度。（　　）

6．美国采用10月制预算年度，即从当年10月1日起至翌年9月30日止为一个预算年度。（　　）

7．各种预算按其隶属关系汇编，下级预算必须包括在上级总预算中，国家预算必须包括中央预算和地方总预算。（　　）

8．国务院财政部门编制中央决算草案，报国务院审定、批准。县级以上地方各级政府财政部门编制本级决算草案，报本级政府审定后，由本级政府提请本级人大常委会审查和批准。乡、民族乡、镇政府编制本级决算草案，提请本级人代会审查和批准。（　　）

五、简答题

1．简答政府预算的起源。

2．简要分析我国政府预算的改革历程。

3．比较单式预算与复式预算的优缺点。

4．简述政府预算的编制程序。

5．简述我国的各预算组织在预算程序中的具体职权。

六、论述题

媒体网络中纳税人对政府“三公”预算的质疑是我国政府预算资金分配存在的最大问题吗？为什么？

七、材料分析题

承德市人大“打回”预算报告是正常的人大监督

据2009年3月19日《法制日报》报道　在2009年的承德市人民代表大会上，承德市政府年度预算报告草案接连被代表打回修改了两次，直到更改了预算才获通过。之所以如此，是因为该市人大代表认为政府“有钱不紧着民众花”，要求财政投入大幅度向民生倾斜。经过反复博弈，政府作出妥协，在民生方面大量增加开支，如原来对社保领域的投入为2 000万元，后改为4 000万元；原来对教师的投入为1 000多万元，后改为2 000多万元等。最终预算报告才得以“过关”。

近年来，随着“公共财政”“预算监督”等公共意识的崛起，预算监督如何从形式走向实质已成为各级人代会上的焦点议题。在实践层面，预算信息不断公开、预算监督范围不断扩大等变革，也见证了人大预算监督由虚变实的改革努力。不过，迄今，人大代表对于政府预算大多止于口头批评，罕有将预算方案打回修改的先例。

承德的破冰之举得益于当地人大监督政府的行权意识，也得益于人大代表仗义执言的履职勇气。通过更改政府预算，承德市大幅增加了有益民生的投入，而政府开支则大大压缩，其中，仅政府采购费用就减少了7 000多万元。

人大监督的承德经验值得肯定，但也要看到，在敢于监督、勇于监督的同时，如何善于监督、深入监督进而提升预算监督质量，仍然有待探索。比如，尽管此次承德的人大代表两次退回了政府的预算方案，但大多局限于“投入太少”之类的抽象化、直觉性质疑，而没有提出专业化、建设性的调整方案，最终的预算方案依然是政府“自我修改”的结果。

因此，人大预算监督应进一步向主动监督、专业监督转型。比如，根据现行的宪政和人大制度设计，人大代表联名、人大专门委员会等可以提出预算修正案，这是对政府预算进行主动监督的有效方式。遗憾的是，这项权力在实践中从未有效激活。2003年，南方某省人大11位代表曾联名提出过预算修正案，却因种种原因未列入大会议程。而上海市某区人大尽管在2009年人代会召开前发布了提出预算修正案的具体办法，亦没有代表行使这项权力。

当然，这种权力流失既与缺乏更有力的制度保障有关，也与人大代表的专业素养不足有关。要改变这样的局面，涉及许多深层次的改革。比如，对人大代表进行必要的预算知识培训；招募专业的预算专家组成人大的智囊团，为人大代表提供更为充分、专业的论证报告和参考意见；政府邀请人大代表提前介入财政预算编制；等等。所有这些，都有赖于制度化的保障。

任务：政府预算的透明与公开是预算公正的基石。你对我国政府预算了解多少？举例说明政府预算与社会公众之间的关系。如何建立有效的政府预算监督制度体系？请以公共选择论为视角，就“政府预算公开与监督”问题写一篇2 000字左右的论文。

第十二章　政府间的财政关系

案例引导

政府间财政关系的法治化

2016 年 8 月国务院出台了《关于推进中央和地方财政事权与支出责任划分的指导意见》(以下简称《意见》)，是我国政府间财政关系的重要改革，是从法制层面规范中央和地方财政事权与支出责任的划分。

(1)《意见》的法制性。财政事权和支出责任的划分需要稳定性与确定性。《意见》强调以法律法规明确中央与地方的财政事权和支出责任划分，行政法规与法律相比，更具有可操作性，它是政府间财政关系的法律确认。

(2)《意见》的积极性。全面深化改革要发挥中央和地方的积极性。《意见》提到“激励地方主动作为”，旨在激发地方的积极性。分级财政体制的确立需要保证中央的权威，因此，财政事权由中央决定，中央和地方财政事权争议也由中央裁定。但法律的制定一定会充分反映地方的呼声，且中央不可能包揽一切，中央财政事权的集中也是适度的。给予地方政府适度的事权，有利于公共服务效率的提高。

(3)《意见》的灵活性。《意见》强调建立财政事权划分动态调整机制。政府职能在变，财政事权也会变。一些新出现的公共服务，要求有财力支持，需要有对应的财政事权划分相匹配。技术进步和全球化进程的加快，对公共服务的影响更是全面的。建立动态调整机制，才能让财政体制更加灵活，保持足够弹性，以适应各种冲击。

试问：政府间财政关系模糊和不确定，会造成什么样的社会治理障碍？

当今世界除了少数国家外，大部分国家的政府都是多级的，每一级政府又是由多个部门、机构所组成的。各个层级的政府之间关系错综复杂，政府之间的财政关系在各种关系中处于最突出的地位，如何处理政府间的财政关系就成为一个重要的问题。政府间的财政关系问题，通常也称为财政体制问题。一个国家的财政体制规定了政府各级组织应承担的职责及其相应的财权财力，因此，财政体制的核心是财权财力和相应的公共责任的划分。

现代市场经济国家大多奉行财政联邦制，各级财政相对独立，只对同级立法机构负责。财政的联邦制与国家的联邦制并不完全一样，差别在于单一制国家也可以实行财政联邦制。研究政府间财政关系的主要理论也被称为财政联邦主义理论，其涉及的主要内容包括政府间财政支出责任划分、政府间收入划分和政府间转移支付制度的确定等。

微课堂
财政分权的理论基础

第一节　财政分权的理论基础

财政集权与分权是中央财政与地方财政关系的核心问题。财政集权是指财政的收支和税收立法等权力集中于中央政府，财政分权是指财政收支和税收立法权等权力向地方政府转移。当今世界上，除少数单一制小国如新加坡等实行一级财政外，大多数国家都实行分级财政体制，即有一级政府就有一级财政，以便每一级政府都具备组织收入和安排支出的权力，为顺利履行各自的政府职能创造条件。一般而言，用中央政府支出占政府直接支出总额的比例来衡量财政的集权程度，用地方财政支出占财政总支出的比例衡量财政分权的程度。

财政分权形成了分级财政体制，如何确定各级政府在财政活动中的职能？划分各级政府的收支范围是财政分级体制的重要问题。布坎南的社区“俱乐部”理论和蒂布特的“用脚投票”理论，探讨了社区公共产品有效供给的条件，在一定程度上回答了多级政府体制下地方政府的财政职能问题。这些研究成果构成了财政分权的理论基础。

人物谱

詹姆斯·布坎南

一、社区“俱乐部”理论

社区“俱乐部”理论是美国经济学家布坎南（Buchanan）提出的，下面通过虚拟案例来解释。假设有一群偏好相同的人聚集在一起，他们愿意为社区共同的服务项目平均分摊成本，并平等享用社区公共产品（共同项目）。同时严格假定，社区成员可无代价地排斥非“俱乐部”成员；“俱乐部”的管理不存在交易成本。上述假设条件简化了“俱乐部”问题。一个“俱乐部”的有效性可以归结为以下两个问题：一是“俱乐部”提供多少公共产品是合适的；二是“俱乐部”拥有多少成员是合适的。

对上述两个问题的分析实际上就是寻找最优规模俱乐部的过程。首先，假定俱乐部成员数为既定，俱乐部产品供给量越大，成员从俱乐部产品中获得的收益就越大，但边际收益因边际效用递减规律而逐渐减少，而边际成本却随俱乐部产品提供量增加而逐渐增加。当俱乐部产品给成员带来的边际收益等于提供俱乐部产品的边际成本时，俱乐部产品规模达到最优，俱乐部产品实现有效配置。其次，假定俱乐部产品的供给量既定，随着社区成员人数增加，每个俱乐部成员承担的成本减少。随着俱乐部成员的增加，俱乐部产品的使用将变得更加拥挤，这种拥挤会给俱乐部成员带来负效用，降低成员从俱乐部产品中获得的边际收益。很显然，一个最优的俱乐部，其成员的数量应该满足以下条件：俱乐部成员增加带来的俱乐部产品的边际成本的减少等于因为俱乐部成员增加带来的拥挤成本。

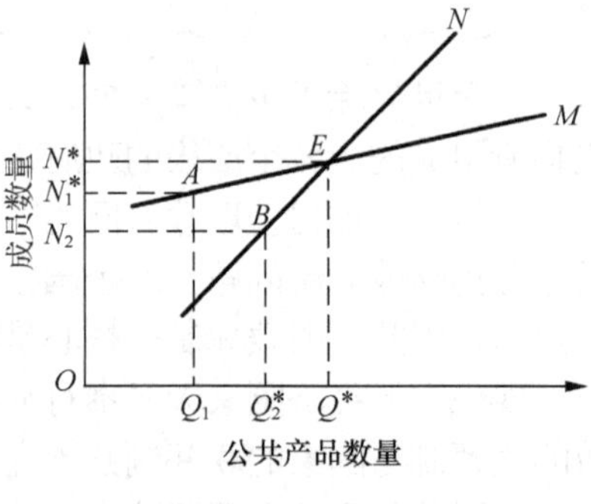

图 12.1 社区的最优规模

在图 12.1 中，曲线 M 表示当俱乐部提供的公共产品的数量一定时的最优成员数量，A 点表示当公共产品数量为 Q_1 时，最优的俱乐部成员数量为 N_1^*。曲线 N 表示当俱乐部的成员数量一定时的最优公共产品供给数量，B 点表示当俱乐部的成员数量为 N_2 时，最优的俱乐部公共产品供给数量为 Q_2^*。很显然，曲线 M 与曲线 N 的交点 E，一方面表示当公共产品的供给数量为 Q^* 时，最优的俱乐部成员数量为 N^*；另一方面又表示当俱乐部成员数量为 N^* 时，最优的公共产品供给数量为 Q^*。因此，E 点是最优俱乐部规模的均衡点，在该点，俱乐部产品的供给和成员数量处于最优状态。

“俱乐部”理论将地方辖区比作俱乐部，之所以会有众多不同的地方辖区存在，是因为有着不同兴趣、爱好、习俗等的人们自愿选择各自居所的结果。在这一意义上，“俱乐部”理论分析了实现地方辖区最优规模的条件，有助于解释地方辖区的形成过程。

二、蒂布特模型

我们知道，公共产品具有非排他性的特点，因此市场一般不能有效地提供公共产品。问题的根源在于，市场不能强迫个人显示其对公共产品的真实偏好，每个人都有“搭便车”的动机。由此引出的结论就是，在某些领域政府干预是必要的。

美国经济学家查尔斯·蒂布特（Tiebout）在《地方支出的纯理论》中提出一个观点，即个人在各管辖区之间移动的能力产生了一个类似市场的解决地方公共产品问题的方法。为解决辖区成员对公共产品的偏好显示问题，蒂布特提出了所谓的“用脚投票”理论。蒂布特认为，居民在不同辖区间的迁移体现了对不同公共产品的偏好。假定居民具有迁移的完全自由，那么在竞争性的地方辖区之间，居民出于最大化自身效用的动机，会在全国范围内寻找地方政府所提供的公共产品与所征收的税收之间的最佳组合，选择他们最喜欢的社区，并接受和维护该辖区地方政府的管理。这个过程就是所谓的“用脚投票”。“用脚投票”理论实际上为地方公共产品的供给问题提供了一个市场化的解决办法。

蒂布特模型有严格的假设条件，其主要假设包括：

（1）有足够多的可供选择的辖区。

（2）人们可以自由流动，每个人都能够无代价地迁移到一个最能满足其偏好的辖区。

（3）人员的流动性不受任何就业机会的约束或限制。

（4）人们完全了解各辖区之间公共产品和税收的差别。

（5）公共产品或税收在各辖区间不存在任何外部效应。

（6）各辖区都以最低的平均生产成本提供公共产品。

在满足上述条件情况下，居民选择居住区就像选购商品一样。居民选择居住辖区取决于辖区的公共产品配置的合意程度和为公共产品融资的税收是否合理。也就是说，居民通过比较辖区公共产品的正效用水平和税收的负效用水平来选择居住辖区。如果一个辖区的公共产品的正效用水平高于其税收的负效用水平，居民将选择居住在该辖区；如果辖区的公共产品的正效用水平低于其税收的负效用水平，居民将“用脚投票”，迁出该辖区。居民这种选择居住辖区的行为将促使地方政府以尽可能低的税收价格提供更好的公共产品，以吸引更多的居民进入该辖区，地方政府之间也因此展开竞争，而竞争最终将导致地方公共产品供给成本不断下降，公共产品供给效率也因此不断提高。

蒂布特模型为地方公共产品供给提供了一种市场方法的思路，在理论上说明了市场规则可以延伸到公共产品领域，这种理论的突破具有重要的意义。但蒂布特模型的条件比较苛刻，比如公共产品不存在外部性、居民可以无成本流动、居民掌握完全的社区信息等，这些条件在现实中很难满足。

案例分析与讨论 12.1

查尔斯·蒂布特与罗纳德·科斯

辖区外溢是一种外部性。对于给邻区带来外部收益的公共产品，社区可能会尽可能少地提供；对邻区带来外部成本的公共产品，社区则可能会尽可能多地提供。由于邻区居民无本区投票权且不在本区纳税，因此在地方政府决策中本区管理者往往不会考虑对邻区居民造成的影响。在过去，城镇相距较远，这或许并不算问题。但现在，复杂的独立社区在同一城内并排而立，而辖区间可能仅有一街之隔，人们可以从更多的辖区中进行选择，他们“用脚投票”的机会更多了。根据蒂布特模型，这将使地方公共产品的配置更具效率。然而，相互邻区也使辖区外溢（尤其是负的外部性）的可能性大大增加。蒂布特的结论是错误的吗？

按照罗纳德·科斯的观点，蒂布特的结论是正确的。科斯认为当一个集团的活动对另一个集团产生了外部收益或成本时，将存在贿赂与暗地支付（即科斯交易）的机会，这将使资源配置更有效率。例如，商用的野营场可能向养猪场支付一定的防止难闻气味扩散的费用。如果A区享受了由B区提供的公共产品的外部收益，那么A区应该愿意向B区支付费用，从而使该公共产品的数量能够保持在有效水平。

加利福尼亚州的三个邻区间的"警察借贷"项目是科斯定理在现实中的一个极好例证。东帕洛奥托区的犯罪问题比较严重，全区共有居民25 000人，1992年42人成为杀人犯。东帕洛奥托区的犯罪不仅影响本地居民，也影响附近富裕的帕洛奥托区与曼罗帕克区。后来，三个区的负责人进行了较小规模的科斯交易。相对较穷的东帕洛奥托区负担不起为减少犯罪而增加警力的费用，所以帕洛奥托区与曼罗帕克区决定借给其"不幸"的邻区一些警察。东帕洛奥托区共向邻区借入了34名警察。在该项目执行后的1993年，东帕洛奥托区的凶杀率下降了86%，帕洛奥托区与曼罗帕克区的居民也从中获得了收益。

（尼尔·布鲁斯，2005）[610-611]

启发思考

假设在某种情况下，一个区的地方公共产品只使另外一个区受益，而在另一种情况下，一个区的地方公共产品使许多区都受益。在哪种情况下，科斯交易可能使地方公共产品的配置更有效率？请说明原因。

警察减少犯罪的策略有两种：一种是抓住罪犯；另一种是阻止其入境。后一种策略可能会鼓励罪犯到别处去碰碰运气。请解释帕洛奥托区与曼罗帕克区为何选择借警察而不是借款给东帕洛奥托区让其自己雇用更多的警察。

三、财政分权的优点与缺点

1. 财政分权的优点

财政分权的优点主要有以下几个方面。

（1）地方政府更熟悉地方居民的偏好。财政分权理论假定，相同偏好的居民聚集在相同社区，当地政府提供公共产品能较好满足居民需要，如果中央政府提供地方公共产品，结果可能由于中央政府强调统一性而忽视地方居民的偏好。

（2）财政分权鼓励政府之间竞争。财政分权理论假设居民可以自由流动，在此假设条件下地方政府必须努力降低行政成本，否则会导致居民流出或感受到更强的压力。很显然，财政分权鼓励了地方政府之间的竞争，并促进了资源配置效率的提高。

（3）地方政府更具有提供公共产品的创新能力。地方政府之间的竞争会促进公共产品供给的创新，地方政府公共产品供给的创新能力因此不断提高。

2. 财政分权的缺点

从效率角度看，有多种原因导致财政分权条件下地方政府配置资源的低效率，这些原因包括公共产品的地区间外部性、公共产品提供的规模经济、缺乏效率的税制、征税的规模经济等。

（1）公共产品的地区间外部性。公共产品的地区间外部性包括外部收益与外部成本两个方面。外部收益情况，如甲地实行十二年制义务教育，乙地实行九年制义务教育，甲地因乙地居民的流入而受益。污染治理是外部成本问题，如A地的生产污水未经合格处理排入河流，给下游的民众带来成本。公共产品的地区间外部性，地方政府自身无法解决，它势必影响资源配置效率。

（2）公共产品提供的规模经济。公共产品提供的规模经济是指使用公共产品的居民达到一定数量时成本最小。不同的公共产品具有不同的规模经济，有些公共产品的规模经济在当地较小范围内无法实现，比如在一个普通乡镇建设一定规模的体育馆显然是不经济的。因此，有些公共产品的规模经济跨区才能实现，这需要相关政府之间合作提供。

（3）缺乏效率的税制。财政分权与税收分权密切相关。如果地方政府拥有课税权，地方政府对无（或小）弹性需求商品制定高税，在资本在地区间自由流动的情况下，这种税制必然导致资本外流。地方政府为了留住资本将采用低税甚至对企业进行补贴，从而导致资源配置的低效率。假设一国资本固定，中央政府对无（或小）弹性需求商品制定高税，则情况可能要缓和得多。

想一想

如何降低人口迁徙成本？

（4）征税的规模经济。征税的规模经济意味着地方辖区不能过小，否则每个辖区都设立税务机构可能无法实现征税的规模经济。

从公平角度看，财政分权存在以下两方面的问题。

（1）影响地方福利计划的实施。从公平角度看，假设地方政府必须对辖区的贫困居民实施福利计划——转移支付，社区之间的居民可以自由流动并且流动成本为零（或很小）。当地方政府实施福利计划时，其他低福利地区的居民就会流入，地方政府实现公平目标的支出会逐渐增加，由此地方政府必须增加收入，结果是高收入者可能因税收负担增加而迁出辖区。地方政府的再分配计划最终只能放弃。当然，现实中居民在辖区之间迁徙成本为零是不现实的，特别在亚洲一些以人际关系为纽带的国家，迁徙会损失巨大的人际关系收益。

（2）影响地方制定独立的福利政策。分权会引起财政竞争，而财政竞争会导致不同地区之间福利平等化倾向，而地区之间福利平等化倾向会使地方不能独立制定福利政策。

第二节　政府间的职能与支出责任划分

微课堂

政府间职能与支出划分

一、政府间的职能划分

资源配置、收入分配、经济稳定与发展是公共财政的三大职能，如何在中央政府和地方政府之间划分这些职能，是财政分权体制必须明确的基本问题。

1. 资源配置职能划分

资源配置属于微观经济活动范畴。根据受益原则，公共产品可划分为全国性公共产品、区域性公共产品和地方性公共产品。全国性公共产品应由中央政府配置，地方性公共产品则应由地方政府配置。公共产品的地区间外部性，使得公共产品的供给存在诸多的复杂性。一般而言，对收益与成本可以内部化于“社区”的公共产品，由地方政府配置更能满足本地居民的偏好。因此，涉及资源配置职能的，应以地方为主，中央为辅。

如图 12.2 所示，假定某种地方性公共产品的供给曲线是一条水平线，则该产品的边际成本 MC 为定值。现有 A 和 B 两个地区，两个地区的居民对该公共产品的需求偏好相同。A 地区的需求曲线（社会边际收益曲线）为 D_a，B 地区的需求曲线（社会边际收益曲线）为 D_b。根据最优配置原则，当两个地区的社会边际收益曲线与边际成本曲线相交时，它们所对应的数量 Q_a 和 Q_b 就是两个地区公共产品的最优供应量。

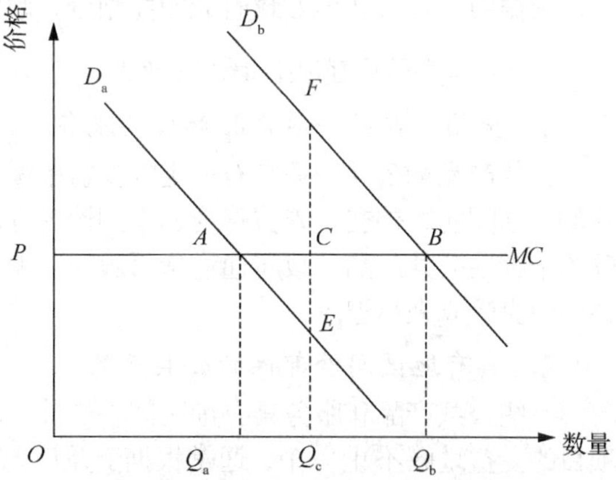

图 12.2　中央政府统一提供公共产品的效率损失

如果由中央政府按照统一的标准提供公共产品，则此标准介于高需求地区B与低需求地区A之间，假设如图中的Q_c。这样，对A地区来说，中央政府所提供的公共产品超过该地区的最优数量，即$Q_c > Q_a$，此时对A地区造成的福利损失为三角形ACE的面积。对B地区来说，中央政府所提供的公共产品出现数量不足的情形，即$Q_c < Q_b$，此时B地区的福利损失为三角形BCF的面积。可见，由中央政府统一提供公共产品会导致福利损失。因此，地方性公共产品由各个地方提供更有效率。

2. 收入分配职能划分

如果地区之间的居民、资本能自由流动，那么地方政府通过再分配改变本地区居民收入分配状况，会引发居民和资本的流动，通常表现为穷人迁入而富人迁出，最终导致收入分配政策无效。如果地区之间有一定封闭性或要素流动存在一定成本，那么地方政府进行收入分配会有一定的效果。

地区之间的收入再分配职能需要配置给中央政府。基于地方间的关系平等和独立，贫困地区不具备强迫富裕地区无偿转让部分收入的权力；从自身利益出发，富裕地区也很难自愿地给予贫困地区单方面的补助。地区之间的贫富差距需要中央政府协调。

3. 经济稳定与发展职能划分

政府稳定经济的政策主要是财政政策和货币政策。如果地区间的商品和资本是自由流动的，实行调节性的财政政策可能会因为“贸易漏损”而影响政策效果。如某地方政府实行扩张性财政政策，本地区经济因扩张性财政政策而受益的同时，其他地区的产品也因此增加在本地区的销售量，从而使本地区经济扩张政策的效益通过贸易流入其他地区。如果本地区企业竞争力不足，扩张性财政政策的收益主要由其他地区获得。

货币政策是另一种政策工具。货币政策工具主要有存款准备金政策、再贴现政策和公开市场业务。货币政策工具由中央政府掌握，只有中央政府才具备利用货币政策调控经济的能力。因此，从稳定职能看，不管是采用财政政策还是货币政策，中央政府都比地方政府更具优势，因此经济稳定与发展职能应配置给中央政府。

二、政府间的支出责任划分

政府履行职能需要财政支出作为保障，因此，政府间职能划分是政府间支出责任划分的基础。根据中央政府和地方政府的职能划分，政府间支出责任划分的基本框架如下。

（一）中央政府的支出责任范围

1. 全国受益的公共产品和公共服务

公共产品和公共服务具有一定的受益范围，全国受益的公共产品与服务应由中央政府提供。它们包括国防、外交、外贸管理、全国性的立法和司法、中央银行等。宏观经济稳定是一种特殊的全国性公共产品，政府通过货币政策、财政政策等政策工具调节宏观经济的支出责任，应该由中央政府来承担。

2. 具有地区间外部性的公共产品

有些公共产品和服务具有地区间外部性，如跨地区的公路、铁路、通信等项目，这些公共项目的受益地区不止一个，通常根据受益情况由地方政府之间协调解决，中央政府也可以在一定程度上参与这些项目。有些项目虽然处于某个地区，但其受益者却不限于该项目所在地区的居民，临近地区的居民也可以受益。如防洪设施、控制环境污染项目、水利工程、教育项目等都具有明显的地区间外部性，其由地方政府提供，中央政府也可适当参与。

3. 调节地区间和居民之间收入分配的支出

从职能划分看，调节收入分配的支出责任是中央政府。社会保障制度是调节居民收入分配的重要手段，应该在全国范围内实行统一标准的社会保障制度。我国目前的社会保障制度还没有实现全国范围的统一，各地制度不同，最低生活标准不一致，社会统筹层次不高。应逐步提高我国社会保障统筹的层次，最终实现全国范围内的社会统筹。

4. 全国性自然垄断行业的生产和服务提供

全国性自然垄断行业是对一个国家范围内的居民能够产生重大影响的行业，这类行业包括邮政、天然气管道输送工程、国家光缆干线、重点水利工程、国家电网、卫星通信、重要公共信息服务等。全国性自然垄断行业的生产与服务提供的责任，一般由中央政府承担。

（二）地方政府的支出责任范围

1. 地方受益的公共产品与公共服务

地方政府应该提供适合本地区居民需要的地方性公共产品和服务，包括地方性交通、警察、消防、教育、医疗保健、社会服务、环保、绿化、城市供水、污水处理、垃圾处理、公园、图书馆、休闲娱乐设施、地方性法律法规的制定及其实施等。

2. 地方性自然垄断行业的生产与服务提供

地方性自然垄断行业是对一个地区范围内的居民产生重大影响的行业，包括地方性自来水供给、铁路和公路运输、城市交通、有线电视、城市燃气供应、污水处理等。

表 12.1 是政府间支出责任划分的一个基本框架，不同国家以及同一个国家在不同时期会有差别。不同的国家的差异表现在中央政府对具有外部效应、收入再分配等公共产品的介入程度不同。一般情况下，财政分权程度越高，中央政府介入程度越低；财政分权程度越低，中央政府介入程度越高。

各级政府之间的支出责任划分框架如下：

（1）中央政府制定政策和规范，省级政府监督和指导，省级以下政府具体实施。

（2）规模经济效益可能成为决定公共项目由哪级政府负责的重要因素。

通常根据规模经济的要求来决定公共服务项目设于什么层级的政府。例如：对于人口较少的村镇，单独修建医院并不符合规模经济要求，人均成本较高，由更高一级的政府来修建医院更合适；村办小学因为经费限制，难以聘用优秀的教师，加之教学设施相对简陋，教学质量难以保证，集中办学更符合规模经济效益。垃圾处理、消防服务、警察等公共服务也同样面临规模经济问题。

表 12.1　中央政府与地方政府支出责任划分

支出内容	责任主体	划分理由
国防	中央	全国性公共产品、全国受益
外交	中央	全国性公共产品、全国受益
国际贸易	中央	全国性公共产品、全国受益
货币政策	中央	全国性公共产品、全国受益
环境保护	中央与地方	外部效应、地区性公共产品
对个人的福利补贴	中央与地方	收入再分配、地方性公共产品
失业保险	中央与地方	收入再分配、地方性公共产品
义务教育	中央与地方	收入再分配、地方性公共产品
地方卫生	地方	地方性公共产品
消防与警察	地方	地方性公共产品
公园与其他市政建设	地方	地方性公共产品
公共住宅	地方	地方性服务
全国性交通	中央、地方	全国性服务、外部效应
地方性交通	地方	地方性服务
供水、污水和垃圾处理	地方	地方性服务
公园、娱乐设施	地方	地方性服务

此外，某些传统的公共服务由私人部门来生产和提供，可能更有效率。在西方国家，已经有相当多的公共服务项目，如城市垃圾处理、污水处理、文化娱乐设施、社会服务、医疗、教育等，私人部门已经广泛地介入，并有着较好的经济效益和社会效益。

第三节　政府间的收入划分

政府间支出责任的划分要求有收入划分与之相适应。当各级政府的支出与收入不平衡的时候，地方政府的收支缺口可通过转移支付的方式弥补。

一、政府间的收入安排原则

考虑到税收对经济和收入的调节作用，中央收入和地方收入应对应不同的税种。税种划分一般要遵循以下原则。

1. 根据课税对象的流动性划分税种

课税对象的流动性是指课税对象在地区间流动的难易程度。一般来说，课税对象流动性较大的税种，适宜作为中央税；课税对象流动性较小的税种，适宜作为地方税。如果将流动性大的课税对象的税种由地方征收，课税对象就可能流动到税率较低的地区，导致两种结果：一是降低了地方调节税收的能力；二是可能出现地区间的税收竞争，降低地方政府的税收收入。因此，把课税对象流动性较大的税种划归中央政府，把课税对象流动性较小的税种划归地方政府，既能保证地方政府有较稳定的收入来源，也有利于提高税收管理的效率。

2. 根据税收的再分配功能划分税种

一般来说，具有较强再分配功能的税种适宜作为中央税。这是因为，如果把再分配功能较强的税种作为地方税，征税会导致辖区中的富人流出和穷人流入，地方政府收入减少和支出增加。在收入分配上较为中性甚至具有累退性质的税种适宜作为地方税。

3. 根据管理的便利性划分税种

根据管理的便利性划分税种这一原则要求，反映国家统一政策、需要由全国统一管理的税种，划归中央政府；适合各地分散管理的税种划归地方政府。如果将某些需要由中央统一管理的税种划归地方政府，会导致各地方采取不同的标准，造成市场混乱。如果将一些税源杂乱且分散的税种划归中央政府，则会加大管理成本，不利于提高税收征管效率。

二、政府间的收入安排方式

根据上述政府间的收入安排原则，具体税种在中央政府与地方政府之间应作如下划分。

（1）所得税。个人所得税是一种具备收入再分配性质的税种，其课税对象具有较强的流动性，应由中央政府征收。企业所得税的课税对象也具有较强的流动性，由中央政府征收更具效率。实践中，地方政府可以通过附加形式课征一部分个人所得税，作为课税对象从地方公共服务受益的一种补偿。企业所得税也可以通过附加的形式由地方征收一部分。

（2）财产税。财产税的征税对象（如房屋）通常具有不可流动等特点，且税源分散，核查困难，由地方政府征收更符合效率要求。

（3）销售税。在生产、批发和零售等单一环节征收的销售税适合于各级地方政府征收。增值税为多环节征收的税，由各级地方政府征收时，课税对象的流动性使征管难度加大，如果各地区税率或税基存在差异，征管更加困难。因此，增值税应由中央政府征收。

（4）关税。关税体现一个国家的主权，适宜于由中央政府统一管理，统一征收。

（5）校正税。消费税具有校正消费行为的功能，适合由中央政府统一征收。如果划归地方政府，容易出现各地的差别做法，不利于对消费行为的校正。污染税也是一种校正税，应根据其影响范围的不同，分别由不同的政府来征收。如果外部性效应范围比较小，由地方政府征收有助于利用所获得的税收来治理外部效应；如果外部性效应是跨地区的，则应由中央政府来征税。

（6）资源税。资源税是由拥有资源所有权的主体，对资源的开采或使用收取的一种费用。原则上谁拥有资源的所有权，资源税收入就归谁使用和管理。由于资源在地区间的分布不平衡，对一些税基较大的资源税，由中央政府征收更为合适。

温馨提示

表 12.2 是基于税基、税率和税收征管三个方面，对各种税在中央政府、省级和省级以下地方政府之间的划分。

表 12.2　政府间的税收划分

税收种类	税基的决定	税率的决定	税收的征收与管理	划分理由
关税	中央	中央	中央	国际贸易税
个人所得税	中央	中央，省级，地方	中央	再分配性、征税对象流动性、稳定工具
财富税（对资本、财富转移、继承与遗产课征的税）	中央	中央，省级	中央	再分配性
工薪税（社会保险税）	中央，省级	中央，省级	中央，省级	受益性
公司所得税	中央	中央	中央	流动性、稳定工具
资源税	中央	中央	中央	税基分布不平衡
对“有害品”课税	中央，省级，地方	中央，省级，地方	中央，省级，地方	“有害品”的影响可能是全国性的、地区性或地方性的
多环节销售税	中央	中央	中央	划归中央政府后能进行边界税收调整
单一环节销售税（生产、批发或零售）	省级，地方	省级，地方	省级	较高的遵从费用
增值税	中央	中央	中央	能进行协调，遵从费用较低
国内产品税	省级，地方	省级，地方	省级，地方	以居民为依据的税收
财产税	省级	地方	地方	完全不流动的要素，受益税
使用费	中央，省级，地方	中央，省级，地方	中央，省级，地方	取得服务的报酬

资料来源：1. Anwar Shah and Zia Qureshi. Intergovernmental Fiscal Relations in Indonesia;（Washington: World Bank Discussion Papers No. 239，P30，May 1994）

2. Anwar Shah. The New Fiscal federalism in Brazil.（Washington: World Bank Discussion Papers No. 124，P7，May 1991）

三、财政体制的类型

中华人民共和国成立以来，实行过的财政体制主要有统收统支型、收支挂钩型、收入分成型、包干型和分税制等财政体制。

1. 统收统支型财政体制

统收统支型财政体制把全国的财力绝大部分集中在中央，除地方税收和一些零星收入归地方外，主要收入（如公粮、关税、盐税、货物税、工商业税、国有企业收入、公债收入等）均归为中央。各级地方政府的开支由中央统一核拨。就地方而言，收入归收入，支出归支出，收支两条线，地方征收的收入归中央，不得留用。除了收支以外，统收统支型财政体制还包括相互配套的人员编制和开支标准，都由中央统一规定。这种高度集中统一的财政体制在中华人民共和国成立初期最为典型，对恢复国民经济、平衡预算和稳定物价具有重要意义。但其缺点也是明显的，它不利于调动地方增收节支的积极性。

2. 收支挂钩型财政体制

收入挂钩型财政体制是指把地方负责组织的财政收入（包括中央收入）与地方的总支出挂起钩来，按收支总数确定一个分成比例。此种财政体制大大激发了地方提高财政收入的积极性。但缺点也很明显：会助长地方盲目扩大财政支出倾向，因为多支意味着分成比例高。在年初确定地方收支预算时，分成比例和收支指标成为争论的焦点，容易发生扯皮现象。对多收少支的省市不利（分成比例低），对少收多支的省市有利（分成比例高）。从全局看，这种财政体制会诱使地方对支出的过度关注，有“鞭打快牛”的负面效应。我国在 1959—1970 年和 1976—1979 年实行过这种财政体制。

3. 收入分成型财政体制

收入分成型财政体制的特点是中央对地方财政收入或其超收部分另行确定分成比例，目的是鼓励地方超收。多收少支的省市可以得到较多的分成收入，以适当缓解收支挂钩型财政体制所带来的矛盾。除此之外，这一体制的优点还在于，使财政收入与财政支出脱钩，财政支出包干有利于地方安排财政开支。这种体制于 1974—1975 年在我国实施。

4. 包干型财政体制

1971—1973 年我国实行包干型财政体制。中央每年核定各省市的财政收入上缴任务和财政支出指标，收大于支者，包干上缴中央财政；支大于收者，由中央财政按差额补贴给地方。地方超收或支出结余都归地方支配使用。如果收入任务没完成或支出超额，由地方自求平衡。这种体制的弊端非常明显。除地方与中央争指标外，中央财政在平衡预算上发生了很大的困难。中央对各省市在年初核定的收支（特别是收入）指标与实际执行数相差较大。有的省超收过多，有的省则短收严重。尽管短收由地方自行负责，但实际是包盈不包亏，中央财政出现“窟窿”，难以平衡。这种财政体制实行了 3 年后被迫终止。改革开放后，各地政府自主理财、发展经济的要求越来越强烈，中央首先在广东和福建两省实行“5 年不变”的财政包干体制，后来逐步推广，但结果是中央财政再现“窟窿”现象。

第四节　我国现行分税制及其改革

分税制是以法律法规形式对各级政府的事权、财权加以明确界定和划分，从而使各级财政都在体制框架之内行使职责的一种财政管理体制。分税制所顾及的利益范围比较完整，各级财政的共同利益以及各自的切身利益均可以得到承认和体现。分税制财政管理体制有别于我国传统财政体制下的那种仅仅强调中央或地方某一级财权财力的体制，做到“一级政权，一级事权，一级财政，一级预算，相对独立，自求平衡”，从而达到多级财政体制的合理化、稳定化和明晰化。分税制财政管理体制的主要内容有：①按照中央政府与地方政府的事权，划分各级财政的支出范围；②根据事权与财权相结合的原则，合理划分中央与地方收入；③建立相应的转移支付制度。

微课堂
分税制财政管理体制

一、我国现行的分税制

我国从 1994 年开始实行分税制财政体制，按照财政分权原则划分了中央政府和地方政府的职责和收入，并建立了中央与地方政府之间的转移支付制度。经过多年的改革与调整，我国现行分税制财政管理体制的具体内容如下。

1. 事权划分

（1）中央财政事权。国防、外交、国家安全、出入境管理、国防公路、国界河湖治理、全国性重大传染病防治、全国性大通道、全国性战略性自然资源使用和保护等基本公共服务确定并上划为中央的财政事权。

（2）地方财政事权。社会治安、市政交通、农村公路、城乡社区事务等受益范围地域性强、信息较为复杂且主要与当地居民密切相关的基本公共服务确定为地方的财政事权。

（3）中央与地方共同财政事权。义务教育、高等教育、科技研发、公共文化、基本养老保险、基本医疗和公共卫生服务、城乡居民基本医疗保险、就业、粮食安全、跨省（区、市）重大基础设施项目建设和环境保护与治理等体现中央战略意图、跨省（区、市）且具有地域管理信息优势的基本公共服务确定为中央与地方共同财政事权，并明确各承担主体的职责。

（4）财政事权划分动态调整机制。财政事权划分要根据客观条件变化进行动态调整。在条件成熟时，可将全国范围内环境质量监测和对全国生态具有基础性、战略性作用的生态环境保护等基本公共服务，逐步上划为中央的财政事权。对新增及尚未明确划分的基本公共服务，要根据社会主义市场经济体制改革进展、经济社会发展需求以及各级政府财力增长情况，将应由市场或社会承担的事务交由市场主体或社会力量承担，将应由政府提供的基本公共服务统筹研究划分为中央财政事权、地方财政事权和中央与地方共同财政事权。

2. 支出划分

（1）中央财政支出。属于中央的财政事权，应当由中央财政安排经费。中央财政主要负担国家安全、外交和中央机关运转所需经费，调整国民经济结构，协调地区发展，实施宏观调控必需的支出，以及由中央直接管理的事业发展支出。具体包括：中央统管的基本建设投资，中央直属企业的技术改造和新产品试制经费，地质勘探费，由中央财政安排的支农支出，国防费、武警经费，外交和援外支出，中央级行政管理费，由中央负担的国内外债务还本付息支出，以及中央本级负担的公检法支出和文化、教育、卫生、科学等各项事业费支出。中央的财政事权如委托地方行使，要通过中央专项转移支付安排相应经费。

> **视野拓展**
> 教育领域中央与地方财政事权和支出责任划分改革方案

（2）地方财政支出。地方财政主要负担本地区行政机关运转以及本地区经济、事业发展所需的支出。包括地方统筹的基本建设投资，地方企业的技术改造和新产品试制经费，支农支出，城市维护和建设经费，地方文化、教育、卫生、科学等各项事业费和行政费，公检法支出，部分武警经费，民兵事业费，价格补贴支出以及其他支出。

（3）中央和地方财政共同支出。根据基本公共服务的属性，体现国民待遇和公民权利、涉及全国统一市场和要素自由流动的财政事权，如基本养老保险、基本公共卫生服务、义务教育等，可以研究制定全国统一标准，并由中央与地方按比例或以中央为主承担支出责任；对受益范围较广、信息相对复杂的财政事权，如跨省（区、市）重大基础设施项目建设、环境保护与治理、公共文化等，根据财政事权外溢程度，由中央和地方按比例或中央给予适当补助方式承担支出责任；对中央和地方由各自机构承担相应职责的财政事权，如科技研发、高等教育等，中央和地方各自承担相应支出责任；对中央承担监督管理、出台规划、制定标准等职责，地方承担具体执行等职责的财政事权，中央与地方各自承担相应支出责任。

3. 收入划分

按照税制的税种设置，将维护国家权益、实施宏观调控所必需的税种划为中央税；将适宜地方征管的税种划归地方税，并充实地方税种，增加地方税收入；将与经济发展直接相联系的主要税种划归中央与地方共享税。

（1）中央固定收入：关税，海关代征的消费税和增值税，证券交易印花税，中央企业所得税，地方银行和外资银行及非银行金融企业所得税，铁道部门、各银行总行、各保险总公司等集中缴纳的收入（包括所得税、利润和城市维护建设税），中央企业上缴利润等。

（2）地方固定收入：消费税，城市维护建设税，房产税，土地增值税，耕地占用税，契税，车船使用税，印花税，各项非税收入，政府性基金收入，地方企业的利润上缴，保险基金收入等。

（3）中央与地方共享收入：增值税，企业所得税，个人所得税，资源税。增值税中央分享50%，地方分享 50%；资源税按不同的资源品种划分，大部分资源税作为地方收入，海洋石油资源税作为中央收入；企业所得税和个人所得税，中央占 60%，地方占 40%。

4. 中央与地方政府间的转移支付

政府间的转移支付是分税制的核心内容之一。中国 1994 年分税制改革，中央和地方政府之间的收入分配格局发生了一定的变化，总的来看是地方收入净上划中央。为了减少分税制改革的阻力，采取了保证地方政府既得财力的方式，中央对地方政府进行税收返还和转移支付。转移支付包括一般转移支付和专项转移支付。一般转移支付包括均衡性转移支付、民族地区转移支付、农村税费改革转移支付、调整工资转移支付等。其中均衡性转移支付是政府间财力转移的主要形式。专项转移支付是中央财政为实现特定的宏观政策及事业发展战略目标而设立的补助资金，重点用于各类事关民生的公共服务领域。地方财政需按规定用途使用该资金。

转移支付制度一直处于改革和完善之中。《国务院关于深化预算管理制度改革的决定》（国发〔2014〕45 号）为转移支付改革制定了基本原则，《国务院办公厅关于印发基本公共服务领域中央与地方共同财政事权和支出责任划分改革方案的通知》（国办发〔2018〕6 号）明确了基本公共服务领域中央与地方共同财政事权清单及基础标准、支出责任划分。2019 年，财政部制定的《中央对地方均衡性转移支付办法》，对均衡性转移支付额度的确定、标准财政收入与支出的测算、转移支付系数、增幅控制机制、奖惩机制以及转移支付资金的监督与管理都作出了明确的规定与说明。

二、我国分税制改革与完善的思路

针对我国现行分税制存在的问题，可从规范中央和地方事权与支出责任和转移支付制度方面进行改革与完善。

1. 减少财政管理层级

从国际经验来看，一般实行分税制的国家，主要有三个层级左右的政府，如实行联邦制的美国、单一制的英国；既有单一制特征，又有地方自治特征的日本也是三个层级。从我国目前省以下财政体制看，五级政府、五级财政造成了基层财政困难、主体税种缺乏、难以进一步彻底推进分税制改革等问题，应简化财政管理级次。尽管这样做会使财政级次与政府级次出现一定时期、一定程度上的不对应，但从长远看最终应该对应起来，实行省、市、县三级财政管理体制，县市同级，乡财县管。简化财政级次之后，乡级政府随着事权的大量减少，一般应转为县级政府的派出机构，而市级政府由于其事权与财权同县级政府趋于一致，也需要改变原来的上下级关系，成为平级政府。

2. 建立地方税收体系

2019 年 10 月 9 日，国务院印发了《实施更大规模减税降费后调整中央与地方收入划分改革推进方案》。该方案提出，“后移消费税征收环节并稳步下划地方。按照健全地方税体系改革要求，在征管可控的前提下，将部分在生产（进口）环节征收的现行消费税品目逐步后移至批发或零售环节征收，拓展地方收入来源，引导地方改善消费环境。”对构建地方税体系来说，消费税的下放将使得地方政府逐渐拥有相对独立完整的税收体系，提升地方税收体系在经济社会发展中的调节与促进作用。地方政府应以此为契机，简化税收征收环节，加快建立地方税收体系。

3. 完善转移支付制度

规范、科学的财政转移支付制度不仅是分税制的重要内容，也是公共财政框架下调节地区差异、加速经济社会发展、全面建成小康社会的客观要求。规范和健全、完善转移支付制度，提高基层财政的公共服务水平，必须在改革、创新的基础上，重点加大以“因素法”为主要方式与手段的均等化转移支付的力度，尽快构建与分税制体制相适应的财政转移支付制度体系。一方面，要在确保中央财政财力分配主导地位和调控能力有效发挥的基础上，强化中央财政的再分配功能。另一方面，要在提高转移支付总量和增加转移支付规模的基础上，加大中央财政对中西部地区转移支付的力度和省级财政对县级财政转移支付的力度。

完善省级以下财政转移支付制度。省以下各级政府要比照中央对地方转移支付制度，改革和完善省级以下转移支付制度。与省以下各级政府事权和支出责任划分相适应，优化各级政府转移支付结构。对上级政府下达的一般性转移支付，下级政府应采取有效措施，确保统筹用于相关重点支出；对上级政府下达的专项转移支付，下级政府可在不改变资金用途的基础上，发挥贴近基层的优势，结合本级安排的相关专项情况，加大整合力度，将支持方向相同、扶持领域相关的专项转移支付整合使用。

案例分析与讨论 12.2

美国联邦政府与州政府的关系

美国是联邦制国家，联邦是在州的基础上组成的，所以州的权力很大，除了外交以及军事外，州几乎就是一个独立的“小国”：有自己的法律、税收、警察、教育、选举制度。美国实行的是宪政联邦体制，政府是建立在宪法基础上的，宪法不仅确定联邦和州政府的结构，而且确定了联邦和州政府的权限。

联邦政府的权力和职责范围由宪法规定，大致包括：各州间的外交、国防、造币、移民、入籍以及贸易等。但也包括联邦政府通过与州政府合作，制定一些由联邦政府提供经费、州政府实施的法律和项目。这种合作领域主要有教育、社会福利、住房补贴及营养项目、国土安全、交通和紧急行动等。

州作为主权实体有自己的宪法、民选官员和政府机构。州的行政机构负责政府的日常运作，提供服务，维护法律。州长经投票选举产生，一般任期为 2～4 年。各州的立法机构都是经选举产生和由两院组成（内布拉斯加州是唯一的单院制议会）。州议员任期通常为 2～4 年。州议会的主要职责是制定法律，批准州预算，确定州司法部门负责人，以及监督州政府的运作。在很多小州，州议员为兼职性工作，议员只领取象征性的薪酬。在规模较大的州，议员是一项全职工作，议员领取正式的薪金和福利。州的司法机构负责联邦法律管辖外的司法事宜，包括州内的大部分民事案、触犯州或地方法律或违反家庭法的刑事案，以及涉及州宪法的案件。

州政府的主要职责是为州内居民提供与日常生活相关的多种服务，如：确定教育标准和公共教育的资金来源；建立和维护交通运输网；创建州立大专院校；颁发商业和职业执照及制造相关规章；建立并监督非联邦法庭和刑事司法系统；总体负责公共安全；签发结婚和离婚证书；签发登记出生和死亡证书；管理针对低收入和残障人员的州立保健、住房和营养项目；管理州立公园和其他娱乐及环保用地；主持和核实选举，包括联邦官员选举；指挥州国民警卫队（执行国家使命时除外）。

政府的运作经费主要来自多种税收和收费。联邦政府的经费来源：个人和企业所得税，社会安全和医疗福利工资税，烟、酒消费税，房地产税，遗产和赠与税，关税。州政府的经费来源：个人所得税（43个州，有7个州没有个人所得税），企业所得税，州销售/营业税（45个州，有5个州没有州销售/营业税），烟、酒消费税，商业和职业许可执照费，联邦政府拨款。

启发思考

（1）请比较中美两国的政府间财政关系的异同。

（2）美国的联邦政府体制中，哪些制度是值得借鉴的？

第五节　政府间的财政竞争

财政分权引发的财政竞争既是财政分权的结果，也是财政分权的一个优势。蒂布特财政分权理论的核心，实际上是利用地区之间的竞争来实现辖区公共产品的有效配置。在其模型中，每一个辖区政府都是一个竞争主体，辖区政府通过财政竞争吸引更多的资源进入辖区，促进辖区居民福利水平的提高。因此，财政分权必然引发财政竞争。但财政竞争不一定会提高本辖区公共产品配置效率。相反，过度的财政竞争可能引发资源配置的低效率，降低辖区居民的福利水平。

一、财政竞争的内容

财政竞争的手段通常包括税收与财政支出。为了吸引投资、增加就业和改善辖区居民的福利，地方政府通常会使用税收优惠。各个辖区为吸引投资采取税收优惠的办法，会形成税收竞争，适度的税收竞争通常是有效的，但恶性竞争可能导致财政竞争的无效。

政府支出也是地方政府财政竞争的手段。地方政府为吸引投资，可能采取向投资企业实施财政补贴等优惠措施，或者由政府出资为投资企业提供厂房、道路等各种基础设施建设，甚至像居民搬迁、补贴的费用都由政府包揽。政府通过财政支出承担了本该由投资企业负担的成本，会大大降低企业的经营成本，对吸引投资具有重要的影响。

想一想

如何规范招商引资竞争？

二、财政竞争的效率

根据财政分权理论，由财政分权引发的财政竞争，既可能促进地方公共产品配置效率的提高，也可能导致无效率的税制。关于财政竞争的有效性，学术界并没有取得共识，这种分歧源于对政府角色的不同假设。

1. 政府的“仁慈、贤明”角色假设

对财政竞争低效率的一种解释，是建立在新古典传统基础上的财政学分析，这种分析假定政府官员的政策选择都是旨在促进市民福利的提升。换句话说，地方公共政策选择是追求辖区居民福利的最大化，在这种情形下，政府显然是仁慈、贤明的，因此，没有必要通过政府间财政竞争来提高公共产品供给效率，相反，这种竞争只会浪费社会资源，导致公共产品供给的低效率。基恩等人提出的著名“向下竞争”理论[1]，对政府间财政竞争的效率提出了质疑。他们指

① Keen Michael, Marchand Maurice, 1997, *Fiscal Competition and the Pattern of Public Spending*. Journal of Public Economics; Oct97, Vol. 66 Issue 1, pp.21 ~ 33.

出，各辖区政府为了吸引投资等，都采取了积极的鼓励政策，如财政补贴、税收减免、财政贴息或政府担保的软贷款，以及各种有利于投资的规制政策的放松。为了更多地吸引资本进入，各个国家和地区主动减少自己应得的投资收益。这种不计代价的竞争被称为“扑向底部的竞争”。这种竞争可能导致政府无法保证正常的公共融资，使辖区公共产品的供给偏低，导致辖区公共支出效率偏离最优水平。

2. 政府的“利维坦”角色假设

公共选择理论肯定了财政竞争的积极作用。在公共选择模型中，政府被认为具有自己的目标，政府官员是追求公共部门预算最大化的官僚①，他们有很强的激励动机扩大税基和税收规模来达到个人的目的，公共部门的规模总是趋向于不断膨胀。这就是所谓的政府“利维坦”角色假设。布伦南和布坎南②认为，在要素自由流动的情况下，增税可能导致税基的萎缩，但地方政府不会把税收扩张到某种规模以上。这样，政府间的财政竞争实际上提供了一种在中央这一级政府所没有的约束，限制了地方政府税收和政府支出规模的膨胀。这种约束作用体现在两方面：一是要素在辖区间的自由流动，可以避免任何一个辖区政府将资源任意地从私人部门转移到公共部门，避免政府规模过度膨胀；二是要素的自由流动赋予居民通过“用脚投票”选择合意政府的权力，使当地政府官员既要面临居民用手投票的任免压力，又要面临“用脚投票”的要素流失压力。因此，他们指出，能够限制中央垄断的公共部门权力的有效办法，就是将他们的权力下放到较低层级的地方政府，使地方政府之间相互竞争。弗雷等人③甚至建议居民可以同时处于不同管辖权之下，由这些管辖机构提供不同的公共产品，可以使他们更好地满足居民的公共需求，以更低成本地提供公共产品。

三、我国政府间的财政竞争

我国改革开放40年多来，经济由高速增长到中高速增长，伴随着财政分权体制的不断深化，财政分权对经济的增长作用具有重要的意义。对我国财政分权和财政竞争的有效性的分析，跳出了蒂布特等人创立的经典理论框架，是在被称为第二代分权理论的框架里展开的。第二代分权理论突破了公共产品供给的局限，更注重将财政分权与政府激励、经济转型和经济增长联系起来，使这一阶段的财政分权理论具有典型的转轨经济特征，建立了解释经济转型的一个理论框架。与早期分权理论对分权有效性的分歧不一样，第二代分权理论强调了财政分权能够有效地促进地方竞争，这对于市场机制并不完善的转轨国家来说，具有不同寻常的意义，正是向地方的财政分权使中国地方政府的竞争实现了“力争上游”。这种竞争主要体现在以下几个方面：①财政竞争促进和维护了不可逆转的市场机制的发展，是一种市场保护型的竞争；②地方财政竞争促进了乡镇企业的发展；③财政分权促进了民营化的发展；④财政竞争促进了城市化和基础设施的建设；⑤财政竞争促进了外商直接投资的流入；⑥财政竞争促进了经济的增长。

应该引起注意的是，我国的财政竞争曾经出现一些过度化倾向，一些地区甚至出现过招商引资的恶性竞争。研究显示，在我国东部地区，招商引资竞争曾经大大超出了税收竞争范围，支出竞争成为重要的竞争方式，如加大以改善投资环境为中心的投入。这种全方位的深层次的竞争，导致了东部地区基础设施的重复建设和土地价格的恶性竞争。

---

① Niskanen W A, 1971, *Bureaucracy and Representative Government.* Chicago: Aldine, 1971.

② Brennan and Buchanan, 1980, *The Power to Tax: Analytical Foundations of a Fiscal Constitution.* Cambridge: Cambridge University Press, 1980.

③ Frey Bruno S. Eichenberger, Reiner, 1996 ,*To harmonize or to compete? That's not the question.* Journal of Public Economics; Jun 96, Vol. 60 Issue 3, pp.335～349.

课堂金话筒

分税制是很多市场经济国家基本的财政体制，我国在1994年开始实行分税制财政管理体制，虽经改革与调整，但现行分税制还有很多不完善的地方。请就完善我国分税制财政管理体制谈谈自己的看法。

本章小结

“俱乐部”的有效性归结为两个问题：一是“俱乐部”提供多少公共产品是合适的；二是“俱乐部”拥有多少成员是合适的。公共产品最优提供规模应该满足“边际收益等于边际成本”的条件；最佳成员数要满足“成员的边际成本减少等于边际拥挤费用增加”的条件。

蒂布特模型为公共产品供给提供了一种市场方法的思路，在理论上说明了市场规则可以延伸到公共产品领域。

资源配置、收入分配、经济稳定与发展是公共财政的三大职能，如何在中央政府和地方政府之间划分这些职能，是财政分权体制必须明确的基本问题。一般来说，涉及资源配置职能，应以地方为主，中央为辅。地区之间居民、资本自由流动性的大小决定地方政府进行收入再分配的效果。地区之间收入再分配职能属于中央政府职能。经济稳定与发展职能由中央政府实施是合理可行的。

改革开放前，我国政府间主要存在的是纵向的联系，改革开放后我国政府间财政关系经历了几次变化，并最终建立了分税制财政管理体制。我国的分税制财政管理体制还需要进一步完善。

财政分权引发的财政竞争既是财政分权的结果，也是财政分权的一大优势。我国的财政竞争曾经出现过一些过度化的倾向。

练习与思考

一、重要概念

1．财政分权　2．财政集权　3．分税制　4．统收统支型财政体制　5．收入挂钩型财政体制　6．收入分成型财政体制　7．包干型财政体制　8．财政竞争　9．财政联邦制　10．地区间外部性　11．转移支付制度

二、单项选择题

1．下列哪个国家目前仍然实行一级财政？（　　）

A．美国　B．日本　C．新加坡　D．新西兰

2．下列哪个模型或理论提出了所谓的“用脚投票”理论？（　　）

A．蒂布特模型　B．“俱乐部”理论

C．第二代财政分权理论　D．分税制

3．下列哪个模型或理论假设人口可以自由流动？（　　）

A．蒂布特模型　B．“俱乐部”理论

C．第二代财政分权理论　D．分税制

4．下列哪个不是公共财政的职能？（　　）

A．收入再分配　B．资源配置　C．经济稳定　D．财政竞争

5．我国关税属于（　　）。

A．中央税　B．地方税　C．共享税　D．以上都不正确

6．我国资源税属于（　　）。

A．中央税　B．地方税　C．共享税　D．以上都不正确

7．我国印花税属于（　　）。

A．中央税　B．地方税　C．共享税　D．以上都不正确

8．我国契税属于（　　）。

A．中央税　B．地方税　C．共享税　D．以上都不正确

9．我国企业所得税属于（　　）。

A．中央税　B．地方税　C．共享税　D．以上都不正确

三、多项选择题

1．财政分权的优点有（　　）。

A．地方政府更熟悉地方居民的偏好

B．财政分权鼓励政府之间竞争

C．地方政府更具有提供公共产品的创新能力

D．有利于制定符合地方需求的福利政策

2．财政分权的缺点有（　　）。

A．公共产品的地区间外部性　B．公共产品提供的规模经济

C．缺乏效率的税制　D．征税的规模经济

3．下列哪些税属于地方税？（　　）

A．个人所得税　B．企业所得税　C．增值税

D．消费税　E．关税

4．下列哪些税属于中央税？（　　）

A．个人所得税　B．企业所得税　C．增值税

D．消费税　E．关税

5．下列哪些税属于中央和地方共享税？（　　）

A．个人所得税　B．企业所得税　C．增值税

D．消费税　E．关税

6．下列哪些是全国性公共产品？（　　）

A．国防　B．教育　C．外交

D．国际贸易　E．环境保护

7．分税制财政管理体制的主要内容有（　　）。

A．按照中央政府与地方政府的事权，划分各级财政的支出范围

B．根据事权与财权相结合的原则，合理划分中央与地方收入

C．建立相应的转移支付制度

D．收入由中央政府决定，支出由地方政府决定

8．我国分税制存在的主要问题有（　　）。

A．地方政府财权与事权划分不匹配　B．地方财政还不是独立的财政

C．税种的划分不合理　D．转移支付制度不规范

四、分析判断题

1．一个“俱乐部”的有效性可以归结为以下两个问题：一是“俱乐部”提供多少公共产品是合适的；

二是“俱乐部”拥有多少成员是合适的。(　　)

2．财政的联邦制就是国家的联邦制。(　　)

3．根据地方财政支出占财政总支出的比例可以衡量财政分权的程度。(　　)

4．“俱乐部”理论假定俱乐部的成员数一定。(　　)

5．“俱乐部”理论认为，之所以会有众多不同的地方辖区的存在，是因为有着不同兴趣、爱好、习俗等的人们自愿选择各自居所的结果。(　　)

6．“俱乐部”理论弥补了蒂布特模型的缺陷。(　　)

7．蒂布特模型认为，居民在不同辖区间的迁移体现了对不同公共产品的偏好。(　　)

8．蒂布特模型的条件比较苛刻，比如公共产品不存在外部性、居民可以无成本流动、居民具有对社区的完全信息等，在现实中很难满足。(　　)

9．地方政府比中央政府更熟悉本辖区居民的偏好。(　　)

10．财政分权不鼓励政府之间的竞争。(　　)

五、简答题

1．中央财政和地方财政关系的核心是什么?

2．“俱乐部”理论和蒂布特模型对财政分权具有什么指导意义?

3．财政分权有哪些优缺点?

4．政府间职能应如何划分？依据是什么?

5．政府间支出责任应如何划分?

6．政府间收入划分的原则有哪些?

7．分析自1994年以来我国的分税制财政改革的内容。

8．我国各地经济发展存在巨大差异，如何完善我国的转移支付制度?

六、论述题

1．如何理解地方政府的财政竞争?

2．试分析我国分税制财政改革目前存在的问题。

3．试论述我国中央政府和地方政府财政关系的演变。

七、材料分析题

长三角地区地方政府招商引资过度竞争问题①

长三角地区地方政府为承接国际资本和产业的大转移，不断调整区域发展战略和政策，不断推出竞相攀比的优惠政策，展开日益激烈的引资大战，存在着明显的过度竞争问题。主要表现在以下几个方面。

（1）地价过低。按“成本—收益”原则，地方政府应该以不低于成本的价格出让土地，但实际操作中，各地政府为抢夺引资项目，不惜降低地价，亏本出让，更有甚者将土地拱手相送、分文不取。例如：甲地区开发区在招商引资中为竞争项目，土地出让价格大大小于征地费用与其他开发费用之和；乙地区工业园区开发后土地市场价格大概为20万元/亩，出让价平均仅为8万～12万元/亩；丙地区致力打造低成本商务区，推出仅需5万～6万元/亩的低价土地；丁市下辖县（区）的一般工业用地评估价为10万元/亩，在招商引资过程中，对外资项目一般都以低于这个标准出让，有的出让价为3万～5万元/亩，甚至有的以“零地价”方式将土地出让给外商。

（2）税收过于优惠。按照《中华人民共和国外商投资企业和外国企业所得税法》的规定，外资企业可享受基本税15%及“两免三减半”的优惠政策，但长三角地区几乎所有城市都突破了这一政策底线。昆山经济技术开发区对产品出口型企业，按规定减免所得税期满后，所得税率按10%征收；先进技术企业

① 本部分资料主要整理自《技术经济》2005年第8期《长三角地方政府招商引资过度竞争行为研究》(谢晓波，黄炯)。

实行“两免六减半”的政策，期满后按10%征收。上海市“173计划”规定：对试点园区的耕地占用税、土地出让契税，返还 50%。丁市江东区规定，生产型外资企业除享受国家规定的优惠政策外，纳税后对所得税区所得部分，经企业申请，区政府批准，区财政可全额返还。

（3）基础设施重复建设。为吸引更多的辖区外流动资源，长三角地区地方政府都大力推进基础设施建设，努力改善硬环境。从上海市、江苏省、浙江省政府工作报告中可以看出，三地政府均不遗余力地推动高速公路、电力、港口、机场、铁路、城市道路等项目建设，但是基础设施建设不配套，影响了整体效率。港口建设的激烈竞争就是明显的例子。据统计，在长江从江阴至南通60千米的岸段，有68个万吨级泊位，平均0.9千米就有一个，有的港口利用率仅为50%，这些港口的投资建设都由当地政府操办。

（4）政府过度介入。政府过度介入一方面表现在地方政府过于积极争取上级优惠政策。另一方面，长三角地区地方政府大都使用行政手段推动招商引资工作，将招商引资作为政绩考核的重要指标，层层分解目标任务。这种“行政招商”的做法，可能在短期内产生一定效果，但往往容易导致不计经济成本的招商行为。

招商引资竞争是我国地方政府竞争的主要方式，招商引资的过度竞争在我国很多地方已经出现，长三角地区的情况尤为严重。

任务： 为更深入地理解财政分权与财政竞争的关系，请查阅有关的资料，并回答以下问题。

（1）财政分权一定会导致过度竞争吗？

（2）招商引资过度竞争的根本原因是什么？

第十三章 财政政策

案例引导

2016 年中国以财政政策应对经济下行风险

近年来，我国积极推进供给侧结构性改革以应对经济下行压力。体现在宏观政策方面主要有提高赤字率、减税降费、盘活存量资金、调整优化支出结构等一系列措施，形成了积极财政政策的“组合拳”。

2016 年最为突出的是全面营改增的实施，是给企业减税降费的积极财政政策。包括扩大企业研发费用加计扣除范围，取消、停征和归并一批政府性基金，扩大相关政府性基金和 18 项行政事业性收费的免征范围，阶段性降低企业社保缴费费率和住房公积金缴存比例等，全年减轻企业和个人负担超过 5 000 亿元。这些政策的实施，大大减轻了企业的负担，提升了企业竞争力，促进了产业结构调整优化。

扩大赤字和加大财政民生支出力度是另一财政政策特点。2016 年赤字率达到 3%。重点民生领域的支出增长速度较快，如教育支出增长 13.3%；社会保障和就业支出增长 14.6%；医疗卫生与计划生育支出增长 21.1%；城乡社区支出增长 34.1%；住房保障支出增长 22.7%。2016 年中国经济实现了 6.7%的稳定增长。

试问：在经济下行的情况下，施行财政政策时通常要考虑哪些因素？

1929—1933 年，西方资本主义世界爆发了空前的经济危机，这次危机使西方经济倒退至第一次世界大战前的水平，大量工厂停工，大批工人失业。1929—1933 年，美国国内生产总值由高位下跌 33%，失业率升至 25%，实际工资下跌 42%，通缩高达 10%。这次危机的爆发是宏观经济领域的市场失灵的充分体现。在此背景下，英国经济学家凯恩斯（Keynes）摒弃了西方经济学界一直以来备受尊崇的萨伊定律，建立了以需求为中心的国民收入决定理论，并由此引发了经济学说史上著名的“凯恩斯革命”。

“凯恩斯革命”的一个结果是财政政策得到前所未有的关注。凯恩斯指出，经济危机的原因在于有效需求不足，自由市场不能解决有效需求不足的问题，因此，必须由政府来弥补需求缺口。政府采取赤字财政政策，刺激消费需求，用政府投资弥补私人投资的不足，可以有效弥补需求缺口，从而刺激经济的增长，增加就业。

> **想一想**
>
> 所谓需求论的经济增长的“三驾马车”指的是什么？1998 年我国实施的积极财政政策主要作用在哪驾马车上？

在凯恩斯之后，涌现出了众多的经济学流派，凯恩斯主义也不断地受到挑战，但世界各国政府普遍对宏观经济进行积极的干预却是不争的事实。2007 年爆发的次贷危机进一步演变为全球性经济危机，在此背景下，各国政府对宏观经济开始了积极干预。在政府的干预措施中，财政政策始终是最重要的政策选择，对政府实现宏观经济目标发挥着重要的作用。

第一节　财政政策概述

一、财政政策的含义

财政政策是指财政间接干预宏观经济运行的政策，是政府通过税收和财政支出的运作，以达到充分就业、物价稳定、经济增长和国际收支平衡的一种经济稳定政策。一个对财政政策的经典定义是：“财政政策是指通过政府课税及支出的行为，以影响社会的有效需求，以促进就业水平的提高，并避免通货膨胀或通货紧缩的发生，而实现经济稳定的目的的政策。”美国著名财政学家埃克斯坦对财政政策的定义是：“政府为实现充分就业和稳定物价水平这些短期目标而实行的各种税收和财政收支的变化，通常就称为财政政策。”

财政政策的实质体现在以下两个方面：首先，财政政策是一种发展的战略工具。财政政策提供一系列政策工具，以追求资源在充分就业、物价稳定和经济增长基础上的最充分的可能的利用。其次，财政政策是干预经济运行的一种主要控制手段。财政政策通过税收、政府支出等手段，以利益机制影响人们的行为，从而达到政策调控目标。

视野拓展

动态不一致性

动态不一致也称时间不一致，是宏观经济分析中常见的一个概念。动态不一致最早见于美国第一任财政部长亚历山大·汉密尔顿（Alexander Hamilton）1790 年的公用信用报告。

20 世纪 70 年代，主流学派在凯恩斯主义宏观经济学的框架内解释美国的滞胀无法令人信服。1977 年，基德兰德和普雷斯科特在其合作的论文《Rules Rather Than Discretion：The Inconsistency of Optimal Plans》中提出了政策的动态不一致性，并认为其是欧美各国“经济滞胀”的根本原因。两位经济学家因在实际经济周期（real business cycle，RBC）理论方面的突出贡献而分享了 2004 年的诺贝尔经济学奖。

基德兰德和普雷斯科特主要从最优控制理论角度进行研究后认为，作为政策制定最合适的工具是博弈论。假定经济参与人都是理性的，如果在每一时期 $t\,(t=1,2,\cdots,T)$，给定公众的最优选择 $x_1,x_2,\cdots,x_{T-1}$ 以及任何一个将来时期 $s\,(s>t)$，政府按照相同规则进行选择，且政府的选择能够实现社会福利函数 $S=(x_1,x_2,\cdots,x_T,\ldots)$ 最大化，这样的经济政策从动态上来看就是一致性的经济政策。但是政策制定者面对的不是与大自然的简单博弈，而是与理性个体的动态博弈，理性个体能够观察并预期到政府政策会随经济环境的变化而变化，从而使许多经济政策的可信度下降，这时时间一致性问题就会产生。主要有以下三个方面的原因：一是理性个体偏好随时间而不规则变化；二是政策制定者与理性个体之间的预期目标差异；三是理性个体之间偏好不同，且都只是追求自身效用最大化，而政府则希望能够代表所有经济个体福利的社会福利函数最大化。这样个体的最优选择会通过社会福利函数来影响政府决策，从而对其他经济个体产生外部性，进而导致动态不一致性问题。基德兰德和普雷斯科特证明了一致性的政策不是最优的，它也有可能导致经济不稳定。就是说政策制定者如果要选择一个帕累托最优的政策，那么其政策就应该遵从一定的政策规则。

二、财政政策的类型

通常我们根据财政政策的作用机制和财政政策调节国民经济总量的方向，对财政政策进行分类。

（一）根据财政政策作用的机制分类

1. 自动稳定的财政政策

自动稳定的财政政策也称为自动稳定器，指财政的某些制度性安排能够自动促进总需求和总供给的平衡，无须借助外力就可以直接产生调节的效果。如累进个人所得税、失业救济金、福利计划、社会救助支出等财政政策，这些财政政策都遵照法律规定的收入和支出制度自动执行，财政收支的增减自动由经济周期的波动所决定。在没有改变相关法律之前，一旦某些经济现象出现，这些财政收支就自动发生。财政政策的自动稳定器功能主要表现在两个方面。

（1）税收的自动稳定功能。累进征收的个人所得税制，对经济活动水平的变化相当敏感。其调节机理是将纳税人的收入与适用的累进税率相挂钩，即纳税人收入越多，累进所得税的边际税率越高。这样，当经济繁荣、总需求增加时，所得税税额相应增加，私人部门的总需求相应降低，税收对总需求就有了一种自动抑制的功能；反之，当经济萧条、纳税人的收入水平下降、总需求萎缩时，累进所得税的边际税率自动下降，税收收入随之自动下降，导致总需求扩大，有助于抑制国民收入的下降。

（2）转移支付制度的自动稳定功能。政府的转移支付水平一般与社会成员的收入呈负相关。经济增长速度越快，就业岗位越多，社会成员的收入水平越高，进入社会保障范围的人数越少，社会保障支出的数额自动减少，以转移支付形式形成的总需求相应减少；反之，则相应增加。这样，政府的转移支付机制随着经济发展的兴衰，自动增加或减少社会保障支出和财政补贴数额，能够自动起到调节总需求、熨平经济波动的作用。

自动稳定器是保证宏观经济正常运行的第一道防线，它能够在一定程度上熨平宏观经济的周期性波动，却无法完全消除宏观经济波动所产生的负面影响。

2. 相机抉择的财政政策

相机抉择的财政政策是指政府根据总需求和总供给的现实情况，灵活改变税收和财政支出，以达到实现总供求、熨平经济波动的目标。相机抉择的财政政策意味着某些财政政策本身没有自动稳定的作用，需要借助外力才能对经济产生调节作用。

按照早期的财政政策理论，相机抉择的财政政策包括汲水政策和补偿政策。所谓汲水政策，是指在经济萧条时增加一定数额的公共投资，促使经济自动恢复活力。从字面上看，这种政策就如同水泵里缺水不能吸进地下水，需要注入少许的水，以恢复抽出地下水的功能。汲水政策的特点有：①它是一种诱导经济复苏的政策，即以经济本身具有的自发恢复能力为前提的治理经济萧条的政策；②它的载体是公共投资，以扩大公共投资规模作为启动民间投资的手段；③财政支出规模是有限的，不进行超额的支出，只要使民间投资恢复活力即可；④它是一种短期的财政政策，随着经济萧条的消失而不复存在。

所谓补偿政策，指的是政府有意识地从当时经济状态的反方向出发，调节经济变动幅度的财政政策，以达到稳定经济的目的。比如，在经济繁荣时期，为了减少通货膨胀因素，政府通过增收节支等政策，抑制和减少民间的过剩需求；在经济衰退时期，为了减少通货紧缩，政府又必须通过增支减收的政策来增加消费和投资需求，谋求整个社会经济有效需求的增加。

（二）根据财政政策调节国民经济总量的方向分类

1. 扩张性财政政策

扩张性财政政策是指通过财政分配活动来增加和刺激社会总需求，从而实现总供给与总需求均衡的财政政策。扩张性财政政策通常在经济不景气的时期采用，在总需求不足时，通过扩张性财政政策刺激消费与投资，能够使总供给与总需求之间的缺口缩小以至平衡。扩张性财政政策主要的手段是减税和增加政府支出。一般情况下，减税会增加企业和居民的可支配收入，在财政支出规模不变的情况下，可以扩大社会总需求。对不同税种的减税，其扩张效应不同。流转税的减税在增加需求的同时，对供给的刺激作用更大，其扩张效应主要表现在供给方面。所得税尤其是个人所得税的减税，可以增加个人的可支配收入，有利于增加消费，其扩张效应主要体现在需求方面。财政支出是社会总需求的直接构成因素，财政支出规模的扩大会直接增加总需求。在减税与增加财政支出并举的情况下，扩张性财政政策通常会产生赤字，从这个意义上说，扩张性财政政策等同于赤字财政政策。

2. 紧缩性财政政策

紧缩性财政政策是指通过财政收支规模的变动来减少和抑制总需求。在国民经济出现过热和总需求过旺的情况下，可以通过紧缩性财政政策消除通货膨胀，以实现总供给和总需求的平衡。实施紧缩性财政政策的手段主要有减少政府支出和增税。减少政府支出会降低政府的消费需求和投资需求，增税会减少居民的可支配收入和企业的利润，降低民间的消费需求和投资需求。减少政府支出和增税，都具有减少和抑制社会总需求的效应。在一定的经济条件下，增税与减支并举，在增加财政收入的情况下减少了财政支出，财政盈余就可能出现。因此，从某种程度说，紧缩性财政政策等同于盈余财政政策。

3. 中性财政政策

中性财政政策是指通过财政收支的大体平衡，使国家财政分配活动对社会总需求的影响保持中性，既不产生扩张性也不产生紧缩性后果的政策。中性财政政策要求财政收支平衡，这种政策不宜有大量的结余，也不允许有大量的赤字。

三、财政政策的目标

财政政策作为一国政府运用财力调节宏观经济运行的手段，有其自身的目标取向。当然，财政政策目标的确定，受到国家的职能、财政在国民经济中的地位、不同时期的经济形势等因素的影响。

财政政策的目标既可以是单一的，也可以是多元的。从历史发展的进程看，财政政策目标经历了由单一到多元的发展过程。20 世纪 40 年代中期，英美等国把凯恩斯主义奉为制定财政政策的指导思想，财政政策的目标是实现充分就业。50 年代末和 60 年代，西方国家把经济增长看成了主要目标，形成了以高增长为目标的财政政策，其结果却酿成了 70 年代的高通货膨胀和失业并存的“滞胀”现象。“滞胀”出现后，各西方国家纷纷改弦更张，以多元目标代替单一目标。

（一）财政政策目标的内容

目前，多元的财政政策目标一般包括四个方面的内容：充分就业、物价稳定、经济增长和国际收支平衡。

1. 充分就业

充分就业并不意味着百分之百就业，没有失业现象。从整个经济看来，任何时候都会存在一些人正处在寻找工作之中，经济学家把在这种情况下的失业称为自然失业率；失业率等于自然失业率时的就业水平即为充分就业。自然失业率为摩擦性失业率及结构性失业率加总之和。摩擦性失业是指在生产过程中，由于暂时的不可避免的摩擦而导致的失业。结构性失业是指劳动力供给结构与劳动力需求结构不一致造成的失业。由于人口结构的变化、技术的进步、人们的消费偏好改变等因素，社会上总会存在着摩擦性失业和结构性失业。没有人能明确地指出一个社会的自然失业率是多少，它会随着人口结构的变化、技术进步、产业升级而变化。一般认为，自然失业率为 3%～4%。

想一想

保持适当的失业率对劳动力的有效供给有什么益处？

2. 物价稳定

通货膨胀是指各种商品和劳务、各种生产要素及各种债务的价格并非按照同一比例变动。通货膨胀的非均衡性会给经济生活带来不良的影响，它既会导致社会资源的配置失当，也会引起收入和财富的再分配。因此，抑制通货膨胀、稳定物价水平成为财政政策的主要目标之一。当然，抑制通货膨胀并不等于将价格总水平的增长控制为零。一般认为，温和的通货膨胀能在一定程度上刺激投资，是加速经济增长的润滑剂。通货紧缩则会严重挫伤经营者的信心，抑制企业的投资积极性，降低经济效率。因此，客观上要求政府利用财政收支与总供求之间的内在联系，既抑制通货膨胀，又防止通货紧缩的发生。

3. 经济增长

经济增长指的是一国产品和劳务数量的增加。准确地说，是指人均实际产量的增加。一般用人均国内生产总值的增长率表示。决定一国经济增长的主要因素有劳动、物质资本、技术、人力资本等。

> **想一想**
>
> 通货膨胀会对居民生活带来什么危害？

一国经济增长的过程不是直线进行的，而是在周期性波动中前进的，这种波动通过就业水平、物价水平、国民收入、国际收支等综合经济活动指标的波动显示出来。经济周期一般分为繁荣、衰退、萧条和复苏四个阶段。经济的周期性波动对经济的稳定增长有阻碍作用。因此，财政政策在促进经济增长的过程中，还需要通过财政收支的调节，减弱经济周期性波动的振幅，减轻经济波动所造成的不利影响。

4. 国际收支平衡

从国际收支造成的经济影响看，各国政府更关心的是国际收支赤字。长期的国际收支赤字会导致国际储备不断减少，本币地位不断下降。同时，政府被迫大量举借外债，利息的偿付导致本国资源的大量流出，不仅进一步恶化国际收支，而且还会削弱国家在世界经济中的地位。国际收支赤字倾向于降低一国进口水平，而对于扩大生产能力来说，适当的进口可能是至关重要的。国际收支平衡的实现在很大程度上依赖于政府财政的税收、公债、补贴等手段的运用。

（二）财政政策目标之间的关系

上述四种财政政策目标之间既有相互统一的一面，又有相互冲突的一面。一般说来，充分就业与物价稳定是矛盾的。因为要实现充分就业，就必须运用扩张性财政政策和货币政策，而这些政策又会由于财政赤字的增加和货币供给量的增加而引起通货膨胀。充分就业与经济增长有一致的一面，也有矛盾的一面。这就是说，一方面，经济增长会提供更多的就业机会，有利于充分就业；另一方面，经济增长中的技术进步又会引起资本对劳动的替代，相对地缩小对劳动的需求，使部分工人尤其是文化技术水平低的工人失业。充分就业与国际收支平衡之间也有矛盾。因为充分就业的实现引起国民收入增加，国民收入的增加往往引起进口增加，从而使国际收支状况恶化。此外，物价稳定与经济增长之间也存在矛盾。在一国经济增长的过程中，通货膨胀是很难避免的。

宏观经济政策的各项目标之间的冲突与矛盾，要求政策制定者要么确定重点的政策目标，要么对这些政策目标进行协调。政府在进行宏观经济政策的决策时，既要受自己对各项政策目标重要程度理解的限制，考虑国内外各种政治因素的影响，又要受社会可接受程度的制约。不同流派的经济学家，对政策目标有不同的理解。例如，凯恩斯主义者比较重视充分就业与经济增长，而货币主义者则较为重视物价稳定。这些分歧对一国政策目标的确定都有相当的影响。

课堂金话筒

结合我国实际，谈谈我国财政政策目标选择偏好是什么；在面临内需不足、经济下行压力较大的情况下，应如何选择财政政策目标或目标组合。

四、财政政策的工具

财政政策目标的实现，依赖于相应的政策工具。一般来说，可供选择的财政政策工具主要包括税收、财政支出、公债、政府预算等。

（一）税收

税收作为调节手段，一是调节社会总供给和总需求的关系，二是调节收入分配关系。社会总供给和总需求关系的调节主要通过两个过程实现：一是自动稳定机制过程，二是相机抉择过程。前者是在既定税收制度和政策下，由经济的内在运行规律进行支配；后者是政府根据经济形势的发展变化，有目的地调整税收制度和政策。

在经济繁荣时期，国民收入增加，税收收入自动增加，个人可支配收入相对减少，这在一定程度上减轻了需求过旺的压力；此时如果总需求和总供给的缺口仍然很大，政府则要采取相机抉择的税收政策，如扩大税基、提高税率、减少税收优惠等。在经济衰退时期，国民收入下降，税收收入自动减少，个人可支配收入相对增加，这在一定程度上会缓解有效需求不足的矛盾；此时如果经济仍然不景气，政府就可采用相机抉择的税收政策，如缩小税基、降低税率、增加税收优惠等。

（二）财政支出

1. 购买性支出

购买性支出可分为财政投资支出和财政消费支出。财政投资支出是指中央政府和地方政府用于固定资产方面的支出，它的特点是投资规模大，投资方向集中在基础设施、公共事业等项目上，投资目标往往具有非营利性，资金主要来源于税收和公债。政府通过财政投资，可以扩大或缩小社会总需求，调整国民经济结构，改善社会投资环境，以刺激私人投资。财政消费支出是中央政府和地方政府对产品和劳务的经常性支出，由国防、文教卫生及其他政府活动等支出构成。政府通过消费政策可以直接增加或减少社会总需求，引导私人生产发展方向，调节经济周期性波动。

购买性支出的增减，将直接影响个人收入的增减和社会总消费的增减，进而影响国民收入的增减。其影响程度取决于政府购买乘数的大小。可见，购买性支出作为财政政策的工具，是实现反经济周期的手段之一。

2. 转移性支出

转移性支出是政府将财政资金用于社会救助、社会保险和财政补贴等费用的支付。按用途不同可分为社会救助与社会保险支出、财政补贴支出两类。前者占财政支出的比例远大于后者。

社会救助支出是将一部分财政资金无偿转移到低收入阶层，以保障其最低生活需要；社会保险支出则是为了保障人们的基本生活需要。社会救助和社会保险政策是实现收入公平分配的主要工具。

案例分析与讨论 13.1

2019 年中央对地方转移支付都给了谁?

（1）一般公共预算。中央一般公共预算安排对地方转移支付 75 399 亿元。其中，四川 4 653.31 亿元，河南 3 986.46 亿元，湖南 3 142.75 亿元，云南 3 097.61 亿元，浙江 935.06 亿元，北京 928.74 亿元，宁夏 733.82 亿元，海南 730.18 亿元，上海 720.59 亿元，天津 525.92 亿元。

（2）政府性基金预算。中央政府性基金预算安排对地方转移支付 1 151.61 亿元。其中，四川 102.51 亿元，重庆 59.1 亿元，山东 51.72 亿元。低于 10 亿元的有青海 9.74 亿元，宁夏 8.06 亿元，北京 3.27 亿元，天津 2.64 亿元。

（3）国有资本经营预算。中央国有资本经营预算安排对地方转移支付 118 亿元。其中，山西 54.56 亿元，辽宁 49.57 亿元，湖南 2.41 亿元，山东 2.17 亿元，江西 1.36 亿元，陕西 0.74 亿元，新疆 0.53 亿元，四川 0.41 亿元，重庆 0.23 亿元，甘肃 0.06 亿元，未落实 5.96 亿元。

（4）社会保险基金预算。中央社会保险基金预算中安排地方上缴的中央调剂基金收入 4844.6 亿元，全部用于对地方下拨中央调剂基金支出。其中，上缴额大于下拨额的净贡献地区净贡献 1 220.6 亿元，分别是：山东 78.8 亿元，福建 86.4 亿元，上海 102.4 亿元，江苏 107.6 亿元，浙江 108.6 亿元，北京 262.8 亿元，广东 474 亿元。下拨额大于上缴额的净受益地区净受益 1 220.6 亿元，受益较多的省份有辽宁 215.8 亿元，黑龙江 183.8 亿元，四川 177.8 亿元。另有贵州、云南、西藏三省区上缴额与下拨额相等。

中央财政收入占全国财政收入的比例约为 44.8%，这一比例在全球属于中游水平，如果再算上地方政府的土地出让金，这个比例只会更低。在发达国家，中央财政收入占全国财政收入的比重一般比中国高，联邦制国家相对较低，但美国、德国的比例也分别达到 56%与 65%。

启发思考

（1）当前转移支付存在的问题是什么？

（2）查阅数据，分析你所在的省份或城市得到的转移支付及其用途。

财政补贴可分为消费性补贴和生产性补贴。两者的调节效果有所不同。消费性补贴是对人们日常生活用品的价格补贴，其作用是直接增加消费者的可支配收入，鼓励消费者增加消费需求。生产性补贴主要是对生产者的特定生产投资活动的补贴，如生产资料价格补贴、利息补贴等，其作用等同于对生产者实施减税政策，可直接增加生产者的收入，从而提高生产者的投资和供给能力。因此，在有效需求不足时，主要增加消费性补贴；在总供给不足时，主要增加生产性补贴，可以在一定程度上缓和供求矛盾。

（三）公债

公债最初是政府组织收入、弥补财政赤字的重要手段。随着信用制度的发展，它已成为调节货币供求关系、协调财政与金融关系的重要政策工具。一般来说，中央政府通常通过国债来控制总需求。当经济萧条时，政府可以通过以下国债政策来扩大总需求：①增加短期国债的发行来提高社会资金的流动。②通过向银行发行国债，促使银行扩大信贷规模。③调低国债的发行利率，带动金融市场利率水平的下降。④政府大量买进债券，刺激国债价格上升。由于国债价格与利率呈反方向变化，这一行为将使利率水平下降。这些措施都有利于刺激投资需求和消费需求，实现供求平衡。当经济过热时，可以采取相反的措施加以调节。

（四）政府预算

政府预算调节经济的作用主要反映在财政收支的规模和收支差额上。赤字预算体现的是一种扩张性财政政策，在有效需求不足时，可以对总需求的增长起到刺激作用。盈余预算体现的是紧缩性财政政策，在总需求过旺时，可以对需求膨胀起到有效的抑制作用。平衡预算体现的是一种中性财政政策，在总需求和总供给相适应时，可以保持总需求的稳定增长。政府预算主要用于提高充分就业水平，稳定价格，促进经济增长以及约束政府的不必要开支。

第二节 财政政策与货币政策的配合

财政政策的调节作用主要是通过收入分配、货币供给和价格等媒介来达成的。除了财政政策外，其他经济政策也可能对上述媒介产生重大影响，其中最重要的就是货币政策。因此，财政政策目标的实现需要货币政策的配合。

一、财政政策与货币政策配合的依据

1. 财政政策与货币政策的作用机制不同

微课堂
财政政策与货币政策的协调配合

财政政策与货币政策都是调控经济的重要政策工具，但两者的作用机制不同，对经济的调控作用也不一样。财政处于社会再生产过程的分配环节，财政分配在各种分配手段中居于主导地位，因此，财政政策对国民收入的分配影响较大。当财政收入占国内生产总值的比重基本确定，企业和个人的消费需求和投资需求也基本确定。财政收入的提高，会相应减少个人的消费需求和投资需求；减税或者政府向个人的转移支付增加，会增加企业和居民的收入，从而提高企业和居民的消费需求和投资需求。财政政策虽然也影响货币供给量，但这种影响通常是间接的，而且影响力度有限。相比财政政策，货币政策对货币供给量的影响是直接的，而且影响的力度要大得多。中央银行通过公开市场业务、再贴现和再贷款等政策手段，可以直接影响市场的货币供给量，能够在短时间内对市场的货币供给量进行有效的调控。中央银行通过货币政策手段收缩或放松银根，会对经济的运行产生重要的影响。放松银根通常会导致经济的扩张和资产价格的上涨；收缩银根则透露了经济运行偏紧的预期，资产价格因此下跌。由于货币供给量对经济运行有重要的影响，涉及对货币供给量的调控时，财政政策显然是不够的，必须有货币政策的配合才能有效地调节市场的货币供给量。

2. 财政政策与货币政策的作用方向不同

消费需求包括个人消费需求与社会消费需求。社会消费需求基本上是通过财政支出形成的，因而财政在社会消费需求的形成中起决定作用。只要在财政支出中对社会消费性支出作适当的压缩，社会消费需求的紧缩即可以立竿见影。相比财政政策对社会消费需求的影响，银行信贷在这方面的影响力就要小得多。个人消费需求的形成同时受财政、信贷两方面的影响。通过个人所得税，财政政策对个人消费需求的形成有直接的影响。银行主要通过对工资基金的管理和监督，以及对现金投放的控制，间接地影响个人的消费需求。银行对居民储蓄虽有直接影响，但居民储蓄存款可随时提取，这种影响力就不像财政政策那样大。从投资需求的形成看，虽然财政和银行都向再生产过程供应资金，但两者的侧重点是不同的。财政在形成投资需求方面的作用，主要是调整产业结构，促进国民经济结构的合理化，银行的作用主要在于调整总量和产品结构。

3. 财政政策与货币政策在扩张和紧缩需求方面的作用不同

当经济出现问题时，通常会出现社会总供给与社会总需求的失衡，具体可能表现为供给过剩或供给短缺。造成供给和需求失衡的原因很复杂，但从宏观经济看，主要是财政与信贷分配引起的，而财政与信贷在扩张和紧缩需求方面的作用又是不同的。财政赤字可以扩张需求，财政盈余可以紧缩需求，但财政本身并不具有直接创造需求即创造货币的能力，而中央银行则具有创造货币的能力。因此，财政的扩张和紧缩政策通过货币政策机制的传导才能产生效应。在财政发生赤字或盈余时，如果银行相应压缩或扩大信贷规模，就可能抵销财政的扩张或紧缩效应。只有财政发生赤字或盈余，银行同时也相应地扩大或收缩货币供给量，财政的控制或紧缩效应才能真正发生。此外，银行还可以直接通过信贷规模的扩张或收缩起到扩张或紧缩需求的作用。从这个意义上说，中央银行的货币政策是扩张或紧缩需求的总闸门。财政政策与货币政策在消费需求与投资需求形成中的作用不同，要求财政政策与货币政策必须配合运用。如果财政政策与货币政策各行其是，就可能产生摩擦，彼此抵销力量，从而减弱宏观调控的效应，也难以实现预期的调控目标。

二、财政政策与货币政策配合的方式

由于财政政策与货币政策对总需求结构会产生不同的影响，对产出和利率水平也会产生不同的影响，因此更多的时候是把两种政策搭配起来使用，以一方的优势弥补另一方的不足，这有助于增强宏观调控的力度。适应于不同的经济环境，财政政策和货币政策可以有多种组合方式。

1. “双松”政策组合

扩张性的财政政策与扩张性的货币政策搭配，即“双松”政策组合。在这种政策组合中，在财政政策扩大总需求的同时，中央银行增加货币供给量，阻止利率上升，抵消或减少财政政策的挤出效应，因此会使总需求在短时间内迅速扩张，对经济具有很强的刺激作用。这种组合适于总需求严重不足、生产资源大量闲置、解决失业和刺激经济增长成为宏观调控首要目标时使用，否则可能会导致严重的通货膨胀。

2. “双紧”政策组合

紧缩性的财政政策与紧缩性的货币政策搭配，即“双紧”政策组合。在这种政策组合中，政府通过增加税收、削减政府支出规模等限制消费和投资，抑制总需求；中央银行紧缩银根，减少货币的供给，刺激利率上升，私人投资减少，导致总需求下降。这种双管齐下的措施使总需求迅速收缩，能够有效遏制恶性通货膨胀，但会导致经济增长缓慢，甚至陷于衰退的境地。这种组合主要在总需求极度膨胀、总供给严重不足、物价大幅攀升，抑制通货膨胀成为首要目标时采用。

3. “松紧”政策组合

扩张性的财政政策和紧缩性的货币政策搭配，即“松紧”政策组合。在这种政策组合中，政府适当扩大财政支出和减税，同时中央银行严格控制货币供应量，促使利率上升，产生“挤出效应”，使总需求不会大幅度上升。这种组合主要在经济比较繁荣但公共投资不足时采用。

视野拓展

如何理解“积极财政政策要更加积极”

4. “紧松”政策组合

紧缩性的财政政策和扩张性的货币政策搭配，即“紧松”政策组合。在这种政策组合中，政府对财政支出严加控制，同时，采用增税和削减政府支出等措施，抑制总需求；同时中央银行根据实际情况，采取适当放松银根的货币政策，促使利率下降，以刺激私人投资。这种组合适于财政赤字较大但经济处于轻度衰退时采用。

课堂金话筒

长期以来，人们对财政政策的作用和效能有着不同的观点，而财政政策本身是政府干预经济的具体体现。请以你的知识和理解，并结合我国财政政策实践，谈谈财政政策的重要性。

本章小结

财政政策是指财政间接干预宏观经济运行的政策，是政府通过税收和财政支出的运作，以达到充分就业、物价稳定、经济增长和国际收支平衡的一种经济稳定政策。

根据财政政策发挥作用的机制分类，财政政策可分为自动稳定的财政政策和相机抉择的财政政策。根据财政政策调节国民经济总量的方向分类，财政政策可分为扩张性财政政策、紧缩性财政政策和中性财政政策。

财政政策的目标包括充分就业、物价稳定、经济增长和国际收支平衡；财政政策工具包括税收、财政支出、公债和政府预算等。

财政政策与货币政策的作用机制不同、作用方向不同，财政政策与货币政策适当配合，才能取得较好的政策效果。财政政策与货币政策的配合方式包括“双松”“双紧”“松紧”“紧松”等。

练习与思考

一、重要概念

1．财政政策　2．自动稳定的财政政策　3．相机抉择的财政政策　4．扩张性财政政策　5．紧缩性财政政策　6．中性财政政策　7．凯恩斯革命　8．汲水政策　9．补偿政策　10．充分就业

二、单项选择题

1．大萧条发生在（　　）年。

A．1929—1933　　B．1970—1975　　C．2008—2010　　D．1963—1965

2．扩张性财政政策导致利率上升，从而抑制私人部门投资，进而对国民收入的增长会产生一定程度抵消作用的经济现象被称为（　　）。

A．挤出效应　　B．庇古效应　　C．木桶效应　　D．乘数效应

3．当经济出现较大的负缺口，即经济萧条、通货紧缩、失业严重时，理论上政府应采取的政策组合为（　　）。

A．扩张性财政政策和扩张性货币政策组合

B．紧缩性财政政策和紧缩性货币政策组合

C．扩张性财政政策和紧缩性货币政策组合

D．紧缩性财政政策和扩张性货币政策组合

4．当经济出现过热，但通货膨胀又不很严重的时候，理论上政府可采取的政策组合为（　　）。

A．扩张性财政政策和扩张性货币政策组合

B．紧缩性财政政策和紧缩性货币政策组合

C．扩张性财政政策和紧缩性货币政策组合

D．紧缩性财政政策和扩张性货币政策组合

5．一般认为，经济中存在（　　）的失业率是正常的。

A．1%～3%　　B．4%～6%　　C．7%　　D．8%～10%

6．转移性支出和累进所得税制度的结合，被称为市场经济的（　　）。

A．看不见的手　　B．看得见的手　　C．自动加速器　　D．自动稳定器

7．在联邦制社会，甲州采取扩张性财政政策，乙州获得有效需求拉伸效应。经济学家称这种现象为（　　）。

A．溢出效应　　B．回波效应　　C．木桶效应　　D．挤出效应

8．在社会总需求不足、经济不景气时，政府应采取（　　）。

A．紧缩性财政政策　　B．扩张性财政政策

C．中性财政政策　　D．一般性财政政策

9．在经济运行过程中，如果政府认为社会总需求水平过高甚至出现总需求膨胀或者通货膨胀的现象时，就会采取一系列的财政政策措施，实行（　　），增加税收或削减开支，以抑制总需求的扩张。

A．紧缩性财政政策　B．中性财政政策　C．扩张性财政政策　D．消极财政政策

三、多项选择题

1．财政政策的自动稳定器功能主要表现在（　　）。

A．累进税制度　B．转移支付制度　C．商品税制度　D．规费制度

2．宏观经济政策目标包括（　　）。

A．经济增长　B．充分就业　C．物价稳定　D．国际收支平衡

3．扩张性财政政策的主要内容为（　　）。

A．增加政府支出　B．减少政府支出　C．增税

D．减税　E．增加国债发行

4．紧缩性财政政策的主要内容为（　　）。

A．增加政府支出　B．减少政府支出　C．增税　D．减税

5．扩张性财政政策的适用条件为（　　）。

A．经济过热　B．经济过冷　C．产出出现正缺口

D．产出出现负缺口　E．消费过热

6．下列项目中属于政府转移支付的有（　　）。

A．失业救济金　B．贫困救济金　C．社会福利支出

D．社会慈善基金　E．红十字慈善基金

7．紧缩性财政政策的适用条件为（　　）。

A．经济过热　B．经济过冷　C．产出出现正缺口

D．产出出现负缺口　E．增加公债发行

8．紧缩性货币政策的适用条件为（　　）。

A．国内生产总值负缺口　B．国内生产总值正缺口

C．失业增加　D．通货膨胀严重

9．扩张性货币政策的适用条件为（　　）。

A．国内生产总值负缺口　B．国内生产总值正缺口

C．失业增加　D．通货膨胀严重

四、分析判断题

1．“凯恩斯革命”的一个结果是财政政策得到了广泛的关注。（　　）

2．充分就业，就是在经济生活中不存在失业。（　　）

3．财政政策和货币政策对利率的作用是不同的。扩张性财政政策使利率上升，而扩张性货币政策使利率下降。（　　）

4．财政政策和货币政策对私人部门的投资作用是不同的。扩张性财政政策使私人投资上升，而扩张性货币政策使私人投资下降。（　　）

5．在经济萧条期，扩张性货币政策比扩张性财政政策效果更显著。（　　）

6．在经济繁荣期，紧缩性货币政策较紧缩性财政政策更有利。（　　）

7．根据李嘉图等价定理，通过发行国债增加政府支出是难以扩张经济的。（　　）

8．当国内生产总值出现正缺口且通胀严重时，应采用紧缩性财政政策。（　　）

五、简答题

1．简述财政政策的内容。

2．简述财政政策的目标，并说明理由。

3．简述财政政策的政策工具。

4．比较汲水政策和补偿政策的不同点。

5．简述财政政策应如何与货币政策结合。

6．简述应如何实施相机抉择的财政政策。

六、论述题

1．分析财政政策与货币政策对国民经济的调节有哪些差异。

2．试评价我国当前的财政政策。

3．试分析我国当前的财政政策与货币政策配合的效果。

七、材料分析题

最近20年来我国的财政政策

综合媒体报道　1993—1997 年间，为应对经济过热和通货膨胀，我国实施了适度从紧的财政政策，并与适度从紧的货币政策相配合，促使国民经济成功地实现了“软着陆”，形成“高增长、低通胀”的良好局面。

1998 年，由于受到亚洲金融风暴的影响，我国国内出现了有效需求不足和通货紧缩趋势明显的问题，经济增长乏力。在这种情况下，我国政府果断决定实施积极的财政政策，不仅有效抵御了亚洲金融风暴的冲击，而且推动了经济结构调整和持续快速增长。

2004 年以来，我国经济开始走出通货紧缩的阴影，呈现出加速发展的态势。但也出现了部分行业和地区投资增长过快等问题，通胀压力不断加大。在这种情况下，政府又一次相机抉择，从 2005 年起将积极的财政政策转向稳健的财政政策。

2008 年 11 月，在国际金融危机的严峻背景下，我国再次转向积极财政政策，政府推出了高达 4 万亿元的经济刺激计划。财政部有关负责人说，此次实施的积极财政政策主要着力于以下几方面。

一是加大投资力度，优化投资结构。中央政府增加的投资，主要用于保障性安居工程，农业、教育、医疗卫生、生态环境等基础设施建设，支持灾区恢复重建。支持加快保障性安居工程建设，加大对廉租住房建设的支持力度，加快棚户区改造，实施游牧民安居工程，扩大农村危房改造试点。加快农村民生工程和农村基础设施建设，加大农村沼气、饮水安全工程和农村公路建设力度，完善农村电网，加快南水北调等重大水利工程建设和病险水库除险加固，加强大型灌区节水改造。加快铁路、公路和机场等重大基础设施建设，增强经济发展后劲。加快灾后恢复重建各项工作；支持地震灾区尽快恢复重建城乡居民住房；加快电力、交通、通信等基础设施，学校、医院等公共服务设施恢复重建；搞好生态恢复和环境整治等。

二是推进税制改革，实行减税政策，减轻企业税收负担，促进企业投资和居民消费。全面实施增值税转型改革，对增值税一般纳税人，允许新购进机器设备所含增值税进项税金在销项税额中抵扣，相应调整小规模纳税人标准及其征收率，促进企业投资和扩大内需。继续执行好 2008 年下半年先后出台的提高个人所得税工资薪金所得税减除费用标准、暂免征收储蓄存款利息所得税，降低证券交易印花税税率及单边征收，降低住房交易税费等政策措施，增加居民消费需求。研究取消和停征部分行政事业性收费。完善并落实出口退税率调整政策，在 2008 年下半年两次调高出口退税率的基础上，自 2008 年 12 月 1 日起，进一步提高部分劳动密集型产品、机电产品和其他受影响较大产品的出口退税率。同时，取消了部分钢材、化工品和粮食的出口关税，降低部分化肥出口关税并调整征税方式，大力支持出口增长。

三是调整国民收入分配格局，增加财政补助规模，促进提高居民收入，特别是农民和城乡低收入群体收入。较大幅度增加对农民的农资综合直补、良种补贴和农机具购置补贴等补贴标准，提高 2009 年粮食最低收购价，增加农民收入。提高城乡低保补助水平，增加企业退休人员基本养老金。继续支持做实企业职工基本养老保险个人账户试点工作。提高优抚对象等人员的抚恤和生活补助标准。实施促进就业的财税政策。支持逐步提高并落实企业最低工资标准，建立企业职工工资正常增长和支付保障机制。促进企业全面落实职工基本医疗保险、基本养老保险、失业保险、工伤保险等制度。加强对国有企业特别是垄断行业的收入分配监管。加大对中西部地区转移支付力度，缩小地区间收入分配差距。

四是进一步调整优化财政支出结构，推进社会事业加快发展，促进保障和改善民生。重点是加大对“三农”、教育、医疗卫生、社会保障、保障性安居工程建设等民生领域的投入。继续加大“三农”投入力度。巩固和强化促进现代农业发展的财税政策，推进农村综合改革，促进农村社会全面进步。保障教育优先发展。深入实施农村义务教育经费保障机制改革和免除城市义务教育阶段学生学杂费政策，进一步提高农村中小学公用经费水平。完善和落实家庭经济困难学生资助政策。推动落实国家助学贷款政策，大力推动生源地信用助学贷款。大力支持医疗卫生事业发展。继续支持深化医药卫生体制改革。全面实施新型农村合作医疗，扩大城镇居民基本医疗保险覆盖面，妥善解决关闭破产企业退休人员基本医疗保障问题。加大城乡医疗救助支持力度。健全基层医疗卫生服务体系。建立国家基本药物制度。促进基本公共卫生服务逐步均等化。推进公立医院改革试点。支持完善社会保障制度。推动建立完善制度统一、标准有别的城乡居民最低生活保障制度。

五是大力支持科技创新和节能减排，推进经济结构优化。加大财政科技投入力度，保障重大科技专项实施。加大对基础性和公益性科研的稳定支持力度。实施促进企业自主创新的财税优惠政策，加快高新技术产业和装备制造业发展，鼓励企业增加科研投入。增加节能减排投入力度，支持重点节能减排工程建设。推进燃油收费制度改革，完善资源税制度，促进节能环保和资源合理利用。建立健全煤炭等矿产资源有偿使用制度和生态环境补偿机制，发展可再生能源。落实完善退耕还林政策。健全中央财政森林生态效益补偿基金制度。大力支持集体林权制度改革。落实支持中小企业发展的税收优惠政策。支持完善担保体系建设，帮助中小企业融资。促进中小企业科技进步和技术创新。

任务：2013 年以来，我国经济增长面临下行压力，政府再次选择积极财政政策。请查阅资料，比较 1998 年、2008 年和 2016 年的积极财政政策的差异，并评价财政政策效果。

附　　录

自测试卷及答案

A 卷　　　　B 卷

更新勘误表和配套资料索取示意图

说明 1： 本书配套资料可在人邮教育社区（www.ryjiaoyu.com）本书页面内下载。注册后能直接下载的为配套学习资料，不能直接下载的为配套教学资料。

说明 2： 本书配套教学资料的下载受教师身份、下载权限限制。教师身份、下载权限需网站后台审批，参见示意图。

说明 3： “用书教师”，是指学生订购本书的授课教师。

说明 4： 本书配套教学资料将不定期更新、完善，新资料会随时上传至人邮教育社区本书页面内。

说明 5： 扫描二维码可查看本书现有“更新勘误记录表”“意见建议记录表”。如发现本书或配套资料中有需要更新、完善之处，望及时反馈，我们将尽快处理。

更新勘误及意见建议记录表

咨询邮箱： 13051901888@163.com

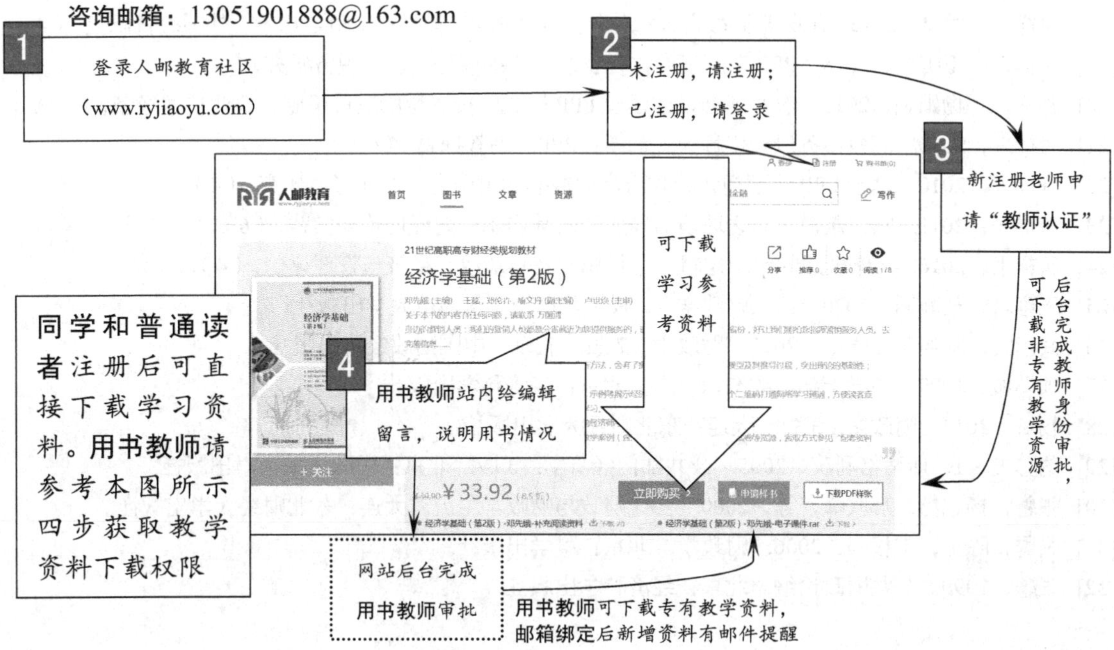

主要参考文献

[1] 陈共，2018. 财政学. 9 版. 北京：中国人民大学出版社.

[2] 大卫 • N. 海曼，2015. 财政学：理论、政策与实践. 10 版. 张进昌译. 北京：北京大学出版社.

[3] 邓子基，陈工，2014. 财政学. 3 版. 北京：中国人民大学出版社.

[4] 哈维 • S. 罗森，泰德 • 盖尔，2015. 财政学. 10 版. 北京：清华大学出版社.

[5] 郝凤霞，阮青松，2018. 公共财政学. 2 版. 北京：清华大学出版社.

[6] 匡小平，肖建华，2012. 财政学. 2 版. 北京：清华大学出版社，北京交通大学出版社.

[7] 理查德 • W. 特里西，2014. 公共部门经济学. 薛涧坡译. 北京：中国人民大学出版社.

[8] 马海涛，姜爱华，2016. 政府采购管理. 2 版. 北京：北京大学出版社.

[9] 尼尔 • 布鲁斯，2005. 公共财政与美国经济. 2 版. 隋晓译. 北京：中国财政经济出版社.

[10] 倪琳，唐祥来，2014. 基础教育服务合约供给模式的国际实践与启示. 外国教育研究，(6).

[11] 孙健夫，王延杰，杨文杰，2016. 财政学. 北京：高等教育出版社.

[12] 唐祥来，黄书猛，2010. 财政学. 北京：经济科学出版社.

[13] 唐祥来，孔娇娇，2014. 地方财政可持续性研究：江苏的实证. 经济与管理评论，(1).

[14] 唐祥来，刘晓慧，2016. 促进 PPP 模式发展的税收政策取向. 税务研究，(9).

[15] 唐祥来，刘晓慧，2016. 供给侧改革下中国 PPP 模式供给效率的 DEA 检验. 南京财经大学学报，(4).

[16] 唐祥来，刘晓慧，2016. 新常态下 PPP 投资的约束与激励——来自中国水业的证据. 财贸研究，(6).

[17] 唐祥来，倪琳，孔娇娇，2013. 中国税制改革路径选择：从投资激励向消费激励转型. 中央财经大学学报，(5).

[18] 唐祥来，倪琳，2013. 国际基础教育公私伙伴关系（PPP）模式：论争与启示. 外国教育研究，(4).

[19] 唐祥来，王国梁，2018. PPP 资产证券化税收政策的约束与改进. 税务研究，(4).

[20] 唐祥来，杨娟娟，2012. 农业基础设施建设 PPP 模式的投资激励决策机制. 农业技术经济，(11).

[21] 唐祥来，2010. 高校债务风险化解模式创新：PPP. 高教探索，(6).

[22] 唐祥来，2010. 基于 PPP 治理视角的政府产业规模约束研究. 产业经济研究，(4).

[23] 唐祥来，2011. 欧盟碳税工具之环境治理成效及其启示. 财经理论与实践，(6).

[24] 唐祥来，2016. PPP 模式的治理逻辑、工具属性及其绩效. 经济与管理评论，(4).

[25] 王雍君，黄静韬，2020. 公共财政学. 2 版. 北京：北京师范大学出版社.

[26] 武彦民，陈旭东，张平，2017. 财政学. 2 版. 北京：中国财政经济出版社.

[27] 项怀诚，1999. 领导干部财政知识读本. 北京：经济科学出版社.

[28] 杨斌，2014. 财政学. 3 版. 大连：东北财经大学出版社.

[29] 约瑟夫 • E. 斯蒂格利茨，2005. 公共部门经济学. 3 版. 北京：中国人民大学出版社.

[30] 张馨，杨志勇，郝联峰，等，2000. 当代财政与财政学主流. 大连：东北财经大学出版社.

[31] 张馨，陈工，雷根强，2006. 财政学. 北京：科学出版社.

[32] 张馨，1999. 公共财政论纲. 北京：经济科学出版社.